Josef Sittard

Geschichte des Musik und Konzertwesens in Hamburg

vom 14. Jahrhundert bis auf die Gegenwart

Josef Sittard

Geschichte des Musik und Konzertwesens in Hamburg
vom 14. Jahrhundert bis auf die Gegenwart

ISBN/EAN: 9783743685321

Hergestellt in Europa, USA, Kanada, Australien, Japan

Cover: Foto ©Thomas Meinert / pixelio.de

Weitere Bücher finden Sie auf **www.hansebooks.com**

Geschichte

des

Musik- und Concertwesens

in Hamburg

vom 14. Jahrhundert bis auf die Gegenwart.

Von

Josef Sittard.

Altona und Leipzig.
Verlag von A. C. Reher.
1890.

Seiner Magnificenz

dem Herrn Bürgermeister

Carl Petersen, Dr.

in Verehrung gewidmet

vom Verfasser.

Inhalt.

Seite

Erstes Kapitel. Die frühesten Zustände des Musikwesens in Hamburg. Spielleute. Stadttrompeter. Verbindung der Spielleute zu Corporationen. Die Raths-Musikanten. Ihre Organisation. Roll- und Gräu-Musikanten. Ihre Privilegien und gesetzlichen Befugnisse, sowie ihr Verhältniß unter sich und zu den Raths-Musikanten. Die wohlwollenden Gesinnungen des Raths für die Kunst. Ansehen der Raths-Musikanten außerhalb Hamburg's im 17. Jahrhundert. Streitigkeiten. Die Besoldungs-Verhältnisse der Raths-Musikanten und der Raths-Kuchenbäcker. Verzeichniß der Raths-Kuchenbäcker von 1353, der Raths-Musikanten von 1525 an. William Brade. Paul Schop. Nicolaus Bruns. Dietrich Becker. Die Rathsmusik-Directoren 1

Zweites Kapitel. Die Raths-Musikanten haben bei der Kirchenmusik aufzuwarten. Ihre Verpflichtungen nach der Verordnung von 1638. Beschaffenheit der hamburgischen Kirchenmusik im 16. Jahrhundert. Die erste Aufführung der Passion im Jahre 1609. Die Kirchenmusik in der St. Michaeliskirche. Das Amt der Cantoren und Musik-Directoren. Die Cantoren und Musik-Directoren: Franciscus Elers, Eberhard Decker, Erasmus Sartorius, Thomas Sellius, Christoph Bernhard, Joachim Gerstenbüttel, Georg Philipp Telemann. Zustand der Kirchenmusik im Anfang des 18. Jahrhunderts. Carl Philipp Emanuel Bach. Die Verhandlungen des Senats und der Oberalten wegen Besetzung des Cantoren- und Directoren-Postens nach Bach's Tod. Christian Friedrich Gottlieb Schwencke. Verfall der Kirchenmusik und Wiederaufleben derselben in neuester Zeit. Der Odenwald'sche Kirchenchor 24

Drittes Kapitel. Concerte in den Jahren 1719—1761. Concert-Aufführungen unter Telemann. Virtuosen-Concerte . . 60

VI

Viertes Kapitel. Die Entwicklung des Concertwesens in den Jahren 1761—1830.

Einleitung. Die ersten Abonnements- und Subscriptions-Concerte. Die Privat-Concerte. Der neue Concertsaal. Die damaligen Concert-Verhältnisse und Virtuosen. Das freie Phantasiren. Ueber das in jener Zeit gebräuchliche Dirigiren. Einführung des Tactstocks. Gesetzliche Bestimmungen betreffs Abhaltung von Concerten. Concertlocale. Eintrittspreise und Plätze. Beginn der Concerte. Programme. Liebhaber- oder Privat-Concerte. Die Concerte Graf's und C. Ph. E. Bach's. Die erste Aufführung des Messias. Concerte in der Freimaurer-Loge. Die Privat-Concerte Westphal's, der Gesellschaft Harmonie, Cario's und des Apollo-Vereins unter Methfessel. Sonstige Concerte von Bedeutung. Concerte und Akademien im Theater. Virtuosen 82

Fünftes Kapitel. Die Concerte von 1830—1884.

Einleitung. Concert-Vereine: Der Hamburgische Musikverein unter G. D. Otten; die Akademie von 1851 unter K. G. P. Grädener; die Sing-Akademie von 1855 unter Dr. Garvens; die Deppe'sche Sing-Akademie. Die Kammermusik in den zwanziger bis vierziger Jahren. Das Hafner'sche Quartett. Das Quartett Böie Lee. Die neuen Quartett-Vereinigungen in den sechsziger Jahren unter Stockhausen. Das Hamel'sche Quartett. Die Trio-Soiréen v. Holten's, Christian Miller's und O. Goldschmidt's. Sonstige Soiréen. Der Quartett-Verein. Die Cammermusik-Abende Karl Bargheer's. Die philharmonischen Cammermusik-Abende. Die Cammermusik-Abende von Fräulein Marstrand, Levin, Spengel, Holten, Kopecky, Prochazka, Dannenberg und Fiedler. Auswärtige Quartett-Vereine produciren sich in Hamburg. Die Gebrüder Müller. Das Quartett Joachim. Das Florentiner Quartett. Die Gebrüder Schröder Hervorragende Concerte auswärtiger Künstler. Die Concerte im Stadttheater. Populäre Concerte. Orgel-Concerte. Der Schäfer'sche Orchester-Verein. Die Musikfeste der Jahre 1841, 1866, 1882 und 1884. Die Männergesang-Vereine. Virtuosen-Concerte 204

Sechstes Kapitel. Die Sing-Akademie. Die Philharmonische Gesellschaft. Der Caecilien-Verein. Die Bach-Gesellschaft. Der Concert-Verein. Die Neuen Abonnements-Concerte. Euthymia Der Gesang-Verein von 1867. Die Eimsbütteler Musik-Gesellschaft. Der Tonkünstler-Verein. Das Conservatorium. Die Altonaer Sing-Akademie 290

Vorrede.

Was bis heute über das Hamburger Musikleben in Monographien und einzelnen Aufsätzen erschienen ist, hat sich, soweit mir diese Publicationen bekannt geworden sind, fast ohne Ausnahme auf die Geschichte der Oper beschränkt. Dagegen ist für die Erforschung des Musik- und Concertwesens, sowie dessen Entwicklung in den letzten Jahrhunderten, so gut wie gar nichts geschehen.

Ein öffentliches Concertleben im strengen Sinne des Wortes besteht erst seit der letzten Hälfte des vorigen Jahrhunderts; dasselbe hängt zusammen mit der Entwicklung der Kunst zu immer größerer Selbständigkeit, mit der Erweiterung des gesellschaftlichen Lebens überhaupt. Die Pflege und Ausübung der Musik lagen bis dorthin mehr oder minder in den Händen der Fürsten und kunstliebenden Aristokraten. Mit dem Aufschwung und der selbständigeren Gestaltung der Instrumentalmusik seit Haydn drang die Kunst immer mehr in weitere Kreise, sie wurde immer mehr zum Allgemeingut. Den fürstlichen Capellen folgten die Dilettanten-Concerte, die zunächst wohl noch privater Natur waren, aber mit der Zeit der großen Oeffentlichkeit immer neue Zugänge erschlossen, bis wir dann von den ersten Decennien unseres Jahrhunderts an ein ausgebildetes öffentliches Concertleben mit seinen großen Licht- aber auch nicht minder großen Schattenseiten vor uns sehen.

Der Nachweis nun, den ich führen werde, daß Hamburg sein öffentliches Concertleben bis zum Anfang des 18. Jahrhunderts zurückführen kann, während Hanslick jenes der Stadt Wien nur von 1750 an zu datiren vermag, dürfte wohl einiges Interesse beanspruchen. Hamburg besaß aber bereits im Jahre 1668 ein öffentliches Concertinstitut, nämlich das von dem Organisten an der Jacobi-Kirche, Matthias Weckmann, errichtete Collegium musicum, dessen Aufführungen im Reventer oder Refectorium des Domes stattfanden. Berühmte auswärtige Künstler erblickten eine große Ehre darin, wenn ihre Werke hier zu Gehör gebracht wurden. Es ist nun freilich nicht zu ersehen, auch aus Mattheson nicht, ob in späteren Jahren diese Concerte regelmäßig stattgefunden haben; aber eine Continuität derselben kann insofern wohl angenommen werden, als nach den Anzeigen des „Correspondenten", welcher in den Jahren 1721—1730 in Schiffbeck erschien, die öffentlichen Aufführungen des Collegiums regelmäßig stattfanden. Daß aber auch sonst, und zwar schon vom Jahre 1719 an, öffentliche Concerte gegen einen bestimmten Eintrittspreis gegeben wurden, glaube ich im dritten Kapitel mit unwiderlegbaren Documenten nachgewiesen zu haben.

Die Hamburger Oper mußte ich von meiner Arbeit ausschließen, da das Werk sonst ein zu umfangreiches geworden wäre und auch dem nicht entsprochen hätte, was ich mir speciell als Endziel vorgesetzt hatte. Ich konnte aus diesem Grunde auf das Wirken von Männern wie Händel, Keiser, Mattheson u. A. nicht eingehen, da das eigentliche Concertleben von denselben so gut wie gar nicht berührt wurde. Keiser wie Mattheson waren freilich auch am Dome angestellt, und es hätte ihnen daher im zweiten Kapitel, das die Kirchenmusik behandelt, ein Platz angewiesen werden können. Wenn wir nun aber auch erfahren, daß z. B. Keiser als „Cantor cathedralis viele ausbündige Oratorien im Dom erschallen lassen", so ist es mir trotz aller aufgewandten Mühe nicht gelungen, über den Zustand der Musik am Dome etwas Näheres und Bestimmteres in Erfahrung zu bringen. Aus denselben Gründen habe ich die Hamburger Organisten nur in soweit erwähnt, als sie in das öffentliche Musiktreiben eingriffen.

Meine Arbeit war überhaupt eine recht mühevolle, und der Leser möge es mir freundlich nachsehen, wenn ich hierauf in Kürze eingehe; es geschieht dies nur um nachzuweisen, daß ich Nichts versäumt habe, um meine Arbeit zu einer möglichst vollständigen zu machen. Wenn mir dies in den beiden ersten Kapiteln, die gleichsam nur ein Präludium, aber ein recht interessantes, zu den übrigen bilden, nicht überall so gelungen ist, wie ich es gerne gewollt hätte, so liegt die Ursache in der so überaus schwierigen Beschaffung des Materials. Durch den Brand von 1842 sind leider die wichtigsten Urkunden verloren gegangen, welche es mir ermöglicht hätten, eine eingehende und erschöpfende Geschichte des Hamburgischen Musikwesens vom 14.—18. Jahrhundert zu schreiben. Meine Hauptaufgabe konnte daher nur die sein, die Kämmerei-Rechnungen und die vorhandenen alten Chroniken durchzugehen, um einige positive Anhaltspunkte für die frühesten Zeiten zu gewinnen. Sehr werthvoll für meinen Zweck waren weiter die auf dem Stadtarchiv theils im Original, theils in Abschrift vorhandenen Actenstücke, sowie die auf älteren Urkunden basirten Aufzeichnungen des Herrn Archivar Dr. Otto Beneke, welche mir mit einer Liberalität überlassen wurden, die ich auch hier mit wärmstem Danke anerkenne. War die positive Ausbeute im Ganzen auch nur eine geringe, so setzte sie mich immerhin in Stand, ein klares Bild von der frühesten Organisation des Musikwesens in unserer Stadt zu gewinnen. Die Ergebnisse dieser Forschungen habe ich in den beiden ersten Kapiteln, die ich, wie gesagt, als eine Art von Einleitung zur Schilderung der Geschichte des Hamburgischen Concertwesens betrachte, niedergelegt.

Für diesen Haupttheil meines Werkes fehlten aber alle Vorarbeiten und bestimmte Anhaltspunkte. Hier galt es nun zunächst mit unverdrossenem Eifer die auf der Stadtbibliothek vorhandenen Zettelbücher, sämmtliche vom Ende des 17. Jahrhunderts an in Hamburg erschienenen politischen Journale sowie Unterhaltungsblätter, auf Annoncen, Kritiken und Vorberichte, vom Jahr 1767 an auch die Fremdenliste der „Hamburgischen Adreß-Comtoir-Nachrichten", die Publicationen der hervorragenden Musikschriftsteller des vorigen Jahrhunderts, und die von den 1780er Jahren an herausgegebenen Fachzeitschriften, durchzugehen. Die Zahl der von mir durchgenommenen Jahrgänge dürfte sich rund auf etwa 1000 belaufen. So mühevoll diese Arbeit war, so lohnend war der Erfolg. Die Ergebnisse ermöglichten es mir, eine abgerundete Schilderung von dem musikalischen Leben und Treiben in Hamburg seit Anfang des 18. Jahrhunderts bis heute zu entwerfen. Ich glaube, daß diese Schilderung nicht nur von musikalischem, sondern auch von kulturgeschichtlichem Interesse sein wird. An passender Stelle habe ich überall Zeit und Menschen, die sich ja Beide gegenseitig bedingen, selbst sprechen lassen, denn nur hierdurch vermag der Leser eine klare und objective Anschauung von dem Wesen der Zeit und ihrer Richtung, wie von den Pendelbewegungen des öffentlichen künstlerischen Geschmacks zu gewinnen. Es dürfte aber auch aus meiner Arbeit hervorgehen, wie rege das musikalische Leben in Hamburg seit Mitte des vorigen Jahrhunderts sich gestaltet hat, und wie viel des Schönen und Guten auf dem Gebiete der Tonkunst von jeher geboten worden ist.

Ich bin nicht der Meinung, die kürzlich öffentlich ausgesprochen wurde, daß der Hamburger für die Vorzeit seiner Heimath keinen Sinn habe, das Gewesene ihn kalt lasse und nur die Gegenwart ihm Interesse abgewinne. Die Tonkunst hat in den letzten Jahrzehnten in unserer Stadt einen solchen Aufschwung genommen und so viele Förderung gerade durch das lebhafte Interesse erfahren, das ihr von allen Seiten entgegengebracht wurde, daß nicht nur die Schilderung dieser Gegenwart, sondern auch jene der vergangenen Zeiten sicherlich auf den Beifall aller Musikfreunde und auch derjenigen Kreise wird zählen dürfen, welche sich einen empfänglichen Sinn für das, was die Geschichte auf allen Gebieten des Geistes lehrt, bewahrt haben. Zeiten und Menschen ändern sich, aber durch alle Variationen der Entwicklung klingt doch immer wieder dasselbe Thema hindurch. Ich überlasse es dem Leser, diesen rothen Faden aus dem reich verzweigten Gewebe der stetig wechselnden Geschmacksrichtungen im musikalischen Leben unserer Stadt herauszufinden.

Zum Schluß habe ich noch die angenehme Pflicht zu erfüllen, den Herrn Vorständen des Stadtarchivs, der Commerz- und Stadt-Bibliothek, wie Herrn Dr. Friedrich Chrysander in Bergedorf, für deren liebenswürdige Unterstützung in meiner Arbeit meinen verbindlichsten Dank zu sagen.

Hamburg, den 6. November 1889.

Josef Sittard.

Berichtigungen.

Seite 56, sieben Zeilen von unten, muß es statt „trat" — erfolgte heißen.
Seite 80 hat Fußnote 2 zu lauten: Siehe Relations-Courier 1755 Nr. 54.

Erstes Kapitel.

Die frühesten Zustände des Musikwesens in Hamburg. Spielleute. Stadttrompeter. Verbindung der Spielleute zu Corporationen. Die Raths-Musikanten. Ihre Organisation. Roll- und Grün-Musikanten. Ihre Privilegien und gesetzlichen Befugnisse, sowie ihr Verhältniß unter sich und zu den Raths-Musikanten. Die wohlwollenden Gesinnungen des Raths für die Kunst. Ansehen der Raths-Musikanten außerhalb Hamburgs im 17. Jahrhundert. Streitigkeiten. Die Besoldungs-Verhältnisse der Raths Musikanten und der Raths-Kuchenbäcker. Verzeichniß der Raths-Kuchenbäcker von 1555, der Raths-Musikanten von 1525 an. William Brade. Paul Schop. Nicolaus Bruns. Dietrich Becker. Die Rathsmusik-Directoren.

Es sind die Kämmerei-Rechnungen, einzelne Decrete, Conclusa, Befehle und Vergleiche, die uns einen Rückschluß auf die frühesten musikalischen Zustände Hamburgs gestatten. Zunächst sind es die Kämmerei-Rechnungen, welche uns Kunde geben von Spielleuten des 14. und 15. Jahrhunderts. Sie standen wohl in einem gewissen Dienstverhältniß zur Stadt, aber mit absoluter Bestimmtheit können wir nicht sagen, ob dasselbe auf fest formulirten Verträgen beruhte. Wir müssen vielmehr annehmen, daß in vielen Fällen gelegentliche Einzelleistungen honorirt wurden, und unter den angeführten Spielleuten mancher Wandermusikant sich befand, der durch seine Künste die gestrengen Väter der Stadt zu einem wohlwollenden Griff in den Staatssäckel ermunterte. So möchten wir es billig bezweifeln, ob die von den Kämmerei-Rechnungen aus dem 14. Jahrhundert aufgeführten Spielleute in Hamburgs Diensten gestanden haben. Es sind immer wieder andere Namen, die uns genannt werden, und die Vielseitigkeit der in einer Person zuweilen vereinigten Talente macht uns doppelt mißtrauisch, zumal noch im 15. Jahrhundert die einzelnen Spielleute unter der ziemlich anrüchigen Rubrik „Histrionen" figuriren. Aber es liegen auch wieder Beweise vor, daß bereits Mitte des 14. Jahrhunderts Hamburg fest engagirte Stadtmusikanten gehabt haben muß. Unter diesen Fistulatores et figellatores Dominorum Consulum oder Civitatis nennen uns die Kämmerei-Rechnungen u. A. einen Meister Wunder, der 1381 mit neuer Kleidung versehen, und einige Jahre später — 1385 — für 1 ℔ 14 β 4 ₰ feierlich begraben wurde. Vom Jahre 1350 kommen überhaupt in den Rechnungen regelmäßige Ausgaben für Spielleute vor. Zur Dienerschaft des Raths gehörten sie aber damals noch nicht; sie bezogen auch nur ein geringes festes Gehalt aus der Stadtcasse. Für besondere Leistungen erhielten sie dagegen eine kleine Extra-Vergütung; so z. B. gelegentlich der 1382 stattgehabten Hochzeit des Grafen Otto von Delmenhorst und bei der Anwesenheit des Grafen von Holnstein im Jahre 1385.[1]) Die regelmäßigen Zahlungen an die Spielleute betrugen 1350 eine Mark zu Ostern und eine Mark zu Weihnachten. Hierzu kamen dann noch 1370 10 β für „Licht um Pfingsten". Da die Rechnungen von 1471 ausdrücklich bemerken, daß den Spielleuten diese Entschädigung für das Licht ausgeworfen worden sei, welches sie auf dem Lector der Hl. Jungfrau im Dome brauchten, so dürfte hieraus wohl auf eine Mitwirkung der Spielleute beim Abendgottesdienst am Tage vor Pfingsten geschlossen werden. Von 1481 an erhalten die Stadt-Spielleute noch 3 ℔ 12 β zum Gastmahl am Johannis- und Paulstage, und 1508 warf man ihnen noch 3 ℔ für den „Stadttanz" aus. Auf die Besoldungsverhältnisse im Allgemeinen werden wir übrigens weiter unten nochmals zurückkommen.

Unter den von den Kämmerei-Rechnungen genannten Spielleuten aus dem 14. Jahrhundert, führen wir folgende Instrumentisten an. Wir begegnen zunächst im Jahre 1350 einem Tympanator, Trommel- oder auch Paukenschläger, 1352 einem Posaunisten, ja

---

[1]) C. F. Gaedechens: „Einiges über die Stadt-Musikanten in Hamburg", in den Mittheilungen des Vereins für Hamburgische Geschichte. 1887. Seite 117 ff.

zwei Jahre später finden wir sogar die Anschaffung zweier Posaunen erwähnt.¹) Einen Trompeter, „Petrus turbatoris" ²) besaß die Stadt im Jahre 1354. Letzterer stand in einem festen Dienstverhältniß zur Stadt, denn in den Rechnungen kommt er auch noch in den beiden folgenden Jahren vor. Einen Zitherschläger oder Lautenisten finden wir 1356 erwähnt, und 1385 werden uns Nicolaus und Andreas als Spieler der Laute und Geige genannt.³) Im Jahre 1370 wurden 10 β für ein ehernes Horn auf dem Thurm der Nicolai-Kirche verausgabt, 1372 für zwei Hörner 33 β.⁴)

Die eigentlichen Stadttrompeter standen in keinem Zusammenhang mit den späteren Rathsmusikanten, von welchen noch ausführlicher die Rede sein wird. Erst 1465 finden wir einen Raths- oder Stadttrompeter in den Rechnungen angeführt; doch ist es wohl möglich, daß schon früher solche im Dienste des Raths standen. In erwähntem Jahre wurde nämlich für den Beflissenen der altehrwürdigen Trompeter-Kunst ein Heroldsbanner angeschafft, auf das Johann Borneman das Bild der Hl. Jungfrau malte.⁵) Zu derselben Zeit besaß zwar auch der Thürmer auf dem St. Nicolai-Thurme das von Aaron bereits hochgehaltene Instrument, doch waren die Functionen desselben durchaus verschieden von jenen des ehrsamen Rathstrompeters. Wie Beneke⁶) uns berichtet, hatte letzterer dem öffentlichen Erscheinen des Senats oder seiner Vertreter vorzureiten, Heroldsdienste zu verrichten, auch wohl amtliche Mahlzeiten durch sein Blasen zu verherrlichen. Später verwandte er seine Mußestunden auch dazu, der städtischen

---

¹) Kämmerei-Rechnungen der Stadt Hamburg von 1350—1540. Herausgegeben von Karl Koppmann. Band I., S. 36: „Pro 2 basunis 5 ₰". Ein Pfund oder Talent hatte 20 Schillinge, also 1¼ ℳ.

²) Kämmerei-Rechnungen I., S. 42, 58.

³) „lusoribus in luta seu in cytharis et fiella". I. 412.

⁴) „pro uno cornu ereo super turrim ecclesie sancti Nicolai". I. 24, und S. 143: „vor twe ereue horne".

⁵) Kämmerei Rechnungen II., S. 263: „4 ℳ Johanni Borneman pro pictura standere, brandere et imaginum beate Virginis ad bardesas et ad bannerium cerviceum tubicinis".

⁶) Otto Beneke: „Von unehrlichen Leuten". Zweite Auflage. S. 35.

Reiterei durch sein Geblase einen angenehmen Zeitvertreib zu gewähren; hierfür erhielt er freie Wohnung und 50 Reichsthaler Extra-Gage. Der letzte Rathstrompeter Michou starb 1796. „Er war verpflichtet gewesen sich ein Pferd zu halten, in Liverey Reisen zu machen, alle sechs Jahre den neuen Amtmann nach Ritzebüttel, jährlich die Visitation nach Bergedorf und zweimal jährlich den sogenannten Apostelritt bei Verkündung der Bursprake zu begleiten, wofür er ein Gehalt von 260 Thalern Hamburger Curant bezog".[1]

Vom Jahre 1522 an werden die Spielleute in den Kämmerei-Rechnungen nicht mehr unter „Histrionen" angeführt, sondern sie folgen unmittelbar der Dienerschaft des Raths; auch erhalten sie ihre Besoldung nicht mehr gemeinsam an jedem Feste, sondern jeder für sich. Doch wäre es ein Irrthum, aus dieser Thatsache die Folgerung abzuleiten, daß erst von genanntem Zeitpunkt an eine fest organisirte Corporation der Spielleute bestanden habe. In den Städten waren es die sogenannten Stadtpfeifer oder Kunstpfeifer und Thürmer, welche sich schon im 15. Jahrhundert zu Innungen verbanden, und von dem auf den fahrenden Spielleuten haftenden Makel sich frei machten. Sie standen unter einem Pfeiferkönig, auch Spielgrafen genannt, dessen Amt in manchen Städten, so auch in Hamburg, mit dem nahrhaften Beruf des Kuchenbäckers verbunden war. Schon im Jahre 1355 nennen uns die Rechnungen einen Rathskuchen-Bäcker Johannes, und 1464 erfahren wir von einem Meister Hinrich, der die neu engagirten Pfeifer in den Dienst der Stadt aufnahm, 1502 von einem Kuchenbäcker Helwig Giseler als Oberherrn der Spielleute, unter denen wir 2 Lautenschlägern Namens Hans Gretel und Jürgen Gretel, einem Schalmeier Hermann Frese und dem Thornemann Hermann Boß um begegnen. Im Jahre 1529 lernen wir einen „Kocken becker" Jochen nebst 6 Spielleuten kennen, worunter sich drei Lautenisten befanden. Daß diese Musici in einem festen Dienstverhältniß zur Stadt standen, ist mit Sicherheit anzunehmen; sie gehörten zu den eigentlichen Rathsmusikanten, deren

---

[1] Gaedechens, a. a. O., S. 155.

Zahl vom Jahre 1555 an auf acht erhöht wurde. Der älteste Weddeherr (Polizeiherr) belehnte die Stellen. Die beiden ältesten oder ersten Rathsmeister besaßen auch freie Wohnung. Der eine logirte im Küterthor, das von der Knochenhauerstraße zum alten Schlachthause führte und schon 1574 „Pipertor", 1466 Pfeiferhaus genannt und noch 1722 und später vom Musikdirector bewohnt wurde. Der zweite war über dem alten Schrangen (am Berge) untergebracht, bis diese Wohnung 1667 wegen Baufälligkeit geräumt werden mußte. Er erhielt fortan eine Miethsentschädigung.

Genauere Kunde über das Hamburger Musikwesen im 16. und 17. Jahrhundert gibt uns ein im Stadtarchiv enthaltenes Actenstück. Dasselbe ist betitelt: „Abbildung des alten und neuen Wedde- oder Polizeiwesens der Republik Hamburg". Es ist dies eine leider unvollständige Zusammenstellung älterer, nicht mehr vorhandener Actenstücke, die sich mit der Ordnung und den Gesetzen der Musikanten und Spielleute beschäftigen.

Darnach standen „eines Hochedlen Raths-Musikanten, an der Zahl acht"[1]) unter dem Weddegericht; ihnen waren zwei Adjuncti oder Expectanten beigegeben. Hierauf folgten die Rollbrüder, welche schon in frühester Zeit die Zahl acht nicht überschritten. Letztere bildeten ähnlich den Musikanten-Zünften in anderen Städten eine Art von Brüderschaft mit bestimmten, die Befugnisse des Einzelnen genau abgrenzenden Gesetzen, welche die Rolle genannt wurden. Die Expectanten und Roll-Brüder hatten unweigerlich dem Befehle der Raths-Musikanten zu folgen, selbst dann, wenn sie sich bereits anderwärtig zu Dienstleistungen hatten dingen lassen. In einem solchen Falle mußten sie sich durch die Musikanten der Grün-Rolle vertreten lassen, denn es wurde ausdrücklich bestimmt, daß „wenn Sie eines oder der andern Musicanten bey der Aufwartung entweder für sich selbst oder zur Hülfe benöthiget währen, darzu solche Persohnen aus den Grün- und Pantleons-Musicanten erwehlen, welche Ihnen darzu am geschicktesten dünken, ohne auf eine Ordnung zu sehen, oder daran gebunden zu seyn, diese aber

---

[1]) Letztere Bemerkung beweist, daß das Original der erwähnten Abschrift dem Ende des 16. oder dem Anfang des 17. Jahrhunderts angehört.

sodann aufzuwarten schuldig seyn sollen". Sollten aber die „Roll-Musicanten darzu fremde adhibiren", so würden sie zu einer Geldstrafe verurtheilt werden. Auch sprach ihnen der ehrbare Rath nach dem Protokoll vom 9. October 1695 die Befugniß ab, „die Leute außer der Stadt, welche sich bei Hochzeiten und sonst anderer Musicanten bedienen, eigenmächtig zu bestrafen, mit dem Anhang, daß man ihnen so wenig dieses als das Recht von einer Brüderschaft zustünde". Da ist es nun aber höchst merkwürdig, daß bei anderen Gelegenheiten der Rath ihre unter sich getroffenen Vereinbarungen, die freilich stets der Sanction des Weddeherrn unterlagen, anerkannte.

Diesen Roll-Brüdern folgten die „extraordinären" Musikanten, die Grün- oder Pantaleons-Fiedler, „sonsten auch Bierfiedler" genannt. Sie hatten der Kammer für die Erlaubniß, in der Vorstadt zum Tanz aufspielen zu dürfen, „auch wann die Schulkinder aus der Stadt in's Grüne gehen wollen, oder Pantaleon halten" jährlich 150 ℔ zu entrichten.¹) Grün- oder Pantaleons-Musikanten wurden sie genannt, weil sie bei den im Freien und Grünen gefeierten Frühlings- und Sommerfesten das ausschließliche Recht hatten, die musikalische Ergötzlichkeit zu fördern. Eines dieser beliebten Feste fand alljährlich am St. Pantaleonstage, am 28. Juli statt. Der Name dieses Heiligen wurde auf sie übertragen, wie denn auch jedes fröhliche Fest „Panteljohn", ein ausgelassenes, verschwenderisches Leben „panteljohnen" genannt wurde.²) Der Volksmund hieß sie auch Pantalons-Brüder. Sie besaßen, wie aus den oben mitgetheilten Bestimmungen hervorgeht, das Recht, bei allen im Grünen stattfindenden Festlichkeiten aufzuwarten; noch am 22. Juli 1800 wurde dem Schulhalter Meyer befohlen, bei seinem Kindergrün sich keiner anderen als der Grün-Roll-Musikanten, bei 5 Reichsthaler Strafe, zu bedienen.

Das Privilegium der Grün-Fiedler datirt vom 18. Februar 1691. An diesem Tage „haben die 50 extraordinäre Musikanten oder Grün-Fiedler einige Articulos abgefaßet, beliebet und beschlossen,

---

[1] Heß: „Hamburg, topographisch, politisch und historisch beschrieben". 1811. Band III, Seite 127.

[2] Beneke a. a. O.

wornach sie sich willkührlich verhalten wollten. Die ersten X sind Grünen-Articuli. Die andern IX handeln von Hochzeiten. Das dritte Stück ist der Eid für den Interessenten. Das vierte bestehet aus X Leichen-Articuli. Ordinaire Articuli sind XXX. Diese Artikel werden die „grüne Rolle" genannt". Leider beschränkt sich die erwähnte, im Stadtarchiv befindliche „Abbildung" auf diese kurze Notiz, und es ist höchlich zu beklagen, daß der Verfasser den Inhalt der Artikel selbst nicht mitgetheilt hat. Aus anderen Actenstücken erfahren wir, daß es ihrer 50 Grün-Fiedler waren, die dahin privilegirt wurden, „daß Keiner alhier auf den Grünen und **pantalionen** der Schulmeister vnd Lehrmodderschen(?) auffwarten soll, als dieselben. Mit dem Beding, daß sie sonsten denen Raths-Musicanten vnd Roll-Brüdern keinen Eintracht thun, auch die Leute mit vngebührlich Lohn nicht beschweren, sondern eine jede Persohn so da auffwartet, mit 1 ß lübsch. Fiedler sein, vnd der Wette sofort 2 Reichsthaler vnd folgends solche jährlich zur **recognition** entrichten soll". Am 11. März 1695 wurde „beliebet, daß diese Zahl der 50 Personen bis auf 30 sollen absterben, jedoch daß jährlich für 30 Personen der Kämmerei das ihrige entrichtet werde".

Die beiden Jüngsten der Grün-Fiedler waren verbunden, „die Grüne am Waisenhause und Armenschule zu bedienen, welche jährlich einmal den Waisen- und anderen armen Kindern zur Ergötzlichkeit und Geld-Sammlung pflegen gehalten zu werden". Fremde, auswärtige Musikanten hießen Bönhasen.

Nach einem Senats-Protokoll vom 26. Januar 1610 war auch die Zahl der Roll-Musikanten „also groß worden, daß dieselbige ihre nothdürftige Unterhaltung davon schwerlich haben können". Der Rath beschloß daher auf ihr demüthiges Bitten, „daß hinfüro uff gedachte Rolle niemandt mehr gesetzet vndt angenommen werden soll, Ehe wurdt zuvor allsolche Rolle bis uff fünffzehn Personen wiederumb kommen, vndt soll hernach über berührte Zahl der fünfzehn Personen niemandt uff die Rolle verzeichnet, Sondern eß bey allsolcher anzahl :eß were dann, daß ein Ehrbar Rath Jemandt, seiner besonderen Kunst halber, befürdern wolte :; bleiben vndt belassen werden."

sodann aufzuwarten schuldig seyn sollen". Sollten aber die „Roll-Musicanten darzu fremde adhibiren", so würden sie zu einer Geldstrafe verurtheilt werden. Auch sprach ihnen der ehrbare Rath nach dem Protokoll vom 9. October 1693 die Befugniß ab, „die Leute außer der Stadt, welche sich bei Hochzeiten und sonst anderer Musicanten bedienen, eigenmächtig zu bestrafen, mit dem Anhang, daß man ihnen so wenig dieses als das Recht von einer Brüderschaft zustünde". Da ist es nun aber höchst merkwürdig, daß bei anderen Gelegenheiten der Rath ihre unter sich getroffenen Vereinbarungen, die freilich stets der Sanction des Weddeherrn unterlagen, anerkannte.

Diesen Roll-Brüdern folgten die „extraordinären" Musikanten, die Grün- oder Pantaleons-Fiedler, „sonsten auch Bierfiedler" genannt. Sie hatten der Kammer für die Erlaubniß, in der Vorstadt zum Tanz aufspielen zu dürfen, „auch wann die Schulkinder aus der Stadt in's Grüne gehen wollen, oder Pantaleon halten" jährlich 150 ℔ zu entrichten.[1]) Grün- oder Pantaleons-Musikanten wurden sie genannt, weil sie bei den im Freien und Grünen gefeierten Frühlings- und Sommerfesten das ausschließliche Recht hatten, die musikalische Ergötzlichkeit zu fördern. Eines dieser beliebten Feste fand alljährlich am St. Pantaleonstage, am 28. Juli statt. Der Name dieses Heiligen wurde auf sie übertragen, wie denn auch jedes fröhliche Fest „Panteljohn", ein ausgelassenes, verschwenderisches Leben „panteljohnen" genannt wurde.[2]) Der Volksmund hieß sie auch Pantalons-Brüder. Sie besaßen, wie aus den oben mitgetheilten Bestimmungen hervorgeht, das Recht, bei allen im Grünen stattfindenden Festlichkeiten aufzuwarten; noch am 22. Juli 1806 wurde dem Schulhalter Meyer befohlen, bei seinem Kindergrün sich keiner anderen als der Grün-Roll-Musikanten, bei 3 Reichsthaler Strafe, zu bedienen.

Das Privilegium der Grün-Fiedler datirt vom 18. Februar 1691. An diesem Tage „haben die 30 extraordinäre Musikanten oder Grün-Fiedler einige Articulos abgefaßet, beliebet und beschlossen,

---

[1]) Heß: „Hamburg, topographisch, politisch und historisch beschrieben". 1811. Band III, Seite 427.

[2]) Beneke a. a. O.

wornach sie sich willkührlich verhalten wollten. Die ersten X sind Grünen-Articuli. Die andern IX handeln von Hochzeiten. Das dritte Stück ist der Eid für den Interessenten. Das vierte bestehet aus X Leichen-Articuli. Ordinaire Articuli sind XXX. Diese Artikel werden die „grüne Rolle" genannt". Leider beschränkt sich die erwähnte, im Stadtarchiv befindliche „Abbildung" auf diese kurze Notiz, und es ist höchlich zu beklagen, daß der Verfasser den Inhalt der Artikel selbst nicht mitgetheilt hat. Aus anderen Actenstücken erfahren wir, daß es ihrer 50 Grün-Fiedler waren, die dahin privilegirt wurden, „daß Keiner alhier auf den Grünen und pantalionen der Schulmeister vnd Lehrmodderschen(?) auffwarten soll, als dieselben. Mit dem Beding, daß sie sonsten denen Raths-Musicanten vnd Roll-Brüdern keinen Eintracht thun, auch die Leute mit vngebührlich Lohn nicht beschweren, sondern eine jede Persohn so da auffwartet, mit 1 ß lübsch. Fiedler sein, vnd der Wette sofort 2 Reichsthaler vnd folgends solche jährlich zur recognition entrichten soll". Am 11. März 1695 wurde „beliebet, daß diese Zahl der 50 Personen bis auf 30 sollen absterben, jedoch daß jährlich für 50 Personen der Kämmerei das ihrige entrichtet werde".

Die beiden Jüngsten der Grün-Fiedler waren verbunden, „die Grüne am Waisenhause und Armenschule zu bedienen, welche jährlich einmal den Waisen- und anderen armen Kindern zur Ergötzlichkeit und Geld-Sammlung pflegen gehalten zu werden". Fremde, auswärtige Musikanten hießen Bönhasen.

Nach einem Senats-Protokoll vom 26. Januar 1610 war auch die Zahl der Roll-Musikanten „also groß worden, daß dieselbige ihre nothdürftige Unterhaltung davon schwerlich haben können". Der Rath beschloß daher auf ihr demüthiges Bitten, „daß hinfüro uff gedachte Rolle niemandt mehr gesetzet vndt angenommen werden soll, Ehe wurdt zuvor allsolche Rolle bis uff fünffzehn Persohnen wiederumb kommen, vndt soll hernach über berührte Zahl der fünfzehn Persohnen niemandt uff die Rolle verzeichnet, Sondern eß bey allsolcher anzahl (eß were dann, daß ein Ehrbar Rath Jemandt, seiner besonderen Kunst halber, befürdern wolte;) bleiben vndt belassen werden."

Eine der ältesten Verordnungen, wahrscheinlich ist es jene von 1529, die Beneke erwähnt, beschäftigt sich mit der Anzahl der Musikanten, welche die Hochzeiten zu bedienen hatten, sowie mit der Taxe, die sie zu fordern berechtigt waren; bildeten doch die Hochzeiten und sonstige festliche Gelage die Haupterwerbs-Quelle der Raths-Musikanten. Letztere besaßen auch das Vorrecht des Aufspielens. Nach der bereits erwähnten Abschrift auf dem Stadtarchiv, hatten zu einer großen oder ganzen Hochzeit „das größeste und kleine Spiel" sich einzufinden, in allem 8 Personen; zu einer halben dagegen das halbe Spiel und nicht mehr als 4 Personen. Zu einer Abendkost mußten es ihrer 3 sein, und „soll der Bräutigam denen Spielleuten geben: Zu einer großen Hochzeit 12 Reichsthaler, zu einer halben 6, zu einer Abend-Köste oder Mittags-Köste, wann des Abends nicht gespeiset wird 3, zu der Knechte oder Mägde Hochzeiten oder Gastgebode 1½ Reichsthaler, auch mit Abforderung wegen des Vortanzes, Aufsetzung des Brods oder Sammlung bei Tische niemand beschwerlich sein". Wer für den Vortrag etwas geben würde, sollte bei dem Weddeherrn in Strafe verfallen.

Diese Verordnung bezog sich in erster Linie auf die Raths-Musikanten. Wollten letztere für die bestimmte Taxe nicht aufspielen, so durften die Bürger sich anderer Spielleute, zunächst jener der Rolle bedienen; begehrte aber der Hochzeiter überhaupt keine Musik, so war vom Rath in humanster Weise dafür gesorgt, daß sie durch eine kleine Hochzeitsabgabe für den Ausfall entschädigt wurden. Der Rath kam ihnen überhaupt mit größter Sympathie entgegen. So trug er in der Bürgerschaft vom 9. Februar 1615 darauf an, daß den Stadtmusikanten und Instrumentisten von den Sonntagshochzeiten ein Gewisses bezahlt werden möge, selbst wenn sie nicht gebraucht würden, „damit die Musica so bisher ein nicht gering Ornamentum und Zierrath dieser Stadt gewesen, nicht in Abgang gerathen, sondern bei dieser Stadt erhalten werden, auch gedachte Musici ihren nothdürftigen Unterhalt haben mögen". Und als später die bürgerschaftliche Finanzbehörde die Raths-Musikanten-Stellen zu verkäuflichen machen wollte, erklärte der einsichtige Rath 1693, „daß ein Musikantendienst eine

Kunst in sich begreife, also unverkäuflich bleiben müsse, weil sonst ein Stümper, wenn er nur Geld habe zum Bieten, einen kunstreichen Dienst erlangen und zu Schanden machen könne". Zwei Jahre früher bereits hätte der Senat sich auch gegen die Verkäuflichkeit des Expectanten-Dienstes erklärt, „überdem so wären ja auch andere dergleichen Dienste so auf Kunst und Wissenschaft ankämen, von Andern vergeben und nicht verkaufet".

Die Hamburger Raths-Musikanten waren im 17. Jahrhundert auswärts wegen ihrer Kunst geschätzt. So wurden im Jahre 1605 einige derselben zur Kindtaufe vom Grafen von Ostfriesland begehrt, und 1607 entschuldigt sich der Fürst zu Anhalt, Hans Georg, daß er den Hamburger Lautenisten Martin Krumbfuß so lange in Dessau zurückgehalten; ja 1614 bat der Markgraf Johann Sigismund von Brandenburg den ehrbaren Rath, ihm einen Organisten und Instrumentisten zu schicken. In der Chronik des Kunrat von Hövelen[1]) lesen wir: „Die Vornämste Rates- und Stadt-Musici sind in sonderem Währte wolgesähen, und hat Hamburg äbenfals seine Music-Künstlär zur Lust und Beachtung gleich andre Oehrter fürzuställen.

„Was für disem die drei, als Herr Scheidemann, Sellius und Schop[2]) für Auf-bündige Leute in der Music gewäsen sein, wissen nicht nur die Einwoner, besondren fremde Reiche, ja selbst hohe Potentaten, im übrigen ist des Alten Hieronymus Praetorius und dessen Sohns Säliger Gedächtnisse, wegen Ihrer fürträflichen Kunst wol zu erwänen, und Hamburg auch in disem zu Rümen, daß es nicht nur um ädle Music-Künstlär sich umtuht, sondern sie auch wol, hoch und währt achtet: gestalt es Neulichst auf den hin und wider Kunst-berüchtigten Sidon eine Zeit gehabt, und noch den Sinreichen Auf-bündigen Orgel-Künstlär

---

[1]) „Der Uhr alten Deutschen Grossen und des h. Röm. Reichs-freien An-See- und Handel-Stadt Hamburg Alt Vorige und noch Iz Zu Nämende Hoheit . . . . . . ausgefärtiget Candore, Virtute, Honore [d. i. Kunrat von Hövelen]". Lübeck. 1668. 8°. S. 77.

[2]) Wir werden auf diese und andere Hamburger berühmte Musiker noch zurückkommen.

Herrn Welmann und fürtrefflichen lieblichen Kunstgeübten Herren Vetter, samt seinen Kunstbegabeten gleichgesinden Neben-gehülfen in Bestallung hält, ja die Capelle (drüber zuforderst der Hoch-berühmte Lob-ädele Capelmeister Herr Bernhardi Ober-aufseher ist,) in Gutem Wäsen und Stande Got zu Ehren und Hamburg zur Lust, Ergözlichkeit und Nuz auf das Bäste eingerichet hält. Sotanes schönes Music-haben, ist kein geringes Hoheit Zeighen.

„Auf den hohen Feierfesten höret man schier eine Engel-gleiche Music in den Kirchen, und ist hoch-rühmlich, daß in dem Duhm des Donnerstags ein Collegium Musicale öffentlich, so wol für fremde als Einheimische Libhaber angestället wird.

„Bei Vornähmer Gastereien und dergl: Lust-fürgehen stehet frei mit Säitenspile, Singen oder Trompeten sich bedinen zu lassen".

Und Wolfgang Heinrich Adelungk schreibt im Jahre 1696:[1]) „E. E. hochw. Raths-Musici seind in sonderen Werth wolangesehen, und hat Hamburg ebenfals gleich anderer Oerter fürtreffliche Music-Künstler vorzustellen.

„Auff denen hohen Fest-Tagen, höret man zu Hamburg fast eine Engelgleiche Music in den Kirchen, vor diesem hat man des Donnerstages im Thum ein Collegium Musicale öffentlich, so wol für frembde als Einheimische gehalten. Bey vornehmen Gastereyen stehet frey mit Seiten-Spielen oder Singen sich bedienen zu lassen".

Leider entsprach die innere Harmonie nicht immer der äußeren; auch in Hamburg lebten die Söhne Apolls unter sich stets im Unfrieden. Sowohl zwischen den Raths-Musikanten und Rollbrüdern, wie zwischen den letzteren und den Grün-Musikanten, kam es immer zu Competenz-Conflicten, und die Weddeherrn hatten stets von Neuem zu vergleichen und das aufgeregte Musikantenblut zu beschwichtigen. Auch an sonstigen Beschwerden fehlte es nicht. So fordert ein Mandat vom Jahre 1609 die Spielleute

---

[1]) Wolfgang Heinrich Adelungk: „Die annoch vorhandene Hamburgische Antiquitaeten oder Alterthums-Gedächtnisse." Hamburg 1696. 4°. S. 56.

auf, „sich an dem Lohne so ihnen verordnet, vermöge der in diesem Jahre publicirten Hochzeits-Ordnung sättigen und begnügen zu lassen, auch bei niemand mehr sich beschweren zu wollen".

Am 25. Januar 1610 erging „eines Hochedlen Raths Decret", daß nur 15 Instrumentisten auf der Rolle sein sollten, „es wäre dann, daß einer seiner Kunst halber befördert würde". Wenn nämlich einer der Raths-Musikanten abging, so hatte entweder einer der Expectanten oder der älteste der Rollbrüder die erste Anwartschaft auf dessen Stelle.

Im Jahre 1615 erschien am 31. März eine Verordnung, daß bei einer ganzen Hochzeit oder Weinköste nur 4 Spielleute, auf der halben 3 und auf den geringeren „so sie es begehren 2 Spielleute gegönnet und von dem Kuchenbecker oder Spielgreve solle angeordnet werden". Sonntags durften sie vor 3 Uhr Nachmittags mit dem Aufspielen nicht anfangen, und auf Hochzeiten, die an diesem Tage stattfanden, weder Trompeten noch Trommeln gebrauchen.

Aber trotz aller Verordnungen und Ermahnungen dauerten die Streitigkeiten und Beschwerden fort. Endlich kam am 15. October 1664 durch die damaligen Weddeherren zwischen Raths-Musikanten und Roll-Brüdern ein Vergleich zu Stande, der die Gemüther doch wenigstens auf einige Jahre wieder beruhigte. Dieser Vertrag bestimmte:

„Erstlich sollten von dem Raths-Kuchenbecker Acht Raths-Musikanten wann Hochzeiten vorhanden und gehalten würden, wöchentlich am Donnerstage, die vier besten Hochzeiten, auf welchen Tag sie dieselben begehren, angewiesen und zugeordnet werden.

2tens Wann die Raths-Musikanten ihre 4 Hochzeiten bekommen, sollten die annoch übrige bei den 2 Expectanten und 15 Roll-Brüdern nach der Reihe gegeben und angewiesen werden.

3tens Wann die Raths-Musikanten ihre Hochzeiten allein nicht bedienen könnten, sollten sie nicht befugt sein, fremde Musikanten oder Böhnhaasen, sondern die Roll-Brüder, wann dieselben tüchtig zu sich nehmen, die sich auch hiezu für einen gewöhnlichen Lohn sollten finden lassen, es wäre dann, daß sie ihre eigenen Hochzeiten zu bedienen hätten; auf solchen Fall wäre ein Theil an dem andern nicht verbunden.

4tens Sollten die Expectanten und Roll-Brüder sich ebenmäßig keiner fremden bedienen, sondern ihre Mitbrüder allein gebrauchen.

5tens Keine Hochzeit, so bei dem Raths-Kuchenbecker nicht geschrieben,[1]) heimlich oder mit mehreren Personen als angewiesen, bedienen.

in fine ist enthalten, daß die Böhnhaasen auf Anklage wann sie auf Hochzeiten gespielet, von denen Wedde-Herren in ernstlicher Strafe genommen werden sollten".

In dem bereits mehrfach citirten Actenstück vom Jahre 1751, sind die vorgekommenen Streitigkeiten, Vergleiche ꝛc. alle genau protocollirt, „damit der hochgeneigte Leser einige S p e c i a l e Nachricht von ihren noch fortlaufenden Streitigkeiten überkommen möge, wie dann beyde Parteyen annoch in der größten D i s h a r m o n i e leben, ob gleich bei den Hochzeiten ihre Musik h a r m o n i r t".

---

[1]) So bestimmt die Hochzeitsordnung von 1583: „De spelgreve schall des brüdigams und der brudt nahmen den negsten dag, wan sick de brüdigam schriven leth, den weddeherrn anmelden, welcker dem brüdigam vermöge der ordnung kost tho holden ernstlich vermanen und unterrichten werdt; ingelicken ook de spelgreve, wan der brüdigam sick schriven leth, dem brüdigam undt brudt fründen de ordnung des kerckganges und kost vorlesen schall. De spelgreve schall vor inschriving spelgrevengeld verehrung vor in oder na der kost, van euer groten kost hebben 12 ß. lüb. und nicht mehr; van der halven kost, wo baven gemeldet, in alles hebben 6 ß. lüb.; van euer avendkost in alles 4 ß; van euem gastgebade so stracks na dem chorgange des sondages to middagenkost holden 2 ß. Und schall demna de spelgreve baven dit angeordnete salarium van kenem brüdigam edder geholdenen kost gar kene gerichte, beer edder wien, waß edder talchlicht oder ichwas im geringsten under wat schien solckes ook geschehen möchte, hebben, fordern und entfangen, by 50 daler straffe".

Daß es zwischen den Roll- und Grün-Musikanten erst recht nicht im Frieden abging, bedarf keiner ausdrücklichen Versicherung. Auf eine Bittschrift des Peter Schlepke, der allem Anscheine nach das Haupt der Grün-Musikanten war, gestattete im Jahre 1685 der General und Stadtcommandant von Uffeln ihm und seinen Kameraden „bey hiesiger Soldatesque in dieser Stadt vorfallende Hochzeiten mit ihrer Kunst aufwarten zu dürfen, solches aber keineswegs zum Präjudiz oder Nachtheil der Garnison gereichen solle". Auch heißt es im zweiten Artikel des von Peter Schlepke unterschriebenen Reverses: „wollen wir nicht hindern, oder uns zuwiedern seyn lassen, daß die Regiments-Pfeiffer mit ihren gewöhnlichen instrumenten, als Schalmeyen, Pfeiffen und Trommel ihre aufwartung wo es erfordert wird, thun mögen." Außer diesen Instrumenten besaß das Musikchor der Garnison noch Trompeten, während die Grün-Musikanten dem edlen Saitenspiel oblagen.¹) Hierauf erfolgte nun aber eine Beschwerde, „der semptlichen Rollbrüder wider Peter Schlepke" bei den Weddeherrn, die nun auch ihrerseits nicht zögerten „solchem Unternehmen als ihnen präjudicirlich", zu widersprechen, und den voreiligen Unterzeichner des Reverses in wohlverdiente Strafe zu nehmen. Dagegen wurde auf eine Supplik der „Grünen", vom Senat am 15. December 1702 decretirt, „daß die in denen Marsch-Ländern wohnenden Spielleute, wenn sie andrer Musikanten bedürfftig, keine Frembde außerhalb dem Lande Wohnende zu sich zu ziehen befugt, sondern einen aus der Zahl der Extraordinairen Musikanten zu Hülffe zu nehmen schuldig sein, auch die Supplicantes, wann Jemand von den Eingesessenen sie verlanget, allein aufzuwarten, nach wie vor befuget sein sollen."

---

¹) Bei der Hamburger Garnison treffen wir erst Ende des 17. Jahrhunderts die Anfänge eines Hautboisten-Chors. Im Jahre 1724 wurden 5 Hautbois und 2 Fagotte angeschafft, bald darauf „Parforce-Hörner". Die Hamburger Militärmusik besaß übrigens keinen guten Leumund. Die Klagen des Generals über den schlechten Zustand derselben, besonders über die abgenutzten Instrumente, kehren immer wieder, und 1762 meint Schiebeler in einem satyrischen Gedicht, daß der dänische König die rostigen Gewehre und die Soldateska der Hamburger nicht fürchte, wohl aber scheue er ihre Musik.

Die Streitigkeiten gingen aber immer weiter, und noch im Jahre 1765 erfolgte am 9. October ein Befehl, wonach auf Anhalten der Rathsmusici, den Expectanten und Rollbrüdern verboten wurde „bei Musiken, welchen Namen sie haben mögen, welche den Raths-Musikanten nachtheilig, aufzuwarten". Dasselbe wurde den „Grün- und Pantillions-Musikanten" ordinirt. Dagegen durften die Müller bei Ausschreibung der Müllerjungen keine anderen Musiker als solche von der Grün-Rolle gebrauchen. Nach einem Befehl vom 14. Juli 1764 hatten letztere „bey allen Grünen" über drei Stunden aufzuwarten, und jeder war befugt, einen halben Thaler zu verlangen. Auch war weder ihnen noch den Roll-Musikanten nach einem Befehl vom 9. Februar 1756 gestattet „an Sonn-, Fest- und Werkeltagen in die in der Stadt seienden Krug- Wein- Wirth- und Schenck-Häusern" aufzuspielen, „es währe den, daß einer der hiesigen Aemptern ihren Krug- und Rechnungstag hielten, oder aber daß in den Werkeltagen bey einem in solchem Hause erlaubten Vorspielen die Anweisung von den Weddeschreibern geschehen sei". Auf den Tanzböden durfte nicht länger als bis 11 Uhr gespielt werden. Auch in den Concerten waren nur die Raths-Musikanten berechtigt mitzuwirken. Hierauf werden wir noch im dritten und vierten Kapitel zu sprechen kommen.

Was die Besoldung der Raths-Musikanten im 16. Jahrhundert betrifft, so bezogen sie anfänglich an Emolumenten:

Jeder pro Quartal 1 ℔¹) 4 β — 1 ℔ 8 β ..... 6 ℔ — β
„ein de Wigelschottel" (Weih- oder geweihte
    Schüssel) .... „ 8 „
zum Stadttanz .... 1 „ — „
„de convivio vernali" (Frühlingsmahl) .... 1 „ 8 „
„pro offertorio" (Opfergeld) .... — „ 8 „

                            Ein jeder also jährlich 9 ℔ 8 β

Hierzu kamen noch an Ostern und Michaelis 2 ℔ 8 β; auch erhielten sie halbjährlich sogenanntes Wand- oder Kleider-

---

¹) Damals wurde nach ℔ = Pfunden oder Talenten und nach Marken gerechnet. Das ℔ hatte 20 Schillinge, die Mark deren 16, der Schilling 12 ₰ = Pfennige, der Pfennig 2 Heller oder Scherfe, oboli.

Die Besoldung des Rathskuchen-Bäckers.

geld. Denjenigen, welche keine Dienstwohnung besaßen, wurde eine kleine Entschädigung ausgeworfen; gelegentlich erhielten sie auch „ex gratia propter pestem" 16 β bis 2 ℔ 8 β. Um 1558/40 wurden auch die jungen Schüler der Raths-Musikanten salarirt, die Zahl der letzteren selbst vom Jahre 1552 an auf 8 erhöht, denn früher wird stets zwischen 5 Musici und 5 Lautenisten oder Cytharisten unterschieden. Im Jahre 1599 wurde den sechs ersten Raths-Musikanten 56 ℔, den beiden anderen 44 ℔ jährlich von der Kämmerei ausbezahlt.

Der Rathskuchen-Bäcker erhielt anfänglich vom Rath ein jährliches Geschenk von 1 ℔, im 15. Jahrhundert deren 2, was mit der Bemerkung „zur Miethe" eingetragen ist. Er besaß aber auch Extra-Einnahmen. Der Rathskuchen-Bäcker hatte in früherer Zeit, als es noch keine eigentlichen Raths-Musikanten gab, für die Stadt Spielleute zu engagiren. So wurden ihm 1462 die bei Aufsuchung von Mimen und Pfeiffern gehabten Auslagen im Betrage von 1 ℔ 4 β ersetzt. Am 12. August 1686 wurde, trotz der Bedenken des Raths, die Stelle zum Verkauf ausgeschrieben, und dem Käufer 60 ℔ jährliches Gehalt, und Sporteln im Betrage von 2, 1, ½ und ¼ Reichsthaler von den Hochzeiten und den Einnahmen des Musikanten-Geldes zugesichert. Wie Gaedechens a. a. O. mittheilt, soll 1707 das Gehalt 600 ℔ betragen und für den Dienst 2050 ℔ (?) bezahlt worden sein. Eine Bestätigung dieser angegebenen hohen Summe haben wir nicht gefunden. Der Dienst des Rathskuchen-Bäckers ging Mitte des 18. Jahrhunderts an den Weddeschreiber über. Nach den 1757 veröffentlichten Schragen waren ihm zugesichert: 5 ℔ wenn ein Musikant angenommen wurde; für eine Anweisung von 5 Musikanten 5 ℔, für vier oder mehr 6 ℔, für deren 2 zu einer Judenhochzeit 1 ℔, für drei 1 ℔ 8 β. Beim Vorspielen für jeden Musikanten 5 β. Zu einer ganzen Hochzeit waren ihm 100 der besten Kuchen mit 5 ℔, bei einem Gastgebot 100 der mittleren Sorte mit 1 ℔ 8 β, und bei kleinen Hochzeiten 100 der geringen mit 12 β zu bezahlen. Genannt werden als Rathskuchen-Bäcker:

1555.   Johannes.
1552—1576. Wulvekin.

1462. Meister Hinrich † 1484.
1488—1500. Hans Bruns.
1502. Helwig Giseler.
1522—1555. Joachim.
1556—1540. Thomas Ferszen.
1608. Algert Terlippe.
1617. Albert Oldehorst.
1626. Jeronymus Meinertsen.
1642. Hans Klindt.
1656. Georg Knackl oder Trock.
1657. Heinrich Hönckell.
1686. Gabriel Hanssell.
1690. Ernst Beckmann.
1707. Jacob Nagel.

Wir führen nunmehr die Namen der seit Anfang des 16. Jahrhunderts im Dienste der Stadt befindlichen Raths-Musikanten mit dem Jahr ihrer Anstellung und ihres Abgangs an, soweit es uns möglich war, dies genau festzustellen.

1523/24. Tile Eddeler.
1523/51. Valentin Strangel, sodann 1552/54.
1524/25. Bastian Strieger, cessat. 1526.
1524/52. Andreas. Dieser scheint der erste Musikus gewesen zu sein, denn er wird regelmäßig in den Rechnungen zuerst genannt. 1555 cessat.
1524/52. Henning Halewech, cessat. 1552.
1524/51. Joachim Schillingk, erster Lutanist, cessat. 1555.
1524/51. Simon Horn, Lutanist, sodann 1555/54. † 1554.
1524/29. Matz Schone, Lutanist, cessat. 1550.
1525/50. Christoffer Quandt, cessat. 1550.
1550/52. Jacob Knop, cessat. 1555.
1550/54. Jürgen Elverding, Lautenist, cessat. 1555.
1552/54. Barthold Rydemann, cessat. 1555.
1552/57. Hans Forer, erster Lautenist, cessat. 1555.
1555/54. Gregorius, Trumetter, cessat. 1555.
1555/58. Hinrik Schuver, † 1558.

1535/37. **Hans Alberdes**, nochmals 1539/40, cessat. 1541.
1535/37. **Andreas Kofel** (oder Kafel), Lautenist, cessat. 1538.
1535/38. **Hans Elberdes**, erster Musicus seit 1539, cessat. 1539.
1537/38. **Marten Buck**, Lautenist, cessat. 1539.
1537. **Stenkel Chrzybowsky**, nur von Ostern bis Michaelis.
1537/38. **Albert Vincke**, Lautenist, cessat. 1539.
1537/38. **Florian Koval**, Lautenist, cessat. 1539.
1538/51. **Joachim Berlyn**, erster Lautenist. „Sein Discipul fungirte als Discantist".
1539/47. **Dominicus Pale**, Lautenist.
1539/52. **Cord Jelders**. 1539 bis Ostern 1540, sodann von Michaelis 1540 bis Ostern 1552.
1539/40. **Henning Dithmar**, Discantist. Von 1539 bis Ostern 1551 figurirt er unter den Rathsmusikanten.
1539/41 wird auch der ungenannte „Discipulus" des oben genannten Berlyn angeführt.
1541/45. **Hans Kolbe**, Cytharist, wie von jetzt ab die Lautenisten genannt werden.
1545/45. **Hans Jungermann**, Cytharist.
1546/52. **Andreas Zuckenhusen** oder Suickenhusen oder Zuickenhusen, Cytharist.
1552. **Christoff Holthusen**.

Von 1552 an werden jährlich 8 Rathsmusikanten angeführt, darunter befanden sich je 4 Cytharisten oder Lutanisten.

1552/65. **Barthold Ridemann**, erster Musicus; lebte noch 1612.
1552/65. **Berno Moller**, zweiter Musicus; lebte noch 1580.
1552/65. **Frank Becker**, dritter Musicus; lebte noch 1580.
1552/56. **Joseph Metzener**, vierter Musicus.

1555/61. **Hieronymus Haveman de Olde**, erster Cytharist und Lautenist.
1555/59. **Hans Havemann**, zweiter Cytharist.
1555/59. **Hieronymus Haveman de Junge**, dritter Cytharist.
1552/54. **Valentin Strungel**, vierter Cytharist. Siehe oben.

Hier haben wir somit das erste vollständige Verzeichniß der Raths-Musikanten in einer bestimmten Zeitperiode. Für Metzener traten 1557/65 Albert Heitkamp, für den jungen Hieronymus Haveman 1559/61 Salomon Detleves ein.

Weiter folgten:
1559/70. **Joachim Smidt**, Bassunenblaser; lebte noch 1580.
1559. **Johannes Knecht**, Bassunenblaser; blieb nur ¼ Jahr in seiner Stellung.
1561/62. **Jeronymus Steen**, dann 1565; lebte noch 1580.
1561/65. **Vitus Smidt**.
1561/62. **Hans Arndes**, noch 1565.
1562/64. **Jurgen Selefisch**, für Jeron. Steen.
1562. **David Reiseman**, für Arndes.
1563/64. **Switzer**, Trompeter.
1564/65. **Hinrich Rydeman**, noch 1580.

Im Jahre 1555 besaß die Stadt 9 Raths-Musikanten:

Musici:
Bartholdt Rydeman.
Bernhard Moller.
Frantz Becker.
Joseph Metzener.

Luthanisten:
Andreas Zinckenhusen.
Valentin Strungel.
Hieronymus Hoveman.
Hans „ „
Hieron. „ „ jun.

In den Jahren 1554/56 ist Zinckenhusen nicht mehr aufgeführt, und 1557 tritt an Stelle des Metzener ein Albert Heilkamp. Wie weiter aus dem vorstehenden Verzeichniß hervorgeht, wuchs die Zahl der Raths-Musikanten im Jahre 1559 durch den Hinzutritt zweier Posaunisten auf zehn an. 1560 werden nur 5 Lautenisten, dagegen ein Posaunist, 1565 auch ein Trompeter angeführt.

Von 1600/1612 nennen uns die Rechnungen:

Albert Rideman.

Fritz de Drusine, Lutenist, † 1601.

Albert Drescher, Zinkenbleser.

Wilm Westphale, vp de Discant Fiole.

Harmen van der Stude.

Lenhard Schuttenbach.

Zacharias Fulsack, Basuner.

Christian Hillebrant.

Von 1609—1614 war ein Engländer William Brade auch Braden genannt, Director der Raths-Musikanten in Hamburg; nähere Daten sind uns nicht bekannt, nur wissen wir, daß Brade, ehe er nach Hamburg kam, Musikus — er spielte die Viola da gamba[1]) — beim Herzog von Holstein Gottorf war. Im Jahre 1619 wurde er mit einem Jahresgehalt von 500 Thalern als kurfürstl. brandenburgischer Kapellmeister nach Berlin berufen.[2])

Im Jahre 1621 treffen wir Paul Schop, auch Schopp, Schoope genannt, als Director der Raths-Musik. Sein Geburtsort ist nicht bekannt; wahrscheinlich ist er in Hamburg geboren, wo er auch 1664 oder 1665 starb. Er war sowohl als Geiger

---

[1]) Die Viola da gamba ist ein unserem Violoncell ähnliches Instrument. Anfänglich war dieselbe mit 5 Saiten versehen, Ende des 17. Jahrhunderts mit 7; sie wurden auf die Töne A_1—D—G—c—e—a—d^1 gestimmt. Die Viola da gamba war als Solo-Instrument sehr beliebt. Prätorius führt 5 Arten derselben an.

[2]) Die Copie der Bestallungs-Urkunde befindet sich auf der königlichen Bibliothek in Berlin, und trägt das Datum 21./14. Februar 1619. Ein Verzeichniß von Brade's Instrumental-Compositionen enthält das Lexikon der Hamburgischen Schriftsteller, Heft III., S. 361.

wie als Componist hoch geachtet. Von ihm sind die Melodien zu den Chorälen: „O Traurigkeit, o Herzeleid"; „Ermuntre dich, mein schwacher Geist"; „Werde munter mein Gemüthe"; „Sollt ich meinem Gott nicht singen". Mattheson urtheilt über ihn: „Man habe seines gleichen so leicht nicht in Königlichen und Fürstlichen Kapellen gefunden".[1]) Im Jahre 1655 wurde Schop „als Augmentum Salarii in diesen beschwerlichen Zeiten jährlich auf Weinacht zum Opferpfennig und Verehrung" die Summe von 100 Reichsthaler zugesagt.[2]) Im Ganzen bezog er das für die damalige Zeit immerhin ansehnliche Gehalt von 880 ℳ. Im Jahre 1650 war er noch im Besitz seiner Stellung. Sein vermuthliches Todesjahr dürfte 1664 oder 1665 gewesen sein, da sein Nachfolger Samuel Peter Sidon die Stellung eines Directors der Rathsmusik im Jahre 1665 antrat.

Im 17. Jahrhundert nennen uns die Akten auch einen bedeutenden Virtuosen auf der Laute, Friedrich Nicolaus Bruns, gegen 1637 geboren. Er war ebenfalls Raths-Musikant, und von 1682 an Director der Raths-Musik. Im Jahre 1687 treffen wir ihn als Canonicus minor und Director der Dommusik. Als Componist that sich Bruns auch hervor; u. A. schrieb er eine Festcantate zur Rathsmahlzeit 1708. Er starb den 11. März 1718.

Im Jahre 1678 figurirte unter den Raths-Musikanten, wie uns die Sperling'sche Chronik berichtet, ein berühmter Geiger Namens Dietrich Becker. Das Jahr seiner Geburt haben wir nicht ausfindig machen können. Das Hamburgische Schriftsteller-Lexicon[3]) nimmt an, daß er früher zu Ahrensburg im Holsteinischen Organist gewesen. Er heirathete am 25. November 1644 Maria, eine Tochter Hans de Konings in Hamburg. Später ist er dann nach Hamburg gezogen, wo auch seine sämmtlichen Compositionen erschienen sind. Die Melodie zu dem

---

[1]) Mattheson: Ehrenpforte.
[2]) Die Raths-Instrumentisten standen sich um jene Zeit durchschnittlich um 100 ℳ besser als früher.
[3]) Heft II. S. 185.

Choral: „Warum soll ich mich denn grämen" ist noch heute in den Hamburger Kirchen gebräuchlich.

Im Jahre 1711 gab es nur noch 6 Raths-Musikanten, und unter diesen waren 2 zur Dienstleistung unfähig. Es wurden deshalb Hieronymus Hinrich Vossen und der älteste Expectant Christian Feyerabend zu Raths-Musikanten „solchergestalt erwählet, daß dieselben von dem Raths-Kuchen-Becker ordentlich nach der Rolle mit zu den Hochzeiten angewiesen werden und von den Hochzeiten Ihren lohn alß Auffwartungsgeld gleich den andern zu genießen haben sollen. Die accidentien aber, so bey den Hochzeiten vorfallen, sollen einzig und allein den 6 ältesten Rathsmusicanten verbleiben, welche solche allein unter sich zu vertheilen haben; die übrigen accidentien, so von denen Kirchen quartaliter alß Weihnachten und sonsten vorfallen, wie auch die Frühjahrssamlung", sollen sie gleichmäßig unter sich vertheilen. „falß auch einer von den Alten die Auffwartung nicht verrichten könne, sollen die beiden Jüngsten auff geschehener anweisung die Bedienung zu thun schuldig sein. Wann auch einer von den 6 alten sollte mit Tode abgehen, tritt der älteste von beiden Vorbenannten mit zur völligen Hebung". Dieses Actenstück ist von Jacob Nagel, Rathskuchen-Bäcker, unterschrieben.

Vom Jahre 1722 an treffen wir wieder 8 Raths-Musikanten[1]; 1811 gab es außer ihnen noch 2 Expectanten und 6 Roll-Brüder. Die extraordinären Musikanten, die Bier- oder Grünfiedler standen noch auf ihrer alten Höhe, es waren ihrer immer noch dreißig. Die vier letzten Raths-Musikanten waren Hartmann, von der Henning, Süßmilch und Johann Gottlieb Schwencke.[2] Sowohl sie, wie die beiden Expectanten Hartmann und Cohrs, wurden 1818 pensionirt.

Zum Schluß führen wir noch die Directoren der Rathsmusik, sowie im Anschluß an das oben mitgetheilte Verzeichniß, die zu ihr gehörenden Musiker an, soweit es uns möglich war, Namen und Daten genau festzustellen.

---

[1] Siehe: „Jetzt lebendes Hamburg". 1722—1725.
[2] Ueber Johann Gottlieb Schwencke siehe viertes Kapitel.

Directoren der Rathsmusik.

1524. Andreas.
1550. Cordt Rethewall.
1559. Hans Ebberdes.
1555. Bartholdt Rydeman.
1610. Wilhelm Brade.
1616. Christian Hildebrand.
1621. Johann Schop.
1665. Samuel Peter Sidon.
1667. Diedrich Becker.
1679. Nicolaus Adam Strunck.
1682. Friedrich Nicolaus Bruns.
1722. Hieronymus Oldenburg.
1725. Johann Kayser.
     Christian Haase.
1729. Johann Adam Frick, † 1757.
1757. Johann Adolph Buckhoffer, † 1788.
1788. Johann Anton Burchard von Königslöw bis 1811.

Musiker.[1]

1712. Joachim Lohse, bis 1724.
1712. Hieronymus Oldenburg, 1722 Director.
1712. Eberhard, bis 1725.
1712. Albert Lehmann, bis 1722.
1712. Hieronymus Hinrich Lohse jun., bis 1724.
1722. Christian Feyerabend, bis 1726.
1722. Johann Stephan Sager, bis 1726.
1722. Johann Georg Köhler, bis 1725.
1722. Johann Jacobsen, bis 1726.
1725. Christian Haase, später Director.
1725. Johann Adam Frick, 1729, Director.
1725. Hans Caspar Ditmer.

---

[1] Siehe auch Gaedechens: „Noch Einiges über die Stadt-Musikanten" in den Mittheilungen des Vereins für Hamburgische Geschichte. 1888. Heft 7. S. 244.

1727. Jochim Hinrich Baumann.
1727. Johann Philipp Menges.
1727. Johann Heinrich Köhler.
1727. Carl Albrecht Röber.
1727. Jacob Frantz Seits.[1])
1776. Johann Gottlieb Schwencke, † 1825.
1792. Daniel Leopold Martens.
1792. Johann Hartmann.
1792. .... Menges.
1792. Johann Hinrich Rudolph Cario, Thürmer an St. Katharinen.[2])
1792. Johann Anton Burchard von Königslöw, 1788 Director.
1792. Johann Samuel Hartmann, Thürmer von St. Nicolai bis 1818.
1796. Johann Franz Süßmilch, bis 1818.
1814. Johann Nicolaus von der Henning, bis 1818.

---

[1]) Hier ist eine Lücke in den Akten.
[2]) Johann Heinrich Cario, der Vater Johann Peter Heinrich Cario's, auf den wir noch zu sprechen kommen werden, war ein ausgezeichneter Trompeten-Virtuose. Er war 1736 zu Eckernförde in Schleswig geboren, und kam in frühester Jugend nach Hamburg, wo er das Glück hatte, den Unterricht eines Schwencke sen., Telemann und Ph. E. Bach zu genießen.

Zweites Kapitel.

Die Raths-Musikanten haben bei der Kirchenmusik aufzuwarten. Ihre Verpflichtungen nach der Verordnung von 1638. Beschaffenheit der Hamburgischen Kirchenmusik im 16. Jahrhundert. Die erste Aufführung der Passion im Jahre 1649. Die Kirchenmusik in der St. Michaeliskirche. Das Amt der Cantoren und Musik-Directoren. Die Cantoren und Musik-Directoren Franciscus Elers, Eberhard Decker, Erasmus Sartorius, Thomas Sellius, Christoph Bernhard, Joachim Gerstenbüttel, Georg Philipp Telemann. Bestand der Kirchenmusik im Anfang des 18. Jahrhunderts. Carl Philipp Emanuel Bach. Die Verhandlungen des Senats und der Oberalten wegen Besetzung des Cantoren- und Directoren-Postens nach Bach's Tod. Christian Friedrich Gottlieb Schwencke. Verfall der Kirchenmusik und Wiederaufleben derselben in neuester Zeit. Der Odenwald'sche Kirchenchor.

Die Raths-Musikanten hatten auch in den Kirchen die Musik auszuführen, und zu den im Johanneum stattfindenden Prüfungen und Festlichkeiten mit ihrem Spiel aufzuwarten. Hierfür erhielten sie von den Kirchen eine angemessene Bezahlung. Zum ersten Male erhalten wir von ihren kirchlichen Functionen Nachricht in einem auf dem Stadtarchiv befindlichen Aktenstück vom 16. Februar 1638. Die Rathsmusici hatten in einer Eingabe auf die betrübte und beschwerliche Zeit hingewiesen, welche auch „die liebe Musica gutentheils an die Seiten gesetzt, auch ihre vornehmste Einkünfte durch Entziehung der Hochzeiten, Abschaffung der Nachtage, Kirchenkösten und sonsten dahin gefallen, und die gar so enge eingezogene Hochzeiten ihnen wenig Genieß bringen könnten, zu dem sie auch mit bürgerlichen oneribus anjetzo beleget worden".

Hierauf wurde ihnen außer den am 19. Juni 1621 ausgeworfenen 320 ℔ noch weitere 100 ℔ bewilligt. Dagegen hatten sie sich zu verpflichten:

1) „Dasjenige was von dem Cantor auf dem Chore und dann auch von dem Organisten auf der Orgel von Ihnen mit ihren Instrumenten zu spielen angeordnet und begehret wird, auf das fleißigste wie bishero geschehen, verrichten, damit kein Widerwille oder sonsten Confusiones der Music schädlich mögen verwertet werden.

2) „Daß, so oft der Cantor ordinair figuriret, sich alle 8 des Morgens sobald der Introitus der Musica angefangen, und zu der Vesper wenn der Hymnus angefangen wird, im Chore zu ihren Diensten unausbleiblich einstellen und ihr anbefohlenes Amt alsobald mit ihm anfangen, auch ohne Verdrieß mit Lust und Liebe verrichten sollen. Weil dann auch bishero gebräuchlich gewesen, daß zu denselbigen Zeiten Morgens und Nachmittags in den Orgeln geblasen worden, so sollen derselben Ein, Zwey, Drey oder Vier, so von ihnen aus Ihren Mitteln (aus ihrer Mitte) von dem Organisten dazu gefordert werden, solches zu verrichten unverweigerlich seyn.

3) „Wenn aber sonst extraordinaire des Sonntags Morgen Vor- und Nach- den Predigten zu den Vier-Kirch-Spiel-Kirchen, eins umbs andere musiciret wird, so sollen von Ihnen nur Vier zu jederzeit des Morgens aufwärtig seyn, welches also unter ihnen des einen Sonntags umb den andern sollen und mögen umbgehen lassen.

4) „Soll über das wann der Cantor ordinair oder Extraordin: figuriret, einer ihres Mittels und insonderheit der pro tempore Violista mit einer Violin auch der Lautenist wenn es begehret wird mit seiner Lauten auf der Orgel aufwärtig seyn.

5) „Woferne auch überdas wann Prediger, Leichnambs-[1]) und Kirchgeschworne introduciret oder eingeführet werden oder

---

[1]) Kirchenguts-Verwalter.

fremde Herrschaften in den Kirchen kommen mögten, deswegen dann musiciret werden sollte, alsdann sollen sie sich alle Achte, oder so viel der Cantor fordern läßt, zu jeder Zeit gutwillig einstellen und sich dessen nicht verweigern. Dagegen ihnen dann wie üblich an Statt einer Tonne Hamburger Bier Drey oder Vier Reichsthaler nach Gelegenheit der Zeit von den Kirchen da die Music gehalten, verehret und gegeben werden sollen."

Am Schluß heißt es dann: „damit sie desto fleißiger und mehrerer Lust und Liebe, alsolch ihr anbefohlenes Amt zu jederzeit verrichten mögen, als wollen die Ehrengemeldte Herren Leichnambs-Geschworene aus günstiger affection denselben acht Instrumentisten jährlich auf Weyhnacht zu perpetuirliches Opfergeld auch was der einer oder ander unter Ihnen sonsten a parte vor diesem außerhalb der Besoldung von den Kirchen an Verehrungen zu empfangen gehabt jährlich ferner herausgeben und folgen lassen. Sonsten aber von Ihnen über das mit mehren Gaben nicht beschweret seyn, alsdann auch nochmals die Herren Leichnambs-Geschwornen sich hiermit beständig und einmüthig verbinden, daß nun und hinfüro die Gleichheit hierinnen als für geschrieben gehalten und ohne Ihrer allerseits einhelliger Beliebung deswegen nichts mehr soll gegeben oder sonsten soll verehret werden".

Aus verschiedenen anderen Aktenstücken geht hervor, daß in der Regel der Gesangschor aus 8 Vocalisten: 2 Distantisten, 2 Altisten, 2 Tenören und 2 Bässen bestand. Bei sogenannten großen Musiken wurden noch weitere 8 Personen von den Roll-Brüdern hinzugezogen, sowie die drei Thurmbläser vom Dom St. Nicolai und St. Jacob.

Ueber die Beschaffenheit der Hamburgischen Kirchenmusik führen wir als ältestes Zeugniß eine Stelle aus den von Lappenberg herausgegebenen Chroniken in niedersächsischer Sprache an. Es wird dort Seite 151 ff. der Besuch des Königs Christian III. von Dänemark in Hamburg vom 1. bis 9. Mai im Jahre 1558 erzählt: „Der König wort also mit groten eren to Hamborch ingefort. Alwor ein erbar radt man stede und platze hadde, dar weren etlike verordnet mit Discanteren, etlike mit fiolen, etlike mit fiddelen unde beten also den käning willkamen". Am Donnerstag, den 2. Mai, begab sich der König zur St. Katharinenkirche: "Dar heft man discantert undt Te Deum laudamus gesungen, und Her Steffen [Kempe] heft dar enen Sermon gedan". Am 5. Mai, am Samstag Misericordias Domini wohnte der König dem Gottesdienst im Dome bei "und gink up dat koer undt stundt dar baven up, dar man dat Evangelium plach (pflegte) aftosingen . . . Und dar wort up der Orgel gespelt und discantert Te Deum laudamus. Darna dede Herr Steffen den Sermon und predikede dat Evangelium: Ego sum pastor bonus etc. Kort na dem sermone do sungen se: Victime pascali laudes".[1])

Im Jahre 1609 wurde von dem Cantor Erasmus Sartorius zum ersten Male die Passion in der St. Gertrud-Capelle auf Anhalten der Kirchgeschworenen "mit Vocal-Musik", also ohne Instrumental-Begleitung aufgeführt; er erhielt dafür jährlich seinen "Paschsemmel" oder "Recompens". Es heißt dann weiter, daß es damals nicht gebräuchlich gewesen wäre, die Rathsmusici zu der Kirchenmusik heranzuziehen "wie es jetzt (um 1685) geschieht".[2]) Hier liegt ein Irrthum des Verfassers der Chronik vor, denn in der von uns oben mitgetheilten Verordnung von 1658 wird auf die Betheiligung der Raths-Musikanten an den Kirchen-Musiken als etwas längst Bestehendes hingewiesen. Die Sperling'sche Chronik weiß dagegen aus dem Jahre 1643 zu berichten, daß in St. Gertrud die Passion von Vocal- und Instrumentalisten aufgeführt wurde.[3]) Am 9. Januar 1687 fand

---

[1]) Hamburgische Chroniken in niedersächsischer Sprache. Herausgegeben von J. M. Lappenberg. Hamburg 1861. Seite 151—153.
[2]) Sperling'sche Chronik II. S. 446.
[3]) Einer seltsamen Verordnung von 1701 gedenkt die auf der Commerz-Bibliothek befindliche handschriftliche Chronik, welche sich der bei Heinrich Carstens in Hamburg erschienenen gedruckten "Sylva Chronologica Circuli Baltici" des "Nicolao Heldvadero" anschließt. Es heißt dort Band III, Seite 37: "am Stillen Freitag ist zeither 4 a 5 Jahren Nachmittags unter der Vesper in St. Jacoby-Kirchen von denen operisten die Passion auß dem 14. Capitel des Evangelisten

in der St. Michaelis-Kirche die erste Kirchenmusik wieder statt, „nachdem man sie hier lange hatte entbehren müssen dieweil es der Kirche an Geld gebrach". Nach der Predigt wurde dann auf dem Thurme mit Pauken und Trompeten musicirt. Von nun an fand allemal nach 5 Wochen Kirchenmusik in der St. Michaelis-Kirche statt, nämlich Sonnabends Vesper-Musik und Sonntags grosse Musik, wie in den übrigen 4 Hauptkirchen". Es waren folgende Kirchen, in denen je am fünften Sonnabend und Sonntag Musik stattfand: St. Petri, St. Nicolai, St. Catharinen, St. Jacobi und St. Michaelis. Die Leitung hatte der Cantor am Johanneum, mit dessen Amt jenes des Kirchenmusik-Directors verbunden war. Die Raths-Musikanten, Expectanten und Roll-Brüder wie die Vocalisten unterstanden, was die Kirchen-Musik anging, seiner Autorität; er selbst war dem Collegium der Scholarchen untergeordnet. Unter diesen Cantoren begegnen wir vom 16. Jahrhundert an — denn erst nach der Reformation scheint dieses Amt geschaffen worden zu sein — lauter tüchtigen, ja weit über die Mauern Hamburg's berühmten Musikern.[1]

St. Johannis gesungen worden. Wie nun solches zu hören den 25. Martii gleichfals die Kirche mit Leute angefüllet gewesen, so ward auf Verordnung des Herrn Dr. Meyer solche eingestellt." Nach derselben Chronik, Band I., S. 1716 war es in Hamburg im 17. Jahrhundert und vielleicht auch schon früher Brauch, dass die Schüler bei den vornehmen Begräbnissen Lateinische Gesänge sangen, denn der Junker Berthold Beckmann, welcher im Februar 1672 begraben wurde, hatte ausdrücklich den Wunsch ausgesprochen, dass bei seiner Beerdigung die Schuljugend deutsche Gesänge vortrage.

[1] „Die Cantores, welche zugleich Directores Musici und Capellmeister sind, alterniren in Ansehung des Ranges, je nachdem sie früher oder später erwählet worden, mit den Lehrern der dritten Klasse." Siehe J. M. Müller: Beytrag zur Geschichte des Johanneums, Hamburg. 1779. S. 50. Die Geschichte der Cantoren ist leider sehr lückenhaft. Schon im vorigen Jahrhundert machte Ph. E. Bach den Rector Müller darauf aufmerksam, dass von den hierher bezüglichen Akten viele vermodert, die meisten geplündert und verschleudert worden seien. Die Cantoren verwalteten früher auch das Lehramt mit den Subrectoren in der Sekunda, denn es wurde grosser Werth darauf gelegt, dass zu Cantoren Männer erwählt wurden, die nicht

Der erste Cantor und Musikdirector am Johanneum, welcher uns genannt wird, war

Elers, Franciscus. Geboren zu Uelzen im Lüneburgischen Anfang des 16. Jahrhunderts, soll er noch zu Bugenhagen's Zeit zum Cantor des Johanneums und Lehrer in Sekunda nach 1529 vorgeschlagen und gewählt worden sein.[1]) Nach dem Lexikon der Hamburgischen Schriftsteller[2]) starb er den 22. Februar 1590 als Musikdirector am Dom und Johanneum. Ihm folgte

Decker, Eberhard, über den wir nichts Näheres wissen, als daß er 1604 starb. Sein Nachfolger

Sartorius, Erasmus, latinisirter Name von Schneider, geboren zu Schleswig 1577[3]), kam schon als 10jähriger Knabe wegen seiner schönen Stimme in die Capelle des Herzogs von Holstein-Gottorf. Der Bruder und Nachfolger des Grafen ließ dem begabten Knaben eine sorgfältige Ausbildung zu Theil werden. Zunächst wurde er Organist in Bordesholm, dann Musikdirector und Cantor an der Marienkirche zu Rostock. Im Jahre 1604 ging er in derselben Eigenschaft nach Hamburg, ward 1612 Vicarius am dortigen Dom, 1628 auch Dom-Cantor; er besaß den Titel eines gekrönten Poeten. Sein Ruf als Gesanglehrer und ausgezeichneter Leiter seines Kirchengesang-Chors war

---

nur tüchtige Musiker, sondern auch Gelehrte waren. Die Einführung des Cantors fand auch von dem jedesmaligen Ephorus stets mit einer lateinischen Rede öffentlich und feierlich im „Auditorio" der ersten Classe statt. Der Cantor selbst hatte ebenso mit einer lateinischen Rede sein Amt anzutreten.

[1]) Mattheson: Ehrenpforte. S. 325. Siehe auch „Ausführliche Nachrichten". S. 367.

[2]) Nach dem Lexikon Hamburgischer Schriftsteller soll Elers Lehrer an der dritten Classe des Hamburgischen Johanneum's gewesen sein und als Solcher 1580 die Concordienformel unterschrieben haben. Daß er Cantor gewesen, sei ungewiß. „Vielleicht war er nur Succentor, d. h. Vorsänger an der Jakobi-Kirche, wie von der 4. Classe an alle Lehrer am Johanneum jeder einer Kirche zugeordnet war". Hamburgisches Schriftsteller-Lexikon. Band II. S. 168. Diese Angaben sind jedoch ungenau.

[3]) Moller: Cimbria literata, t. I., p. 580.

ein großer. **Sartorius** führte, wie oben bereits bemerkt, zum ersten Male in Hamburg und zwar in der St. Gertruds-Capelle, im Jahre 1600 eine Passions-Musik auf, was von dieser Zeit an jährlich in der Charwoche geschah. Diese von ihm ins Leben gerufenen Passions-Musiken, die seit 1643 mit Instrumental-Begleitung aufgeführt wurden, sind als die Anfänge der später so berühmten Hamburgischen Kirchen-Musiken anzusehen. **Sartorius** starb am 17. October 1637.[1]) Ihm folgte:

Sellius Thomas, geboren zu Zörbig in Sachsen am 25. März 1599, war Rector in Wesselburen im Dithmarsischen, dann Schulcollege zu Heide. Im Jahre 1636 treffen wir ihn als Cantor in Itzehoe in Holstein. Von hier aus wurde er 1637 als Cantor an das Hamburgische Johanneum berufen. Seit 1641 versah er außerdem die Stellung eines Cantors und Musik-Directors am Dome; auch wurde er durch die Verleihung der 6. kleinen Präbende Canonicus minor ausgezeichnet.[2]) **Selle** starb den 2. Juli 1663. Seine ansehnliche und aus vortrefflichen musikalischen Handschriften und Büchern bestehende Bibliothek vermachte er der Hamburger Stadt-Bibliothek.[3])

Ein berühmter und in der musikalischen Welt hochangesehener Künstler erhielt nunmehr die Stellung des Cantors und Musik-Directors. Es war dies:

---

[1]) Siehe **Johann Albert Fabricius** in seinen Mem. Hamb. II. S. 622: „Mitte des 15. Jahrhunderts befand sich in Hamburg auch ein Lector secundarius Namens **Johannes Sartorius** oder **Sartor**; von ihm besitzt die Stadt-Bibliothek zwei Manuscripte, eine „meditatio de passione Christi" und eine „lectura de oratione Dominica".

[2]) Damals war das Cantorat am Johanneum mit jenem am Dom noch verbunden; letztere Stellung gab das Anrecht auf ein Canonicat. So hoch und vornehm der Titel klang, so gering waren die Einkünfte, welche zu Keiser's Zeit 24 Thaler jährlich betrugen. **Mattheson** schreibt in der „Ehrenpforte" S. 130: „Zur Zeit der Stiftung, da die ganze Tonne Hamburger Bier zween Lübsche Schilling, oder einen guten Groschen galt, ging es hin, nun wills nichts anschlagen. Mir wurden zwar ex Structura alle Jahre 30 Thaler, außerordentlicher Weise dazu gereichet, ob es aber meinen Nachfolgern auch so gut geworden, kann ich eben nicht wissen.

[3]) Siehe **Petersen**: Geschichte der Stadt-Bibliothek. S. 34.

Bernhard, Christoph, zu Danzig (1627[1]) als der Sohn eines armen Schiffers geboren. Er trat in den dortigen Sängerchor. Seine schöne Altstimme verschaffte ihm die Zuneigung eines Dr. Strauch, der sich seiner annahm und ihn, den Wissensdurstigen, auf die lateinische Schule schickte, wie auch sein musikalisches Talent durch den Capellmeister Balthasar Erben und den Organisten Paul Syfert ausbilden ließ. Nach Fürstenau hatte er bereits das Studium juris begonnen, als ihn seine Liebe zur Musik dasselbe wieder unterbrechen ließ. Sein sehnlichster Wunsch war nach Dresden zu kommen, und den berühmten Schütz wie dessen Capelle kennen zu lernen. Endlich gelang ihm dies, und da er warme Empfehlungen von Strauch hatte, außerdem noch seine schöne Altstimme besaß, so wurde er 1648 — das Bestallungs-Decret datirt vom 1. August 1649 — als „Musico und Sänger" (Altist) in der Capelle mit 200 Thaler Gehalt angestellt, wofür er auch „die Capellknaben täglich zu gewissen stunden im Singen unterweisen und uffs beste abrichten" mußte. Er componirte fleißig „nach dem pränestinischen Styl und sahe sich, mit Ernst, in allerhand nützliche Wissenschaften um"; sein Alt verwandelte sich später in „einen angenehmen Tenor." Im Jahre 1651 schwankte er einen Augenblick, ob er der Musik sich noch ferner widmen sollte, und nicht lieber das „indessen bey seit gesetzte Studium juris wiederumb zur Hand zu nehmen", wie es in einem Schreiben vom 24. Januar 1651 an den Kurfürsten heißt, worin er seine Entlassung fordert. Es mag wohl sein, daß der Verfall der Capelle und die rückständigen Gehaltsauszahlungen Bernhard zu seinem Entlassungsgesuch bestimmten, das er am 17. October wiederholte; zugleich bittet er um die Auszahlung eines Gehaltsrestes von 239 Gulden 8 gr. Johann Georg I. vertröstete ihn, er möge wenigstens ausharren bis Schütz, der gerade von

---

[1] Sowohl Mattheson wie sämmtliche musikalische Handwörterbücher, auch die neuesten von Mendel und Riemann, lassen ihn 1612 geboren werden, obwohl Fürstenau schon 1861 das richtige Datum in seiner Geschichte der Musik und des Theaters am Hofe der Kurfürsten von Sachsen festgestellt hat.

Dresden abwesend war, zurückgekehrt sein würde. Bernhard blieb, wurde aber erst am 1. August 1655 zum Vice-Capellmeister mit 350 Gulden Gehalt ernannt. In Abwesenheit des Capellmeisters hatte er sowohl in der Kirche wie bei der Tafel zu dirigiren, „insonderheit aber soll er (er dirigire selbsten oder aber ein Capellmeister) den Tact vorm Pulde bey der Coral-Music jedesmahl wohl geben". Weiter hatte er auf Anordnung des Capellmeisters „an dehm wir ihn dann ordinarie und allerdings verwiesen haben wollen, sich nicht weigern zu singen und da nöthig, die Kapellknaben zu unterrichten".[1]

Vom Kurfürsten wurde Bernhard zwei Mal nach Italien geschickt, um Sänger zu holen. In Rom lernte er Carissimi kennen; er setzte „zwo Missen mit zehn Stimmen rein, und mit eben so vielen Instrumenten zur Gesellschaft: darüber sich die Welschen verwunderten". Unter den verschiedenen Sängern, die er beide Mal aus Italien mitbrachte, befanden sich auch Castraten; u. A., der „Affecten-Zwinger" Marco Giuseppe Perandi, welcher noch 1656 in der Capelle als Altist, und erst 1663 als Capellmeister erwähnt wird.

Die Eifersucht der Italiener auf die Deutschen, auf deren Seite Bernhard sich stellte, sowie die ewigen Streitigkeiten und Reibereien verleideten ihm die Dresdener Stellung. Als daher 1663 Thomas Selle starb, bewarb er sich um den vacant gewordenen Cantor- und Musikdirector-Dienst, woraufhin der Hamburger Rath an den Kurfürsten die Bitte stellte, ihm Bernhard zu überlassen. Johann Georg II. gab seine Einwilligung aber nur unter der ausdrücklichen Bedingung, daß wenn er ihn wieder verlange, man ihm Bernhard nicht vorenthalten solle.[2] Er muß sich jedoch schon früher, vor erhaltener Erlaubniß, nach Hamburg begeben haben, denn in einem Rescript vom 30. September 1664 befiehlt der Kurfürst: „Nachdem der gewesene Vice-Capellmeister Christoph Bernhard ohne der gnädigsten

---

[1] Siehe Fürstenau. Geschichte des Theaters und der Musik am Hofe der Kurfürsten von Sachsen. Band I. S. 38 ff.
[2] Mattheson: Ehrenpforte. S. 19.

Erlaubniß und Vorwissen bei der Stadt Hamburg sich in Diensten eingelassen, als wird demselben hiermit angedeutet, daß, weil S. Churf. Durchlaucht bei der Hofkapelle seine Stelle allbereit und anderwegen ersetzet, er den annoch inhabenden Bestallungsbrief fürderlichst einschicken solle."

Mattheson erzählt über Bernhard's Empfang in Hamburg: „Als der Cantor Bernhard ankam, fuhren ihm die Vornehmsten der Stadt Hamburg mit 6 Kutschen bis Bergedorf zwo Meilen entgegen." Sein Ruf zog auch den Cimberschwan,[1]) den in Wedel wohnhaften Pastor Johann Rist nach Hamburg, dem zu Ehren Bernhard in seiner Wohnung ein Concert gab, zu welchem er die besten Künstler Hamburgs eingeladen hatte. Unter anderem kam eine „schöne Sonate" für 2 Violinen und 1 Viola di gamba „vom jungen Förster" zum Vortrag „darin eine jede Stimme 8 Takte zu freyen Einfällen, nach dem Stylo phantastico hatte. Auch ließ sich bey dieser Gelegenheit Samuel Peter von Sidon[2]) mit einem Violinsolo hören, wobei Rist sagte, selbiger überträfe den Johann Schop bey weitem".[3])

Wie hoch Schütz seinen Lieblingsschüler schätzte, geht aus einem Schreiben hervor, das er 2 Jahre vor seinem Tode an Bernhard nach Hamburg richtete, und in welchem er ihn bat, den Kirchentext „Cantabiles mihi erant justificationes tuae in loco peregrinationis meae", nach dem pränestinischen Contrapunktstil auszuarbeiten, „welche Motette er denn, zwei Jahre vor seinem Ende, Anno 1670 empfangen, und ein großes Vergnügen darüber bezeiget hat". In seinem Antwortschreiben rühmte Schütz das Werk mit den Worten: „Mein Sohn, er hat mir

---

[1]) Johann Rist aus Ottensen, geb. 1607, gest. 1667 als Pastor in Wedel an der Elbe, war ein sehr fruchtbarer und sogar gekrönter Dichter, aber eine tiefere Bedeutung haben seine Poesien nicht erlangt. Er stiftete im Jahre 1660 eine eigene neue Dichtergesellschaft an der Eider unter dem Namen des Schwanenordens. Von seinen Kirchenliedern hat sich am längsten das in die Gesangbücher übergegangene: „O Ewigkeit, du Donnerwort" erhalten.

[2]) Director der Rathsmusik.

[3]) Gerber, Lexikon. 1812. I. S. 363.

einen großen Gefallen erwiesen durch Uebersendung der verlangten Motette. Ich weiß keine Note darin zu verbessern." Diese Motette wurde beim Begräbnisse des Heinrich Schütz aufgeführt.

Im Jahre 1674 verlangte der Kurfürst vom Hamburger Rathe Bernhard wieder zurück, und durch Rescript vom 31. März ward er „als Präceptor der geliebten Enkel Prinz Johann Georgen, und Prinz Friedrich August zu Sachsen", sowie als Vice-Capellmeister mit 1100 Rthlr. Gehalt angestellt. Er war der einzige deutsche Capellmeister neben Albrici Novelli und Bontempi. Im Jahre 1679 wurde Bernhard zum „Geh. Kämmerier" und 1681 zum ersten Capellmeister ernannt. Als dann 1691 sein Schüler Joh. Georg IV. zur Regierung gelangte, überließ er ihm außer dem ersten Capellmeistergehalt, noch 550 fl. als Informatoren-Pension, „aus sonderbahrer gnädigster Consideration, die Wir noch beständig vor ihn tragen". Am 14. November 1692, Abends 6¾ Uhr, starb Bernhard im 63. Lebensjahre; am 22. November wurde er in der Sophienkirche beigesetzt. Mit ihm starb der letzte und bedeutendste Schüler des Heinrich Schütz.[1]

Die Stelle des Cantors und Musikdirectors wurde nach Bernhards Abgang

Gerstenbüttel, Joachim, am 10. Februar 1675 übertragen. Gegen 1650 in Wismar geboren, studirte er zu Wittenberg Theologie, warf sich aber auch mit nicht geringerem Eifer auf das Studium der musikalischen Kunst. Ein fertiger Clavier- und Violinspieler wie tüchtiger Sänger, ging er ganz zur Musik über, und ließ sich in Hamburg nieder, wo er Gesang-, Clavier- und Violin-Unterricht ertheilte, bis er in genanntem Jahre zu der ehrenvollen Stellung eines Cantors am Johanneum ernannt wurde. Er war ein durchgebildeter Tonkünstler und in Hamburg hoch geachtet. Gerstenbüttel starb am 10. April 1721. Ihm folgte:

---

[1] Ein Verzeichniß der Hamburger Organisten mit dem Jahr der Anstellung und des Todestages geben wir im Anhang, soweit wir dies aus den uns vorgelegenen Akten ermitteln konnten.

Telemann, Georg Philipp, welcher am 10. Juli 1721 erwählt wurde.¹) Telemann's Wirken in Hamburg war ein reiches und fruchtbringendes. Mit ihm beginnen auch, wie wir im nächsten Kapitel erfahren werden, die ersten öffentlichen Concerte in unserer Stadt. Wie er in einem Briefe aus Hamburg, vom 20. December 1729 datirt, an Joh. Gottf. Walther²) schreibt, ist er in Magdeburg, „von einem Prediger in der Heil.-Geist-Kirche, Henrico, gezeuget", Anno 1681 (14. März). „Meine Schulen sind gewesen: In Magdeburg die Alt-Städter, hernach die Dom-Schule, hierauf die auf dem Zellerfelde auf dem Harze, und endlich das Gymnasium zu Hildesheim. Die Universität war Leipzig, wo ich 4 Jahre gewesen. Die Musik habe ich zeitig getrieben,³) und schon im 11. oder 12. Jahre eine Oper, so auch in Magdeburg aufgeführet worden, verfertiget, zu geschweigen der Kirchen-Stücke und Moteten für's Chor, deren ich schon vorher eine ziemliche Anzahl gemacht, wobey ich zugleich für's letztere verschiedene Arien poetisch aufgesetzet, wie ich auch nicht weniger die Flöte à bec, Violine, nebst dem Clavier ergriffen und mich auch von letzterem gleich zum General-basse gewendet. Bey allem dem ist die bloße Natur meine Lehrmeisterin, ohne die geringste Anweisung gewesen, es müßte denn seyn, daß ich anfangs 14 Tage lang auf dem Claviere unterrichtet worden.

Meine Bedienungen betreffend, so dirigirte ich schon in Hildesheim die Musik in der Godthardiner Kirche, mit Genehmhaltung des dortigen Luther. Superintendenten Riemers.

---

¹) Ueber seinen Amts-Antritt lesen wir in der No. 51 des damals noch in Schiffbeck erscheinenden Correspondenten: „Am 15. Hujus (Oktober) ist der große Virtuoso, Herr Georg Philipp Telemann, als neuer Cantor der Johannis-Schule und Director der hiesigen Kirchen-Music, mit ordentlichen Solennitaeten hieselbst eingeführet. Bey welcher Gelegenheit der Herr Senior Seelmann de origine et dignitate Musicae in genere, der neue Herr Cantor aber de excellentia Musicae in Ecclesia, beyde mit grossem applausu peroriret haben".

²) Herausgeber des ältesten Lexikons. Das Autograph ist im Besitz des Musikvereins-Archiv zu Wien.

³) Telemann war von seinen Eltern zum Juristen bestimmt.

In Leipzig ward ich Direc. Mus. und Organist[1]) in der neuen Kirche, hierauf

Capellmeister beym Grafen vom Promnitz,[2]) ferner

Concert- und bald hernach Capellmeister, wie auch Secretarius in Eisenach,[3]) von da ging ich, als

Capellmeister nach Frankfurth am Mayn,[4]) wo ich zugleich die Verwaltung des Keyserl. Palais zum Frauenstein, mit welcher eine Rechnung über mehr als 100 000 fl. verknüpfet war, und wo mir von neuem die Capell-Meister-Stelle von Haus-aus zu Eisenach, nebst einer Besoldung übergeben ward; endlich bin ich ißo

Director Mus. in Hamburg, bin annoch in Eisennachischen Diensten, wie vorhin, wie auch Correspondent; allhier ward ich auch vor 4 Jahren Capell-Meister von Haus-aus in Bayreuth, nebst einer Besoldung, welche zwar bey der ißigen Regierung weggefallen."

In Hamburg wirkte Telemann bis zu seinem am 25. Juni 1767 erfolgten Tode[5]) in ununterbrochener Thätigkeit. Er war auch als Operncomponist mit 300 Thaler Gehalt angestellt. Seine Thätigkeit begann er sofort auch der Oper zuzuwenden, aber seine Bemühungen auf diesem Gebiete blieben fruchtlos. Dieselben Ursachen, welche die Entwickelung einer volksthümlichen Oper in Hamburg ermöglicht hatten, die Unabhängigkeit des Publikums von dem bestimmenden Einfluß eines Hofes oder einer Aristokratie, führten auch den Verfall derselben herbei. Freilich war Telemann auch nicht der Mann das zu vollbringen, was selbst einem Reinhard Keiser nicht gelungen war. Auch

---

[1]) Im Jahre 1701.
[2]) Im Jahre 1704.
[3]) Im Jahre 1708.
[4]) Im Jahre 1711.
[5]) Die Neue Zeitung vom 26. Juni schreibt: „Heute Morgen ist Herr Georg Philipp Telemann in einem Alter von 86 Jahren in die selige Ewigkeit gegangen. Ihn nennen ist für alle Freunde und Kenner der Musik genug und alle Lobreden seines großen Talentes, durch welches er sich bey denselben berühmt und verdient gemacht hat, sind vor jetzt überflüssig."

fehlten ihm schöpferische Originalität und besonnene Selbstkritik. Aber um das Hamburger Musikleben hat er sich immerhin Verdienste erworben. Sowohl für die Kirche wie für weltliche Feste schrieb er ungezählte Werke, u. A. 44 Passions-Musiken, 32 Musiken bei Einführung neuer Prediger, 12 Trauer-Musiken auf Kaiser, Könige und Hamburgische Patricier, eine Menge Oratorien, Cantaten, Kammermusik-Werke u. s. w. Schöpferische Eigenart kann jedoch seinen Compositionen nicht nachgerühmt werden, wenn ihnen auch melodischer Fluß und contrapunctische Feinheiten nicht abzusprechen sind.

Daß er in hohem Ansehen stand, beweist u. A. die Thatsache, daß kaum ein Jahr nach seiner Hamburger Anstellung von dem Leipziger Rathe ihm die dortige Musikdirector-Stelle angeboten wurde. Wir fanden auf dem hiesigen Stadtarchiv den Originalbrief, den Telemann aus Anlaß dieser Berufung an den Hamburger Senat richtete. Derselbe lautet:

Magnifici
Hochedle, Veste, Hochgelahrte,
Hoch- und Wohlweise, Hochzuehrende,
Hochgebietende Herren und Patronen!

Ew. Magnificentzen, Hoch- und Wohl-Herrl. hiermit gehorsamst vorzutragen, habe ich nicht umhin gehen sollen: Wie Daß, nachdem die Stadt Leipzig meine wenige Person zur Uebernehmung der Direction dortiger Musik ausersehen, ich solche Station, in Beachtung ihrer guten Beschaffenheit und der mir obliegenden Pflicht in Versorgung der Meinigen, wie auch in Entgegenhaltung der hiesigen für mich anitzo nicht favorable scheinenden Conjuncturen, zu ergreiffen kein Bedenken tragen können: Dannach ergehet an Ew. Magnific. Hoch- und Wohlwl. Herrl. mein submisses Bitten, es wollen dieselben mich meiner bishero alhier verrichteten Dienste hochgeneigt erlassen, woran dann nicht zweifle, zugleich aber auch für Dero mir vielfältig erwiesene Gewogenheit schuldigst dancke, nebst der Versicherung, daß diese Dero Güte Zeit Lebens mit dem verpflichtetesten Gemüthe erkennen und solche jedermänniglich rühmlichst anpreisen werde, der ich zu Dero ferneren hohen Affection, welche Dieselben mir auch abwesend großgünstig zu conserviren geruhen wollen, auch hiermit empfehle, und unter herzlicher Anwünschung eines beständig glücklichen und gesegneten Regiments, in aller Devotion verharre

    Ew. Magnifici
     Hoch- und wohlwl. Herrl.
    meiner hochzuverehrenden, hochgebietenden
     Herrn und Patronen
Hamburg, unterthänigst gehorsamster Knecht
d. 3. Sept. 1722. Georg Philipp Telemann.

Das Collegium der Scholarchen ersuchte hierauf den Rath „dahin zu sehen", daß Telemann der Stadt erhalten bleibe. Der ehrsame und in künstlerischen Dingen stets entgegenkommende Rath erwiderte hierauf, daß er Alles zu thun gesonnen sei, um eine solche Kraft an Hamburg zu fesseln. Telemann wurde nunmehr befragt, von welchen Bedingungen er sein ferneres Verbleiben abhängig mache, Telemann bat hierauf, „daß ihm diejenigen 400 ℔ so vor einigen Jahren denen unteren Schul-Collegen zugeleget worden, hinkünftig ebenfalls jährlich möchten gegönnet werden". Sein Vorgänger wäre nicht um diese Zulage eingekommen, weil er ohne Familie gewesen. Da nun aber „dem Cantori — wie es im Senats-Protokoll vom 2. November 1722 heißt — bereits in der Wohnung facilitirend uns jährlich deßfalls 300 ℔ Miethgeld mehr, als vorhin, bezahlen müssen", so könne die nachgesuchte Verbesserung in der Höhe von 400 ℔ nicht bewilligt werden, doch möge „bey den Kirchen dem Cantori einige Verbesserung beygeleget werden". Aus den Acten haben wir nichts Weiteres zu eruiren vermocht, als daß Telemann nur 100 ℔ bewilligt wurden.

Noch ein zweites Schreiben Telemann's vom 7. April 1763 ist im Original auf dem Stadtarchiv vorhanden; dasselbe lautet:

Hoch Edelgebohrner, Hochweiser,
Höchst zu ehrender Herr,
Proto — Scholarcha.

Da Ewr. Hochweisheiten persönlich meine unterthänige Aufwartung zu machen, durch die zunehmende Schwäche meiner Beine verhindert werde, so habe hiermit gehorsamst anzeigen sollen, daß ich endlich einen tüchtigen Tenorsänger entdeckt, und ihm bey hiesiger Kirchenmusic einen Platz eingeräumet, dagegen aber einen anderen zu verabschieden habe, der, außer dem, daß er mit Vorsatz fast unhörbar schwach, falsch antönen, und nach Eigendünkel gesungen, und den Ordnungen des Chores vielfaltig Trotz geboten hat, auch einer der frechesten Predigtverächter, ja gar des Beichtstuhls, obgleich er ein Studiosus Theologiae, gewesen ist.

Die Billigkeit und Nothwendigkeit dieses Unternehmens verspricht mir gerechten Beyfall, der ich mit schuldiger Ehrfurcht bin

Ewr. Hochweisheiten
meines Höchstgeehrten Herrn
Protos Scholarchen
gehorsamst -ergebenster

Hamburg,   Diener

d. 27. Apr. 1765.   Georg Philipp Telemann.

Ueber Telemann's practische Thätigkeit als Leiter der Kirchenmusik besitzen wir ein Zeugniß in seinen ungezählten, für den Gottesdienst geschriebenen Werken, die er zum Theil, wie wir im nächsten Kapitel sehen werden, auch in den öffentlichen Concerten auffführte. Ueber die Beschaffenheit der Kirchenmusik selbst zu jener Zeit, haben wir einen positiven Anhalt nur in den früher bereits citirten Denkwürdigkeiten von Fabricius gefunden. Im 7. Bande[1] wird die am 25. Juni 1730 stattgehabte Jubelfeier der Augsburgischen Confession ausführlich geschildert, und auch der in den Kirchen aufgeführten Musik Erwähnung gethan. Zunächst

---

[1] Jo. Albertus Fabricius: Memoriarum Hamburgensium. Bd. VII. S. 46 ff.

rühmt der Verfasser, „daß es an selbigem Tage, als Sonntags nach Johannis, in den 5 Haupt-Kirchen zu gleicher Zeit, Dienstags aber drauf in St. Gertrud, wie auch Montags im Gymnasio, und Dienstags im Johanneo, überall Vor- und Nachmittags, bis auf St. Gertrud, wo es nur früh auf 4 Chören erschallete, erbauliche Musiken veranstaltet, und solche mit mehr, als 100 Personen, bestellen lassen". Und Seite 47 heißt es: „Wegen der Musik wäre noch zu gedenken, daß wie Hamburg eine milde Versorgerinn mancherley Künstler ist, es also auch eine große Anzahl Musicirender, ohne, daß daselbst Schul-Chöre vorhanden, in sich schließe, sintemal die bemeldeten 100 und mehrere Personen, ausser einer einzigen, unter dessen Schutze leben, und, bis auf etliche, so bey dieser Gelegenheit, als bloße Liebhaber der Music, Gott zu Ehren Hand mit angeleget, allda durch ihre Wissenschafft Unterhalt finden, deren ein guter Theil der Namen geschickter Virtuosen verdienet.

„Man füget ferner hinzu, daß, zu desto mehrerer Freuden-Erregung, Mittags nach dem Gottes-Dienste auf den Thürmen 74 Trompeter, nebst ihren Paukern, sich mit Danck-Liedern hören lassen, und daß endlich im Dohm nach sämmtlich geendigten Predigten in den übrigen Kirchen ein Oratorio vom Herrn Capellmeister Kaysern aufgeführet, wie nicht weniger auf dasigem Thurme eine Trompeten- und Paucken-Music selb 8. gemacht worden".

Während des Gottesdienstes in den Hauptkirchen wurden außer verschiedenen Chorälen auch mehrere Arien gesungen, ebenso vor und nach den auf den Tag bezüglichen Reden. In der St. Petri-Kirche wirkten unter Telemann's Direction 7 Sänger und Sängerinnen, 17 Instrumentisten, 3 Trompeter und eine Pauke mit. In der Nicolai-Kirche waren es, unter einem Musiker Namens Murol, 7 Sänger, 16 Instrumentisten, 3 Trompeter und eine Pauke; in St. Katharinen, unter Hertel, 2 Vocalisten, 7 Instrumentisten; in der Jacobi-Kirche unter Direction eines Sängers Möring, 6 Vocalisten, 17 Instrumentisten, 3 Trompeter und eine Pauke; bei der Feier in St. Michaelis wird nur eine Sängerin,

Mademoiselle Kayser,¹) sowie 9 Instrumentisten, 1 Trompeter und eine Pauke aufgeführt.

Mit dem kirchlichen Vocalchor war es demnach nicht besonders glänzend bestellt; auch die Besetzung der einzelnen Stimmen läßt auf keine sonderliche künstlerische Wirkung schließen. So befanden sich in dem Telemann'schen Chor nur zwei Sängerinnen: zwei Fräulein Lindt, wovon die eine wohl Sopranistin war, während die andere den Alt versorgte. Diesen beiden standen 3 Sänger gegenüber. Nun denke man sich hierzu 17 Instrumentalisten, sowie drei Trompeten und eine Pauke, und man wird sich eine ungefähre Vorstellung von dem Gesammtklang machen können. Der Vocal-Chor scheint stets gegen jenen der Instrumentalisten zurückgestanden zu haben, wie wir später aus dem Bericht der Oberalten nach C. Ph. E. Bach's Tode noch erfahren werden.

Telemann starb, wie bereits bemerkt, am 25. Juni 1767. Schon am 3. November wurde

Carl Philipp Emanuel Bach zum Cantor und Musikdirector gewählt. Die Antwort Bach's, deren Autograph auf dem Stadt-Archive vorhanden, ist vom 15. November datirt und lautet:

Magnifici

Hoch Wohl Wohl und Hoch Edelgebohrene

Insonders Hoch zu Verehrende Herren

Höchstgeneigte Herrn Patroni und Obern!

Mit der Devotesten und Ehrerbietigsten Rührung meines Herzens, habe ich die von Ew. Magnificenz, Hoch Wohl Wohl und Hoch Edel geb. mir Höchstgeneigt zugeschickte Vocation zu der Stelle des seeligen Herrn Telemanns und zugleich eines Hochedeln und Hochweisen Raths Dimissorial-Schreiben an Sr. Majestät durch den Herrn Commission Rath Francken erhalten. Ich erkenne dieses von Hochdenenselben mir wiederfahrene Glück in seinem ganzen Umfange mit unterthänigem Danke, und werde Künftig alle meine Kräfte darzu anwenden, mich dieses Glückes würdig zu machen, Gottes Ehre, des Nächsten

---

¹) Sie war die Tochter des berühmten Reinhard Keiser.

Erbauung und der Jugend Nutzen zu befördern. Mein Dimissionis-Geschäfte habe ich bereits bei Sr. Majestät angebracht, und werde zu dessen Beschleunigung binnen wenigen Tagen das mir höchst geneigt zugeschickte Dimissorial-Schreiben übergeben, und hernach meine Maßregeln so nehmen, daß ich so bald es nur immer möglich seyn wird, in Hamburg werde eintreffen können.

Ich beharre mit der größten Ehrfurcht und allem Respecte

  Ew. Magnificenz, Hoch Wohl und Hoch Edel geb.
   Meiner Höchst geneigten Patronen und Oberen
Berlin,   ganz devotester Diener
d. 13. Nov. 1767.   C. Ph. E. Bach.

Von demselben Tage datirt ist ein Schreiben an den Syndicus und Licenticat der Rechte Faber in Hamburg, das wir hier ebenfalls zum ersten Male mittheilen; das Original befindet sich auf dem Stadtarchiv:

Magnifice
Wohlgeborener, Höchst zu verehrender
  Herr Syndice
   Höchst geneigtester Patron!

Der Inhalt von Ew. Magnificenz Höchstgeehrtesten Schreiben hat mein Gemüthe in die angenehmsten und zärtlichsten Empfindungen von Ehrfurcht und Dank gesetzet. Gott erhalte mir in Ew. Wohlgeb. Magnificenz meinen Höchstgeneigtesten und Vornehmsten Patron noch durch eine lange Reihe von Jahren, und setze mich bald in das Vermögen, mein Hertz in thätigem Gehorsam so sehr auszuschütten, als es jetzt von den angenehmsten Bewegungen beklemmt ist.

Der Herr Commissionsrath Francke hat mir am 10. dieses Nachmittags alles gehörig abgeliefert. Ich bitte nochmals unterthänigst um Vergebung, daß einige unumgängliche Verpflichtungen bei Hofe und bey der Prinzeßin Amalia mich durchaus verhindert haben, so gleich gehorsamst und schuldigst zu antworten.

Binnen wenigen Tagen werde ich noch einmahl bey dem Könige, welcher vermuthlich wegen anderer vielen Geschäfte mir noch bis dato noch nicht geantwortet hat, um meine Erlassung bitten; und zugleich das Dimissorial-Schreiben beylegen.

In meinem Briefe werde ich folgendes vorstellen:

Da mein Sr. Maj. bereits vorgestelltes Unvermögen mich nöthigte die hiesigen Dienste zu verlassen, so hätte ich mich müssen um eine andere Bedienung bewerben, welcher meine körperlichen Umstände gewachsen wäre. Die jetzige Hamburgische Vacanz hätte mir Gelegenheit gegeben, meinen dasigen Herrn Patronen mich bestens zu empfehlen, ich hätte angehalten und das Glück gehabt zu reüssiren.

Durch diese Vorstellung setze ich den Senat aus aller Besorgniß, mein Erlassungsgeschäft wird beschleuniget und die Attention des Senats nebst meinem aufrichtigen Geständniß muß dem König gefallen. Ich werde die Ehre haben, von allen Vorgängen sogleich Bericht abzustatten, und beharre mit den lebhaftesten Empfindungen der Ehrerbietung und mit allem Respecte

Ew. Magnificenz

Berlin,   unterthäniger Diener

d. 15. Nov. 1767.   Bach.

C. Ph. E. Bach wurde am 14. März 1714 in Weimar als der zweite Sohn des großen Johann Sebastian Bach geboren. Er sollte ursprünglich sich der Rechtsgelehrsamkeit widmen, und studirte zu diesem Zwecke in Leipzig und Frankfurt an der Oder. Wie Bach in seiner Autobiographie mittheilt[1] ging er, nachdem er seine akademischen Studien absolvirt, im Jahre 1738 nach Berlin. „Hier bekam ich eine sehr vortheilhafte Gelegenheit einen jungen Herrn in fremde Länder zu führen: ein unvermutheter gnädiger Ruf zum damaligen Kronprinzen von Preußen, jetziger König, nach Ruppin, machte, daß meine vorhabende Reise rückgängig wurde. Gewisse Umstände machten jedoch, daß ich erst 1740 bey Antritt der Regierung Sr. preußischen Majestät förmlich

---

[1] Carl Burney's Tagebuch einer Musikalischen Reise durch Frankreich und Italien. Band III. S. 199 ff.

in Dessen Dienste trat, und die Gnade hatte, das erste Flötensolo, was Sie als König spielten, in Charlottenburg mit dem Flügel ganz allein zu begleiten. Von dieser Zeit an, bis 1767 im November, bin ich beständig in preußischen Diensten gewesen, ohngeachtet ich ein paarmal Gelegenheit hatte, vortheilhaften Rufen anderswohin zu folgen. Seine Majestät waren so gnädig, alles dieses durch eine ansehnliche Zulage meines Gehalts zu vereiteln."

Diese Anstellung als Cembalist beim großen König und die Berufung Bach's nach Hamburg im Jahre 1767, sind die einzigen bemerkenswerthen Ereignisse in seinem Leben, das nur der Kunst gewidmet war. Wenn er sich auch den Rechtsstudien einige Zeit hingegeben hatte, so war Bach doch zu einem gründlichen und tüchtigen Musiker durch seinen Vater, denn einen anderen Lehrer hat er nicht gehabt, erzogen worden.

Bach's kunsthistorische Bedeutung liegt weniger in seinen Vocal- und Instrumental-Schöpfungen, als in dem wichtigen Einfluß, den er auf die Entwickelung des Clavier-Spiels und des Clavier-Stils ausgeübt hat. Unter Bach's in Hamburg entstandenen Kirchenmusik-Werken sind zwar auch manche, wie sein doppelchöriges Heilig, das Magnificat und die Oster-Cantate, die noch heute ihren musikalischen Werth besitzen. Auch die im Jahre 1769 entstandene Passions-Cantate oder das 1777/78 geschriebene Ramler'sche Oratorium: „Auferstehung und Himmelfahrt Jesu" enthalten manche Schönheiten. Aber es fehlte seinen Schöpfungen die plastische Abrundung und zwanglosfreie Entwickelung der Form, die geistige Beseelung, seinen Gedanken die tiefere Verinnerlichung. Diese Schwächen weist besonders sein großes Oratorium „Die Israeliten in der Wüste" auf. Ein großes Verdienst hat sich C. Ph. E. Bach dagegen mit der Bearbeitung der vierstimmigen Choräle seines Vaters erworben, die sonst wohl nur in verstümmelter Gestalt auf uns gekommen wären. Von seinen in Hamburg erschienenen geistlichen Compositionen erwähnen wir noch die Cramer'schen Psalmen und Sturm's geistliche Gesänge mit Melodien zum Singen beim Clavier.

C. Ph. E. Bach war ein fleißiger und pflichteifriger Künstler. Seinen Ruf in der musikalischen Welt hat er seiner Hamburger Thätigkeit zu verdanken. Freilich hat er hier in seiner Eigenschaft als Kirchenmusik-Director Vieles auch geschaffen, das auf bleibenden Werth keinen Anspruch erheben kann; die meisten seiner Gelegenheits-Musiken für die Kirche sind längst verschollen und vergessen. Aber Bach bildet doch ein wichtiges Mittelglied zwischen der altklassischen und der modernen Musikperiode, nur ein schöpferischer Kopf im vollen Sinn des Wortes war er nicht. Als Clavierspieler jedoch und in seinen Compositionen für dieses Instrument, ist er Bahnbrecher geworden. Hierauf werden wir im vierten Kapitel zu sprechen kommen.

Burney besuchte auf seinen Reisen selbstverständlich auch Hamburg. C. Ph. E. Bach führte ihn nach der Katharinen-Kirche, „woselbst ich eine schöne Musik von seiner Composition hörte, die aber für die große Kirche zu schwach besetzt war, und die auch von der Versammlung zu unaufmerksam angehört wurde." Auch hieraus geht hervor, und in den Akten haben wir es bestätigt gefunden, daß die Kirchenmusik in Hamburg hauptsächlich an schwacher Besetzung des Vocalchors litt; daher waren die Einwände der Oberalten nach Bach's Tod gegen die fernere Beibehaltung dieser Kirchenmusiken, auf die wir noch zu sprechen kommen werden, nicht ohne alle Berechtigung. „Dieser Mann war ohne Zweifel gebohren — fährt Burney fort — für große und stark besetzte Orchester von sehr geschickten Spielern, und für ein sehr feines Auditorium zu komponiren. Jetzt scheint er nicht völlig in seinem Elemente zu leben. In einer jeden Stadt oder in jedem Lande, wo die Künste kultivirt werden, haben solche ihre Ebbe und Fluth, und in diesem Betracht ist der gegenwärtige Zeitpunkt für Hamburg nicht der glänzendste."

C. Ph. E. Bach starb am 14. December 1788. Wie groß die Achtung und die allgemeine Werthschätzung waren, die er in Hamburg in allen Kreisen genoß, bezeugt folgender Nachruf des Hamburgischen Correspondenten: [1] „Gestern hat unser Publicum

---

[1] Hamburgischer Correspondent. 1788. Nr. 201.

einen sehr merkwürdigen und berühmten Mann verloren. Es starb Abends um 10 Uhr Herr C. Ph. E. Bach, Kapellmeister und seit dem 3. November 1767 hiesiger Musik-Director im 75. Jahre seines Alters. Er war einer der größten theoretischen und practischen Tonkünstler, der Schöpfer der wahren Art, das Clavier zu spielen, der einsichtsvollste Kenner der Regeln der Harmonie oder des reinen Satzes, der genaueste Beobachter derselben, und ein Clavierspieler der seines Gleichen in seiner Art wohl noch nie gehabt hat. Seine Compositionen sind Meisterstücke und werden vortrefflich bleiben, wenn der Wust von modernem Klingklang längst vergessen sein wird. Die Tonkunst verliert an ihm eine ihrer größten Zierden, und der Name eines C. Ph. E. Bach wird ihr auf immer heilig seyn. Im Umgange war er ein aufgeweckter munterer Mann, von Witz und Laune, heiter und fröhlich in der Gesellschaft seiner Freunde, in deren Klagen über seinen Verlust sich auch die Thränen des Verfassers dieses Aufsatzes mischen, der das Glück hatte, mit der zärtlichsten Freundschaft des Wohlseligen beehrt zu werden." [1])

Es sollte nunmehr nach Bach's Tode eine durchgreifende Reform der Kirchenmusik vorgenommen werden, aber besser wurde sie nicht durch die sachlich nicht unberechtigten Vorschläge der Oberalten, deren Annahme durch den Senat schließlich auch erfolgte. Aber zu beklagen ist es doch, daß in Hamburg zu jener Zeit so wenig Interesse für die religiöse Tonkunst herrschte, daß jeder Heller weiterer Ausgaben dem Collegium der Oberalten, das hier ein entscheidendes Wort mitzureden hatte, unnöthig erschien. Sie motivirten zwar ihren Beschluß mit den traurigen Finanzzuständen im Allgemeinen, aber Hamburg war doch keine solch arme Stadt, daß sie nicht einmal einige tausend Mark weiter für eine würdige Kirchenmusik hätte aufbringen können. Kurz und gut, auf Antrag des Sechsziger Collegiums vom 6. Februar 1789 beschloß der Senat am 9. Februar dem Collegium der

---

[1]) Dieser Nachruf scheint uns von Ebeling, Mitvorstand der Handlungs-Akademie, später Professor am Gymnasium und Bibliothekar an der Stadtbibliothek, herzurühren.

Scholarchen mitzutheilen, daß die Wahl eines Cantors und Musik-Directors „vor der Hand und bis auf anderweitige Vorstellung auszusetzen, und vorgängig seine Gedanken über die bey den Kirchen Musiken und dem Singe Unterricht anzubringenden zweckmäßigen Einrichtungen und Ersparungen zu eröffnen."

Das Collegium der Scholarchen beauftragte hierauf die beiden Hauptpastoren Rambach und Beikhan mit der Abfassung eines solchen Gutachtens. Im Uebrigen gab das Collegium die Erklärung ab, daß in Ansehung der Qualität des wieder zu wählenden Cantors und Musik-Directors, „als eines über die Praeceptores der fünf untersten Classen den Vorrang habenden Schullehrers, eben so wenig Abänderungen als bey dessen Besoldung und Einnahme" Ersparungen stattfinden könnten. Auch lasse es sich was die Wahl selbst betreffe, weder vom Senat noch von den Herren Sechsziger irgend welche Beschränkungen „in keinem Stücke" gefallen.

In dem Gutachten der beiden Pastoren wurde u. A. ausgeführt, daß bei der Kirchenmusik Vieles der Verbesserung bedürftig sei. Zunächst sei zuzugeben, daß zu viele Kirchenmusiken stattgefunden hätten. Die Zahl aller in den Kirchen aufgeführten Musiken betrage (27[1]) jährlich, die Passionsmusiken mit eingerechnet, deren zehn in 15 Tagen stattfänden. „Natürlicher Weise mußte das für die Instrumentisten und für die Sänger üble Folgen haben. Jene wurden des vielen Musicirens überdrüssig, und diese wurden von dem vielen Singen matt, heiser oder gar krank."

Es wird auch offen zugestanden, daß die Musik theilweise schlecht gewesen sei. „Das sagen wir nicht zur Unehre des seligen Bach, der der größte Mann in seiner Kunst war, und auf den Hamburg stolz zu seyn Ursache hat. Der Fehler dessen wir gedenken, war fast unvermeidlich. Wie konnte es bey der übergroßen Menge der Musiken anders seyn, als daß manche alte

---

[1] Diese Zahl stimmt nicht, sie war bedeutend höher, wie wir noch erfahren werden.

Composition genuzt, und mit derselben auch ein alter und oft unerbaulicher Musiktext ausgegeben wurde."

Im Uebrigen nimmt sich das Gutachten der Kirchenmusik warm an, und verwahrt sich entschieden gegen eine Abschaffung derselben, wie dies das Collegium der Sechsziger bezwecken wollte. Dagegen könnte man sich damit einverstanden erklären, die Sonnabends- und Vesper-Musiken sowie jene während des Abendmahls abzuschaffen. Dann müßte aber:

"a) In Ansehung der doppelten Musiken der Cantor oder Musik-Director die Erlaubniß erhalten, dieselbe Musik, die er Vormittags aufführte, auch Nachmittags zu wiederholen, um auf seine Composition mehr Zeit und Fleiß verwenden zu können.

b) Statt der einfachen Musiken könnte das Hauptgesang mit Blas-Instrumenten und vom Choro musico begleitet werden.

c) Auch würde es vielleicht rührend und erbaulich sein, wenn anstatt der Musik nach der Predigt gleich auf den Gesang, der nach der Predigt gesungen wird, so wie es bisher in der St. Peters Kirche gebräuchlich ist, ein im simpel erhabenen Styl gesetztes Heilig, das aber wenig Zeit wegnehmen müßte, folgte, so oft in einer Kirche doppelte Musik ist.

d) Vorzüglich dünkt uns bey den Passionsmusiken eine doppelte Veränderung sehr nöthig zu seyn."

Was letztere betrifft, so sind die Gründe höchst seltsam, welche die Berichterstatter gegen die Ausführung derselben vorbringen. Sie finden es nämlich sehr unschicklich, daß in den bisher aufgeführten Passionen Christus redend eingeführt worden sei; es streite dies gegen den guten Geschmack. Auch sprechen sie sich gegen die Beibehaltung der alten kirchlichen Compositionen aus; dem Cantor soll vielmehr künftig die Pflicht auferlegt werden, neue zweckmäßige Musiken zu setzen. Ferner habe er auf einen zahlreichen und wohlgeschulten Singchor sein Augenmerk zu richten. Nach der Schulordnung vom Jahre 1655 hatte nämlich der Cantor den Schülern der drei oberen Klassen sowohl theoretischen wie practischen Unterricht in der Musik zu ertheilen, auch die Geschichte derselben vorzutragen. Der Unterricht in den anderen Klassen war den übrigen Schullehrern überlassen. Nun waren aber letztere in der Regel des Singens unkundig, kümmerten sich auch weiter nicht um diesen Theil ihrer Functionen, und ließen durch den Custos nur die Chorknaben zum richtigen Singen der Kirchenlieder anleiten. Auch der Cantor selbst ließ sich häufig vertreten. Hier müsse nun gründliche Abhilfe geschaffen und dem neu zu wählenden Cantor die Pflicht auferlegt werden, zwei Stunden in der Woche denjenigen Schülern der oberen Klassen, die in der Musik unterwiesen zu werden wünschten, einen „gelehrten Unterricht" zu ertheilen; weitere zwei Stunden wären auf practische Singübungen zu verwenden. Weiter seien alle Schüler aus sämmtlichen Klassen, die Lust und Talent zur Musik hätten, „in einem Haufen zu versammeln." So könne der Cantor mit der Zeit gute Discantisten und Altisten sich heranziehen, an denen es bisher gefehlt habe. Gegen Abzüge am bisherigen Gehalt des Cantors spricht sich das Gutachten entschieden aus, denn es „reiche gerade nur hin, in dem theuern Hamburg mit einigem Anstande leben zu können."

Das Collegium der Sechsziger vermochte aber die Gründe für Beibehaltung der Kirchenmusik nicht anzuerkennen. Seine Gegengründe waren äußerst schwach und kennzeichneten nur den nüchternen, prosaischen Geist, der in dem hohen Collegium der Bürgerschafts-Vertreter herrschte. Die Musik könne nur bei Kennern mächtig auf das Herz wirken, für die Kirche sei aber das Kirchenlied das einzige Mittel, die Andacht zu heben. Wenn im Uebrigen zugegeben werden müsse, daß das Collegium Scholarchale berechtigt sei, den Musik-Director zu wählen, weil mit dieser Stelle der Cantor-Dienst verbunden, so habe sich dasselbe deßhalb noch lange nicht eine Cognition über die Kirchen-Musiken anzumaßen, oder deren Aufhebung als einen Eingriff in seine Gerechtsame anzusehen. Die Hoffnung auf eine Besserung der Kirchenmusik sei übrigens ganz vergeblich. Wolle man diese, so müßte mehr Geld als bisher auf sie verwandt werden; zu größeren Ausgaben seien aber weder die Kammer noch die Kirchen geneigt. „Es gibt hier jährlich 152 Kirchen-Musiken an Sonn- und Festtagen, 54 Vesper-Musiken und ungefähr 40 Proben, folglich zusammen über 200 Musiken, bey welchen die Sänger aufwarten müssen, dafür erhält der erste 400 ß, die übrigen 240 ß jährlich." Das Collegium bezweifelt nicht mit Unrecht, ob man für „eine solche elende Bezahlung" geschickte Leute bekommen könne. Es beharrt in seiner vom 19. Juni 1789 datirten Replik auf den Antrag, die Kirchenmusiken gänzlich abzuschaffen, und den Posten des Kirchenmusik-Directors aufzuheben.

Der Senat versuchte nochmals für die Interessen der Kirchenmusik einzutreten und deren Erhaltung zu befürworten. Letztere sei um so mehr zu ermöglichen, wenn die Einschränkungen und Reformen, die das Collegium der Scholarchen vorgeschlagen, ausgeführt würden. Die Sechsziger beharrten aber starrsinnig auf ihrem einmal eingenommenen Standpunkt, und machten nochmals darauf aufmerksam, daß zu „einer gefälligen Execution guter Musik geschickte Künstler, hinlängliche Besetzung der Chormusik und eine gute Stellung derselben gehöre". Hier fehle es aber überall am Nothwendigsten. Mit Ausnahme der Michaelis-Kirche besäße Hamburg keine akustisch gebauten Gotteshäuser, und man könne daher nicht erwarten, daß ein Chor von 14 Instrumentisten (8 Rathsmusikanten und 6 Rollbrüder, zu großen Musiken wurden noch 2 oder 4 Gehülfen herangezogen) einen großen Raum ausfüllen können, noch weniger vermöge der schwach besetzte Chor durchzudringen. Wir haben oben gesehen, daß Burney dieselben Ausstellungen machte. Das Collegium der Sechsziger proponirte daher, die Zahl der Musiken in sämmtlichen 5 Hauptkirchen auf 30 festzusetzen „und zwar dergestalt, daß in jeder Hauptkirche successive sechs Musiken im Jahre, nemlich an den drei hohen Festen Ostern, Pfingsten und Weihnacht, ferner auf Johannis und Michaelis, und eine Passionsmusik aufgeführet werden, und zwar allein vor der Haupt-Predigt, zu der jetzt gewöhnlichen Zeit, daß also allen übrigen Musiken, nemlich die sogenannten halben Musiken, die Musiken nach der Haupt-Predigt, die Musiken bei den Nachmittags-Predigten und die Vesper-Musiken gänzlich wegfallen." Der jährliche Beitrag sei von 3424 ß auf 1700 ß zu reduciren.

Dem Senat blieb bei der Renitenz der Sechsziger schließlich nichts übrig, als diesen Vorschlägen beizutreten. Auch das Gehalt des Cantors wurde wieder wie vor Telemann's Berufung auf 1200 ℳ heruntergeschraubt; dafür wurde ihm aber als Entschädigung ein jährliches Douceur von 500 ℳ zugesprochen. Das Collegium der Scholarchen mußte zu dieser Vereinbarung einfach Ja und Amen sagen.

Am 1. October 1789 wurde hierauf Christian Friedrich Gottlieb Schwencke zum Cantor und Musikdirector gewählt. Bis dahin war die Wittwe Bach's gebeten worden „die von ihr bisher übernommene Besorgung der Kirchen-Musiken und des Schulunterrichts im Singen auf den bisherigen Fuß, dagegen die bisher gehabte Einnahme bis zur Wiederbesetzung der vacanten Stelle fortzusetzen".

C. F. G. Schwencke entstammt einer musikalischen Familie, deren letzter Repräsentant der noch heute lebende Organist an der Nicolaikirche in Hamburg ist. Der neu gewählte Cantor und Musikdirector war der älteste Sohn des Rathsmusikanten J. G. Schwencke, auf den wir im vierten Kapitel zurückkommen werden. Geboren zu Wachenhausen im Harz den 30. August 1767, zeigte sich schon frühzeitig die künstlerische Begabung des Knaben; der Vater, ein ausgezeichneter Fagottist, ließ es sich angelegen sein, ihm eine tüchtige musikalische Erziehung zu Theil werden zu lassen. Schon am 18. März 1779 trat er in einem Concerte, das sein Vater im Hamburgischen Schauspielhause gab, als Clavierspieler auf. Der anwesende C. P. E. Bach gewann ein großes Interesse für den Knaben; er nahm ihn unter die Discantisten seines Kirchenchors auf, und hielt ihn damals schon reif genug, ihm die Werke seines großen Vaters zum Studium anzuvertrauen. Diesem Studium gab sich Schwencke mit eisernem Fleiße hin, ja er schrieb sich sogar jedes einzelne Werk ab. Von dieser Zeit an mag sich auch der später zur Leidenschaft gewordene Hang gebildet haben, die Tonwerke der großen Meister mit beispielloser Sorgfalt zu copiren. In dem Jahre seines ersten öffentlichen Auftretens entstand auch ein größeres Werk, das Oratorium „David's Sieg im Eichthale." Von nun an warf er sich mit Eifer auf das Studium der Theorie und der Mathematik. Nachdem seine Stimme mutirt hatte, übernahm der kaum Vierzehnjährige die Stelle eines Accompagnisten bei der Kirchenmusik. Er bekleidete dieses Amt zur höchsten Zufriedenheit P. E. Bach's 5 Jahre lang. Im Jahre 1782 schickte ihn sein Vater, nachdem er sich auch im Orgelspiel gründliche Kenntnisse erworben hatte, nach Berlin. Hier gewann ihm sein Clavierspiel die Zuneigung der Prinzessin Amalie, die sogar auf ihre Kosten ihn wollte reisen lassen. Schwencke lehnte das Anerbieten ab. Einen tüchtigen Lehrer und warmen Freund fand er in dem berühmten Theoretiker Kirnberger, der Schwencke sogar eine Zeit lang zu sich nahm. Nachdem er ein Jahr in Berlin verweilt, begab sich Schwencke nach Hannover, wo er sowohl als Clavier- wie als Orgelspieler Aufsehen erregte. Im Jahre 1785 bewarb er sich um den Organisten-Posten an der Nicolaikirche in Hamburg. Obgleich er beim Probespiel seine Concurrenten glänzend aus dem Felde schlug, so setzte man ihn, zu großer Jugendlichkeit wegen, nicht auf die Wahlliste. Interessant und nicht bekannt ist es, wie Schwencke in einem Briefe sich über diesen Vorfall äußert: „Die Wahl traf den Sohn des verstorbenen Organisten, Herrn Lambo, der nachher ein sehr liederlicher Mensch wurde. Herr Capellmeister C. P. E. Bach mußte den 4 Probe-Spielenden, welche außer mir und Lambo, Plink und Däde waren, Choral-Vorspiele und Fugen-Themata, welche wir vorher nicht durften gesehen haben, mitbringen. Da nun Herr Lambo, der übrigens erbärmlich spielte, sein Thema gut durcharbeitete, so war es wahrscheinlich, daß er es vorher durchstudirt hatte, folglich auch wahrscheinlich, daß Bach bestochen worden war. Geizig genug war er dazu."

Nach einer Kunstreise, die ihn nach Frankfurt a. M. führte, bezog Schwencke 1787 die Leipziger und ein Jahr darauf die Universität zu Halle. Er warf sich besonders auf die philologischen und mathematischen Fächer, ließ aber seine Kunst nicht feiern, denn von Halle aus kündigte er seine ersten Violin-Sonaten an.

Die Wahl Schwencke's wurde mit Freuden aufgenommen. In Nummer 157 des Correspondenten wird derselben in warmen

Worten Ausdruck gegeben: es sei eine Wahl „die der patriotischen Einsicht des Collegii wahre Ehre macht, und die unsern Kennern und Freunden der Musik desto angenehmer sein muß, da sie einen jungen Mann von 25 Jahren getroffen, der von der Natur mit den größten Talenten zu seiner Kunst begabt worden, die er durch Fleiß und Studium schon so ausgebildet hat, daß er mit den berühmtesten Meistern der Tonkunst wetteifern, und der Nachfolger Ph. E. Bach's sein kann, ohne erröthen zu dürfen."

Die neue Stellung als Cantor und Musikdirector sollte Schwencke nur Enttäuschungen bringen. Das Stadtarchiv enthält zwei ausführliche Schriftstücke aus seiner Feder, die auf das Ueberzeugendste nachweisen, daß mit den reducirten Mitteln eine gute Kirchenmusik nicht auszuführen sei. Aber seine Beschwerden wie jene der Rathsmusiker fruchteten nichts, sie prallten alle ab an dem starrsinnig festgehaltenen Standpunkt der Sechsziger. So konnte sich ein Mann wie Schwencke nicht wohl in einer Stellung finden, die ihm so wenig die Möglichkeit bot, der Kunst in fruchtbringender Weise zu dienen; ja diese Verhältnisse entfremdeten ihn der Kunst eine Zeit lang, so daß er sich in mathematische Probleme vertiefte und einen starken Quartband von Logarithmen auscalculirte. Wenig Erfreuliches ist es, was der hamburgische Referent der Musikalischen Correspondenz in Speyer vom Jahre 1792 in Nummer 15 über die Kirchenmusik berichtet; er weiß nur von zwei guten Bassisten zu erzählen. „Schon der selige Bach klagte sehr darüber, daß er nichts großes aufführen könnte, und alles gute für diese zwei Stimmen geben müsse, weil die 2 Chorknaben selten über zwey oder drei Jahre ihre gute Discantstimme behielten und es denn in verschiedenen Jahren wieder daran fehlte. Die Tenor- und Altsänger sind gute brave Leute, aber ohne gefällige Stimme. Hier nimmt man so vorlieb, weil bei aller Toleranz doch *keine weibliche Stimme unter diesen Männern gestellet werden darf*. Der Herr Musikdirector Schwencke, ein junger feuriger Mann, hat schon herrliche Kirchensachen geliefert, aber der Zwang, darin er stehet, unterdrückt das gute, was mehr bessere Stimmen bald hervorbringen würden. Diese geistlichen Musiken stehen ganz unter dem

Kirchen-Collegio, das zu getheilt, zu unkundig im Musikfache, und zu ohnmächtig ist, bessere Einrichtungen hierin zu treffen."

Auch eine Correspondenz aus Hamburg in Nummer 46 der Leipziger Allgemeinen Musikalischen Zeitung vom Jahre 1821 entwirft ein düsteres Bild von dem Stand der damaligen Kirchenmusik.

„Die Aufführung von Kirchenmusiken mußte zu der Zeit, als die Franzosen unsere Kirchen zu Pferdeställen und Magazinen machten, und der Gottesdienst nur in sehr kleinem, beschränktem Lokale gehalten werden konnte, von selbst unterbleiben. Aber auch jetzt, wo die Kirchen wieder ihrer Bestimmung gemäß benutzt werden, geschieht nichts zur Wiederherstellung der Kirchenmusik. Wir haben seit der Zeit unserer Befreiung — im Verlaufe von 8 Jahren also — außer dem in Ihrem Blatte schon erwähnten Musikfeste in der Michaeliskirche (siehe sechstes Kapitel) nur 3 oder 4 Kirchenmusiken gehört, deren Aufführung durch besondere Festlichkeiten, als das Reformationsfest, die Einweihung der neuerbauten Petrikirche 2c. veranlaßt wurde. Die Versuche in diesem Wege von dem Herrn Berens, Organisten am Waisenhause, dürfen nicht übergangen werden und es würde sehr ungerecht sein, seinen guten Willen und Eifer für die Sache nicht anzuerkennen."

Ließen somit die Verhältnisse, wie sie damals sich gestaltet hatten, es nicht zu, daß Schwencke als Kirchenmusikdirector dasjenige leisten konnte was er gerne vermocht hätte, so feierte seine Kunst im Uebrigen doch nicht; und als in Hamburg theils durch das französische Theater, theils durch den starken Zufluß von gebildeten, kunstempfänglichen Fremden, die Freude und der Geschmack an guter Musik sich wesentlich hoben, da scheint auch Schwencke sich wieder seiner Kunst zugewandt zu haben. Besonders war es der intime Umgang mit seinem Schwager, dem trefflichen Paris, der das Orchester am französischen Theater leitete, welcher anregend und fördernd auf ihn einwirkte. Schwencke fing wieder an fleißig zu componiren; auch war er schriftstellerisch thätig, und seine Berichte über das Hamburgische Musik- und Concertleben in der Leipziger Allgemeinen

Musikalischen Zeitung in den ersten beiden Decennien unseres Jahrhunderts, zeichnen sich durch Geist und kritische Schärfe aus. Seine Compositionen verleugnen zwar nicht den gebildeten, feinsinnig empfindenden Musiker, aber auch nicht den Geist der Zeit, in welcher sie entstanden sind.

C. F. G. Schwencke starb an den Folgen der Brustwassersucht am 27. October 1822. Sein alter Vater überlebte ihn. In der von ihm verfaßten Todesanzeige im Correspondenten[1]) heißt es u. A.: „Was er in seiner Kunst und in seinem Berufe war und leistete, ist allgemein bekannt, und nur der Verlust einer herzlich geliebten Gattin, die ihm der Tod in seinem 45sten Jahre raubte, konnte dem an Geist so Kräftigen und in seiner Kunst so tief Bewandten die regsame Thätigkeit und seinem Herzen die innere Fröhligkeit rauben. Mit seinen 12 hinterlassenen Waisen stehe ich, ein 80jähriger Greis, mit thränenfeuchten Blicken an dem Grabe des für die Kunst und uns zu früh Verblichenen und betrauern wehmüthigen Herzens seinen unersetzlichen Verlust."

Die Cantor- und Musikdirector-Stelle blieb fortan unbesetzt. Wer mochte sich unter den tüchtigen Musikern auch um eine Stelle bewerben, die so schlecht dotirt war, daß ein positives, erspießliches Wirken vollständig unmöglich erschien, zumal die für den Vocal- und Instrumentisten-Chor ausgeworfene Summe ein Engagement von wirklich leistungsfähigen Kräften nicht zuließ. So schlief die einstens berühmt gewesene Hamburgische Kirchenmusik immer mehr ein. Sie bestand gleich nach der französischen Occupation z. B. an St. Nicolai darin, daß am zweiten Weihnachtstage Mittags von 12—1 und Abends von 9—10 Uhr einige Choralmelodien auf dem Thurme durch Trompeten und Pauken ausgeführt wurden.[2]) Und ein Correspondent der Leipziger Allgemeinen Musikalischen Zeitung vom Jahre 1825[3]) klagt darüber, daß die Stelle eines Directors der Kirchenmusik seit Schwencke's Tode immer noch nicht besetzt sei, und von der

---

[1]) Hamb. Correspondent vom 3. November.
[2]) Siehe C. Mönckeberg: Die St. Nicolai-Kirche. 1846. S. 65.
[3]) Allgem. Musik. Zeitung. 1825. S. 527 ff.

Regierung auch nicht das Mindeste geschehe, um diese Lücke auszufüllen und für die Wiedergeburt der schon früher gänzlich in Verfall gerathenen Kirchenmusik etwas zu thun. Es sei das Verdienst des Herrn J. J. Berens, nach jahrelangen Bemühungen es wenigstens dahin gebracht zu haben, einen Chorgesang in drei Hauptkirchen zur Einleitung der Vesper, Sonnabend Mittags, auszuführen. Sein Unterricht habe es auch bewirkt, daß seit Anfang 1825 „das unleidliche Geschrei der Armenschüler (Currendeknaben), die in den Straßen umherzogen und Gesänge im Einklange abschrien, abgestellt worden", und nunmehr beginnen, die geistlichen Lieder mehrstimmig vorzutragen.

Im Uebrigen erfolgte keine Veränderung der Verhältnisse. Der Staat kümmerte sich weiter nicht mehr um die Creirung und Erhaltung einer guten, der Stadt würdigen Kirchenmusik, und es blieb den einzelnen Kirchen, resp. den einzelnen Organisten und Cantoren vollständig überlassen, zu thun und zu lassen was sie wollten. Es fehlte Hamburg seit den zwanziger Jahren zwar nicht an größeren und künstlerisch gelungenen Aufführungen religiöser Tonschöpfungen, aber dieselben dienten nicht rein kirchlichen Zwecken; daher gehört eine Besprechung derselben nicht hierher, sondern behalten wir dieses einem späteren Kapitel vor.

Eine Aenderung der Verhältnisse trat erst mit der 1882 erfolgten Berufung R. Th. Odenwalds[1]) als Gesanglehrer an das Realgymnasium nach Hamburg. Schon am 1. November gründete er den „Hamburger Kirchenchor". Odenwald besitzt ein entschiedenes Organisationstalent und eine Energie in der consequenten Verfolgung und Durchführung des ihn beherrschenden Gedankens, daß er auch hier in kurzer Zeit Erstaunliches erzielte.

---

[1]) Odenwald, Robert Theodor ist am 5. Mai 1858 zu Frankenthal bei Gera geboren. Er widmete sich frühzeitig der Musik, wurde mit 18 Jahren Präfect des Geraer Kirchenchors und 1870 Cantor an der Marienkirche und Gesanglehrer am Gymnasium zu Elbing. Hier gründete er den Elbinger Kirchenchor, den er zu einer solchen künstlerischen Leistungsfähigkeit heranzubilden wußte, daß seine Aufführungen auch auswärts die Anerkennung der Kritik fanden. Von Elbing kam Odenwald nach Hamburg.

Als ersten Satz hatte er in seinem Programm aufgestellt, daß der Hamburger Kirchenchor ein Kunstinstitut werden soll, das sich dem Dienste der Kirche widmet; durch den künstlerischen Vortrag gediegener Kirchencompositionen soll der kirchliche Sinn belebt und das Volk zur Kirche herangezogen werden. Der Chor selbst besteht aus Knaben und Herren, sowie mehreren Damen zur Verstärkung des Sopran und Alt. Für die Knaben wurde eine Vorbildungsschule geschaffen, nach deren Absolvirung sie in den eigentlichen Kirchenchor eintreten; den Unterricht erhalten sie gratis. Der Director schließt weiter mit jedem Mitgliede des Chors einen Vertrag ab, der vierteljährlich kündbar ist; die Knaben können zu jeder Zeit entlassen werden. Letztere etwas drakonische Bestimmung ist übrigens durch den oft rasch eintretenden Stimmwechsel geboten. Der Staat gibt dem Chor eine jährliche, wenn auch in Anbetracht des schönen und edlen Zwecks nur geringe Unterstützung.

Der Chor stellt seine Leistungen den fünf Hauptkirchen Hamburgs zur Verfügung; auch singt er auf Wunsch bei besonderen Gelegenheiten in weiter entfernt gelegenen Kirchen. Leider hat die Michaeliskirche bis heute sich den Bestrebungen des Chors gegenüber ablehnend verhalten.

Was die Geschichte des Kirchenchors im Einzelnen betrifft, so konnte derselbe, nachdem am 1. November 1882 mit 90 Sängern die erste Uebung abgehalten worden, am 22. März 1883 in der St. Jacobikirche beim Hauptgottesdienst zum ersten Male an die Oeffentlichkeit treten. Einen Tag darauf, am Charfreitag, wirkte der Chor in der überfüllten Petrikirche bei einer liturgischen Andacht mit. Herr Odenwald bemühte sich nunmehr, nachdem auch die Presse die Leistungen des Chors sowie den schönen Zweck den er verfolgt, warm und aufmunternd anerkannt hatte, ein Comité zusammen zu rufen, um dem jungen Institut eine lebensfähige Unterlage zu schaffen. Die Mitglieder dieses Comités deckten zunächst die Ausgaben für das angeschaffte Notenmaterial. Programm-Concerte und oratorische Aufführungen wurden unternommen, die nur geeignet sein konnten, dem Institut die Sympathien auch weiterer Kreise zu erwerben. Im Januar 1884 legte Herr

Odenwald dem Comité einen Plan vor, der die Thätigkeit und die Verwaltung des Kirchenchors nach allen Seiten hin genau begrenzen sollte; auch beantragte das Comité beim Kirchenrathe eine Subvention des Instituts. Dieser zeigte sich dem Unternehmen durchaus sympathisch, und auf seinen Antrag beschloß die Synode am 18. Dezember 1884, dem Kirchenchor eine bestimmte Summe jährlich zufließen zu lassen; auch wurde ihm seine amtliche Thätigkeit nunmehr angewiesen. Es sei hier besonders angeführt, daß sowohl Director Odenwald wie die sämmtlichen Mitglieder des Chors bis dorthin ihre Thätigkeit unentgeltlich ausgeübt hatten.

Die Bedingungen unter denen die Bewilligung einer regelmäßigen Subvention gewährt worden war, führten die Mitwirkung des Chors auch in anderen als den Hauptkirchen herbei, und so ist der Chor nach und nach in den Dienst aller Hamburgischen Kirchen getreten. Nur St. Michaelis hat wie gesagt, aus particularistischen Rücksichten auf die Mitwirkung des Chors verzichtet. Selbstverständlich kann derselbe an jedem Sonntag nur in einer Kirche singen, aber in den einzelnen Kirchen zeigt sich, angeregt durch das ihnen gewordene Beispiel, das lebhafte Streben, kleinere Chöre zu bilden, die bereit sind, bei allen Gottesdiensten mitzuwirken. So sei hier besonders der Chor in St. Petri erwähnt, der unter der Leitung des neugewählten Cantors Wilhelm Köhler in den letzten Monaten sich gebildet und schon ganz erfreuliche Resultate gezeitigt hat. Der Chor hat nach den ihm gewordenen Instructionen aus 4 Herren, 24 Knaben und 12 Reservisten zu bestehen, die der Cantor auszuwählen und anzunehmen hat. Auch hat letzterer ihnen wöchentlich 2—3 Unterrichtsstunden zu ertheilen. Die Thätigkeit des Chors umfaßt den Choralgesang und den Vortrag von Motetten und liturgischen Stücken. Hier sei auch auf die von Herrn Pastor Joh. Seb. Georg Geisenhof für die St. Gertrudskirche ausgearbeitete Liturgie hingewiesen, die sich, bis auf das Credo, im Allgemeinen der Luther'schen Messe anschließt. Besonders hervorzuheben ist die Liturgie der Abendmahlsfeier. Der musikalische Theil der Liturgie verdient ebenfalls Beachtung. Herr Organist Spengel und der jetzige Cantor an der Petrikirche Herr Köhler, haben die musikalische Redaction übernommen und die Versikel ausgearbeitet. Die Melodien wie die Harmonisirung der den besten Meistern des 16. und 17. Jahrhunderts angehörenden Gradualgesänge sind alt, ebenso sind jene des Introitus alten Cantionalen entnommen. Es wäre sehr zu wünschen, daß die anderen Hauptkirchen Hamburgs dem Beispiele der St. Gertrudenkirche folgen möchten. Auch hat sich hier ein Knaben- und Herren-Chor unter dem Cantor Böhmer gebildet, der die mehrstimmigen Gesänge ausführt.

Vielleicht läßt es sich mit der Zeit ermöglichen, daß die Einzelchöre sich mit dem Hauptchor zu dem Zweck vereinigen, von Zeit zu Zeit in der St. Petrikirche öffentliche Aufführungen größerer geistlicher Vocalwerke unserer bedeutensten kirchlichen Tonmeister zu ermöglichen. Wir sind überzeugt, daß derartige geistliche Concerte, zu denen der Eintritt unentgeltlich zu sein hätte, die allgemeinste Zustimmung finden würden.

Einen thätigen Förderer seiner Bestrebungen hat der Kirchen-Chor in Senator Dr. Hachmann gefunden, welcher seit einiger Zeit der Vorstand desselben ist.

Was Wohlklang und tüchtige Schulung der Stimmen, Präcision und reine Intonation, gute Textaussprache und sorgfältige Ausarbeitung des Vortrages anbelangt, reiht sich der Hamburger Kirchenchor würdig seinen großen Vorgängern in Leipzig, Berlin und Salzungen an. Herr Odenwald hat mit dem Chor auch schon größere a capella-Werke zur Aufführung gebracht; so z. B. erst vergangenen Charfreitag Nachmittag in der Petrikirche die Passion von Heinrich Schütz. In demselben Gotteshause trägt der Chor jeden Dienstag von 2½ bis 3 Uhr drei Gesänge älterer oder neuerer kirchlicher Tonsetzer vor; der Eintritt steht Jedermann frei.

Drittes Kapitel.

Concerte in den Jahren 1719—1761.

a. Concertaufführungen unter Telemann.

Bevor es Virtuosen-Concerte in Hamburg gab, fanden öffentliche Musik-Aufführungen[1]) gegen ein bestimmtes Eintrittsgeld statt. Telemann kommt das Verdienst zu, in unserer Stadt die ersten regelmäßigen Concerte veranstaltet zu haben. Es lag für Telemann natürlich nahe, diejenigen Werke, welche er für die Kirche schrieb, auch einem größeren Hörerkreis vorzuführen. Da sollte er aber auf einen unerwarteten, wenn auch auf die Dauer nicht nachhaltigen Widerstand stoßen. Zunächst war es Mattheson, der die Augen nach Oben verdrehte, und im Patrioten[2]) seinen

---

[1]) Wir haben zwar schon aus dem Jahre 1668 die Nachricht von der Gründung eines stehenden Concerts in Hamburg, doch fehlen uns leider alle näheren Einzelheiten. Es war der an der St. Jacobi-Kirche angestellte berühmte Orgel- und Clavierspieler Matthias Weckmann, der in genanntem Jahr mit noch zwei anderen „vornehmen Musikliebhabern" im Refectorium des Domes „ein Concert errichtete, wobey sich fünfzig Personen unterschrieben. Weckmann sorgte für die besten Sachen aus Venedig, Rom, Wien, München, Dresden u. s. w." Es war dies das sogenannte „Collegium Musicum", dem auch Bernhard eine Zeit lang vorstand. Die Concerte fanden im Reventer des Domes statt und scheinen auch unter Gerstenbüttel fortgesetzt worden zu sein.

[2]) Musikalischer Patriot. S. 127.

Collegen und dessen künstlerische Bestrebungen in gehässiger Weise denuncirte. Die geistliche Musik gehöre ausschließlich in die Kirche, und es schicke sich durchaus nicht, daß er seine geistlichen Compositionen auch an nicht geheiligtem Orte, wie im Drillhause¹), nur um Geld zu machen oder um sich hervor zu thun, aufführe. „Gott wird die Andacht sehen und richten, die dabey vermacht ist." Aber schon im Jahre 1722 hatte das Collegium der Oberalten, das überhaupt der Frau Musica nicht besonders wohl gesinnt war, sich gegen derartige Concerte, wie aus einem Senats-Protokoll vom 17. Juli hervorgeht, ausgesprochen. „Weil der hiesige Cantor Telemann abermahl vor Geld in einem öffentlichen Wirthshause — das Baumhaus war hiermit gemeint — seine Music aufzuführen gesonnen, dabey aber allerhand Unordnungen vorgehen können, und dann Opern, Comoedien und alle dergleichen zur Wollust anreitzenden Spiele und Aufführungen allhier außer der Marckt Zeit ohne E. E. Raths und der Bürgerschafft oder dero Bevollmächtigten Consens nicht zu dulden, als ersuchen Oberalten daß dem Cantori solche Music unter einer ernstlichen Strafe ein vor allemahl noch heute verbothen werde." Der Senat aber war toleranter und besaß mehr Einsicht als die Vertreter des Volkes, denn wir haben keine Verordnung gefunden, die Telemann's kunstfördernden Bestrebungen hindernd in den Weg getreten wäre. Es waren in der Regel geistliche Compositionen, die er zur Aufführung brachte.

Aber schon aus dem Jahre 1719, also zwei Jahre früher als die Anstellung Telemann's erfolgte, haben wir die beglaubigte Nachricht von einem Concert, das am 31. August stattfand. Es war das Jubelfest, „welches die Hoch- und Wohl-Löblichen Collegia der Herren Bürger-Capitaines nachdem dieselben bey Jhren wohlhergebrachten Verfassungen Hundert Jahre von Gott erhalten worden, friedlich und frölich celebriret. Zum Behuff der Musique war, dem Eintritte des Hauses gegen über, zur linken Hand in der Süder-Ecke, im Gesicht der gantzen Tafel,

---

¹) Das Drillhaus lag an der Alster, der Wasserzwiete gegenüber, und wurde 1672 zum Drillen oder Einexerciren der Bürgerwache erbaut.

ein geraumer, und von außen mit Ballustres und Tapisserie gezierten Balcon erbauet, von welchem sich ein Orchestre von 40 Musikanten hören ließ, unter direction des ruhmwerthen Compositeurs und ehemaligen Hochgräflichen Capell-Meisters zu Gera, Hn. Matth. Christoph Wideburg; welcher das von dem Hn. Michaele Richey, am hiesigen berühmten Gymnasio Hist. und Gr. Ling. Professore, auf Begehren verfertigte Oratorium ausbündig auffführete. Alle Hohe und Vornehme Anwesende hatten den gedruckten Text in Händen, welcher Ihnen gleich anfangs gar schön gebunden durch E. Wohl-löbl. Collegii Protocollisten praesentiret war. Die Kunst und Anmuth der treflichsten Sängerinnen, Castraten[1]) und anderer sowol in der Instrumental- als Vocal-Musique auserlesensten Virtuosen dieser Gegenden, verdiente von allen Kennern eine ungemeine Approbation. Bey der Passage des Ambrosiani'schen Lob-Gesanges, der dem Oratorio einverleibet, wurden 9 Canonen abgefeuert.[2]) Als der Abend eingebrochen, und im Parterre alles mit Lichtern illuminiret war, bequemte sich das Orchestre zu Auffführung einer treflichen Serenade anzuschicken, welche man mit einer Lösung von 9 Canonen eröffnete. Die Poesie war von der Erfindung des vorerwehnten Professoris Richey, und ward betitelt: Mars und Irene in vergnüglichster Verbindung. Die ausbündige Composition des Hn. Wideburgs und derselben preisliche Execution durch Sänger und Instrumentisten von so berühmter Vertu, erweckte in den Gemüthern der Zuhörer eine inniglich Vergnügung. Insonderheit bewunderte man eine gewisse martialische Arie, deren erste Reprise an zweeen Orten, nach Anleitung der Worte, mit Canon-Schüssen, in einem so accuraten Tempo begleitet war, daß Jederman die Wirkung eines sonst so bizarren Accumpagnements (sic!) preisen muste.[3])

---

[1]) Es wäre interessant zu erfahren, wie Hamburg zu diesen Castraten kam; unter dem damaligen Opernpersonal haben wir keine erwähnt gefunden.
[2]) Joh. Alb. Fabricius Mem. Hamb. Band 5. S. 208.
[3]) A. a. O. S. 219.

Am folgenden Tage fand im Drillhause wie alljährlich das Freuden-Mahl sämmtlicher „Herren Capitaines" statt. Während desselben „ward mit einer schönen Instrumental-Musique, von dem Directore Mus. instr. ordinario, Hn. Hieronymo Oldenburg, auf dem Balcon aufgewartet, auch, dem Herkommen gemäß, eine wohlgesetzte Aria vocaliter abgesungen".[1]

Das erste Telemann'sche Concert von dem uns die Schiffbecker Staats- und Gelehrten-Zeitung des Holsteinischen unpartheiischen Correspondenten — von 1721 bis 1730 erschien der spätere Hamburgische Correspondent in Schiffbeck — Kunde giebt, wurde am 3. April 1722 im Drillhause gegeben „wo die besondere vormals in dem Klefeker'schen Garten-Hause nachgehends im Zucht-Hause daselbst aufgeführte Music, nebst einigen dazu eingerichteten Symphonien, abermahls gemacht werden." Es geht hieraus hervor, daß schon früher öffentliche Aufführungen unter Telemann stattgefunden hatten. Damals war man jedoch noch nicht so freigebig mit Annoncen wie heute; wahrscheinlich geschah die Ankündigung durch Plakate. Erst seit dem Jahre 1798 wurde es üblich, alle Concerte in den Zeitungen bekannt zu machen. Bis dorthin sind wir auf die Anzeigen des Correspondenten, sowie der im Jahre 1767 gegründeten „Neue Zeitung" und „Adreß-Comtoir-Nachrichten" angewiesen; auch der „Relations-Courier" enthielt deren zuweilen. Was das Orchester angeht, welches in den Concerten mitwirkte, so bestand dies aus den Rathsmusikanten und den Rollbrüdern; andere Musiker durften nicht genommen werden. Die Aufführungen begannen zu Telemann's Zeiten gewöhnlich um 4 Uhr. Der Eintrittspreis betrug durchschnittlich zunächst 1 ℳ 8 ß. Sonntags durfte kein Concert gegeben werden; die meisten fanden Sonnabends statt.

---

[1] A. a. O. Bd. 3. S. 224. Es existirt in der Bibliothek des Vereins für Hamburgische Geschichte eine bildliche Darstellung des Jubelmahls; hinter den Sängern und Sängerinnen erblickt man ein Orchester, und kann man deutlich 5 Geigen, drei Celli oder Bässe, zwei Schalmeien, zwei Fagotte und ein Fortepiano unterscheiden. Einer der Geiger hat ein Waldhorn an seinem Pulte hängen.

Die nächste Nachricht von einem Concerte haben wir vom 18. Juli 1722; es wurden „zwey verschiedene nunmehro in vielem vermehrte Frühlings-Gedichte von einem bewährten Autor nach der Composition des Herrn Telemann aufgeführet." Unter anderem erfahren wir auch von einer Aufführung der Passion „nach der vortrefflichen Composition des Königlichen Groß-Britannischen Capell-Meisters „Hendel." Am 6. November 1723 wurde im Drillhause „abermals ein starkes Musikalisches Concert, und in demselben zugleich diejenige Serenata aufgeführet, „welche Ao. 1716 bey der Geburth des Erb-Hertzogs Leopold die Stadt Franckfurth mit großer Pracht aufführen lassen. Um 4 Uhr wird der Anfang gemacht. **Künftighin aber dieß Collegium Musicum, worauf Subscriptiones angenommen werden, in des Music-Directoris Telemanns Hause, Wöchentlich continuiret.**"¹) Eine Pause trat gewöhnlich über Weihnachten ein, wie aus No. 178 des Correspondenten von 1723 hervorgeht. Die Nummer 44 von 1724 enthält folgende Benachrichtigung: „Das Hamburgische Collegium Musicum wird nicht ferner am gewöhnlichen Orte gehalten; hingegen sollen im Drill-Hause wöchentlich zwey mahl, nemlich Montags und Donnerstags geistliche Oratorien aufgeführet werden; und zwar sind daselbst auf nächsten Donnerstag, als den 23. März zum ersten male folgende zwey, als: Davids Sieg wider Goliath, und Davids Vermählung und Flucht, unter einer stark besetzten Music zu hören. Den Montag hierauf folgen die übrigen drey, als: Davids Verfolgung und Großmuth, Sauls Fall und Selbstmord, und Davids Erhöhung zum Throne, hernach einige Passions-Oratoria nach verschiedenen Compositionen." Es waren dies natürlich keine Oratorien nach heutigem Zuschnitt, sondern eine Art von Cantate. Auch die Musik zum Freuden-Mahle der Herren Bürger-Capitäne, deren Composition dem jeweiligen Musikdirector übertragen war, wurde dem Publicum regelmäßig nach der Festlichkeit öffentlich vorgetragen.²) Die erste

---

¹) Wahrscheinlich fanden die Aufführungen früher auch im Johanneum statt.
²) Diese Musik bestand gewöhnlich aus einer Sonate und einem Oratorium.

urkundlich nachweisbare Aufführung einer solchen fand am 23. September 1724 statt. In der Ankündigung wird noch besonders darauf aufmerksam gemacht, daß auch „ein neu-erfundenes Instrument, aus Gläsern bestehend daneben zu hören" sein werde. Dieses Instrument war nicht die spätere Glas-Harmonica, wovon weiter unten noch die Rede sein wird, sondern das sogenannte Verrillon, ein einfach construirtes Schlaginstrument, das besonders im Anfang des vorigen Jahrhunderts beliebt war. Es bestand aus etwa 8 oder 9 abgestimmten, mit Wasser gefüllten Trinkgläsern, die auf einem mit Tuch überzogenen Tisch standen, und vermittelst Korkhämmer angeschlagen wurden. Mattheson erwähnt[1]) eines Virtuosen C. G. Helmond, der gerade um jene Zeit Solosätze und Concerte mit Instrumental-Begleitung darauf vortrug. Daß es dieses Instrument war, geht aus einer Anzeige des am 30. September 1724 im Drillhause gegebenen Concertes hervor, in welchem „das Oratorio, nebst der Serenata, so verwichene Woche im Drillhause -- es war jenes eben erwähnte vom 23. September — gehöret worden, daselbst abermahl unter Einstimmung des Verrillon oder Glas-Spiels" aufgeführt wurde. Vielleicht war es der von Mattheson genannte Helmond selbst, welcher Proben seiner Kunst gab.

Nicht nur die Bürger-Capitäns- und sogenannten Admiralitäts-Musiken wurden dem größeren Publicum im Drillhause vorgeführt, sondern auch die kirchlichen und weltlichen Gelegenheits-Musiken, welche Telemann zu componiren hatte. So am 14. October 1724 „die Music, womit beym diesjährigen Herrn-Petri aufgewartet worden"; und am 17. Februar 1725 wurde auf dem Drillhause „auf Sr. Kgl. Hoheit des Herrn Hertzogs von Schleßwig-Hollstein höchstglückliche Verbindung eine prächtige Serenata nach der berühmten Telemannischen Composition, und eine sich dazu schickende Illumination dabey praesentiret." Daß auch selbständige Instrumental-Werke zwischen den einzelnen Vocalcompositionen gespielt wurden, geht aus vielen der damaligen Anzeigen hervor. Als z. B. am 10. November 1725 „die

---

[1]) Mattheson: Crit. mus. II., 96.

bekannte Admiralität-Musik, nebst derjenigen, so zum disjährigen Convivio der Hrn. Bürger-Capitaines verfertiget worden" im bekannten Concertsaal aufgeführt wurde, machten „zwischen beyden einige Instrumental-Stücke, so auff verschiedene sonst noch nicht angebrachte Caracteres gerichtet sind, eine Abwechselung." Dies Programm scheint großen Anklang gefunden zu haben, denn das Concert wurde am 1. und 8. December wiederholt, nur blieben im letzten „der Kürtze wegen" die „Instrumental-Caracteres" weg. Dagegen wurden sie am 20. December zwischen den beiden Oratorien: „Sauls Fall und verzweiffelter Selbst-Mord" und „Der unglückliche Ueberwinder Jephta", wieder gespielt.

Eine der beliebtesten Compositionen Telemann's war das Passions-Oratorium: „Seliges Erwägen"; es verging wohl kein Jahr, daß es nicht wenigstens einmal auf dem Programm stand. Zum ersten Male scheint es am 18. März 1728 aufgeführt worden zu sein, „wobey nicht allein die Vocal-Music aus den auserlesensten Sängerinnen und Sängern bestehen, sondern auch die Symphonie mit den geschicktesten Personen und starck besetzet sein wird." Am 23. März wurde Telemann's Passion nach Brockes gegeben. Am 27. November führte er im Drillhause „zwo Serenaten" auf, „die eine auf das Admiralitäts-Jubiläum, und die andere auf die höchste Gegenwart der Durchl. Wolfenbüttelschen Herrschaft zur Uhlenhorst. Er hat beyde sehr fleißig componiret, und, da insonderheit die letztere noch niemals wiederholet worden, hoffet er, das Auditorium so viel mehr zu vergnügen, je mehr besagte Serenaten der Durchl. Herrschafft Selbst zu Gefallen ehedem das Glück gehabt."

Von besonderem Interesse ist für uns ein Concert vom 12. April 1729 insofern, als zum ersten Male der gedruckte Text zu den Gesängen beim Veranstalter der Aufführungen, gegen ein Entgeld von durchschnittlich 1 ß zu haben war.[1]) Hamburg ging in diesem Brauch allen anderen deutschen Städten Jahrzehnte lang voran. Reichardt in Berlin und Hiller in Leipzig galten

---

[1]) Auch die Eintrittskarten à 1 ß 4 ß waren nur bei Telemann zu kaufen.

bis jetzt allgemein als die ersten, welche die Texte der vorgetragenen Gesangswerke in den 80er Jahren drucken ließen.[1]) Aber die Sitte bürgerte sich nur langsam ein; nahm doch die Gesellschaft der Musikfreunde in Wien in die Ankündigung ihrer "Abendunterhaltungen" noch im Jahre 1818 die Bestimmung auf, daß das Programm zu Jedermanns Einsicht im Saale aufgehängt sein werde.[2])

Am 5. Juli 1730 fand unter Telemann's Leitung im Drillhause eine größere Aufführung statt; es wurde nämlich die beim Reformations-Jubelfeste in sämmtlichen Hauptkirchen aufgeführte Musik wiederholt. Ueber hundert Personen wirkten dabei mit. Am 8. Juli auch "die übrige annoch zum Jubiläo gehörige Music, als die von St. Gertrud, vom Gymnasio und Johanneo." Die Ankündigung eines am 16. Mai im neuen Amthause der Weinhändler in der großen Johannisstraße gegebenen Concerts nennt uns zum ersten Male den Eintrittspreis; derselbe betrug einen halben Reichsthaler. Ueberhaupt würde man sehr irren, wollte man annehmen, daß die Concerte im vorigen Jahrhundert sich durch besondere Billigkeit ausgezeichnet hätten; wir werden später noch sehen, daß der Besuch derselben damals mit viel mehr Kosten als heute, wo man über die unerschwinglichen Eintrittspreise so oft klagen hört, verbunden war.

Von den in den folgenden Jahren unter Telemann stattgehabten Aufführungen nennen wir zunächst das Concert vom 27. October 1735. Es wurde die "beym neulichen Convivio der Herren Bürger-Capitains aufgeführte Music" im Drillhause wiederholt. Dann heißt es weiter: "Ausser der sonst starken Bestellung der Vocal- und Instrumental-Music werden bey den Heroischen Arien etliche Chöre von Trommeln gehört. Zu mehrer Veränderung soll ein fremdes prächtiges Instrumental-Stück mit Trompeten und Pauken, le caractere de Guerre genannt, hinzu gefüget werden."

Dem im Concerte vom 7. April 1740 im Drillhause aufgeführten Oratorium "Seliges Erwägen" folgte eine "große Motete

---

[1]) Cramer: Magazin der Musik von 1789. S. 229.
[2]) Hanslick: Geschichte des Concertwesens in Wien. S. 95.

von dem 71 Psalm, welche vor 2 Jahren für das prächtige Concert spirituel zu Paris verfertiget worden." Im Uebrigen gewährten diese Concerte keine besondere Abwechselung; ihre Programme bestanden in der Regel aus den vielen aber an musikalischem Werth geringen Gelegenheits-Compositionen, die Telemann in seiner amtlichen Eigenschaft zu schreiben hatte. Wenn wir von der im Jahr 1724 stattgefundenen Aufführung der Händel'schen Passion absehen, so hat Telemann nur wenige Werke anderer Componisten zu Gehör gebracht. Zu letzteren gehörte Graun, dessen „Tod Jesu" erstmalig am 29. März 1756 unter Telemann's Leitung in Hamburg zur Aufführung kam. Beide Künstler waren sehr befreundet; auf der königl. Bibliothek zu Berlin befinden sich neun Briefe aus den Jahren 1739—1756 in Abschrift, die von Graun an Telemann gerichtet waren und von dem intimen Verhältniß Beider Kunde geben. Die erste öffentliche Aufführung des Oratoriums überhaupt fand am 26. März 1755 im Dom zu Berlin statt. Auch Telemann hat Ramler's „Tod Jesu" in Musik gesetzt, aber das Werk ist längst vergessen, während die Composition von Graun noch heute zuweilen in der Passionszeit vorgeführt wird. Unter den Werken Telemann's die sich einer besonderen Beliebtheit beim Hamburger Publicum zu erfreuen schienen, gehörten außer dem Oratorium „Seliges Erwägen" die „Betrachtung der neunten Stunde" und die sogenannte „Donner-Ode" aus dem 29 Psalm. Auf dem Programm des Concerts vom 4. November 1755 standen auch Singe- und Instrumental-Stücke von Händel. Jenes vom 29. März 1759 enthielt folgende Nummern: 1) „Den Anfang des ersten Gesanges aus dem Gedichte des Messias; 2) die Donner-Ode; 3) aus des Messias zehnten Gesange, von der 272 Zeile an; 4) das befreyete Israel." Sämmtliche Compositionen waren von Telemann.

b. Virtuosen-Concerte.

Während das Wiener öffentliche Concertwesen nicht hinter 1740 zurückreicht,[1]) vermochten wir dasjenige Hamburgs bis zum Jahre 1749 zurück zu verfolgen. Auch die Virtuosen-Concerte

---

[1]) Hanslick a. a. O., S. 5.

beginnen in unserer Stadt nachweislich im Jahre 1722. Erscheinen sie auch noch nicht so zahlreich auf der Bildfläche wie nach den 1760er Jahren, und darf dem künstlerischen Können und den musikalischen Leistungen zum Theil nur mit großem Mißtrauen begegnet werden, so halten wir es immerhin für geboten, von jenen sogenannten Virtuosen hier Notiz zu nehmen, die in dem Zeitraum 1722—1761 Hamburg besuchten. Auf die socialen und künstlerischen Verhältnisse der damaligen Zeit wie auf die Gepflogenheiten in dem Concertwesen des vorigen Jahrhunderts überhaupt, werden wir im nächsten Kapitel zu sprechen kommen. Hier sei nur so viel bemerkt, daß in Hamburg im vorigen Jahrhundert kein Concert ohne Mitwirkung des Orchesters stattfinden durfte; wer also eine Aufführung veranstalten wollte, hatte sich, nachdem er die obrigkeitliche Erlaubniß erhalten, mit dem Director der Rathsmusikanten in Verbindung zu setzen, und mit ihm die Anzahl der Musiker, die er zu haben wünschte, festzustellen. Nicht in die Rolle eingeschriebene Musiker durfte er, wie wir im ersten Kapitel bereits erfahren haben, nicht nehmen.

Im Jahre 1722 tritt uns ein Musiker Hurlebusch entgegen, der sich ein „berühmter Virtuoso" nennt, und am 5. Februar „geliebt es Gott ein extraordinaires Concert" im Hofe von Holland zu geben gedenkt; „aus verschiedenen Ursachen" mußte dasselbe aber auf den 10. „geliebts Gott verleget werden."[1] Dem ersten ausländischen Gesangs-Solisten begegnen wir im Telemann'schen Concert vom 28. October 1724; es wurde die Admiralitäts-Musik aufgeführt, „zu welcher auch etliche neue Arien für einen fremden Virtuosen gefüget worden." Am 21. September 1726 trat im Drillhause „der berühmte Virtuoso und Bassist" Herr Palmerini auf, „welcher sich sowohl am Französischen als Brüsselischen, wie auch an verschiedenen anderen fürstlichen Höfen in Teutsch-Land mit großem Ruhm hat hören lassen." Der Beginn des Concerts war um 5 Uhr Nachmittags, der Eintrittspreis betrug 2 ℔. Die Billets wurden in jener Zeit

---

[1] Correspondent Nr. 21. Siehe über ihn auch Mattheson: „Ehrenpforte". S. 120.

gewöhnlich vom Concertgeber selbst verkauft; in den Anzeigen ist deshalb stets die Wohnung desselben angegeben. So heißt es z. B. in der Ankündigung des Palmerini'schen Concerts: „Billets à 2 ß im weißen Schwan auf den Cajen."

Der erste „berühmte" Waldhornist ließ sich im Jahre 1727 vernehmen, und zwar am 19. April zum andern und letzten male mit einem vollständigen Concert. Außerdem werden allda — nämlich in Drillhause — 2 andere Wald-Hornisten ordentlicher Weise blasen, mit welchen er allein auf zwey Wald-Hörner zugleich concertiren wird, also daß man von Dreyen Personen auf 4 Wald-Hörner zugleich Partien hören kann. Zweitens wird er allein auf zwey Wald-Hörner zugleich Solo sich künstlich zu Jedermanns Verwunderung auf eine gantz ohnbekannte und dem menschlichen Begrif übersteigende Art hören lassen. Drittens wird er sich auch mit schönen Concerten und Ouverturen mit Wald-Hörner und mit dem gantzen berühmten Orchester starck hören lassen, und soll folgends das gantze Concert mit der besten Vocal- und Instrumental-Musik so begleitet werden, daß ein jeder Liebhaber in so grosse Verwunderung als Vergnüglichkeit soll gesetzet werden."[1]) Dieser „berühmte" Hornist scheint von der richtigen Sorte gewesen zu sein und es wohl verstanden zu haben, das Publikum anzulocken. Leider haben wir nichts Näheres über seine Kunst, zwei Waldhörner zugleich zu blasen, erfahren können; der Hamburgische Correspondent weiß nur zu melden, daß der Eintritt ½ Reichsthaler kostete, und die Karten „in der Gört-Twiete in des Barbiers Dieners Hause" zu haben waren. Am 18. December 1727 taucht wieder Hurlebusch auf, der inzwischen zum Capellmeister avancirt war; an genanntem Tage fand im Hofe von Holland ein „großes" Vocal- und Instrumental-Concert statt. Hurlebusch scheint sich längere Zeit in Hamburg aufgehalten zu haben, denn am 11. Februar 1728 gab er abermals ein Concert.

Im Jahre 1736 machen wir die Bekanntschaft dreier „fürtrefflicher musikalischen Knaben." Am 17. September veranstalteten sie ihr letztes Concert im Drillhause. In der Anzeige versprechen

---

[1]) Correspondent 1727. Nr. 64.

sie sich zu bestreben, „das Angedenken ihrer Geschicklichkeit durch eine auserlesene Music am hiesigen Orte zu bevestigen." Es waren die Geschwister Kröner; sie spielten die Geige. Telemann scheint sich für sie interessirt zu haben, denn bei ihm waren die Eintrittskarten zu haben. Im Juli 1737 fanden sie sich abermals in Hamburg ein. Sie müssen sehr gefallen haben; vielleicht erregte es aber auch die allgemeine Neugierde, drei Wunderkinder zugleich sehen und hören zu können. Auf alle Fälle haben sie oder ihre Impresarii — nur war damals das Impresario-Wesen noch nicht in solch raffinirter Weise wie heute ausgebildet — ein gutes Geschäft gemacht, denn es fanden drei Concerte in kurzer Zeit statt. Ihr drittes vom 18. Juli wurde sogar durch die Anwesenheit eines Hochweisen Raths beehrt. Vor ihrer Abreise nach London und Paris producirten sie sich am 19. August nochmals im Nieder-Baumhause.[1]) In der Anzeige heißt es, daß dieses Concert „um so viel mehr hörenswürdig seyn wird, weil sie alsdann die größte Stärke ihres Wissens zeigen, künftig aber in hiesiger Gegend nicht wieder kommen werden."

Wer die italienischen „Virtuosen" waren, die am 16. October desselben Jahres „ihr zweytes Concert" im Drillhause gaben, haben wir nicht zu ermitteln vermocht. Vielleicht war es die Monza, die mit einigen ihrer Landsleute die Gemüther recreirte. Bartholomäus Monza, ein italienischer Schneider, hatte im Jahre 1737 die Direction der Hamburger Oper in seine

---

[1]) Das Baumhaus lag zwischen dem Baumwall und den Vorsetzen an der Elbe, ein massives Gebäude im holländischen Stil. Es wurde auch das Nieder-Baumhaus genannt, weil es hart an der Stelle lag, wo vormals der weiter in die Elbe gerückte Niederbaum lag. Der Bau wurde 1662 von Hans Hamelan errichtet. Das Haus gehörte der Kammer und wurde zum Ausschank von Bier und Wein verpachtet. Das Baumhaus war auch berühmt wegen der schmackhaften Zubereitung des Stockfisches; im Herbst wurden stets Stockfisch-Mahlzeiten abgehalten. Im November ließ der Wirth gewöhnlich 2 Ochsen auswürfeln, worauf dann die sogenannte Ochsenmahlzeit folgte. Im großen Saal, der etwa 200 Personen faßte, fanden die Concerte statt. Siehe Heß a. a. O. Band II., S. 388.

Hände gebracht; er theilte die Leitung mit seiner „schönbelobten Tochter Maria, welche seit 2 Jahren in Hamburg mitsang, und durch ihr Gekreisch über die deutschen nicht so vollkehligen Sängerinnen Gewicht erhalten."[1]) Kurz vor dem kläglichen Ende der welschen Wirthschaft, stellte am 17. Februar 1758 die schöne Monza in einem allegorischen Stück: „Das Campement oder das neu beglückte Sachsen" die Ober-Elbe dar. „Zu gleicher Zeit wird man ein Paar Waldhörner[2]) in einem Concert hören, desgleichen hier noch niemals gewesen."[3])

Im Jahre 1738 erfahren wir von einem Künstler, welcher sich auf der Flûte traversière producirte. In Nr. 159 des Correspondenten werden die Kenner und Liebhaber „delicater Music" darauf aufmerksam gemacht, daß Leopold Chevalier am 9. October im Nieder-Baumhause ein Instrumental-Concert abhalten „und sich dabey besonders selbst, seiner bekannten Virtu nach, mit extraordinären neuen Italienischen Piecen auf der Fleute Traversière hören lassen werde."[4])

Am 12. Mai 1740 ließ sich ein Violinist Albrecht von Hagen in einem eigenen Concerte im Saale des Drillhauses hören; er wolle versuchen, heißt es in der Ankündigung, „ob ein Einheimischer Antheil an demjenigen Beyfall finden möge, womit allhier einige Ausländer gedachten Instruments wegen,

---

[1]) Schütze. Hamburgische Theater-Geschichte. S. 190.

[2]) Das damalige Waldhorn ist nichts anderes als das Jagdhorn aus der Zeit Ludwig's XIV. Graf Sporck brachte dasselbe nach Deutschland. Hampel in Dresden erfand die gestopften Töne. Jeder Naturton kann nämlich um einen halben, ja sogar um einen ganzen Ton vertieft werden, je nachdem der Bläser die Hand in die Stürze schiebt. Um dieselbe Zeit als Hampel die gestopften Töne erfand, versah Holtenhof das Horn mit dem Stimmzuge. Was nun die oben genannten Virtuosen auf dem Waldhorn betrifft, so hegen wir beinahe den Verdacht, daß es Posthörner und nicht Waldhörner waren, auf denen sie sich producirten.

[3]) Hamburgischer Correspondent Nr. 27.

[4]) Die Flûte traversière ist die sogenannte Querflöte, auch Flûte allemande, German-flute genannt; Lully führte sie 1677 in sein Orchester ein. Aus ihr entwickelte sich die heutige große Flöte.

beehret worden sind." Es geht hieraus hervor, daß schon früher in Hamburg Geigenspieler concertirt haben. Ob Hagen denjenigen Theil lokalpatriotischen Beifalls einheimsen durfte, den zu erhalten er berechtigt zu sein glaubte, ist leider der Nachwelt zum Frommen und Wissen vorenthalten geblieben.

Im August desselben Jahres hielt der Directore Angelo Mingotti seinen Einzug in Hamburg, um italienische Opern aufzuführen, vorher aber einige Concerte zu geben, die lebhaften Beifall fanden. Er führte ein ausgezeichnetes Personal mit sich. So die berühmte Cuzzoni, Marianne Pircker und den Castraten Giacomo Zaghini; außerdem wird uns noch ein Baritonist Gio. Ant. Cesari genannt. Sie alle traten in den von Mingotti veranstalteten Concerten auf.

Francesca Cuzzoni war eine der berühmtesten Sopransängerinnen des vorigen Jahrhunderts. Sie ist 1700 in Parma geboren; von der Natur war ihr eine wunderschöne Stimme verliehen, die bis zum dreigestrichenen C reichte. Sie wurde nur „die goldene Leier" genannt. Zu Händel's Zeit bildete sie den Glanzpunkt der Londoner Oper. Hier trat sie erstmalig 1722 in der Händel'schen Oper „Otho" auf. Die Cuzzoni hatte ein hochfahrendes und trotziges Wesen, das sie oft mit Händel, der keinerlei Spaß verstand, in Conflict brachte. Im Jahre 1726 räumte sie ihrer Rivalin, der Faustina, das Feld. Ein Engagement in Wien zerschlug sich an ihren enormen Forderungen; sie verlangte als Minimal-Gage 24 000 Gulden. Von Wien aus ging sie nach Italien, und hier wird sie sich wohl der Truppe Mingotti angeschlossen haben. Später treffen wir sie in Holland, wo sie in Schulden gerieth, im Jahre 1750 wieder in London, wo sie am 27. April, am 18., 23. und 26. Mai öffentlich auftrat. Sie, die einst gefeierte Künstlerin, kam nun demüthig sich entschuldigend, „daß nur die äußerste Nothwendigkeit sie veranlassen konnte, abermals die Wohlthätigkeit des Hohen und Höchsten Adels in Anspruch zu nehmen und diese zu bitten, ihr Benefize — es war das am 25. Mai im Hickford-Saal stattgefundene Concert — mit ihrer Gegenwart zu beehren; es sei das letzte und sie gäbe es nur in der Absicht, vor ihrer Abreise ihre Gläubiger zu befriedigen." [1]) Sie beschloß ihr Leben im Arbeitshause zu Bologna.

Auch Marianne Pircker war eine der gefeiertsten Sängerinnen ihrer Zeit; sie war in Kopenhagen, London, Hamburg und Wien eine Zierde der Oper, bis sie in Stuttgart am Hofe des liederlichen Carl Eugen ein tragisches Ende finden sollte. Am 12. Juni 1749 wurde sie für die Stuttgarter Oper engagirt. Ihrer vortrefflichen Eigenschaften wegen genoß sie die Freundschaft der Herzogin, einer Nichte Friedrichs des Großen. Es ist bekannt, aus welchen Ursachen die Herzogin im Jahre 1755 dem ausschweifenden Leben des Hofes und den Brutalitäten ihres Gemahls sich durch die Flucht entzog, und niemals wieder in das Land zurückkehrte. Die arme Pircker wurde aber der Beihülfe zur Flucht der Herzogin beschuldigt und in die Festung Hohenasperg eingeschlossen. Hier saß sie unverhört bis 1763. Dieser schwere Schlag beraubte sie des Verstandes. Aus dem Stroh ihres Lagers verfertigte sie Blumen und brachte es mit der Zeit hierin zu solcher Kunstfertigkeit, daß die Kaiserin Maria Theresia, der die Pircker ein Bouquet zusandte, ihr eine goldene Medaille verehrte. Nachdem sie die Freiheit endlich durch die Bemühungen hochgestellter Personen wieder erlangt hatte, verlebte sie den Rest ihrer Jahre theils in Heilbronn, theils auf einem adeligen Gut in der Nähe. In Heilbronn unterrichtete sie im Gesang; dort starb sie auch am 10. November 1783.

Giacomo Zaghini endlich war ein berühmter Castrat, von dem Mattheson sagt, daß seine Stimme sich vom kleinen a bis zum dreigestrichenen d erstreckte; er habe die Faustina noch übertroffen. Es läßt sich denken, daß eine solche Gesellschaft von hervorragenden künstlerischen Kräften eine große Anziehungskraft auf das Hamburger Publicum ausüben mußte. Leider haben wir über das Programm ihrer Concerte nichts zu finden vermocht; wir wissen nur, daß sowohl diese wie die Opernaufführungen Beifall fanden.

---

[1]) C. F. Pohl: Mozart und Haydn in London. I. S. 171.

In den nächsten Jahren tritt nunmehr eine Pause im Hamburger Concertleben ein, sofern man berechtigt ist, bei dem sporadischen Auftreten von fremden Künstlern diesen Ausdruck überhaupt zu gebrauchen. Dagegen brachten die Jahre 1743 und 1744 den Hamburgern auserlesene Kunstgenüsse. Ende October 1743 traf Pietro Mingotti, ein Bruder des Angelo, aus Prag in Hamburg ein. Er brachte bedeutende Künstler mit sich, die Sensation erregten. Unter ihnen befanden sich die in Italien gefeierte Rosa Costa, eine Neapolitanerin, „eine schöne Theaterfigur, die sich durch lebhaftes und mitunter feines Spiel, und durch trefflichen Gesang ungetheilten Beifall erwarb,"[1]) Giovanna Stella, der Castrat Filippo Finazzi sowie der Tenorist Francesco Arigoni. Unter diesen war Filippo Finazzi wohl der bedeutendste. Geboren in Bergamo 1710, sang er bereits im Jahre 1728 als Mitglied der italienischen Operngesellschaft in Breslau, um später als Kirchen- und Kammersänger in die Dienste des Herzogs von Modena zu treten. Da er 1743 mit Mingotti von Prag nach Hamburg kam, so kann er sich unmöglich, wie das Mendel'sche Musik-Lexikon meldet, im Jahre 1737 bereits in Jersbeck[2])(?) bei Hamburg angekauft haben. Hier soll er mit dem dänischen Geheimen Rath Baron von Ahlefeld und mit dem Dichter Hagedorn vertrauten Umgang gepflogen haben; auch zu Composition hätten sie Finazzi angeregt. Gedruckt sind von ihm sechs 4stimmige Sinfonien; in seiner Hinterlassenschaft befanden sich eine Oper „Temistocle", ein Orchester-Intermezzo „la pace campestre", eine Cantate und verschiedene Gesänge. Sowohl die Freunde wie die Untergebenen Finazzi's rühmen seine Uneigennützigkeit und Rechtlichkeit. Im Jahre 1758 begegnete ihm das Unglück beide Beine zu brechen; die Wittwe eines Dorfschmieds nahm sich seiner aufopfernd an, und aus Dankbarkeit heirathete er sie und vermachte ihr sein ganzes Vermögen. Er starb am 21. April 1776.

---

[1]) Schütze a. a. O. S. 195.
[2]) Wird wohl Reinbeck oder Schiffbeck gewesen sein.

Daß diese und andere Künstler der Mingotti'schen Truppe auch Concerte in Hamburg veranstalteten, geht aus folgender Ankündigung des Jahres 1744 hervor: „Denen Liebhabern der Musik wird hiermit vermeldet, daß die im Herbste verwichenen Jahres hier gewesene, nunmehro aber aufs neue mit etlichen Personen vermehrte Compagnie Italienischer Virtuosen allhier wiederum angekommen, und heute Donnerstag, den 28. May ein Italienisches Concert von 16 Arien durch sieben Personen im hiesigen Drillhause aufführen werden, welches hernach wöchentlich alle Donnerstage, bis nach vollbrachter Ausbesserung des Opernhauses, fortgesetzt werden soll. Die Billets sind auf der Bleichen bey dem Herrn Impresario, neben Herrn Cap. Rolofs Garten, wie auch beym Eingange zu bekommen, wofür die Person einen Reichsthaler bezahlet. Der Anfang ist um 5 Uhr."

Daß wir es hier mit der Mingotti'schen Truppe zu thun haben, ist gar nicht zu bezweifeln; unrichtig ist daher die Angabe Schütze's, daß Mingotti erst im Juli nach Hamburg gekommen sei. Im Juni fanden auch noch einige Concerte auf dem Nieder-Baumhause statt, und in der Anzeige heißt es ausdrücklich, daß dieselbe Gesellschaft am 16. Juni dortselbst sich mit 14 Arien — es waren 7 Personen — produciren werde. Der Eintritt betrug 2 ℔. Am 29. Juni veranstalteten sie in demselben Lokale noch ein Concert. „Insonderlich wird sich die Jungfrau Ginevra Magagnoli oder die Serpila genannt, nebst dem Herrn Alexander Catani hören lassen. Hiermit ist der letzte Beweis erbracht, daß Mingotti schon im Mai nach Hamburg kam, denn sowohl Catani wie die Magagnoli werden als Mitglieder seiner Truppe genannt. Im Jahre 1746 veranstaltete Mingotti vom Januar bis Mai schlechte Opernaufführungen bei noch schlechter besuchtem Hause; einmal sollen sogar nur 17 Personen im Parterre gewesen sein. Im Mai ging er nach Lübeck, wo er ein Theater errichtete, das ihm 500 Thaler kostete. Auch hier irrt Schütze, wenn er Seite 200 Mingotti erst im Herbst nach Hamburg zurückreisen läßt. Wir fanden nämlich auf dem Archiv eine Eingabe Mingotti's an den Rath vom

10. August, worin er ausführt, daß er mit seiner Truppe nach Michaelis wieder Opern aufzuführen entschlossen sei. Da ihm aber mittler Weile die Unterhaltung der Mitglieder viel koste, so möge ihm gestattet werden, bis Michaelis jeden Montag und Donnerstag in seiner vor dem Dammthor belegenen Behausung Concerte geben zu dürfen. Der Senat bewilligte seine Bitte.

Aus dem Jahre 1746 ist uns die „freundliche Nachricht" erhalten geblieben, daß „Madame Kayserin gesonnen, Mittwochs als den 11. März" ein Concert im Amthause aufzuführen, und daß in demselben besonders auch „Mademoiselle Regina Valentim nebst anderen Virtuosen" sich hören lassen werde.

Während der Fasten- und Passionszeit durften keine Opern gegeben werden; es war daher natürlich, daß die Mitglieder derselben den pekuniären Ausfall durch Veranstaltung von Concerten zu decken suchten. Als Surrogat diente das Oratorium, doch scheint unter diesem Aushängeschild manches Werk aufgeführt worden zu sein, das durchaus keinen Anspruch auf geistlichen Character erheben konnte. Wurde doch sogar in London, wie wir aus Marpurg's historisch kritischen Beiträgen vom Jahre 1758 erfahren, die Oratorien auf eine besondere und im Grunde lächerliche Art aufgeführt. Vor Händel, der die eigentliche oratorische Form erst schuf, wurde eben unter Oratorium alles verstanden, was irgendwie entfernt nur an die Erzählung der Schrift sich anschloß. Es waren dies aber keine Aufführungen in Concertform, sondern scenische Darstellungen mit Decorationen und Costüms. So schreibt Dittersdorf über die Aufführung seines Oratoriums „Isacco": „Die Acteurs spielten alle vortrefflich und trugen sehr gut vor. Die Decoration stellte, nach Vorschrift des Dichters, einen Hain mit dem Wohnhause des Abraham vor. Selbst das Costüm war nach antiken Zeichnungen vortrefflich beobachtet."[1] Dittersdorf wurde nach der Aufführung, trotzdem sie bei dem Bischof von Großwardein stattfand, von einem Domherrn bei der Kaiserin denuncirt, daß er in der stillen Zeit Comödie spielen lasse.

---

[1] Selbstbiographie. S. 146.

Eine ähnliche Denunciation erfolgte in Hamburg im Jahre 1747. Wir haben zwar nicht erfahren können, wie die Programme jener Concerte beschaffen waren, über welche die geistliche Behörde sich zu beschweren glaubte; genug, am 10. Februar wurde dem präsidirenden Bürgermeister vorgetragen „was Gestalt im vorigen Jahre viele in unsere Gemeinden einen großen Anstoß daran genommen, und zum Theil bey mancher Gelegenheit gegen uns bezeiget, als die hiesigen **Operisten** in der **Fasten- und Passions-Zeit**, da sie keine **Opern** mehr spielen durften, und in welcher sonst alle öffentliche **Music** verboten ist, dennoch wöchentlich des Abends große und fast **opernmäßige** Concerte auffführten, dieselben auch mit nicht geringem **eclat** in großer **Frequenz** von allen Seiten her besuchet worden. Da nun zu befürchten sei, daß in bevorstehender Fastenzeit solches sich wiederholen werde „und Anstoß unseren Gemeinden wieder tentiren würden (wie sie es auch in der letzten Advents-Zeit nicht unterlassen haben): Als finde sich Rev. Min. gemüßiget den ehrbaren Rath zu bitten, dergleichen Concerte in der Passionszeit zu untersagen." Der Rath scheint jedoch die Beschwerde ad acta gelegt zu haben.

In den nächsten Jahren fanden nur vereinzelte Virtuosen-Concerte statt. Am 8. Mai 1748 präsentirte sich auf seiner Durchreise nach London der fürstl. Holstein-Plönische Concertmeister **Tomaso Voroni** im Baumhause; und in der Nummer 72 des Correspondenten vom Jahre 1749 wird den Liebhabern der Musik mitgetheilt, „daß ein berühmter Harfenist mit einer Davidsharfe" angekommen sei. Doch gab der anonyme Künstler kein öffentliches Concert, sondern „diejenigen, welche ein Verlangen haben sollen ihn zu hören, mögen es ihm wissen lassen, da er alsdann nicht ermangeln werde, seine Aufwartung zu machen."

Am 10. Mai 1755 ließ sich im Kaiserhof[1]) „einer der

---

[1]) Ein prächtiges, reich mit Sandsteinarbeiten verziertes massives Gebäude, das im Jahre 1619 gegenüber dem Rathhause erbaut wurde. Das Rathhaus befand sich dort, wo heute das Haus der patriotischen Gesellschaft steht. Der Kaiserhof wurde 1871 vom Staate verkauft, die schöne Sandsteinfaçade aber im Hofe der neuen Gewerbeschule vor dem Steinthore aufgestellt.

vortrefflichsten Virtuosen" auf der Oboe und Querflöte, und am 9. Juli im Drillhause zwei aus Holland angekommene Künstler auf dem Cello¹) und Basson²) hören.

Am 25. Januar 1754 producirte sich „der neue Vocalist" des Herzogs von Holstein-Ploen, und zwar in einem Concert „von auserlesenen Sachen" im Kaiserhof. Er scheint Beifall gefunden zu haben, denn am 1. Februar trat er nochmals auf. Der Eintrittspreis betrug 1 ℳ 8 ß. Ihm folgte am 30. October ein College Namens Francesco Antonio Uttini; das Concert fand im Amthause auf der großen Johannisstraße statt, und zwar wurden „die auserlesensten Arien mit verschiedenen Instrumenten accompagnirt" in Aussicht gestellt. Das Billet kostete 2 ß.

Im folgenden Jahre macht in Nummer 22 des Correspondenten ein gewisser Rezel den Pränumeranten seines Concerts bekannt, daß er am 20. März ein neues Passions-Oratorium aufführen werde und zwar auf dem Kaiserhofe. Hiernach scheint es, daß Rezel, augenscheinlich ein Hamburger Musiker, eine Serie von Aufführungen veranstaltete.

Wichtiger als letztere dürfte das von Locatelli am 17. Februar gegebene Concert erscheinen. Giovanni Battista Locatelli hatte ein bewegtes Leben bereits hinter sich, als er im November von Dresden nach Hamburg kam, wo er bis Fastnacht 1755 das Comödienhaus für 160 Reichsthaler von Schönemann, der vom Herzog von Mecklenburg nach Rostock verschrieben worden, gemiethet hatte. Im Jahre 1755 nach Rußland verschlagen, wurde ihm als Mitglied der gelehrten Reisegesellschaft des L. v. Croyères in Kasan vom dortigen Gouverneur eine schlechte Behandlung zu Theil. Er ward ausgeplündert und über die Grenze geschickt. Seiner Erbitterung machte er in den 1736 zu Paris erschienenen Lettres Moscowites Luft. Später ward er

---

¹) Einer der frühesten Virtuosen auf dem Cello war der Italiener Franciscello, welcher um 1730 in Wien concertirte. Hanslick a. a. O. S. 115.

²) Wird wohl ein Fagott gewesen sein.

Unternehmer einer italienischen Operngesellschaft, mit der er Prag, Dresden und Hamburg besuchte. Er brachte „ein artiges Chor zum Theil hübscher Sängerinnen, Tänzerinnen, Sänger und Tänzer mit. Seine tanzgemischten Opern zeichneten sich durch treffliche Musik, schöne Ausführung derselben und äußeren Luxus hinreichend aus, um Beifall zu erhalten und zu verdienen. Kenner und Dilettanten strömten ihm zu, obgleich die Sitzpreise erhöht waren, die große Loge 1 Rthlr., Parterre 2 ß und Gallerie 12 Schilling, statt sonst 2 ß, 1 ß und 8 ß kosteten."[1]) Mit der komischen Oper „la calamita de cuori" eröffnete die Gesellschaft ihr Gastspiel am 15. November 1754. Von dem Gesangspersonal nennen wir u. A. die Signora Johanna della Stella, Catarina und Angiolina Masi, sowie Gabrieli Messieri.

Außer Opern führte Locatelli im Winter 1754/55 „musikalische, geistreiche Stücke, konzertweise abgesungen, auf;" so u. A. „il sacrificio d'Abramo von Metastasio und Zappi im Kaiserhof und auf dem Kramer Amthause. Von dem am 17. Februar unter seiner Leitung im Kaiserhof stattgefundenen ersten Concert ist eine Ankündigung uns erhalten geblieben, die darauf aufmerksam macht, daß „neun Personen von Sängern und Sängerinnen sich hören lassen, und verschiedene wohlausgesuchte Arien singen werden, worunter manche neue Symphonien vorkommen werden". Unter letzteren werden wohl die Musikstücke zu verstehen sein, die in den Zwischenpausen gespielt wurden. Dann wird in einem „Nota Bene" noch besonders darauf aufmerksam gemacht, daß Madame Stella — es war dies die beste und angesehenste Sängerin der Gesellschaft — die bekannte und beliebte Arie: „Quando sara quel di" singen werde, „weil solche ist verlangt worden." Der Eintrittspreis betrug 2 ß, der Anfang des Concertes war um 6 Uhr „präcise und ohne Anstand." Auch Opern führte Locatelli im Drillhause auf. So am 21. April die Graun'sche Oper „Montezuma".[2])

---

[1]) Schütze a. a. O. S. 284.
[2]) Fürstenau: Zur Geschichte der Musik und des Theaters am Hofe der Kurfürsten von Sachsen. Band II. S. 284.

Am 11. April schloß Locatelli sein Hamburger Gastspiel. Im Jahre 1757 finden wir ihn wieder in Petersburg, 1762 in Moskau, wo er als Director einer Opera buffa Bankerott machte. „Er wurde nun Gastwirth, und hob die historisch bekannte Krasnakabak in der Nähe der russischen Hauptstadt, die rothe Schenke, zu einem besuchten Lustorte." [1])

Am 14. Mai ließen sich im Drillhause zwei Italiener „mit den neuesten Arien und Duetten von den berühmtesten Meistern" hören. „Zum mehreren Vergnügen der Anwesenden" — heißt es weiter — „sollen auch 6 schön gemahlte Landschaften unter denselben durch das Loos verspielt werden. Sollten die Anwesenden sehr zahlreich werden, so sollen es acht Stücke sein." Wir wollen hoffen, daß die Gesangsleistungen der beiden Künstler ebenso schön waren, wie die gemalten Landschaften.

In demselben Jahre gab noch ein Virtuose Namens Graf [2]) im Drillhause am 11. September und 2. October zwei Concerte auf der Querflöte. Am Donnerstag den 16. December 1756 fand im Kramer Amthause „ein Concert von ganz besonderem Geschmack" statt. Der Virtuose, welcher dasselbe veranstaltete, behauptete in der Voranzeige nicht nur die neuesten Compositionen der geschicktesten Meister aufgefunden zu haben, sondern auch ein Instrument von seltener Erfindung zu besitzen und zu tractiren, „welches hier noch nicht gesehen, noch weniger gehöret worden, und davon außer diesem nur noch eines in der Welt ist." Der Eintritt war auf 2 ß festgesetzt, dafür waren aber auch die Zimmer „geheizet, und zu besserer Bequemlichkeit für Damen der Fußboden mit Matten beleget."

---

[1]) Fürstenau: Zur Geschichte der Musik und des Theaters am Hofe der Kurfürsten von Sachsen. Bd. II., S. 281.

[2]) Es wird dies wohl Carl Friedrich Graf, Capellmeister und erster Flötist am Hofe in Haag gewesen sein. Wir werden im folgenden Kapitel ausführlich auf ihn zu sprechen kommen.

Viertes Kapitel.

Die Entwickelung des Concertwesens in den Jahren 1761—1830.

Die ersten Abonnements- und Subscriptions-Concerte. Die Privat-Concerte. Der neue Concertsaal. Die damaligen Concert-Verhältnisse und Virtuosen. Das freie Phantasiren. Ueber das in jener Zeit gebräuchliche Dirigiren. Einführung des Tactstocks. Gesetzliche Bestimmungen betreffs Abhaltung von Concerten. Concertlokale. Eintrittspreise und Plätze. Beginn der Concerte. Programme. Liebhaber- oder Privat-Concerte. Die Concerte Graf's und C. Ph. E. Bach's. Die erste Aufführung des Messias. Concerte in der Freimaurer-Loge. Die Privat-Concerte Westphal's, der Gesellschaft Harmonie, Carlo's und des Apollo-Vereins unter Methfessel. Sonstige Concerte von Bedeutung. Concerte und Akademien im Theater. Virtuosen.

Das Jahr 1761 bezeichnet einen wichtigen Wendepunkt im musikalischen Leben Hamburg's. Am 14. Januar wurde „der in einem zur Musik neu erbauten, auch zur erforderlichen Wärme bequem eingerichteten geräumigen Saal, belegen auf dem Kampe, in der Mitte der daselbst neu erbauten Häuser", durch „ein vollstimmiges Concert mit Instrumental- und Vocal-Musik" eingeweiht. Von diesem Tage an dürfen wir das eigentliche Concertleben Hamburg's datiren. Die Concerte schießen wie Pilze aus dem Boden. Es entstehen öffentliche Abonnements- und Subscriptions-Concerte sowie musikalische Akademien, die leider nur nicht von langer Lebensdauer waren; einzelne Gesellschaften wie die Harmonie, und Private wie der Musikalienhändler Johann Christoph Westphal, veranstalteten den Winter über regelmäßige Aufführungen.¹) Von 1780 an wurde auch im deutschen Schauspielhause eine Zeit lang allwöchentlich ein Concert gegeben. Der neue, schöne und geräumige Concertsaal reizte aber nicht nur die Hamburger Künstler zu öffentlichen Productionen, sondern auch die auswärtigen, welche schaarenweise zur alten Hansestadt zogen, wo sie Geld, Ehre und Ruhm in Fülle einzuheimsen gedachten. Der Kranz des letzteren mag Vielen unter ihnen zu Theil geworden sein; ob sie aber, mit Ausnahme der Bedeutendsten unter ihnen, goldene Schätze mitgenommen, muß billig bezweifelt werden. Die Concerte verursachten bedeutende Auslagen; so führt der Hamburger Referent der Leipziger Allgemeinen Musikalischen Zeitung im zweiten Jahrgang von 1799 aus, daß das Orchester allein schon, wenn es auch nur mäßig besetzt werde, einige hundert Mark koste. Es sei daher den Künstlern zu rathen, kein Concert zu geben, ehe durch Subscription oder vorläufige Unterbringung von Billeten, die Kosten gedeckt seien. Viele auswärtige Künstler versuchten daher zunächst in Privatconcerten sich hören zu lassen, um Stimmung zu machen, d. h. die Gemüther und besonders die Abnahme einer das Concert pekuniär sichernden

---

¹) Derartige Concerte fanden übrigens bereits Anfang des 18. Jahrhunderts statt. In seiner Ehrenpforte S. 132 erzählt Mattheson von den Concerten, die der Graf von Eckgh, damaliger kaiserlicher Abgesandter im Niedersächsischen Kreise, alle Sonntage den Winter über in den Jahren 1700 und 1701 hielt. Sie seien „mit solcher Pracht und Herrlichkeit" gehalten worden, daß er „an Königlichen Höfen dergleichen Ueberfluß bei Assembléen" sich nicht erinnere gesehen zu haben. „Es wohnten den Versammlungen bisweilen 3 oder 4 Fürsten mit bey, welche nach geendigter Musik, auf das kostbarste bewirthet, und mit Spielen belustiget wurden. Ich war nicht nur ein Mitglied desselben Concerts, sondern mit Eberhard Reinwald, dem starken Violinisten, ein Director und zugleich Musikmeister des gräflichen jüngsten Fräuleins. Die Conradinn, die Rischmüllerin, die Schoberinn, und alles, was nur am geschicktesten zu finden war, konnte man daselbst sehen und hören. Wir hatten nebst reichlicher Bezahlung, einen Schenktisch, desgleichen an Tockaier und andern sehr raren Weinen, wenig zu finden sind, und ein jeder genoß, was ihm beliebte. Keiser führte sich dabey mehr als ein Cavallier, denn als ein Musikus, auf."

Anzahl von Billeten zu gewinnen. Diese von Privaten in ihren Wohnungen veranstalteten Concerte florirten besonders in den neunziger Jahren; sie begannen erst nach Schluß des Theaters und endigten selten vor Mitternacht.

Was diese Privatconcerte anbelangt, die von jenen durchaus zu unterscheiden sind, welche vor geladenen Zuhörern in einem größeren Concertlokale oder Saale stattfanden, und denen ein bestimmtes Programm zu Grunde lag, so haben wir leider nicht viel über sie erfahren können. Annoncirt wurden diese Concerte überhaupt nicht, und die Anzeige der übrigen erfolgte nicht regelmäßig. Sie zu eruiren erforderte die größte Mühe und noch mehr Geduld. Auch mit der Berichterstattung über stattgefundene Concerte hatte es damals noch keine solche Eile wie heute, wo ein jeder Zeitungsleser möglichst schon beim Frühstück kritisch angeregt sein will. Die Tagesblätter nahmen nur in wenigen Fällen von Concertaufführungen Notiz. Das „Hamburgische Unterhaltungsblatt" war das erste publicistische Organ, welches etwa von 1808 an regelmäßige kritische Rückblicke über Theater und Concertaufführungen brachte. Eine regelmäßige Ankündigung aller stattfindenden Concerte finden wir erst Anfang unseres Jahrhunderts, und zwar zunächst in den Hamburgischen Nachrichten von 1798 an.

Ehe wir aber auf die verschiedenen Concerte und Concert-Institute in dem angegebenen Zeitraum eingehen, müssen wir zunächst einen Blick auf die damaligen Verhältnisse und Zustände im künstlerischen Leben überhaupt werfen.

Solisten-Concerte nach unserem heutigen Begriff gab es im vorigen Jahrhundert nicht; sie fanden alle mit Orchesterbegleitung statt. Erst Thalberg und Liszt brachen mit dieser Gepflogenheit, die dem Künstler nur hohe Kosten verursachte. In Hamburg kam hierzu nun noch der eine große Uebelstand, daß der Concertgeber gesetzlich gezwungen war, sein Orchester aus den Rathsmusikern und den Rollbrüdern zu bilden. Auch in der Oper und im Schauspiel hatten diese das alleinige Recht zu spielen. Noch im Jahre 1798 sind z. B. nur die beiden Romberg als engagirte Musici bei dem Theater-Orchester, und Eloy als zweiter angeworbener Violinist aufgeführt. Dieser Zunftzopf mußte natürlich Folgen nach sich ziehen, die der Kunst nicht zum Frommen gereichten. In den auswärtigen musikalischen Blättern der damaligen Zeit werden daher auch bittere Klagen über diese Zustände geführt. Es seien meistentheils bejahrte Leute, „die mit denen neuen schönen Musiken wenig bekannt, noch weniger geübt sind, und einige sind darunter, die schon unfähig sind, die zu jetzigen Zeiten oft so schwer gesetzte Instrumentalmusik rein und tüchtig zu spielen, und haben die Erlaubnis, andere in ihrer Rolle dahin zu senden, denen sie weniger geben als sie selbst ziehen, und auch noch weniger können, als sie selbst. Dies fällt also oft recht kläglich aus."[1]) Die Oper mußte unter diesen Verhältnissen erst recht leiden. S c h r ö d e r wurde z. B. gezwungen, einen tüchtigen Oboisten, den er bereits engagirt hatte, wieder zu verabschieden, weil die Herren von der Rolle dagegen sich erklärten. „Hierdurch leidet die Liebhaberei — heißt es in der erwähnten Correspondenz weiter — oder der Reiz des Wetteifers unglaublich, indem der Zunftmäßige kalt und gleichgültig bei der Musik bleibt, weil er weiß, daß er gesucht und bezahlt werden muß, und es ihm gleich ist, ob ein Konzert mehr oder weniger gefällt oder reizbar wird; diese Lage ist hier höchst unangenehm und traurig, da Viele nach großen und schönen Konzerten fast seufzen und ihre Wünsche nun so selten erfüllt sehen können."

Diese Umstände trugen sicherlich mit dazu bei, daß in Hamburg alle Versuche mißlangen, ein Concertinstitut zu gründen, das jährlich eine gewisse Anzahl von öffentlichen Aufführungen veranstaltete. Einen weiteren Grund trägt der Hamburger Referent der „Musikalischen Correspondenz" vor.[2]). „Man gehet lieber — schreibt er — in die täglichen Gesellschaften und Schmausereien, und verspielt oft zehnmal mehr, wenn's wenig ist, als ein Konzertabend kosten könnte. Doch dieß ist nun einmal ein eingerissenes Uebel, indem man lieber den Magen als das Ohr verderben, lieber seinen eigenen Beutel leeren, als eines guten Musikers oder

---

[1]) Musikalische Correspondenz. Speyer 1791. Nr. 7.
[2]) Musikalische Correspondenz. Speyer 1792. Nr. 15.

Künstlers seinen süßen helfen will. Dawieder scheinet hier kein Mittel zu seyn, da man hier so frei denket als lebet. Aber das begreife ich doch nicht, wie man an einem so großen volksreichen Ort, wo so viele Fremde, angesehene, vermögende und geschmackvolle Leute zu treffen, darunter auch wirklich sehr viele sind, welche die Musik schätzen, verehren und gerne hören, dennoch so wenig Eifer, Thätigkeit und Beihülfe sehen lassen, nur ein Einziges Konzert hier in wahrem Flor und rechter Würdigkeit zu erhalten." Es waren dies die sechs Concerte, welche die Harmonie in jedem Winter gab. Ueber das Orchester äußerte er sich: "So gute brave Spieler dieß sind, und die im Ruf stehen, daß sie ohne Fehl vom Blatt lesen und richtig vortragen, so ist doch kein einziger Solospieler unter ihnen, auch sind sie nicht stark genug ein großes Konzert alleine zu besetzen, und dazu müssen dann ihre Expectanten und dann die von der Rolle genommen werden, und diese ehrlichen Leute sind gute Ballspieler aber keine Helden, Haydn's, noch weniger Mozart's Sinfonien richtig vom Blatt wegzuspielen. Gute Flötenspieler, Oboe-, Klarinet- und Hornbläser giebts gar nicht unter ihnen." So stand es also mit dem Orchester und dem Publikum selbst. Doch stimmt hiermit eine Correspondenz im Hanseatischen Magazin vom Jahre 1799[1]) nicht ganz überein. Der anonyme Verfasser schreibt: "Der preußische Capellmeister Righini bewies im vorigen Winter, in seinem von ihm selbst, mit italienischem Geist und Feuer dirigirten Konzert, welcher Kraft und Präcision im Vortrag das Hamburgische Orchester doch fähig ist, wenn es durch einen solchen Anführer des Chor's electrisirt wird. Aber unser Publikum läßt mit sich machen — und weiß eben so wenig den verborgenen Geist und das Feuer seines Musikchors selbst zu begreifen, als gewisse eingebildete und ungesittete Musiker, von welchen es in öffentlichen Konzerten zuweilen geneckt und durch grobes Betragen beleidigt wird, ihre Pflicht und die jedem Publikum gebührende Achtung zu lehren." Ueber den Besuch der Concerte wird in derselben Correspondenz auch geklagt; nur durchreisende Virtuosen

---

[1]) Hanseatisches Magazin. Band II. S. 20 ff.

von Verdienst und Namen, aber auch solche „die nur mit guten Adressen kommen und mit dreister Stirne ihren reichen Gastfreunden die Billette dutzweise in's Haus werfen" fänden einen vollen Saal. Auch in späteren Jahren wird über die Theilnahmlosigkeit des Publikums geklagt. So schreibt der Referent für die Leipziger Allgemeine Musikalische Zeitung im Jahre 1825:[1]) „Die Musik bedarf nicht blos ausübende Künstler, sondern auch kunstsinnige, theilnehmende Hörer: denn aller Kunsteifer erkaltet, wenn ihm keine Anerkennung und Aufmunterung wird. Hierin liegt wohl hauptsächlich der Grund, daß in einer Handelsstadt wie Hamburg die Musik nicht so gedeihen und solche Fortschritte machen konnte wie in anderen Städten und besonders in Residenzen. Zwar fehlt es auch unter den Begüterten unserer Stadt nicht an sinnigen und warmen Kunstfreunden; aber ihre Anzahl ist viel zu klein, um einen für die Pflege und Förderung der Kunst wohlthätigen Ausschlag zu geben. Und wie könnte dies auch anders hier sein! Wer nach seinen Berufsgeschäften Erholung und Freude durch die Kunst finden will, muß die Empfänglichkeit dazu mitbringen. Er muß schon einige allgemeine Geistesbildung und Vorübung haben; er muß zu denen gehören, welche von der Musik, mit Luther zu reden, schon ein wenig verstehen, welches aber bey unseren Reichen und bey den, dem Ernst der Geschäfte hingegebenen Männern selten der Fall ist. Ihr Wohlgefallen an solchen Dingen ist daher nur ein flüchtiges, oberflächliches; sie wollen genießen, ohne etwas dazu zu thun; sie wollen sich an die gedeckte Tafel setzen, ohne dafür gesorgt zu haben." Später besserte sich das Orchester und mit ihm auch das Publikum, wie wir noch sehen werden. Uebrigens stand es mit dem musikalischen Interesse des Publikums an öffentlichen Aufführungen in anderen Städten, z. B. in Wien, nicht viel besser; es war immer eine kleine Gemeinde, die sich innerlich zur Kunst hingezogen fühlte. In Hamburg war es, wie an anderen Orten ebenfalls, das Liebhaber- oder sagen wir besser das geschlossene, nicht öffentliche Concert, welches gleichsam den idealen Repräsentanten

---

[1]) Leip. Allgem. Mus. Zeitung. 1825. S. 527 ff.

einer kleinen, kunstgesinnten Gemeinde bildete. Mit den sogenannten Virtuosen-Concerten war es auch eine eigene Sache. Beliebt waren sie nicht, wie aus den älteren Musikzeitungen hervorgeht, und in sittlicher Beziehung genossen die damaligen Virtuosen auch nicht die unbedingte Achtung. Wir begegnen zuweilen einem verächtlichen, geringschätzigen Ton in den Berichten über sie. Und wenn wir die Unmasse der im vorigen Jahrhundert angekündigten Concerte einer näheren Betrachtung unterziehen, so finden wir im Ganzen wenig Namen von wirklicher Bedeutung; noch weniger Vertrauen erwecken die geschmacklosen und zum Theil unkünstlerischen Programme. Forkel nennt mit dürren Worten ihre Concerte Productionen, die blos zum Gelderwerb gegeben werden. „Hier ist der Künstler wie ein Kaufmann zu betrachten, der solche Waaren zeigt, wonach am meisten gefragt wird."[1]) Er heißt sie geradezu Stümper, die in der Welt gleichsam hausiren gehen. Noch drastischer spricht sich die Berliner Musikalische Zeitung vom Jahre 1793 aus. Der Verfasser des „Musikalische Zugvogel" überschriebenen Aufsatzes, nennt die herumstreifenden virtuosirenden Geiger und Pfeifer Charlatans, die sich das Wort gegeben hätten, die ehrlichen deutschen Pfahlbürger zum Besten zu haben. „Selten ist unter solchen Reisenden ein wahrer Künstler, weit häufiger kommen die Sudler und Marktschreier daher, die wahrlich, statt daß sie mit rothen Hosen und abgesilberten seidenen Westen vor den Pulten im Ausland manövrirten, besser thäten, sie blieben zu Hause und pflanzten Kohl und Rüben". Auch was ihre Moralität anbelangt, erfreuten sie sich durchaus keines angenehmen Rufes. „Die unmoralischen Eigenschaften, durch welche so viele Virtuosen sich und ihre Kunst um die Achtung bringen, sind: 1. Mangel an Bescheidenheit, unverschämte Zudringlichkeit. 2. Eigensinnige Launen. 3. Hang zu sinnlichen Ausschweifungen."[2])

Daß diese zum Theil scharfen Bemerkungen durchaus den Thatsachen entsprechen, wollen wir mit einigen Beispielen belegen.

---

[1]) „Genauere Bestimmungen einiger musikalischen Begriffe" in Cramer's Magazin vom Jahre 1783. S. 1039.

[2]) Leipziger Allgem. Mus. Zeitung. 1802. Nr. 16.

Am 28. September 1779 gab ein Herr Montebello, der sich in den Hamburger öffentlichen Blättern als Afrikanischer Malthefer, als treuer Untergebener Sr. Majestät des Kaisers aller Reußen und als Baßsänger angekündigt hatte, im Rainville'schen Saale bei Ottensen ein öffentliches Concert. Da aber nur 30 Zuhörer sich einfanden, so wollte er den Hamburgern ein Vergnügen machen; er gab ihnen ein Concert am 4. October, worin er sich dermaßen „kräftig und mächtig" vernehmen ließ, daß dem Musikreferenten der Leipziger Allg. Mus. Ztg. die Thränen in die Augen traten. „Dazu stampfte er noch überdies mit den Füßen und schlug mit den Händen den Takt und auch hin und wieder einzelne kleinere Taktglieder mit einer Wuth und Gewalt, daß alles unter, über und neben ihm erzitterte und erbebte. Dem ohngeachtet sang oder brüllte er vielmehr so eine Scene und 4 komische Arien nebst Recitativen fast ununterbrochen hintereinander her."[1]) Zu welch' unlauteren Mitteln manche dieser Concertgeber griffen, bewies eine Madame Plomer Salvini, eine Sängerin von anerkanntem Talente, deren Manipulationen an Frechheit jedoch nichts zu wünschen übrig ließen. Sie suchte das Publicum mit der Nachricht zu kirren, daß sie u. A. eine Arie vortragen werde, welche die Heldenthaten des Admirals Nelson preise; der edle Lord werde eigens nach Hamburg kommen um das Concert zu besuchen. Lord Nelson kam nun freilich nicht, Madame Plomer Salvini aber machte ein gutes Geschäft. Die Hamburger hatten einfach angebissen. „Schon vor mehreren Jahren — erzählt Schwencke a. a. O. S. 280 — war diese starke Sängerin blos als Madame Plomer ohne Salvini hier, und setzte in ihrem Konzerte alles durch ihre grenzenlose Zuversicht zu ihren eigenen Talenten und durch ihre selbst bey den größten Fehlern gegen Reinheit und Takt unzerschütternde Gewißheit in Erstaunen. Diesmal reisete sie in Gesellschaft eines oder ihres Mannes, des Herrn Salvini, der eine ungemeine Fertigkeit darin erlangt hatte, einen harten Apfel, z. B. einen Borstorfer, blos durch den Druck zweyer Finger, mitten von einander zu spalten."

---

[1]) Schwencke in der Leipz. Allg. Mus. Ztg. vom Jahre 1800.

Zu jener Zeit hatte der reisende Virtuose sich nicht nur als Bravourspieler sondern auch als Componist zu produciren. Hierdurch erhielten die Programme einen monotonen Zuschnitt, denn man kann wohl sagen, daß die meisten unter ihnen nur eigene Geistesproducte, und zwar an allen Orten dieselben vortrugen. Aber er begnügte sich nicht damit, nur diejenigen Stücke in das Programm aufzunehmen, die er sich selbst und seinem Instrument auf den Leib geschrieben hatte, um in allen möglichen Bravourstückchen zu glänzen; eine Ouvertüre für Orchester mußte sich mindestens auch darunter befinden, und auf einige Symphonie-Sätze mehr oder weniger kam es ihm durchaus nicht an. Da es nun mit dem Componiren eine eigene Bewandtniß hat, so kam es zuweilen vor, daß ein Virtuose fremde Geistesproducte für seine eigenen ausgab. Und dies geschah nicht allein am dürren Holz. So setzte der berühmte Geiger Franz Eck, der letzte Lehrer Spohr's, dem allgemeinen Gebrauch folgend, nur eigene Compositionen auf seine Programme; später aber entdeckte man, daß die Concerte von seinem Bruder Ferdinand und die Quartette von Danzi waren.[1])

Wenn wir die Programme der damaligen Concerte durchgehen, so erschrecken wir oft über die Reichhaltigkeit des Gebotenen. Wir greifen auf Geradewohl ein Programm vom 27. April 1782 heraus. Das musikalische Menu bot folgendes:

Erster Theil.

Symphonie von Schmitt.
Clavier-Concert von Stegmann.
Aria mit Violin und Fagott. Concertante von Naumann.
Violin-Concert von Lüders.
Aria-Rondeaux.

II.

Symphonie von Stamitz.
Violin-Solo von Lüders.
Clavier-Trio von Mozart.
Violin Rondeaux.
Aria.
Symphonie von Stamitz.

---

[1]) Spohr: Selbstbiographie. I. S. 30.

Nun war es aber und zwar noch vor 80 Jahren Sitte, daß von einer Symphonie je nur ein Satz, von einem Concert der erste oder letzte Theil, welcher gewöhnlich in Rondoform gehalten war, gespielt wurde. Der Hamburger Referent für die Leipziger Allgemeine Musikalische Zeitung rügt mit scharfen Worten diese Unsitte, die Symphonien in unkünstlerischer Weise zu zerreißen. Auch tadelt er die zu lange Dauer der Concerte. „Der Grund lag oft vermuthlich darin, daß man, wie bei einer großen Schmauserei, für den verschiedenen Geschmack der mancherlei Liebhaber und Kenner möglichst sorgen wollte, und so für die, welche sich an das Ganze zu halten berechtigt glaubten, und vom Anfang bis zum Ende zuhörten, leicht am Ende Ermüdung und Uebersättigung zu bewirken in Gefahr kam. Die schöne Einheit wird in unseren Concerten zu sehr der Mannigfaltigkeit aufgeopfert."

Der Concertirende hatte aber nicht nur eigene Compositionen zu spielen, er mußte auch frei phantasiren können. „Man begnügt sich nicht von einem Clavierspieler die Fertigkeit zu erwarten, ein für sein Instrument gesetztes Stück den Regeln des guten Geschmacks gemäß auszuführen. Man verlangt noch überdies, daß ein Clavierspieler Phantasien von allerlei Art machen soll."[1] Zu Dittersdorf's Zeit kam auch die Sitte auf „an der Stelle der Cadenzen oder Cappricci (in Concerten), in welchen der Virtuose seine Fertigkeit zeigte, eine freie Phantasie einzuschalten, in welcher man in ein einfaches (neues) Thema überging, das nach allen Regeln der Kunst einige Mal variirt wurde."[2] Die Sitte des freien Phantasirens hat sich bis in die dreißiger Jahre unseres Jahrhunderts erhalten. Mendelssohn war einer der letzten Clavierspieler, die dieser Sitte ihren Tribut zu entrichten hatten; auch Liszt übte diese Kunst noch zuweilen in den vierziger Jahren aus. Doch hat er später nur in seltenen Fällen eine freie Phantasie auf das Programm gesetzt. Sie stand gewöhnlich am Schluß desselben, und häufig entnahm der Spieler

---

[1] Ph. E. Bach in der Vorrede zu seinem Versuch über die wahre Art das Clavier zu spielen.
[2] Dittersdorf Selbstbiographie. S. 47.

dann irgend einem vorgetragenen Stück die Motive, die er in freier Improvisation verarbeitete.

Im vorigen Jahrhundert und in den ersten Decennien unseres Jahrhunderts kannte man noch keine Dirigenten in unserem heutigen Sinne. Der Geiger am ersten Pulte, gewöhnlich Concertmeister genannt, leitete das Orchester von seinem Platze aus; war es ein Vocalwerk mit Instrumentalbegleitung das aufgeführt werden sollte, so kam noch ein zweiter Dirigent hinzu, welcher vom Clavier aus den Chor im Tact zu erhalten hatte, während das Orchester sich nach dem Primgeiger richtete. Bei großen Vocal-Aufführungen mit Orchester gesellte sich noch ein Dritter hinzu, der mit der Hand oder mit einer Papierrolle den Tact zu schlagen, resp. die Uebereinstimmung desselben zwischen dem Primgeiger und dem Dirigenten am Clavier herzustellen hatte. Haydn dirigirte mit dem Violinbogen; in England leitete er aber seine Symphonien, dem dortigen Gebrauch entsprechend vom Clavier aus.[1]) Letzteres war auch entschieden richtiger und zweckmäßiger, als die Leitung vom ersten Geigerpulte aus. Forkel bemerkt mit Recht,[2]) daß die Violine als ein bloß einstimmiges Instrument wenig hierzu geeignet sei, während das Clavier einen intimeren Einblick in die ganze harmonische Anlage, den Aufbau und die Ausführung gebe. „Da dieß Instrument allein, gleichsam ein vollkommenes Orchester vorstellt, und nicht wie die Violine zur Hervorbringung einer ganzen Musik der Beyhülfe mehrerer Instrumente bedarf, so ist es sehr begreiflich, daß das Studium desselben die meiste Gelegenheit an die Hand gibt, Einsichten in das ganze Feld der Musik zu erlangen."

Der Brauch, vom ersten Geigerpult aus große Orchesterwerke zu leiten, hat sich in einzelnen Städten bis in die vierziger Jahre erhalten; so dirigirte Habeneck 1828—1846 von seinem Platze als Primspieler aus. In der Oper war es C. M. von Weber, der mit der alten Tradition brach und den Tactstock 1817 in Dresden einführte. Bislang war es hier Sitte gewesen, daß der Dirigent nach italienischer Weise am Clavier saß und

---

[1]) Dies: Biogr. Nachrichten. S. 64, 93.
[2]) Cramer: Magazin für Musik v. Jahr 1783. S. 1038 ff.

mit der Hand bei schwierigen Stellen dem Spieler die nöthigen
Zeichen gab, auch die Einsätze markirte. Aber eine eigentliche
Leitung konnte dies nicht genannt werden; das Orchester folgte
in der Regel dem ersten Geiger, und eine feinere Nuancirung wurde
hierdurch sehr erschwert. Bei der italienischen Oper mochte dies
noch hingehen, die deutsche verlangte ein tieferes geistiges Durch-
dringen, „eine größere seelische Beeinflussung" durch den Dirigenten.
Weber's Neuerung erregte zwar Murren unter den Mitgliedern
der Capelle, denn sie zwang jeden Einzelnen, seine Aufmerksamkeit
zwischen den Noten und dem Dirigenten zu theilen, aber Weber
ließ sich durch die Opposition nicht irre machen.[1]

Was die Einführung des Tactstocks in die Concerte betrifft,
so soll in Wien im Jahre 1812 Mosel bei dem großen Musikfest
mit einem Stäbchen den Tact angegeben haben.[2] Spohr
erregte 1819 in London Aufsehen, als er sich mit seiner Partitur
an ein besonderes Pult begab und mit einem Tactirstäbchen das
Zeichen zum Anfang gab. Es wurde gegen solch' unerhörte
Neuerung protestirt, doch Spohr bat den Versuch gestatten
zu wollen. Den Engländern muß dieser Versuch übrigens
imponirt haben, denn es blieb fortan beim Tactstock. Wann
letzterer in Hamburg zum ersten Male zur Anwendung kam, haben
wir nicht in Erfahrung bringen können.

Die Erlaubniß zu öffentlichen Concerten hatte in Hamburg
der Rath zu ertheilen. Sonntags durfte lange Zeit hindurch
überhaupt keine Aufführung stattfinden. So suchten im Jahre
1780 die Directoren der Schaubühne bei dem Senate die Erlaubniß
nach, den Winter über des Sonntags im Comödienhause öffentliche
Concerte zu geben. Der Rath war ihrem Wunsche günstig gesinnt,
und trug am 19. September die Sache den Oberalten vor mit
dem Antrag auf Bewilligung. Das Schriftstück führte aus, „daß
durch die Veranlassung zu dergleichen gesitteten und daneben
Aufmunterung verdienenden Vergnügungen mancher von andern

---

[1] Carl Maria v. Weber. II., S. 83.
[2] Hanslick a. a. O. S. 93.

weniger erlaubten Zeitverkürzungen abgehalten werde, daß hienechst den sich hier aufhaltenden Fremden und Standespersonen, von denen letzteren das Gesuch der Directoren hauptsächlich veranlasset, deren öffentliche Sollicitation aber zurück gehalten werden, dieser vorzüglich anständige Zeitvertreib an solchen Abenden, die in Privat Häusern meistens den Familien Zusammenkünften gewidmet sind, nicht füglich versagt werden könne; daß es ferner seit einigen Jahren bereits nichts ungewöhnliches gewesen, sowohl in öffentlichen als in Privathäusern an diesen Abenden Concerte zu geben; daß aber der Ort, welcher dazu ausersehen worden, an sich nichts unsittliches oder bedenkliches mit sich führe, vielmehr wegen Verschiedenheit der Preise, da mancher dieses unschuldige Vergnügen nach Belieben für eine Kleinigkeit nur daselbst genießen könne und wegen der Oeffentlichkeit und Sichtbarkeit eines Plazes und Winkels bei jeziger Einrichtung allen andern, welche jedoch schwerlich ausgefunden seyn mögten, vorzuziehen sey und daß man nach der davon bereits habenden Ueberzeugung sich die Beobachtung der strengsten Ordnung und Wohlanständigkeit daselbst versprechen könne." Diese vernünftigen Gründe des weisen Raths vermochten aber die reactionären Gesinnungen der Oberalten nicht zu trüben, sie verweigerten unterm 20. September einfach ihre Einwilligung. Erst im Jahre 1787 wurde nach einem Beschlusse des Raths dem Weddeherrn es überlassen, die Erlaubniß zu öffentlichen Concerten, die Fasten- und Advents-Wochen ausgenommen, ohne vorgängige Anfrage bei dem Rathe, zu ertheilen. Ein Beschluß vom 14. März 1794 ging noch weiter; er gab dem jeweiligen ältesten Weddeherrn das Recht, alle Concerte, die nicht im Schauspielhause stattfanden, zu jeder Jahreszeit und an jedem Tage der Woche, ohne Unterschied ob es Sonn-, Fest- oder Werktag sei, zu gestatten; dagegen durfte er im Schauspielhause nur jene, die an den Werktagen stattfinden sollen und nicht in die Advents- und Fastenzeit fallen, ohne Anfrage an den Rath zulassen. Zu keiner Jahreszeit aber durfte der Weddeherr im Comödienhause ein Concert am Sonntag gestatten, ohne die Erlaubniß des Raths und der Oberalten einzuholen. Im Concertsaal durften dagegen zu jeder Zeit, auch an den Sonntagen Aufführungen stattfinden.

Die Haupt-Concertlokale.

Die Haupt-Concertlokale waren in der angegebenen Zeitperiode folgende:

Das im vorigen Kapitel bereits erwähnte Drillhaus, Kramer-Amthaus, Baumhaus und der Kaiserhof, das Eimbeck'sche Haus, der Concert-Saal auf dem Kamp, der Bosselhof, die Börsenhalle, der Apollo-Saal, der Saal in der Loge, später die Tonhalle und der sogenannte Wörmer'sche Saal (der heutige Conventgarten). Die Westphal'schen Privat-Concerte fanden im Concert-Saale auf dem Kamp, jene der Harmonie die ersten Jahre hindurch im Saale des Gebäudes selbst, später im Apollo-Saale statt.

An der Ecke der kleinen Johannisstraße und des Dornbusches lag das 1270 erbaute Weinhaus oder der Weinkeller; es war dies ein dem Rathe gehörendes Gebäude, in welchem später Eimbecker Bier geschenkt und deshalb das Eimbeck'sche Haus genannt wurde. Im Jahre 1769 wurde dasselbe bis zur Münze abgebrochen, ein neues Gebäude errichtet und am 9. Mai 1771 die öffentliche Wirthschaft wieder angefangen.[1]) Oben war ein schöner, geräumiger, zu einem anatomischen Theater eingerichteter Saal, der zu Concerten vermiethet wurde.[2])

Ueber den Concert-Saal auf dem Kamp, der mehrere Jahrzehnte lang den Mittelpunkt des musikalischen Lebens bildete, haben wir nichts Näheres zu erfahren vermocht. Heß erwähnt desselben gar nicht, Gaedechens nur beiläufig; nur Neddermeyer[3]) giebt einige Notizen. Der sogenannte Concerthof entstand darnach zur selben Zeit wie die große Drehbahn, nämlich im Jahre 1760. Unter diesem Häuserkomplex befand sich ein Haus, das zu Concert- und Theater-Aufführungen vermiethet wurde. Am 17. December 1794 eröffnete die aus Brüssel geflüchtete französische Hofschauspieler-Gesellschaft hier ihre Bühne. Im Jahre 1813 wurde der ganze Concerthof zum Spital benutzt; von 1815

---

[1]) Eduard Meyer: Das Eimbeck'sche Haus in Hamburg. 1868. S. 119.
[2]) Heß a. a. O. II. S. 371.
[3]) J. H. Neddermeyer: Topographie der freien und Hanse-Stadt Hamburg. 1832. S. 221.

an diente er der Artillerie und Cavallerie zur Caserne, 1825 soll die Elbwasserleitung ihren Wohnsitz darin aufgeschlagen haben.

Die Börsen-Halle befand sich in der Bohnenstraße; sie ward am 21. Januar 1804 eingeweiht. Im zweiten Stock befand sich ein Saal, der 64 Fuß lang, 42 breit und 30 Fuß hoch war. „Auf 18 Säulen geht eine Gallerie zu der ein besonderer Ausgang von der Straße führt, um diesen schönen Concert- und Tanzsaal her, der seiner Bestimmung gemäß durch Mahler- und Bildhauer-Arbeit geziert ist." [1])

Der vorzüglichste und gesuchteste Concertsaal Hamburgs in den ersten Decennien unseres Jahrhunderts war der Apollo-Saal. Er befand sich dem durch den Architecten Bundsen im Jahre 1800 auf der großen Drehbahn erbauten Logenhaus gegenüber, neben dem Apollotheater. Den Saal ließ der Pronotar Dr. Andersen 1804 nach den Plänen des Architecten Krug durch den Maurermeister C. E. L. Kappelhoff bauen; er war 80 Fuß lang, 50 Fuß breit und 30 Fuß hoch, in Ellipsenform gebaut. Die Akustik soll eine ausgezeichnete gewesen sein.

Außer in den genannten Sälen fanden öffentliche Concerte im deutschen, später auch im französischen Schauspielhause, von 1827 im neuen Stadttheater statt.

Die Preise der Concerte waren verschieden; sie schwankten zwischen 1 ℳ 8 β und 2 Species Thaler. Nummerirte Sitze gab es damals noch nicht; den Damen pflegte man den Vorzug einzuräumen, d. h. die besten Plätze zu überlassen. Zuweilen zahlten auch nur die Herren, die sogenannten Chapeaux; sie hatten das Recht eine Dame mitzubringen. Als im Winter 1764/65 die Abonnements-Concerte im Concert-Saale auf dem Kamp wieder ihren Anfang nahmen, wurde in der Voranzeige ausdrücklich bemerkt, daß „für einen Chapeau mit Dame" die 16 oder 18 Concerte 3 Ducaten Holländisch kosten sollten.

Die Billets zu den einzelnen Concerten waren entweder bei den Veranstaltern selbst oder bei Privaten, auch in öffentlichen

---

[1]) Heß a. a. O. S. 437.

Wirthslokalen, z. B. in den sechsziger und siebziger Jahren im Dreyer'schen und Tornquist'schen Caffeehause zu haben.

Die Concerte begannen Anfang des 18. Jahrhunderts in Hamburg bereits um 4 Uhr, manche sogar noch früher; in den sechsziger Jahren um 5, in den achtziger um 6, später um 7 Uhr.

Die Programme nicht nur der Solisten-Concerte, sondern auch jene der sogenannten Abonnements- und Subscriptions-Concerte wie Akademien, wie manche Aufführungen hochtönend genannt wurden, litten an einer gewissen Einförmigkeit. Auch größere Instrumental- und Vocal-Werke finden wir in einer Saison häufig drei bis vier Mal von ein- und demselben Concertinstitut wiederholt. Der übrige Theil des Programms bestand aus Solonummern. Nur insofern kann man von einer Vielgestaltigkeit der Programme sprechen, als die Concerte oft Gelegenheit boten, an einem Abend in bunter Reihenfolge Solovorträge für Geige, Violoncell, Flöte, Clarinette, Clavier zu hören, und noch eine Portion von Symphonie-Sätzen und sonstigen Ensemble-Nummern über sich ergehen zu lassen. Zuweilen wurden auch ganze Opern oder einzelne Akte aus denselben zum Vortrag gebracht. So führte man am 11. und 25. April 1765 im neuen Concert-Saal die Oper „Orfeo" auf, am 7. Mai 1764 eine Operette von Capellmeister Raupach, Musik-Director Schwencke am 31. März 1804 Mozart's „Idomeneo", am 4. März 1809 den Schluß des zweiten Finale aus Don Juan. Im ersten Jahrzehnt unseres Jahrhunderts kam auch die Sitte auf, die Concerte durch Einschaltung von Declamationen noch vielseitiger und reichhaltiger zu gestalten. Eines der ältesten Zeugnisse bietet uns das „ein großes Declamatorium mit vollständiger Instrumental-Musik" überschriebene Programm vom 5. December 1807. Nach der Ouvertüre folgte die Bürgschaft von Schiller, dann ein Symphoniesatz, „Wolken und Weiber" von Sheridan, wieder ein Symphoniesatz, alsdann „Die Geschichte von dem Huthe" von Gellert, ein Adagio für Orchester, „Petrarca's Dankrede an den Senat zu Rom, als dieser ihm die Dichterkrone aufsetzte."

Der zweite Theil des Concerts bot folgendes Menu:

Ouvertüre. „Der kleine Töffel", Fabel von Lichtwer.

Symphoniesatz. „Der Taucher" von Schiller. Adagio. „Der arme Greis" von Gellert. Symphoniesatz. „Der Kaiser und der Abt" von Bürger. Allegretto. „Hamburg's Schutzgeist, eine Fantasie."

Mehr konnte man für sein Geld wahrlich nicht verlangen.

„Wie sich doch alles ändert in der Welt — bemerkt der Referent der Leipziger Allgemeinen Musikalischen Zeitung —, vormals sprach man in den Logen und im Parterre bey den Concerten, und nun sprechen die Damen und Herren auf dem Orchester."

Ehe wir nunmehr zu den einzelnen Concerten übergehen, möchten wir noch der damaligen Sitte gedenken, daß nicht nur zwischen den einzelnen Akten eines Trauer- oder Lustspiels, sondern auch zwischen den einzelnen Abtheilungen eines Oratoriums oder eines sonstigen Vocalwerks im ernsten Stil sich Instrumental- und Gesangs-Virtuosen zu produciren pflegten. Zum ersten Male begegnen wir diesem Brauch im Jahre 1780. So sang Fräulein Kreß am 14. April eine Arie nach einem Lustspielact. Am 4. März 1781 trat ein Oboist mit einem Concert nach dem Trauerspiel Coriolan auf. Sänger und Sängerinnen wie Oboisten, Clarinettisten, Violinisten, Flöten- und Trompeten-Virtuosen begegnen wir in den nächsten Jahren zwischen den einzelnen Acten von Opern, Lust- und Trauerspielen. War es doch noch Anfang unseres Jahrhunderts üblich, daß in den Zwischenacten Symphonie-Sätze zur Aufführung kamen; ging der Vorhang in die Höhe, so mußte sofort aufgehört werden, und wenn es ein Quart- Sext- oder Sept-Accord war.

Wie bereits bemerkt, gestaltete sich das öffentliche Concertleben in Hamburg seit der Erbauung des neuen Musiksaales auf dem Kamp zu einem sehr regen, aber wie ebenfalls schon ausgeführt, vermochten sich ständige, in regelmäßigen Zeit-Intervallen sich wiederholende Concerte auf die Dauer nicht einzubürgern. Es lag dies in den Verhältnissen begründet, die wir in Vorstehendem zu schildern suchten. Diese mögen dann auch zu jenen Privatunternehmungen, zu jenen sogenannten Liebhaber-Concerten geführt haben, wie sie Mitte des vorigen Jahrhunderts in vielen Städten Deutschlands entstanden. Die Pflege der Musik war bis dorthin ein Reservatrecht der kunstliebenden Aristokratie gewesen; nunmehr gelangte sie in die Hände des bürgerlichen Dilettantenthums. Die Musikfreunde einer Stadt schließen sich zusammen, das heißt sie vereinigen sich zu regelmäßigem musikalischem Zusammenwirken. Eine öffentliche Kunstpflege, ein Publikum im heutigen Sinne gab es in jenen Zeiten aber noch nicht. Wer öffentlich auftrat oder allgemein zugängliche Concerte organisirte, lief immer große Gefahr, finanziellen Schiffbruch zu leiden. Sogar ein **Philipp Emanuel Bach** scheint nach den uns vorliegenden Zeugnissen mit seinen regelmäßigen Concerten nicht immer sonderliches Glück gehabt zu haben.

I.
Die Concerte von Friedrich Hartmann Graf.

Der Erste, welcher in Hamburg öffentliche Subscriptions-Concerte veranstaltete, war Friedrich Hartmann (Hermann) Graf. Ihm wurde am 7. Januar 1761 vom Senat die Erlaubniß ertheilt, in dem neu erbauten Concert-Saal auf dem Kamp vom 14. Januar bis zur ersten Fastnachtswoche wöchentlich ein Concert aufzuführen. Friedrich Hartmann Graf wurde im Jahre 1727 zu Rudolstadt als der Sohn des dortigen Capellmeisters Johann Graf geboren. Bei seinem Vater bildete er sich auf der Violine und Flöte sowie in der Theorie aus, und erlernte von 1745—1746 bei dem Hofmusiker Käsemann die Kunst des Paukenschlagens. Als Pauker trat er hierauf in ein holländisches Regiment, gerieth bei Berg op Zoom in englische Kriegsgefangenschaft, um sich nach wiedergewonnener Freiheit im Jahre 1759 nach Hamburg zu begeben, wo er fünf Jahre blieb. Hier wußte er als Flötist und Componist eine solche allgemeine Anerkennung sich zu verschaffen, daß ihm Telemann's Stelle in Aussicht gestellt wurde. Er zog es aber vor eine große Kunstreise zu unternehmen, die seinen Ruf immer weiter trug. Als Musikdirector finden wir ihn 1772 in Augsburg. Von hier aus begab er sich 1779 nach Wien, um eine für das deutsche Theater geschriebene Oper zu dirigiren. Hier traf ihn die Einladung, die großen Concerte der Saison von 1783/84 in London zu leiten, und mehrere größere Werke für diese Concerte zu componiren. Reich an Ehren und von der Universität Oxford mit dem Doctordiplom ausgezeichnet, kehrte er auf seinen Posten nach Augsburg wieder zurück, wo er am 19. August 1795 starb.

Graf fiel also in Hamburg die Ehre zu, den neuen Concert-Saal zu eröffnen, und zwar am 14. Januar 1761, worauf dann alle 8 Tage eine Aufführung stattfand. Leider enthalten die Anzeigen in den öffentlichen Blättern keine Angabe des Programm-Inhalts. Zwar heißt es in der Bekanntmachung vom 31. October 1761, worin angezeigt wird, daß auch im nächsten Winter 18 Concerte und zwar je Montag Nachmittags um 5 Uhr stattfinden werden, man werde seiner Zeit „die geistlichen Stücke, welche für die Advents- und Fastenzeit bestimmt" seien, noch besonders kund thun, aber von dem sonst Gebotenen ist uns nur spärliche Kunde geworden. An Oratorien und sonstigen geistlichen Vocalwerken führte Graf in der Saison 1761/62 u. A. auf: Gioas Re di Giuda, Stabat mater von Pergolese, Sacrificio d'Abramo, Graun's Tod Jesu. Am 17. März 1762 folgte „ein Sing-Gedicht voll starker Bewegungen, der Tag des Weltgerichts genannt", und zum Schluß die Telemann'sche Donner-Ode. Das Programm für das Concert am 31. März enthielt das Oratorium „Petra in deserto" von Galuppi della Buranello. Der Schluß des Cyclus brachte „Die Pilgrimme" von Hasse und ein Kyrie von Graun.

Ob Graf in der Saison 1763/64 die Concerte noch leitete, könnte nach einem Artikel in der Nummer 172 des Correspondenten vom Jahre 1763 zweifelhaft erscheinen. In demselben wird angezeigt, daß am 31. October das gewöhnliche Winter-Concert im neuen Musik-Saale wieder beginnen werde. „Der Directeur dieses Concerts hat die Freunde und Liebhaber durch ein sehr artiges kurzes Gedicht im Namen der Musik eingeladen, welches wir ganz hersetzen würden, wenn es uns der Raum gestattete. Es kann nicht fehlen, diese nicht allein unschuldige, sondern allen andern rauschenden Gesellschaften weit vorzuziehende Ergötzlichkeit muß viele Liebhaber finden, da Kenner wissen, was sie von den schönen Stimmen und vortrefflichem Vortrage einer Signora da Cröner, Signora Rosa Costa, von dem Klavier des Herrn Kapellmeister Raupach, der Flöte des Herrn Concertmeisters Graf und der Violine des Herrn von Cröners für Vergnügen erwarten können, und da man sich besonders auf eine gute Wahl unter den Arbeiten der besten Deutschen und Italienischen Componisten verlassen kann, da hier für die in den vorigen Winter-Aufführungen, sowohl hier als in Berlin und in Italien gesetzten Oratorien sichere Bürgen sind."

Wer war nun aber der „Directeur" dieser Concerte? Vielleicht Telemann? Aber wenn dieser ein Concert leitete, so wurde dessen Name stets genannt, oder man konnte es aus der Bemerkung in den Anzeigen entnehmen, daß Text und Eintritts-Karten in seiner Wohnung zu kaufen waren. Nichts von dem ist hier erwähnt. Immerhin könnte es möglich sein, daß doch Graf selbst der Veranstalter und Dirigent dieser Concerte war, denn ein Selbstlob wie das oben mitgetheilte, erregte in der damaligen Zeit durchaus kein Befremden. Heute geht man hierin raffinirter zu Werke, das besorgt in unseren Tagen die Reclame, das Medium der Concertgeber.

Von Telemann selbst werden in den sechsziger Jahren überhaupt nur wenige Concerte erwähnt. Folgende öffentliche Anfrage im Correspondenten vom Jahre 1761 möchten wir schon aus dem Grunde hierhersetzen, weil sie ein schönes und humanes Gemüth bezeugt. „Darf ein Telemann'sches Concert am nächsten Montage im Drillhause auf hinlängliche Zuhörer bey der itzigen aus der Stadt lockenden Witterung hoffen?" Daß übrigens Telemann regelmäßige Concerte veranstaltete, geht wiederum aus anderen Notizen der Tagesblätter hervor. So lesen wir im Hamburgischen Correspondenten von 1765, daß am 15. November das Schluß-Concert Telemann's im Concert-Saale stattfinden werde. Diese Notiz spricht aber für unsere Annahme, daß er nicht der Unternehmer der Subscriptions-Concerte war, deren im Ganzen alljährlich 16 stattfanden. Der Abonnementspreis war für einen Chapeau mit Dame auf 3 Ducaten Holländisch festgesetzt, die Einzelbillets kosteten 1 ℳ 8 β.

Ein weiterer Beweis dafür, daß Telemann mit diesen Aufführungen nichts zu schaffen hatte, geht daraus hervor, daß in der Saison 1765/66 abermals ein Cyclus von Concerten stattfand. So wurde u. A. am 16. December 1765 ein „neues deutsches" Oratorium: „Die Hirten bei der Krippe zu Bethlehem" von Carl August Friedrich Westenholtz, Text von Ramler aufgeführt.[1])

Mit dem Jahre 1765 hörten die regelmäßigen Winter-Concerte im neuen Musiksaale auf. Für uns ist dies der sicherste Beweis, daß Graf der Unternehmer und Leiter derselben war, denn im Frühjahr 1766 verließ er Hamburg. Es fanden zwar später auch sogenannte Subscriptions-Concerte statt, doch nur in einzelnen Fällen.

Die Solisten, welche in den Subscriptions-Concerten von 1761/65 auftraten, werden wir später erwähnen. Zunächst wenden wir uns den Aufführungen unter Ph. E. Bach zu.

II.
Die Concerte Carl Philipp Emanuel Bach's.

Sein erstes öffentliches Concert in Hamburg gab Bach am 28. April 1768 im Drillhause „wobey er sich, unter verschiedenen Abwechselungen von Singestücken und anderen Sachen, mit Clavier-Concerten wird hören lassen."[2]) Am 5. Mai fand sein zweites „und für diesmal sein letztes großes Concert zu mehrerer Bequemlichkeit des Publicums in dem neu erbauten Concertsaale statt, wobey er sich abermals unter verschiedenen Abwechselungen von musikalischen Stücken auf dem Flügel" hören ließ. „Es wird bei dieser Gelegenheit — heißt es in der Anzeige — das so beliebte Sing-Gedichte des berühmten Herrn Professor Ramler, die Ino genannt, aufgeführt werden.

---

[1]) Carl August Friedrich Westenholtz zu Lüneburg 1736 geboren, starb als Capellmeister zu Ludwigslust am 24. Januar 1789. Seine erste Gattin war die berühmte Sängerin Affabili, auf die wir noch zurückkommen werden.

[2]) Neue Zeitung Nr. 61.

Hier dürfte der Ort sein, über Bach's Klavierspiel einige Worte zu sagen. „**Ein Musikus kann nicht anders rühren, er sei denn selbst gerührt.**" Mit diesen eigenen Worten hat er sein Spiel selbst am besten charakterisirt. Er verwarf alle Bravour, alles technische Paradiren mit Kunststücken, die in keinem Zusammenhang zum musikalischen Gedanken standen; Bach war der Ansicht, daß der Spieler auf seinem Instrument zu singen, die Bewegungen des Gemüths- und Seelenlebens wiederzugeben habe. Das ganze Tongewebe soll in seinen feinsten Einschlägen zum klarsten Ausdruck kommen, aber das Spiel auch durchtränkt sein von jenem warmen Mitempfinden, das Sinn und Herz sympathisch berührt. In seiner Selbstbiographie sagt er: „Mein Hauptstudium ist, besonders in den letzten Jahren — es war dies vor 1773 — dahin gerichtet gewesen, auf dem Klavier, ohnerachtet des Mangels an Aushaltung so viel möglich sangbar zu spielen und dafür zu setzen. Es ist diese Sache nicht so gar leicht, wenn man das Ohr nicht zu leer lassen und die edle Einfachheit des Gesanges durch zu viel Geräusch nicht verderben will." Carl Philipp Emanuel Bach ist nicht nur der Vater des modernen Klavierspiels, sondern auch der Schöpfer der Hauptcompositions-Form für dieses Instrument, nämlich der Sonate in ihrer heutigen, wenn auch höher entwickelten und ausgebreiteten Form. Er war der Erste der bestrebt war, seinen Clavierwerken einen einheitlichen Gedankeninhalt zu geben; die einzelnen Theile sollen in einem ideellen Zusammenhang stehen und, wenn auch verschieden im Einzelnen, doch unter sich wieder ein organisches Ganze bilden.

Carl Burney[1]) schildert einen Besuch bei Bach in Hamburg und dessen Spiel in folgender Weise: „Als ich nach seinem Hause kam, fand ich ihn mit drey oder vier vernünftigen und wohlerzogenen Personen, von seinen Freunden — es waren Doctor Unzer und Frau wie deren Bruder Ziegler — außer seiner Familie, die aus Madame Bach, seinem Sohn den Licen-

---

[1]) Carl Burney's Tagebuch. Bd. III., S. 211 ff.

tiaten, und seiner Tochter bestund. Der jüngste Sohn hält sich in Leipzig und Dresden auf, um die Mahlerey zu studiren. Den Augenblick, da ich ins Haus trat, führte er mich die Treppen hinauf in ein schönes grosses Musik-Zimmer, welches mit mehr als Hundert und fünfzig Bildnissen von grossen Tonkünstlern, theils gemahlt, theils in Kupfer gestochen, ausgeziert war. Ich fand darunter viel Engländer und unter andern auch ein Paar Originalgemählde in Oel von seinem Vater und Großvater. Nachdem ich solche besehen hatte, war Herr Bach so verbindlich, sich an sein Lieblingsinstrument, ein Silbermann'sches Clavier zu setzen, auf welchem er drey oder viere von seinen besten und schweresten Kompositions, mit der Delikatesse, mit der Precision und dem Feuer spielte, wegen welche er unter seinen Landsleuten mit Recht so berühmt ist. Wenn er in langsamen und pathetischen Sätzen eine lange Note auszudrücken hat, weiß er mit grosser Kunst einen beweglichen Ton des Schmerzens und der Klagen aus seinem Instrumente zu ziehen, der nur auf dem Clavichord, und vielleicht nur allein ihm möglich ist hervorzubringen.

„Nach der Mahlzeit, welche mit Geschmack bereitet, und mit heiterem Vergnügen verzehrt wurde, erhielt ichs von ihm, daß er sich abermals ans Clavier setzte; und er spielte, ohne daß er lange dazwischen aufhörte, fast bis um Eilf Uhr des Abends. Während dieser Zeit gerieth er dergestalt in Feuer und wahre Begeisterung, daß er nicht nur spielte, sondern die Miene eines außer sich Entzückten bekam. Seine Augen stunden unbeweglich, seine Unterlippe senkte sich nieder und seine Seele schien sich um ihren Gefährten nicht weiter mehr zu bekümmern, als nur so weit er ihr zur Befriedigung ihrer Leidenschaft behülflich war. Er sagte hernach, wenn er auf diese Weise öfter in Arbeit gesetzt würde, so würde er wieder jung werden. Er ist itzt neun und fünfzig Jahr alt, ist eher kurz als lang von Wuchs, hat schwarze Haare und Augen, eine bräunliche Gesichtsfarbe, eine sehr beseelte Miene, und ist dabey munter und lebhaft von Gemüth.

„Sein heutiges Spielen bestärkte meine Meinung, die ich von ihm aus seinen Werken gefaßt hatte, daß er nämlich nicht nur der grösseste Komponist für Clavierinstrumente ist, der jemals gelebt hat, sondern auch, im Punkte des Ausdrucks, der beste Spieler." [1])

Um nun wieder auf die von C. Ph. E. Bach in Hamburg veranstalteten Aufführungen zurückzukommen, so erfahren wir aus Nr. 155 des Correspondenten vom 27. September 1768, daß Bach im Laufe des Winters vom 51. October an, alle Montage von 5—8 Uhr Abends im Concert-Saale ein öffentliches Concert zu geben gedenke, wenn eine hinlängliche Zahl von Subscribenten sich zusammenfinden würde. Es sollten zwanzig Aufführungen stattfinden. Die Concerte scheinen nicht zu Stande gekommen zu sein, denn wir finden unter den Anzeigen sämmtlicher Hamburger Blätter nur eines vom 6. März 1769 erwähnt, in welchem er ein Passions-Oratorium „von einem berühmten Meister" zu Gehör brachte, und außerdem ein Clavier-Concert vortrug. Weiter fanden in diesem Jahre am 14. und 21. December im Concert-Saale zwei Aufführungen unter seiner Leitung statt. Auf dem Programm des ersten stand die von ihm zur Einweihung der neuen Lazareth-Kirche geschriebene Musik, auf jenem vom 21. December: „Die Hirten bey der Krippe zu Bethlehem, nach einer ganz neuen Composition, wobey er sich auf dem Flügel mit Concerten wird hören lassen." Aus der ausdrücklichen Bemerkung, daß der Eintritt 1 ß 8/3 koste, geht hervor, daß dies keine Subscriptions-Concerte waren. Dagegen erfahren wir aus der Nummer 151 der Neuen Zeitung vom Jahre 1770 von einem anderen Unternehmen Bach's. Es heißt dort: „Die Freunde der Musik, welche das Bachische Privatconcert, welches künftigen Winter alle vierzehn Tage am Mittwochen in dem Hause der Handlungs-akademie[2]) gehalten wird, mit besuchen wollen, belieben sich

---

[1]) Die deutsche Uebersetzung der wir hier folgen erschien 1773 in Hamburg bei Bode.

[2]) Professor Büsch und Magister Ebeling standen der 1768 gegründeten Handlungs-Akademie vor. Ebeling war ein großer Freund und Kenner der Musik, und Burney ist voll des Lobes über ihn. Während des letzteren Anwesenheit in Hamburg veranstaltete Ebeling in seinem Hause ein Privat-Concert, dem Bach präsidirte. Es wurden verschiedene Vocalcompositionen und Instrumental Werke von Bach aufgeführt; letzterer trug auch mehrere Stücke für Clavier vor.

bey dem Herrn Kapellmeister Bach in der Handlungsakademie deswegen zu melden. Der Preis für alle 12 Concerte ist drey Species Ducaten, wofür jedem Subscribenten frey steht, zwey Damen mitzubringen."

Diese Privat-Concerte scheinen noch im Jahre 1779 bestanden zu haben, denn in Nummer 5 des Correspondenten werden die Subscribenten des „Concerts in der Handlungsakademie" darauf aufmerksam gemacht, daß die Kutscher beim Abholen „von der Neuen und A B C Straße" anzufahren hätten. Sie waren so besucht, daß keine Abonnements mehr angenommen, auch Fremde ohne Billets — wie dies in Hamburg bei Privatconcerten üblich war — nicht eingelassen werden konnten, wie es in der Ankündigung hieß.

Im Concert-Saal gab Bach ab und zu auch Concerte, aber sie fanden nicht regelmäßig statt. So führte er am 16. November 1774 das Oratorium „Die Hirten bei der Krippe zu Bethlehem" von Johann David Holland[1]) auf. Wie moderne Reclame klingt es, wenn wir in der öffentlichen Voranzeige dieses Concertes lesen, daß man „vorläufige Lobsprüche" dieser Musik wohl nicht erwarten könne. „Indessen können wir mit Zuverlässigkeit behaupten, daß die Anhörung derselben den Liebhabern und Kennern ein sehr großes Vergnügen gewähren wird. Man wird auch besorgt seyn, im Orchester nur die besten Musicos zu engagiren, damit es an nichts fehle, was zur Aufführung einer guten Musik gehört; und sollte es die Zeit erlauben, so werden sich etliche Virtuosen auf verschiedenen Instrumenten hören lassen." Am 12. December führte Bach seinen achten Psalm und das Te deum von Graun auf; das Holland'sche Oratorium wurde wiederholt. „Alles was zur brillanten Ausführung dieser ausnehmenden Stücke nur veranstaltet werden kann — heißt es

---

[1]) Johann David Holland 1746 bei Herzberg am Harz geboren, war Musikdirector an der Katharinenkirche in Hamburg. Er hat Clavier- und Vocalsachen, eine Zwischenacts-Musik zu dem Trauerspiel Hamlet, und außer dem genannten Oratorium noch ein zweites: „Die Auferstehung Christi" geschrieben.

in der öffentlichen Anzeige — wird zur besondern Zufriedenheit aller Kenner und Liebhaber bestens besorgt werden." Bach spielte außerdem noch einige Clavierstücke. Auf seine Concerte im Jahre 1775 kommen wir weiter unten zu sprechen.

Der Correspondent von 1776 enthält in seiner Nummer 133 folgenden Artikel: „Vorgestern — 17. August — probirte Herr Capellmeister Bach im Concert-Saal auf dem Kamp 4 neue von ihm verfertigte große Symphonien. Das Orchester war dabey so zahlreich, als es vielleicht lange nicht in Hamburg gewesen. Es bestand aus einigen 40 Personen von unseren Hamburgischen Tonkünstlern und einigen wenigen Liebhabern, welche diese unvergleichlichen, und in ihrer Art einzigen Sinfonien, mit solcher Richtigkeit und Begeisterung ausführten, daß Herr Bach ihrer Geschicklichkeit öffentlich Gerechtigkeit widerfahren ließ, und die gegenwärtigen musikalischen Hörer ihr Vergnügen in den lebhaftesten Ausdrücken zu erkennen gaben."

Am 18. März 1778 führte Bach im Concert-Saal sein neues Oratorium „Die Auferstehung und Himmelfahrt Jesu" auf. Die Nummer 45 des Correspondenten berichtet darüber, daß das Werk vor einer zahlreichen und glänzenden Versammlung stattfand und den allgemeinsten Beifall erhielt. „Unsere Tonkünstler und Sänger beeiferten sich um die Wette, ihre Talente in der Composition dieser starken und ausdrucksvollen Musik zu zeigen, und erhielten den Beyfall ihres würdigen Anführers und aller anwesenden Kenner." Er trat auch wieder als Pianist auf. Als solcher war Bach in Hamburg sehr beliebt, denn mehr als ein Mal wird in den Blättern auf sein vortreffliches Spiel hingewiesen, mit welchem er in den Privatconcerten und kleinen Gesellschaften so viele Zuhörer entzückte. In seinem „auf Verlangen" stattgefundenen Concert vom 6. April desselben Jahres, spielte Bach ein neues Concert und Trio für Clavier und führte seinen Doppelchor „Heilig" sowie das Oratorium „Die Auferstehung und Himmelfahrt Jesu" auf. „Wer die beiden Singstücke schon gehört hat, wird es für keine Schmeichelei halten, wenn wir sagen, daß diese beyden Werke allein vermögend wären, unsern Bach als einen der allergrößten Meister der Tonkunst unsterblich zu machen; so reich sind sie an Neuheit, Erhabenheit und Stärke, an rühmendem Ausdruck und vortrefflichem herzlichen Gesange; so geschickt, den Liebhaber und Kenner gleich stark hinzureißen."[1])

Im Jahre 1779 gab Bach im Kramer Amthause drei Subscriptions-Concerte; auf dem Programm des zweiten vom 13. März stand sein Oratorium „Die Israeliten in der Wüste." Daß die Concerte in der Handlungs-Akademie ihren regelmäßigen Fortgang nahmen, geht aus einer Notiz in Nummer 12 des Correspondenten vom Jahre 1780 hervor.

Wir haben nunmehr auf die Aufführungen unter Bach's Leitung in der Handlungs-Akademie einzugehen.

In dem ungedruckten Briefwechsel zwischen Claudius und Gerstenberg,[2]) finden wir folgenden Passus in einem Briefe Claudius' vom 12. November 1775: „folget die Liste der Musiquen, welche diesen Winter in Ebeling's Concert (also in der Handlungs-Akademie) in Hamburg aufgeführt werden:

 Romulo ed Ersilia von Hasse.
 Der Messias von Händel.
 Te deum von Händel.
 Armidia von Salieri.
 Orpheo et Euridice von Gluck.
 Die Israeliten von Ph. E. Bach.
 Miserere von Hasse.
 Requiem von Jommelli.

Hamburg kommt das Verdienst zu, die erste Stadt in Deutschland gewesen zu sein, welche den Messias von Händel zu Gehör brachte. Die unter Bach stattgefundene Aufführung fand in den letzten Tagen des Monats December 1775 statt. Leider haben wir über diese bedeutsame Aufführung, welche übrigens nicht die erste in Hamburg war, wie wir nachweisen werden, gar keine näheren Nachrichten. Sowohl der Correspondent wie die Neue Zeitung

---

[1]) Adreß Contoir Nachrichten 1778. Nr. 28.
[2]) Das Manuscript dieses Briefwechsels ist im Besitz des Herrn Redlich, Directors der höheren Bürgerschule in Hamburg; seiner Güte verdanke ich die wichtige Mittheilung.

und die Adreß-Comtoir-Nachrichten berichten mit keiner Zeile über dieselbe, ja sie enthalten nicht einmal eine Anzeige des Concerts. Daß sie aber Ende 1775 stattfand, geht aus einem vom 5. Januar 1776 datirten Briefe des Dichters Heinrich Voß an seine damalige Braut Ernestine Boie hervor. Ueber die Aufführung berichtet Voß folgendermaßen: „Gleich das erste Recitativ: Tröstet, tröstet mein Volk: war bis zu Thränen rührend und die Windhem[1]) sang's auch wie ein Engel. Aber nichts kam an die Chöre. Mir schlug das Herz fast wie in deiner Umarmung, und ich hätte durch die Wolken fliegen mögen. Besonders der Chor: Uns ist ein Kind zum Heil geboren! hat einen Schwung, den ich der Musik nie zugetraut habe. Stell' Dir die größte Freude in vier Stimmen ausgedrückt vor, wie immer eine durch die andere entzündet zu werden scheint, und noch lebhafter und noch jauchzender die fröhliche Botschaft ausruft: Uns ist ein Kind geboren! Dann fugenweise: Welches Herrschaft liegt auf seiner Schulter; und nun ein paar Stimmen ganz mäßig: Und sein Name wird genannt. Drauf alle Stimmen mit Donnerton: Wunderbar! Die Instrumente donnern nach. Noch lauter: Herrlichkeit! Die Musik steigt ebenso. Aber nun, als ob Blitz und Schlag zugleich käme, mit dem höchsten Ausdruck, der auf Erden möglich ist: Allmächtiger Gott! daß man zusammenfährt und hinsinken will vor der Gegenwart des Hocherhabenen. Der Donner der Stimmen und Instrumente dauert noch fort bei: Der Ewigkeiten Vater, und dann verliert er sich in ein stilles fernes Gemurmel, wie wenn der West über die Donnergegend hinsäuselt: „Friedefürst". Hierauf wieder mit der Stimme des Entzückens von Anfang: „Uns ist ein Kind zum Heil geboren, uns zum Heil," und das viermal so durch. Ich hätte 24 Stunden ohne Essen und Trinken dastehen und mir blos den Chor vorspielen lassen mögen. Auch der Chor: Macht die

---

[1]) Eigentlich hieß die Sängerin Johanna Elisabeth von Winthem. Sie war die Nichte Klopstock's, und von Haus aus eine musikalische Dilettantin. Gerber in seinem Lexikon lobt ihren ausdrucksvollen und geschmackvollen Gesang.

Thore der Ewigkeiten hoch, und die Frage von einem andern Chore: Wer ist der König der Ehren? Und das Zusammenjauchzen beider Chöre darauf, und die stille Feier bei der Stelle: Der Herr der Herrlichkeit! Ferner das gewaltige Halleluja, so wonnevoll und himmlisch, daß man an dem großen Sabbath im Himmel gegenwärtig zu sein glaubte. Und so göttlich war Alles von Anfang bis zu Ende, einige sehr unbeträchtliche Fehlerchen des Modetones abgerechnet. O, Händel, Händel! wer ist unter den Sängern der Erde, der gleich dir, kühnen Flugs, Zaubereien tönt!"

Soviel über diese sogenannte erste Aufführung des Messias in Hamburg. Wir haben aber Zeugnisse gefunden, nach denen es feststeht, daß schon im Frühjahr 1772 der Messias in Hamburg aufgeführt wurde. Die „Neue Zeitung" enthält nämlich in ihrer Nummer 74 aus dem Jahre 1772 folgende Anzeige: „Auf vielfältiges Verlangen der Kenner und Freunde der Musik wird Herr Arne Donnerstags, den 14. dieses (Mai) das Oratorium, der Messias, welches als ein Meisterstück von Händel so berühmt ist, und am 15. April in dem Privat-Concert des Herrn Arne auf dem Bosselhofe mit großem Beyfall ist aufgeführet worden, in dem Drillhause öffentlich abermals aufführen. Die vornehmsten Arien werden von Miß Venables gesungen, und der Beschluß mit dem großen Coronation Anthem von Händel, welches ebenfalls schon auf dem Bosselhof aufgeführt worden, gemacht werden. Die Billets zu 1 ℳ 8 β sind in des Herrn Eules Hause, auf der Neuenburg neben der Apotheke und auf dem Tornquistischen und Dreyerschen Caffehause zu haben. Anfang 5½ Uhr." Durch eine Unpäßlichkeit der Miß Venables fand die Aufführung erst am 21. Mai statt.

Es steht außer allem Zweifel, daß es sich hier um die Vorführung des ganzen Oratoriums handelt, und nicht etwa um jene einzelner Arien. Wurden letztere wie die Chöre nun englisch oder deutsch gesungen — über den deutschen Text, welcher der Aufführung vom December 1775 zu Grunde lag, wissen wir auch nichts —, das ändert alles an der Thatsache nichts, daß die Aufführung stattfand, und zwar zuerst in einem Privatconcert des Herrn Arne am 15. April und dann öffentlich am 21. Mai. Näheres über diese beiden Aufführungen haben wir so wenig erfahren können wie über jene vom December 1775. Dr. Thomas Augustine Arne war ein in seinem Vaterlande — er wurde 1710 zu London geboren — höchst angesehener Musiker, ein tüchtiger Componist und Clavierspieler, dem die Ehre zu Theil wurde, von der Universität Oxford zum Doctor creirt zu werden. Von ihm rührt auch die Melodie des „Rule Brittannia" her. Daß Arne, welcher am 5. März 1778 zu London starb, jemals in Deutschland war, wußte man bis heute nicht. In Hamburg scheint er sich längere Zeit aufgehalten zu haben, denn am 25. September 1771 führte er im Concert-Saale auf dem Kamp Händel's „Alexanderfest" und zwar in deutscher Sprache auf. Wir dürfen hieraus wohl den Schluß ziehen, daß auch die im April und Mai des folgenden Jahres stattgehabten Aufführungen des Messias in deutscher Sprache geschahen, denn sonst hätte das Werk nicht einen solch' allgemeinen Anklang finden können, daß „auf vielfältiges Verlangen" eine Wiederholung in dem größeren Saal des Drillhauses stattfand. Auch im Alexanderfest sang Miß Venables eine Sängerin, über die wir nichts Näheres erfahren konnten — die Hauptarien. „Nach dem Oratorium — heißt es ausdrücklich — wird Herr Arne sich mit einem Flügelconcert und Miß Venables mit einer Arie mit obligater Trompete aus der Oper Artaxerxes von Dr. Arne sich hören lassen."

Wir glauben hiermit den Beweis erbracht zu haben, daß am 15. April des Jahres 1772 der Messias zum ersten Male in Hamburg und somit in Deutschland aufgeführt wurde. Es wird zwar für den Forscher noch lange vielleicht eine ungelöste Frage bleiben, wer die erste deutsche Uebersetzung zum Messias vorgenommen. Daß vor Klopstock's Uebertragung schon deutsche Worte unterlegt waren, beweisen die Aufführungen in den Jahren 1772 und 1775. Die erste ähnliche Arbeit Klopstock's datirt aus dem Jahre 1776, wo er zu dem „Stabat mater" von

Pergolese eine „Parodie" verfertigte. Nach dem Lexikon von Gerber nahm Klopstock die Uebertragung des Textes zum Messias erst 1782 vor. Unter dem Artikel Ebeling[1]) lesen wir hier folgendes: „Und um 1782 brachte er — nämlich Ebeling - mit Klopstock gemeinschaftlich das schwere Geschäft zu Stande, seiner Nation Händel's Messias mit deutschem Texte zu schenken." Im Jahre 1790 war dieselbe aber noch nicht gedruckt. Auch Herder's Uebersetzung stammt erst aus dem Jahre 1782. Es könnten also nur noch Niemeyer, Ramler und Zachariä in Frage kommen.

Die nächste Wiederholung des Messias fand in der Freimaurer-Loge am 23. Februar 1777 statt. Der Correspondent vom 26. Februar berichtet über dieses Concert folgendes: „Am vergangenen Sonntag (23. Februar) ward das Konzert, welches die hiesigen vier vereinigten Logen der Freymäurer zum Besten der Armen gegeben, geendigt.[2]) Auch nicht Freymäurer hatten zu diesem Concert Zutritt gehabt, in welchem unter der Direction des Herrn Kapellmeister Bach einige vortreffliche Singstücke aufgeführt wurden, unter welchen sich die Israeliten in der Wüste von Bach[3]), St. Elena von Hasse, die Erscheinung von Klopstock nach Gluck's, Pergolesi's und Zoppi's Komposition und der Messias von Händel vorzüglich ausnahmen. Die Versammlung war allemal zahlreich und glänzend und verschiedene Personen der sich hier aufhaltenden Noblesse von dem Rathe und der Geistlichkeit beehrten selbige mit ihrer Gegenwart. Das letzte Konzert ward mit Händel's Messias beschlossen, in welchem unser verehrungswürdiger Herr Dr. Jänisch[4]) die außerordentlich zahlreiche Versammlung mit einer Rede auf die angenehmste Art

---
[1]) Gerber: Lexikon. 1790. I. S. 368.
[2]) Hier ist das Wort Concert im Kollectivsinne gebraucht. Die vier vereinigten Logen gaben alljährlich einen Cyclus von Concerten zu Gunsten der Armen. Leider haben wir nichts Näheres erfahren können.
[3]) Der Text rührte von Schiebeler her; Bach setzte ihn 1775 in Musik.
[4]) Vorstand der 4 Logen.

überraschte, welche den Umständen angemessen war, und auf die Herzen der Zuhörer zum Besten der Armen eine Wirkung that, welche alle Erwartung übertraf." Also auch hier erfahren wir nichts Näheres über die Art der Ausführung und über die Mitwirkenden selbst.

Am 12. April 1778 wurde das „Freymäurer-Concert" abermals mit Händel's Messias beschlossen. „In demselben Concert kam auch das Oratorium: „Die Jünger zu Emaus" von der Poesie und Composition Sr. Magnificenz unsers Herrn Syndicus Schuback[1]), dessen Verdienste um die Tonkunst den Kennern längst rühmlichst bekannt sind, unter dessen eigener Direction" zu Gehör.

Es steht nach unseren Forschungen fest, daß der Messias 3 Aufführungen in Hamburg erlebte, ehe er in einer zweiten Stadt Deutschlands, und zwar in Mannheim, am 1. November 1777 zum Vortrag gelangte.

III.
Das Westphal'sche Concert.

Das älteste Privat- oder Liebhaber-Concert in Hamburg ist das Westphal'sche, das ungefähr gegen 1770 oder 1771 gegründet wurde. Der Unternehmer desselben besaß eine der größten musikalischen Niederlagen in Deutschland. Er erhielt, wie wir aus Nummer 170 des Correspondenten von 1782 erfahren, „die neuesten Werke fast aller Europäischen Länder aus erster Hand und war im Stande durch seine Correspondenz nach Italien, Frankreich, England, Holland, Dänemark, Schweden und Rußland die interessantesten musikalischen Nachrichten und Neuigkeiten früher als jemand anders mitzutheilen."

---

[1]) Jacob Schuback ist in Hamburg 1726 geboren und dortselbst am 15. Mai 1784 gestorben. Er war ein tüchtig gebildeter Musiker, und soll sich auch um das Concertleben Verdienste erworben haben. Gedruckt ist von ihm: „Von der musikalischen Declamation", Göttingen 1775. Außer obigem Oratorium sind an Compositionen noch Choral Melodien zu 4 Stimmen zum Gebrauch der Armenschüler in Hamburg 1778 und 1779 erschienen.

Unsere Muthmaßung, daß das Westphal'sche Concert Anfangs der siebziger Jahre gegründet wurde, stützt sich auf eine Hamburger Correspondenz in Cramer's Magazin der Musik vom Jahre 1783¹), aus der wir auch über die Beschaffenheit desselben etwas Näheres erfahren. Der Referent bemerkt zuvörderst, daß diese Concerte seit etwa 12 Jahren bestehen und den Winter über mit „möglichster Aufmerksamkeit und Ordnung geführet" werden. „Die Musiker, so darin bis jetzt gebraucht sind, verstehen sich nun so gut einander, daß man wohl mit Grunde sagen kann, die Sachen werden hier am genauesten und besten ausgeführet. Selten reisen fremde Virtuosen hier durch, die sich nicht in demselben hören lassen, welches alles zusammen genommen dies Concert in einen guten Ruf und Vertrauen erhält. Man hört darinnen stets die neuesten und besten Sachen. Die Abwechselung wird dabey so gut als möglich zu erhalten gesuchet, und gemeiniglich folgende Ordnung dabey beobachtet: 1. Eine große Symphonie. 2. Ein Clavier-Concert. 3. Eine Arie, auch wohl ein Chor, Quartett oder Terzett. 4. Eine Arie. 5. Eine concertirende Symphonie. 6. Ein Violoncell-Concert, oder Quintett, oder Quartett. 7. Eine Arie oder wiederholtes Chor. 8. Eine Schluß-Symphonie. Hiermit vergehen volle 2 Stunden, und meistens etwas mehr. Es fängt um 6 Uhr an, und geht ohne abzubrechen oder Pause bis um 8 oder 8½ Uhr fort. An großen Singstücken sind seit einigen Jahren aufgeführt: Homilius' Freude der Hirten, und Benda's Weihnachtscantate. Händel's Alexanderfest, verschiedenemal.²) Salieri's große Passion, zweymal Bach's Israeliten, auch so Graun's Tod Jesu, ebenso Hasse's Miserere, Rolle's Herman's Tod. Telemann's Don Quixote, ein vielleicht so unbekanntes, als original-schönes Singstück. Rolle's Weihnachts-Oratorium: Ach, daß du den Himmel zerrissest ꝛc. Benda's Kyrie. Telemann's Heilig und dessen Michaelis-festmusik. Haydn's Stabat mater, einigemal, und noch verschiedene andere." In dem am 21. April 1785 stattgefundenen

---

¹) Cramer: Magazin für Musik. 1783. S. 357 ff.
²) Die erste Aufführung des Alexanderfestes fand, wie wir bereits nachwiesen, am 23. September 1771 statt.

Schlußconcert des Cyclus, — derselbe bestand anfänglich aus sechs Concerten — wurde der Messias von Händel, sowie Türk's[1] „neues Singstück Die Hirten bey der Krippe", zu Gehör gebracht.

Auch die in Speyer erscheinende Musikalische Correspondenz[2] erwähnt der Westphal'schen Concerte in anerkennender Weise. Aus dem Referat geht hervor, daß die Aufführungen im Concert-Saale auf dem Kamp stattfanden. „Dieser Saal ist so gut angelegt, und klingt die Musik darin ganz vortrefflich, und können 20 Instrumentalisten da mehr ausrichten, wie anderswo vielleicht 30. Es war mir viel gutes von diesem Konzerte gesagt worden, besonders, da man Sinfonien hier nicht schöner und vollständiger aufführen hörte, als daselbst. Dieß fand ich zu meiner großen Zufriedenheit sehr bestätiget, da ich verschiedene neuere und ältere von Haydn, Wranitzky, auch sogar Mozart ausnehmend schön, richtig und mit vielem Feuer und gutem Vortrag aufführen hörte. Viel Vergnügen machte mir auch der angenehme Gesang der Madame Beschort und Madame Langerhans, welche dieses Konzert aus wahrer Liebhaberei mit erheben halfen, nicht weniger Herr Eule, Herr Plaisner, Herr Rau, alle vom Theater, mit Vergünstigung des Herrn Director Schröder, als selbst Musikliebhaber und Freund des W. Auch hörete ich eine allerliebste Baßarie von Righini, von dem Herrn Hoffmann, Kirchensänger, mit vielem Geschmack und Richtigkeit sehr gefällig vorgetragen, so daß dies alles mich zum öftern sehr befriedigte. Auch spielte ein gewisser Liebhaber Herr Prale, ein Klavierkonzert von Hoffmeister, und ein junger Hartmann, Sohn

---

[1] Türk, Daniel Theophil, geboren am 10. August 1756 zu Claußnitz bei Chemnitz in Sachsen, erhielt den ersten musikalischen Unterricht von seinem Vater, später von Homilius in Dresden. Als er dann die Leipziger Universität besuchte, genoß er auch die Unterweisung Hillers; durch ihn kam er als Geiger in das Orchester der Oper und der Concerte. Im Jahre 1776 wurde er Cantor an der St. Ulrichskirche zu Halle, später Universitäts-Musikdirector dortselbst; er starb am 26. August 1813. Sowohl als Componist wie als musikalischer Schriftsteller und Theoretiker hat er sich manche Verdienste um die Kunst erworben.

[2] Musikalische Correspondenz. Speyer 1792. Nr. 15.

des Rathsmusikanten und Thürmers, ein Klavierkonzert von dem Herrn Musikdirector Schwencke, recht fertig und richtig. Eine Partita vom Londner Bach für 7 Blaßinstrumente gefiel mir sehr wohl."

Am Sonntag den 26. Februar 1792 fand eine Gedächtnißfeier für den am 5. December 1791 verstorbenen Mozart statt. Der Hamburgische Correspondent enthält in Nr. 30 einen Bericht über die Aufführung, dem wir folgendes entnehmen. Sämmtliche vorgetragenen Werke waren von Mozart. Zu Beginn des Concerts wurde eine Symphonie gespielt, der ein „noch unbekanntes Klavierkonzert" folgte, das vom Sohn des Herrn Westphal vorgetragen wurde. Frau Langerhans sang alsdann „die berühmte italienische Arie mit eben so viel Geschmack und Ausdruck und auch eben mit dem allgemeinen Beyfall, womit diese einnehmende Sängerin selbige schon ehedem in diesem Concerte gesungen hat, und Herr Hönicke spielte die obligate Begleitung des Fortepiano zu selbiger meisterhaft. Nun folgte abermals eine Sinfonie und eine Cantate. Den Schluß machte die große Sinfonie aus Es-Dur, deren Composition Mozarten schon zu dem Rang eines der ersten Tonkünstler würde erhoben haben, wenn er auch sonst nichts gesetzt hätte. Das ganze Orchester spielte con amore und schien sich selbst zu übertreffen, so rasch auch die Tempi von dem einsichtsvollen Anführer desselben, dem ebenso geschickten als bescheidenen Violinspieler und Sänger, Herrn Hoffmann genommen wurden."

Dem Referat in Nr. 13 der Musikalischen Correspondenz entnehmen wir, daß das von dem jungen Westphal gespielte Clavierconcert jenes in B-Dur war „das bezaubernde Stellen in den begleitenden Stimmen hat, wobei unter andern das Fagot sich so allerliebst, von dem vortreflichen Hrn. Schwencke so meisterhaft vorgetragen, hören lässet."

Im Jahre 1794 scheint das Westphal'sche Concert noch bestanden zu haben, denn in den Briefen über Hamburg[1]) heißt

---

[1]) Briefe über Hamburg. Leipzig bei Johann Samuel Heinsius. 1794. S. 111.

es: „Die Zahl der Musikliebhaber nimmt in Hamburg immer zu, daher werden denn auch öffentliche Concerte immer häufiger besucht und mehr Privatconcerte gegeben. Unter den regelmäßigen öffentlichen Winterconcerten ist das Westphalische im Concertsaale auf dem Kamp das vorzüglichste; es wird alle 14 Tage Sonntags gehalten."

Wie lange die Concerte bestanden, haben wir nicht erfahren können. Wir vermuthen, daß sie bis zum Tode Westphal's, der am 29. März 1797, nach anderen Quellen 1799 erfolgte, fortgesetzt wurden.[1]) Westphal hat sich nicht nur um das musikalische Leben seiner Vaterstadt unschätzbare Verdienste erworben, sondern auch um die Geschichte der Kunst im Allgemeinen, und zwar durch die Veranstaltung der Herausgabe des „Magazins für Musik". Für jeden Historiker, der sich über das Musiktreiben des letzten Drittels des vorigen Jahrhunderts unterrichten will, ist das Magazin eines der wichtigsten Quellenwerke. Gerber gab es die erste Anregung zu seinem Lexikon.

Eine gleiche Wichtigkeit im musikalischen Leben Hamburgs nahmen die Concerte der Gesellschaft „Harmonie" ein.

IV.
Die Concerte der Gesellschaft Harmonie.

Die Gesellschaft Harmonie ist im Jahre 1789 gegründet. Sie bildete damals den größten und vornehmsten Club in Hamburg; sie besteht heute noch, das Haus befindet sich auf den Großen Bleichen. Die Räume der Gesellschaft, welche aus Lese-, Spiel- und Conversationszimmer bestanden, durften von jedem durch ein Mitglied eingeführten Fremden einen Monat lang unentgeldlich besucht werden. Ebenso stand letzteren der Zutritt zu den sechs Concerten frei, welche die Gesellschaft alljährlich veranstaltete. Sie fanden in der ersten Zeit im Gesellschaftssaale, später im

---

[1]) Sein Sohn Johann Christoph geb. 1. April 1773 zu Hamburg, starb am 28. Februar 1828 als Musiklehrer und Organist an der St. Nicolaikirche dortselbst. Von ihm sind im Druck erschienen: eine Symphonie, zwei Streichquartette, ein Clavier-Quartett und Orgelpräludien.

Apollo-Saale statt. Die Concerte wurden bis zur Gründung der philharmonischen Concerte im Jahre 1828 fortgesetzt.

Ueber die nähere Beschaffenheit der veranstalteten Aufführungen sind wir nur auf einige Referate auswärtiger Zeitungen und des Hanseatischen Magazins angewiesen; die Hamburger Blätter lassen uns auch hier gänzlich im Stich. Nur gelegentlich finden wir im Annoncentheil des Correspondenten eine kurze Notiz, wie z. B. „Concert für die Mitglieder der Harmonie Donnerstag 9. April Abends 6 Uhr" u. s. w.

Wann zum ersten Male Concerte in der Harmonie stattgefunden haben, wissen wir nicht. Die ersten öffentlichen Anzeigen im Correspondenten datiren vom Jahre 1793. Die Mitglieder selbst scheinen die Aufführungen weniger besucht zu haben als die Fremden. Kaum der fünfte Theil soll sich von ihnen eingefunden haben, obwohl die ersten Künstler Hamburgs und die bedeutendsten durchreisenden Virtuosen in diesen Concerten auftraten. „An einem Abend des vorigen Winters — 1799 —, hörten wir in dem Harmoniekonzert die Stimmen eines Fischers, Garelli, einer Righini, Giornowich's Violine, Dussel's Fortepiano, Romberg's Violoncell u. s. w."[1])

Nachdem am 28. Februar 1801 der verdiente Musikdirector Hönicke[2]) im Schauspielhause die Schöpfung von Haydn zum ersten Male den Hamburgern vorgeführt hatte, wurde am 14. März das Werk für die Mitglieder der Harmonie im Saale des Rathskellers unter Cario's Leitung gegeben. Wenn wir dem Referenten des Hamburgischen Correspondenten in Nr. 43 trauen dürfen, so bestand das Orchester aus 86 Personen; den Chor selbst bildeten zum Theil Musikfreunde. Letzteren Umstand erwähnt der Referent der Leipziger Allgemeinen Musikalischen Zeitung[3]) als etwas Außergewöhnliches. „Diesmal hatten wir indeß das hier aeußerst seltene Schauspiel, auch unter den ziemlich zahlreichen Vokalisten mehrere Liebhaber und Liebhaberinnen zu zählen, deren Erscheinung

---

[1]) Hanseatisches Magazin. Bd. IV. S. 60 ff.
[2]) Wir werden auf Hönicke und dessen Concerten weiter unten noch zu sprechen kommen.
[3]) Leipziger Allgem. Musikal. Zeitung. 1802. S. 543 ff.

um so auffallender war, da hier noch immer, ich weiß nicht, warum? ein ziemlich allgemeines Vorurtheil, besonders unter den Frauenzimmern, gegen die Theilnahme an öffentlichen oder auch nicht öffentlichen Konzerten herrscht." Er lobt dann die außerordentliche Reinheit und Präcision der Chöre. Gabriel und Eva wurden von Fräulein Grund und Madame Menges gesungen. Bassist Fischer aus Berlin sang den Raphael. Ueber die anderen Solisten ist nichts gesagt.

Erst im Jahre 1818 erfahren wir wiederum Einiges über die Aufführungen der Gesellschaft. Die Hammonia[1]) schreibt: „Zu den vorzüglichsten und genußreichsten musikalischen Unterhaltungen in Hamburg gehören die Concerte, welche seit einer Reihe von Jahren in der Harmonie mit der sorgsamsten Auswahl veranstaltet werden. Unablässig sind die mit der Direction dieser Concerte beschäftigten kunstliebenden Männer bestrebt, alles, was in der Kunst sich einen Ruf erworben, für ihren Musikverein zu gewinnen. Was nur von vorzüglichen Künstlern bei uns heimisch ist sowohl, als was, obgleich fremd, eben durch den Zauber des Talentes bei uns heimisch wird, hat in seinem Verdienste die wärmste Empfehlung, um auf eine ehrenvolle Weise zur Theilnahme an diesen Concerten aufgefordert zu werden. Der vorige Winter besonders war für den Glanz dieser Concerte durch einen Zusammenfluß von ausgezeichneten Talenten besonders ergiebig, und dieser schöne Zufall wurde von der achtsamen Direction auf das Erstaunlichste benutzt. Nicht minder genußreich, wenn vielleicht weniger mannichfaltig, waren die beiden ersten diesjährigen Winterconcerte."[2]) Aus den weiteren Bemerkungen des Referenten geht hervor, daß Schwencke die Proben hielt, und der Geiger Beer vom Primpulte aus dirigirte.

Ein ausführliches Programm des am 25. Januar 1819 stattgefundenen Harmonie-Concerts fanden wir in der Zeitschrift Hammonia angeführt. Dasselbe wurde mit einer Symphonie von

---

[1]) Das Unterhaltungsblatt Hammonia. 1818.
[2]) Im Winter 1817/18 fanden die Concerte erstmalig im Apollo-Saale statt.

Mozart eröffnet; Herr Beer trat als Geiger, Herr Graf als Pianist auf, und Tenorist Gerstäcker sang. Ein Fräulein Franziska Rosa producirte sich mit Variationen auf der Guitarre. „Ihr Spiel war so rein und gleich, als es auf einem so undankbaren Instrumente, wie die Guitarre, nur immer möglich ist; aber die Ausführung war so schwach, daß sie von den entfernt sitzenden Hörern nicht gehört wurde." Ein Herr von Hurt, Mitglied des „Quint-Cordinms",[1]) blies Variationen für Fagott, Randenkolb spielte ein Concert für Violoncell. Es folgten dann noch ein vierstimmiger Gesang und ein Opernfinale.

Aus dem Programm eines am 25. Januar 1825 veranstalteten Concerts heben wir die Aufführung der C-Dur Symphonie von Beethoven und die Weber'sche Ouvertüre zum Beherrscher der Geister hervor. Louise David[2]) riß die Zuhörer durch ihr Klavierspiel hin. Das Quintett aus Cosi fan tutte folgte; den Beschluß machte die Freischütz-Ouvertüre. Die übrigen aufgefundenen Programme enthalten nichts Bemerkenswerthes.

V.
Die Privat-Concerte Cario's.

Johann Peter Heinrich Cario war der Sohn Johann Heinrich Cario's, des Rathsmusicus an der St. Katharinenkirche in Hamburg. Sein Geburtsjahr ist unbekannt; er war Organist an der englischen Kirche. Sein Tod scheint in den dreißiger Jahren erfolgt zu sein. Auch Cario hat sich sowohl als Leiter der Privat-Concerte im Apollo-Saale wie als tüchtiger Clavierspieler Verdienste um das Hamburger Musikleben erworben. Nach einem Bericht in der Hammonia von 1818 bestanden diese

---

[1]) Unter dieser Bezeichnung hatten sich fünf Künstler zusammengethan, um in Deutschland und Holland zu concertiren. Es waren die Herren Büttinger, von Hurt, Randenkolb, Faiser und Duyß. Sie ließen sich auf Fagott, Violine, Flöte und Violoncell theils in Solo, theils in Ensemble-Stücken hören. Auch trugen sie vierstimmige a capella Gesänge vor.

[2]) Wir kommen auf diese Künstlerin noch zurück.

Concerte schon seit dem Jahre 1798. Der Referent nennt sie ein Institut, das seit 20 Jahren in ununterbrochener Folge (die letzten Jahre der fremden Zwangsherrschaft ausgenommen) auf würdige Weise bestehe; es sei ein Verein „von talentvollen Dilettanten in der Leitung des so geschickten als für seine Kunst mit regem Eifer wirkenden, Herrn Cario." Der Concert-Saal der Börsenhalle wurde durch ein Concert dieses Vereins eingeweiht. Besonders beliebt waren die Charfreitags-Aufführungen, wo u. A. Cario Händel's Messias, Haydn's Schöpfung, Beethoven's Christus am Oelberg, Mozart's Requiem zum Vortrag brachte. Wenn wir dem Referenten der Hammonia Glauben beimessen dürfen,[1]) so fanden jährlich fünf Concerte statt. Den Aufführungen wird sorgfältige Vorbereitung und den Theilnehmern freudiger Wille nachgerühmt. So schreibt der Referent der Hammonia über ein in der St. Michaeliskirche am 22. Mai 1817 stattgefundenes Concert, in welchem Haydn's Schöpfung zum Vortrag kam: „Ein reich besetztes Orchester, imponirend volle Chöre, Uebereinstimmung und Genauigkeit auch bei den schwierigsten Stellen, und vortrefflich vorgetragene Solopartien waren wohlberechnete Einzelheiten, welche ein herrliches Ganze bildeten, und den zahlreich versammelten Zuhörern einen köstlichen Genuß gewährten." Auch die Charfreitags-Concerte fanden in der Regel im Apollo-Saal statt. Eine Aufführung vom 9. April 1830 ist das letzte Lebenszeichen des Vereins, dem wir begegnet sind.

VI.

Der Apollo-Verein unter Methfessel.

Albert Gottlieb Methfessel brachte die Jahre 1822 bis 1832 in Hamburg zu. Auch ihm hat das musikalische Leben unserer Stadt manche Anregung zu verdanken. Außer der von ihm gegründeten Liedertafel, die heute noch besteht, leitete er auch einen sogenannten Liebhaber-Verein, welcher sich die Aufführung von Symphonien,

---

[1]) Er läßt u. A. Cario die Bach'sche Passionsmusik aufführen, die doch erst 1829 durch Mendelssohn der musikalischen Welt bekannt wurde.

Ouvertüren und sonstigen Concert-Werken als vornehmste Aufgabe gestellt hatte. Ob die beiden in den öffentlichen Blättern genannten „Apollo-Verein" und „Concert-Verein" identisch waren, haben wir nicht ermitteln können. Der sogenannte „Concert-Verein" bestand nach der Nummer 208 der Hamburger Nachrichten vom Jahre 1829 schon seit 1821; es wird dies auch durch eine Ankündigung der Direction in Nummer 81 desselben Blattes von 1830 bestätigt. Ueber eine Aufführung des Apollo-Vereins aus dem Jahre 1824 heißt es Seite 683 der Hammonia dagegen wieder, daß dieser auch schon seit einigen Jahren bestehe. Und in der Leipziger Allgemeinen Musikalischen Zeitung von 1832 lesen wir: „er — nämlich Methfessel — hat auch seit 10 Jahren durch Einrichtung eines, leider im vorigen Jahre eingegangenen Concert-Vereins der Symphonie überhaupt, der Beethoven'schen insbesondere, die früher hier noch wenig bekannt war, eigentlich den Eingang verschafft." Aus einer anderen zuverlässigen Quelle[1]) geht hervor, daß schon vor Methfessel's Niederlassung in Hamburg, dort ein aus Dilettanten zusammengesetzter Verein bestand, der den Mitgliedern die Gelegenheit verschaffen wollte, „die erworbenen Fähigkeiten zu üben und sich gegenseitig Genuß zu verschaffen." Sie hatten ihr Uebungslokal im Boehme'schen Hause. Als Methfessel nach Hamburg kam, wurde ihm die Leitung übertragen. Der Verein nahm seitdem einen solchen Aufschwung, daß ein größeres Local, und zwar der Apollo-Saal genommen werden mußte. Im Jahre 1829 gründete Methfessel einen neuen Gesang-Verein für Damen und Herren, in welchem Oratorien und Opern abwechselnd aufgeführt werden sollten."[2])

Das erste Concert unter Methfessel's Leitung, von dem uns Kunde geworden ist, fand am 12. April 1824 zum Besten der Freimaurer-Krankenhäuser im Apollo-Saale statt. Zum Vortrage kamen eine Beethoven'sche Symphonie und Liedertafel-Gesänge. Am 14. October figurirten auf dem Programm eine Symphonie von Mozart, die Ouvertüren zu Figaro und zu Cherubini's

---

[1]) Die Biene. Schönwissenschaftliches Unterhaltungsblatt. 1826. Nr. 26.
[2]) Hamb. Nachrichten. 1829. Nr. 69.

Wasserträger. Im Jahre 1825 schreibt die Hammonia[1]) über den Apollo-Verein, daß obwohl er nur aus Dilettanten bestehe, er doch Treffliches leiste. Es walte in den Aufführungen ein Geist, „der weniger der Liebhaberei, als der wirklichen Liebe zur Kunst" angehöre. Das Programm eines am 25. Februar 1826 stattgefundenen Concerts enthielt eine Mozart'sche Symphonie, eine Ouvertüre von Cherubini, concertirende Variationen für drei Flügel von Jacob Schmitt, vom Componisten, Methfessel und Guntrum gespielt, sowie ein Concertino für 2 Violinen von Kreutzer, das von den Herren Rudersdorff und Lindenau vorgetragen wurde. Aus einer von L. Kruse gedichteten und von Methfessel componirten Oper: „Der Prinz von Basra" kamen drei Nummern zur Ausführung.

Im Jahre 1827 wird merkwürdiger Weise der Apollo-Verein nicht genannt, es ist nur noch vom Concert-Verein die Rede. Das Concert vom 1. März war so besucht, daß der Apollo-Saal die Hörer kaum zu fassen vermochte. Die D-Dur-Symphonie von Mozart wurde mit hinzugefügten Posaunen aufgeführt, worüber die Kritik mit Recht sich aufhielt. Außer mehreren Vorträgen auf Violine und Violoncell durch die Herren Graff und Concertmeister Knoop, gelangten noch Scene und Duett aus Collin's befreitem Jerusalem von Methfessel, gesungen von den Herren Cornet und Wolters, zur Ausführung. Fräulein Louise David spielte eine Phantasie und die Czernischen Variationen für Clavier über den Jägerchor aus Euryanthe von Weber, während Frau Kraus-Wranitzky[2]) eine Aria alla Polacca von Methfessel vortrug und Herr Canthal[3]) sich auf der Flöte vernehmen ließ. Den Schluß des Concerts bildete die Ouvertüre zu Weber's Oberon. Aus dem folgenden Jahre ist wieder eine Aufführung des Apollo-Vereins registrirt; sie fand zum Benefiz Methfessels am 21. Februar statt. Unter anderem

---

[1]) Hammonia 1825. Nummer 83.
[2]) Siehe unter Sängerinnen.
[3]) August Canthal, geb. 1807 in Hamburg, war lange Zeit erster Flötist am Hamburger Stadttheater, 1853/55 Musikdirector daselbst. Er starb Anfang der achtziger Jahre.

kamen eine neue Concert-Ouvertüre von Methfessel und das erste Finale aus Don Juan zum Vortrag; in letzterem sang die Klaus-Wranitzky die Partie der Donna Anna.

Einer Annonce aus dem Jahre 1850 entnehmen wir, daß jährlich 6 Concerte stattfanden. Im Jahre 1852 ging Methfessel als Hof-Capellmeister nach Braunschweig; sein Abschieds-Concert fand am 22. Februar 1852 statt; 1854 kam er noch einmal von Braunschweig herüber, um am 30. Juni im Saale des Herrn Guillaume in Harvestehude, unter Mitwirkung seiner Frau, der Demoiselle Groux aus Hannover und der Herren Lindenau, Lee und Schaller ein Concert zu geben. Mit seinem Fortgang nahmen auch die von ihm geleiteten Institute ein Ende. Methfessel starb am 23. März 1869 in Heckenbeck bei Gandersheim.

VII.
Sonstige Concerte von Bedeutung.

Der chronologischen Reihenfolge nach, müssen wir hierher zunächst die von

Hartnack Otto Conrad Zinck in den Jahren 1774/76 im Concert-Saale gegebenen Subscriptions-Concerte zählen. Zu Husum in Holstein im Jahre 1740 oder 1745 geboren, erhielt Zinck wie sein Bruder Benedikt Friedrich die musikalische Ausbildung von seinem in Husum lebenden Vater. Er lernte mehrere Instrumente spielen und kam dann nach Hamburg, wo er zehn Jahre blieb. Hier war Zinck genugsam Gelegenheit geboten, sich in der Musik weiter auszubilden und an dem öffentlichen Kunstleben thätigen Antheil zu nehmen. Sein Aufenthalt in Hamburg fiel in den Zeitraum 1770/80, denn in letzterem Jahre übernahm Zinck die Stelle des ersten Flötisten in der Capelle des Herzogs von Mecklenburg-Schwerin. Nachdem er 6 Jahre in dieser Stellung verblieben, ging er nach Kopenhagen, wo er in angesehener Stellung bis zu seinem 1812 erfolgten Tode lebte. Er hat sowohl für Flöte wie für Clavier und Gesang geschrieben.

Die ersten Winter-Subscriptions-Concerte Zinck's fanden am 21. und 27. März, sowie am 10. April 1774 statt. Die

Programme wurden nicht bekannt gemacht; nur über das Concert vom 21. März erfahren wir, daß das Oratorium „Der Tag des Gerichts" nebst „Betrachtung der neunten Stunde von Telemann" aufgeführt wurden. Am 24. October und 7. November veranstaltete Zinck wieder zwei Concerte; in der Fastenzeit des Jahres 1776 deren drei; sie fanden im Concert-Saale, und zwar am 29. Februar, 14. und 28. März statt. Im ersten brachte Zinck Bach's Israeliten in der Wüste, im zweiten verschiedene geistliche Arien von Avendano, Hasse u. s. w. und obligate Instrumental-Sachen, im dritten eine Passionsmusik zur Aufführung. In einer Besprechung der Aufführung des Bach'schen Oratoriums heißt es: „Dieses Meisterstück des großen Mannes der als Zuhörer gegenwärtig war, wurde so gut executirt, daß Er (Bach) Selbst seine Zufriedenheit darüber bezeigte."[1]

Cramer erzählt im Musikalischen Magazin von 1785 Seite 1265 gelegentlich einer Besprechung Zinck'scher Clavier-Sonaten, die in der Herold'schen Buchhandlung in Hamburg erschienen waren, folgendes. „Ich selbst war dabey gegenwärtig als voriges Jahr Herr Zinck einigen Dilettanten seine Sonaten vorspielte. Da er an den 27. Takt im Andante der dritten Sonate kam, hielt er plötzlich inne und fragte: „Was habe ich damit sagen wollen"? Es ist, antwortete einer aus der Gesellschaft, als wenn der hier Sprechende ein recht gewaltiges Scheltwort, ein herzlich gemeintes „Schurke" mitten in den Dialog polternd hineinwerfe. — Getroffen, sagte der Verfasser; das habe ich gemeint. Und fuhr fort."

In der Vorrede zu seinen 6 Clavier-Sonaten berichtet er auch über seinen Hamburger Aufenthalt: „Mit Vergnügen denke ich an das Gute, was ich daselbst während meines zehnjährigen Aufenthalts gesehen, gehört und genossen habe, an alle die schönen Oratorien der ersten Meister, die ich daselbst in den Liebhaber- und öffentlichen Concerten gehöret, oder mitgesungen und gespielt habe; an alle die deutschen, französischen und italienischen Operetten, an die Pantomimen und Ballette, die ich in den Schauspielen

---

[1] Hamburgischer Correspondent 1776. Nummer 35.

aufführen sahe; an alle die vielen fremden Musiker, die sich öffentlich oder privatim hören ließen; an die zum Theil vortrefflichen Kirchenmusiken; an alle die kleinen musikalischen Cirkel, worinnen gewetteifert ward und an alle die theuren Gönner, Music- und Menschenfreunde, die mein Glück befördern halfen." Besonders gedenkt er des Ph. E. Bach in dankbarer Gesinnung.

Wie er componirte und was für seelische Zustände u. A. die Entstehung seiner erwähnten Clavier-Sonaten beeinflußten, erzählt uns Zink in ergötzlichster Weise. "Eine zärtliche, hitzige, mürrische, lustige oder andere Laune gab allemal den ersten Urstoff her. Mit einer solchen Laune nun schlich oder hüpfte oder polterte ich, nach Maasgabe der jedesmaligen Empfindung, über das Grifbrett meines Claviers her; und die dadurch entstehenden Töne gaben ungefähr das Thema an (!!), welches nach Zeit und Gelegenheit weiter ausgeführt ward. So entstand das Andante der dritten Sonate, als ich Madame la Capricieuse mit ihrem sanftmüthigen Ehemann dialogiren hörte; und mit der Empfängniß der letzten Sonate ging es so zu: Ich war (ich weiß nicht mehr, worüber) ärgerlich, recht sehr ärgerlich und verdrießlich, und kam so bis ans Clavier, um darauf meine Bosheit auszulassen, und polterte daher bis Tact 33, hier hielt ich plötzlich inne, und die Aehnlichkeit zwischen dem Anfange dieses Satzes und dem Anfange der Music, welche ich einige Monate zuvor auf des Herrn Grafen von Stolberg's „Kain am Ufer des Meeres" gemacht hatte, stellte mir auf einmal die ganze grausende Geschichte des Brudermörders vor Augen u. s. w."

Im Winter 1782/83 gaben

Christiane Magdalena Elisabeth Keilholtz und Carl David Stegmann im Concert-Saale fünf Subscriptions-Concerte.

Fräulein Keilholtz war eine bedeutende Sängerin, über die alle musikalischen Nachschlagebücher so gut wie gar nichts enthalten. Sie war zu Pirna 1764 geboren, und trat erstmalig am 18. November 1777, also kaum 13 Jahre alt,[1]) im Ham-

---

[1]) Also nicht in Mannheim, wie im Mendel'schen Lexikon steht. Siehe auch Schütze a. a. O. S. 462.

burger Schauspielhause als Therese in dem zweiaktigen Lustspiel: „Präsentirt das Gewehr" auf. Der Musikdirector Hönicke wurde auf ihre schöne, klangvolle Stimme aufmerksam, und nahm sich ihrer an. Seinen Unterweisungen gelang es, sie zu einer der bewundertsten Sängerinnen heranzubilden. Die Keilholtz wurde der Liebling des Hamburger Opernpublicums. Sie war von auffallender Schönheit. „Manchen Stutzer, Mann und Jüngling im Parterre hat sie zu heißer Gluth in Prosa und Versen beseelt."[1]) Im Frühjahr 1783 verließ sie die Hamburger Bühne. Am 17. November 1784 finden wir sie abermals hier engagirt. Sie riß nach wie vor das Publikum durch ihren herrlichen Gesang und ihr ausdrucksvolles Spiel hin. Ein Zwist mit der Direction veranlaßte sie Ende 1785 wieder ihren Abschied zu fordern. Von hier ab ist ihre Spur nicht mehr genau zu verfolgen. Von 1795—1798 soll sie im Deutschen Theater zu Amsterdam gesungen haben, hierauf nach Kassel engagirt worden sein, wo sie den Sänger Haßloch heirathete. Im Jahre 1804 soll sie nach dem Mendel'schen Lexikon Kassel verlassen haben und verschollen sein. Nun waren aber Haßloch und Frau im Jahre 1801 wieder in Hamburg engagirt, und am 28. Februar 1801 wirkten beide als Solisten in Haydn's Schöpfung mit. Es geht dies auch aus dem im vierten Jahrgang der Leipziger Allgemeinen Musikalischen Zeitung enthaltenen Referat hervor. Ende der Saison 1801 verließen sie Hamburg wieder.

Carl David Stegmann, 1751 zu Dresden geboren, kam zur selben Zeit mit seiner Frau nach Hamburg wie die Keilholtz. Schon damals war er ein feiner Darsteller komischer Rollen, überhaupt ein tüchtiger Sänger. Er blieb bis 1811 an der Hamburger Bühne, ging hierauf nach Bonn, wo er sich nur noch der Composition widmete und am 27. Mai 1826 dortselbst auch starb. Er war ein vorzüglicher Clavierspieler und fruchtbarer Componist. Er schrieb eine Reihe von Opern, Ouvertüren, eine Anzahl von Balletmusiken, Gesangs- und Clavierstücke, Symphonien, Quartette u. s. w. Programme seiner mit der Keilholtz

---

[1]) Theater-Kalender 1783. S. 23 ff.

gegebenen Concerte sind nicht auffindbar gewesen; nur das Programm eines seiner im Schauspielhause stattgefundenen Benefiz-Concerte, und zwar vom 5. October 1782 ist erhalten geblieben.

I.

1. Sinfonie von Haydn.
2. Concert auf dem Forte piano von Schobert. Herr Stegmann.
3. Aria, vom Kapellmeister Naumann. Mademoiselle Keilholtz.
4. Sonate auf dem Forte piano von Haydn. Herr Stegmann.

II.

5. Allegro aus einer Sinfonie.
6. Concert auf der Flauto traverso von Metzger. Herr Braun.
7. Concert auf dem Forte piano mit einem Rondo von Dussek. Herr Stegmann.
8. Aria (Rondo) von Herrn Hönicke. Mademoiselle Keilholtz.
9. Ein Rondo eigener Composition.
10. Schluß-Sinfonie.

Durch sein künstlerisches Wirken machte sich um die Musikpflege in unserer Stadt auch

Johann Gottlieb Schwencke, der Vater des letzten Hamburger Musikdirectors, verdient. Er war einer der ausgezeichnetsten Fagottisten seiner Zeit. Geboren am 11. August 1744 zu Breitenau im sächsischen Erzgebirge, stand er als Musiker in seiner Jugend eine Reihe von Jahren in sächsischen Diensten; im Jahre 1767 war er Hautboist bei den Waldhausischen Dragonern im Dorfe Wachenhausen im hannoverschen Fürstenthum Grubenhagen (Amt Cattenburg am Harz), ging aber in demselben Jahre als Hautboist nach Hannover, wo sich sein musikalischer Wirkungskreis sehr erweiterte, und sein ausgezeichnetes Fagottspiel große Anerkennung fand. Im Jahre 1776 gab er den Hannoverschen Dienst auf und ließ sich in Hamburg nieder, wo er in Ansehung seines musikalischen Wissens und Könnens zum Rathsmusicus

erwählt wurde. Auch war er ein beliebter Lehrer im Clavier-
und Pianoforte-Spiel. Schwencke starb am 7. December 1825,
überlebte somit seinen Sohn, den Musikdirector C. F. G. Schwencke
fast noch ein ganzes Jahr. Er sowie sein Sohn, der Musikdirector, gaben theils eigene Concerte, theils wirkten sie in anderen
mit, der eine als Fagottist, der andere als Clavierspieler.

Jedes einzelne Programm oder jede Mitwirkung in irgend
einem Concert zu verfolgen, kann nicht unsere Aufgabe sein,
doch setzen wir des Interesses halber, das Programm eines Concerts des jungen siebzehnjährigen S c h w e n c k e vom 1. April 1784
hierher.

I.
1. Sinfonie von Haydn.
2. Ein neues Concert auf dem Forte piano, von
   Schwencke jun.
3. Ein neues Concert auf dem Fagott, von
   Schwencke jun.
4. Chor. Halleluja aus Händel's Messias.

II.
1. Ein neues Concert auf dem Forte piano, mit
   der Begleitung einer obligaten Violine und
   Fagotts von Schwencke jun.
2. Chor. Würdig ist das Lamm aus Händel's
   Messias.

Später gab Musikdirector Schwencke auch regelmäßig stattfindende Concerts spirituels. So führte er u. A. am 14. Februar 1790 die beiden Cantaten im Concert-Saale auf, die er
auf das Jubelfest der Commerz-Deputation und zu seiner Einführung in das Amt des Cantors und Musikdirectors componirt
hatte; außerdem noch die von ihm in Musik gesetzte Klopstock'sche
Ode „Das Vater unser."

In den Jahren 1782/83 concertirten die Künstler S c h i c k
und T r i c k l i r in Hamburg. Ihr Auftreten in unserer Stadt ist,
abgesehen von ihren ausgezeichneten künstlerischen Eigenschaften,
insofern von Interesse, als sie mit noch zweien andern Musikern
den Hamburgern die Bekanntschaft H a y d n'scher Streich-Quartette
vermittelten.

Ernst Schick ist im Haag 1754 geboren. Sein Vater war Tanzlehrer, er selbst wurde auch diesem leichtfüßigen Berufe bestimmt. Der dortige Concertmeister Kreuzer veranlaßte den Vater jedoch, den talentirten Knaben in der Musik ausbilden zu lassen. Einige Zeit lang stand er beim Churfürsten von Mainz als erster Geiger in Diensten; 1793 wurde er als Concertmeister an die Königliche Oper nach Berlin berufen. Hier starb er am 10. Februar 1815.

Johann Tricklir, bedeutender Cellist und musikalischer Schriftsteller, ist 1750 zu Dijon geboren. Zum geistlichen Stand bestimmt, zog ihn die innerste Neigung zur Musik. Fünfzehn Jahr alt, ging er nach Mannheim, dessen Orchester damals berühmt war; hier blieb er drei Jahre. Hierauf machte er verschiedene Kunstreisen, auch nach Italien, um dann 1783 in die Dresdener Capelle einzutreten. Er starb am 29. November 1813.

Im August 1782 concertirten beide Künstler zum ersten Male in Hamburg, doch scheinen sie sich zunächst nur in Privatkreisen oder in einem Liebhaber-Concert producirt zu haben, wie aus folgender eingehender Kritik[1]) hervorgeht. „Haydn ist ein unerschöpfliches Genie, er scheint sich fast in jedem neuen Werke, welches er herausgiebt, zu übertreffen. Diese gegenwärtigen Quatuors[2]) sind über alle Lobsprüche erhaben. Man findet in selbigen herrlichen Gesang, treffliche Harmonie, unvermuthete und überraschende Ausweichungen und eine Menge neuer noch nie gehörter Gedanken. Aber sie erfordern auch eine Execution von Meisterhänden. Recensent ist so glücklich gewesen, sie vor einigen Tagen von den Herren Schick, Tricklir, Benda und Hofmann spielen zu hören. Die beiden letzteren sind unseren hiesigen Lesern bekannt; die beiden ersteren sind neulich von Berlin hier angekommen. Herr Schick steht als erster Violinspieler bey dem Churfürsten von Mainz in Diensten. Er ist einer der vortrefflichsten Geiger, den Recensent je gehört hat. Bey Lolli'scher Fertigkeit

---

[1]) Correspondent Nr. 132 vom 17. August.
[2]) Es sind die „Six Quatuors ou Divertissements à deux Violons, Taille et Basse. Oeuvre XIX. Chez **Jean Julien Hummel** à Berlin."

im Allegro, trägt er auch das Adagio auf eine bezaubernde Art vor. Bei den größten Schwierigkeiten behält er die reinste Intonation, und spielt sie mit einer unnachahmlichen Leichtigkeit. Der Ton seines Instruments ist unvergleichlich. Herr Tricklir ist aus Paris[1]) und ein vortrefflicher Violoncellspieler. Er zieht einen angenehmen und reizenden Ton aus seinem Instrument, spielt mit vieler Empfindung und Ausdruck, und mit einer Reinigkeit und Richtigkeit, die dem Ohr des Kenners völlig Genüge leisten. Haben wir je gewünscht, daß sich Virtuosen vor unserem Hamburgischen Publikum öffentlich hören lassen, so wünschen wir es jetzt, daß diese beyden wirklich großen Tonkünstler hier ein Concert geben möchten. In Berlin hat man sie mit Entzücken gehört, und der feine Geschmack unseres musikalischen Publikums ist uns Bürge, daß sie auch hier mit dem größten Beyfall werden gehört werden."

Am 9. und 16. November traten sie öffentlich auf und zwar vor einer glänzenden und zahlreichen Versammlung, wie es in den Tagesberichten heißt. Am 17. spielten sie im Westphal'schen Privat-Concert. Zum Vortrag kamen u. A. zwei Haydn'sche Quartette aus Op. 19 „mit einer solchen bewundernswürdigen Annehmlichkeit, daß keiner der zahlreichen Zuhörer da war, der davon nicht außerordentlich gerührt und erfreut worden wäre. Seit Colli's[2]) Zeit ist das Schauspielhaus nicht voller gewesen als bei diesen Spielern, deren Andenken bey allen Musikkennern lange in Gedächtniß bleiben, und den nachfolgenden Virtuosen, die es oft leider nur dem Namen nach sind, es schwer machen wird, einen ähnlichen Beyfall zu erringen." Am 1. Mai 1783 gaben die Künstler nochmals ein Concert.

Zur künstlerischen Belebung trugen in den achtziger Jahren nicht wenig auch Friedrich Ludwig Benda und Frau bei. Er war der älteste Sohn Georg Benda's. Im Jahre 1746 geboren, widmete er sich der Musik und war 1778

---

[1]) Ist nicht richtig, Tricklir war, wie wir gesehen haben, aus Dijon gebürtig.

[2]) Ueber diesen Künstler siehe weiter unten.

Musikdirector am Seyler'schen, Anfang der achtziger Jahre am Hamburger Theater. Hier lernte er die damals berühmte Sängerin **Felicita Agnesia Rietz**, geboren zu Würzburg 1756, kennen und heirathete sie. Im Frühjahr 1782 trat er als Kammer-Virtuose und Hofcomponist in die Herzoglich-Mecklenburgische Capelle. Doch wurde ihm diese Stellung durch eheliche Zwistigkeiten entleidet. Er ließ sich von seiner Frau scheiden und ging als Concertmeister nach Königsberg, wo er den 27. März 1793 starb. Seine Frau heirathete den Flötisten Heyne, trat aber 1797 zu Reval bereits mit ihrem fünften Manne (Zeibisch) vor das Publikum. Benda war ein bedeutender Geiger; auch hat er sich in seinen Compositionen für dieses Instrument wie in seinen Opern als tüchtiger Musiker erwiesen.

Das erste Concert des Künstlerpaares Benda fand am 21. October 1780 im Schauspielhause statt. Das Programm war folgendes:

Erster Theil.
1. Eine Symphonie.
2. Eine Bravour-Arie von Madame Benda nach der Composition des Herrn Kapellmeister Reichardt.
3. Ein Violin-Concert von Herrn Benda, nach seiner eigenen Composition.
4. Eine Recitation und Arie von Madame Benda, nach der Composition des Herrn Paesiello.

Zweiter Theil.
1. Symphonie.
2. Ein Fagott-Concert von Herrn Schwencke.
3. Eine Bravour-Arie mit obligater Violine von Madame und Herrn Benda, nach des letzteren Composition.
4. Schluß-Symphonie.

In der Winter-Saison 1781/82 veranstalteten beide Künstler 12 Subscriptions-Concerte. Das erste sollte am 28. October 1781 stattfinden; doch wurden dem Unternehmen nicht diejenigen Sympathien entgegengebracht, welche die Veranstalter desselben erhofft hatten. „Da das Abonnement — heißt es in Nummer 172 des Correspondenten — nicht ergiebig genug, so sieht man sich

genöthigt, zur Bestreitung der Kosten die Entrée offen zu lassen."
Die Concerte fanden also statt. Am 6. Januar 1782 kamen
u. A. zur Aufführung: eine Weihnachts-Cantate von Benda,
zwei Scenen aus Armida von Jommelli, ein Violin-Concert
von Benda; in jenem vom 3. Februar einige Scenen aus
Themistocles vom Londoner Bach, am 17. Februar das Miserere
von Jommelli, am 3. März Händel's Messias. Am 14. April
fand das Abschieds-Concert statt. Von Schwerin aus kam das
Künstlerpaar am 13. August 1783 wieder nach Hamburg, um
ein Concert zu geben; am 20. August fand „auf Anhalten vieler
Musik-Liebhaber" noch ein zweites statt. Als Frau Heyne veranstaltete
die von ihrem Gatten geschiedene Künstlerin in Hamburg
in den folgenden Jahren noch manche Concerte, zuletzt im Jahre
1804. Sie muß eine bedeutende Sängerin gewesen sein; Gluck
erklärte einmal „daß er keine Sängerin kenne, die eine so wahre
und gute Art des Vortrags habe."

Im Jahre 1785 kam auch
Carl Stamitz nach Hamburg, um einige „Akademien" zu
veranstalten. Er war der älteste Sohn des Stifters der Mannheimer
Violinschule Johann Carl Stamitz. Geboren am
7. Mai 1746 zu Mannheim, gelangte er später als Virtuose auf
der Bratsche und Viola d'amour zu einem gewissen Ansehen.
Hatte er sich in Wien in den siebziger Jahren lakonisch als
„reisender Virtuose" angemeldet, so kündigte er sich in Hamburg
mit dem volltönenden Titel „Compositeur de musique" an. Die
Anzeigen und Programme entbehren nicht ganz eines gewissen
marktschreierischen Characters.

Die erste „große musikalische Akademie" fand im Comödienhause
am 25. April 1785 statt „wobey er sich auf der Alto viola
und Viola d'amour mit Concerten und Solos produciren, wie
auch verschiedene neue große Originalstücke von seinen neuesten
Compositionen aufführen wird, worunter eines mit zwey Orchesters,
bey welchem das eine unsichtbar und solches das Echo genannt
wird. Das zweite Stück, die Promenade genannt, ist in vier
Vorstellungen abgetheilet. Die erste stellet eine Gegend Champêtre
vor; die zweite ein Donnerwetter; die dritte eine dunkle Nacht,

und die letzte die Parforcejagd von Versailles." Das war Programm-Musik in optima forma.

Am 7. Mai gab er die zweite und letzte musikalische Akademie. Unter andern führte Stamitz die große „Masquerade-Sinfonie" auf, „welche mit Violinen, Bässen, Oboe, Waldhorn, Trompeten, Pauken, Flautti picolli, Cimbales, Triangle und große und kleine Tambour besteht, und auf Ordre S. Durchl. des Erbstatthalters und Prinzen von Oranien componirt, und bei der Anwesenheit des Großfürsten von Rußland im Haag executirt worden." In demselben Concert beabsichtigte Stamitz auch, „zum Vergnügen der Musikkenner auf einer Geige ein Duett ganz allein zu spielen, welches in vielen Jahren von ihm nicht öffentlich geschehen ist." Stamitz scheint sich längere Zeit in Hamburg aufgehalten zu haben, denn am 29. October veranstaltete er im Comödien-Hause ein „großes musikalisches Divertissement, wobey der erste Act, wie in den gewöhnlichen Concerten, in serieuser Art wird executirt werden. Der zweite Act aber, weil das geehrte Publicum auch gerne liebt, in komischen Sachen ergötzet zu seyn, ist von dem Herrn C. Stamitz auf eine ganz neue und noch niemals gewesene pantomimische Art erfunden worden.

Act I.

1. Eine ganz neue majestätische Sinfonie. Hierauf wird
2. Mademoiselle Brandes sich hören lassen.
3. Wird Herr C. Stamitz auf der Alto Viola, wie auch auf der Viole d'amour Solo spielen. Er wird auch auf Begehren den Marlborough executiren.

Act II.

Pantomime, mit einer großen Decoration des Walds und Statuen des Apollo und Grazien, vermischt mit ernsthaften und komischen Veränderungen.

In der Mitte der Pantomime wird Herr C. Stamitz auf alle seine Instrumente abwechselnd verschiedene Arien mit Variationen, wie auch die beliebte Romanze aus Figaro spielen."

Zum letzten Male trat er in einem Concert vom 12. November des Sängers Torsoni auf.

In demselben Jahre wie Stamitz kam auch der berühmte Violinspieler

John Abraham Fisher, 1744 zu London geboren, nach Hamburg. Er machte gerade eine Kunstreise durch Deutschland, und war wohl auf dem Rückwege nach London. Im Jahre 1784 concertirte Fisher in Wien, wo er die Sängerin Storace heirathete. Er behandelte seine junge Frau aber in einer solch' rohen Weise, daß Kaiser Joseph ihn aus Wien entfernen ließ. Seine Frau blieb in Wien und nahm ihren früheren Namen wieder an. Lady Morgan beschreibt in ihren Memoiren die Art und Weise seines Auftretens folgendermaßen: „Ein ausländischer Bedienter in glänzender Livrée mit einem prächtigen carmoisinrothen, reich vergoldeten Violinkasten war gefolgt von dem berühmten Virtuosen, der auf den Fußspitzen einherschritt, in ein braunseidenes Camelotgewand gekleidet, mit scharlachfarbener Einfassung und mit glänzenden Knöpfen besetzt. So hoch war sein gepudertes und parfümirtes Toupée, daß seine kleine Figur dadurch in zwei Hälften erschien. Sein Unterkleid war an den Knien mit Diamantknöpfen befestigt und die Atmosphäre des Zimmers war erfüllt von Parfüme."[1]

Sein erstes Concert in Hamburg gab er am 7. März 1785 im Concert-Saale, am 21. April ein zweites im Schauspielhause. Das Programm des letzteren war folgendes:

I.

Eine große Sinfonie, mit Pauken und Trompeten, von Fisher.
Arie von Herrn Arnold.
Violin-Concert von Fisher.
Quartetto, zwey Violinen, Alto und Baß, nach dem Englischen und Französischen Geschmack von Fisher.

II.

Große Sinfonie, in dem Geschmack Russischer und Tartarischer Arien (sic!), in welcher die Türkische Musik eingeführet wird, von Fisher.
Arie von Herrn Arnold.
Violin-Concert, die Musik des Rondo wird ein Cosackentanz vorstellen, von Fisher.
Schluß-Sinfonie mit Pauken und Trompeten.

---

[1] C. F. Pohl: Mozart und Haydn in London. I., S. 170.

In dem Concert des Sängers Torsoni am 5. November wirkte Fisher auch mit.

Im Jahre 1789 fanden mehrere größere Vocal-Aufführungen unter einem gewissen C. G. Thomas statt, über die wir eigentlich nichts Näheres erfahren konnten. Nur die Nummer 129 des Correspondenten enthält eine Aufforderung des genannten Thomas an die „auswärtigen und auch hiesigen Vocalisten", die in der am 18. August stattfindenden „großen musikalischen Akademie spirituelle" aufzuführenden Vocalwerke verstärken zu helfen. Das Concert wurde am 29. August wiederholt „jedoch mit dem Unterschied, daß ich, anstatt der Serafina, ein anderes gutes Singstück zu wählen mich genöthigt gesehen." Außer Hamburger wirkten Altonaer, Harburger und Lüneburger Chöre mit.

Am 17. December 1791 trat zum ersten Male das achtjährige Fräulein Grund[1]) in einem Concert im Schauspielhause auf. Sie war die Tochter und das älteste Kind des Hamburger Musikers Georg Friedrich Grund. Sie trat in demselben Jahre an die Oeffentlichkeit, wo ihr Bruder Friedrich Wilhelm, der spätere Begründer und langjährige Leiter der Sing-Akademie und der Philharmonischen Gesellschaft, geboren wurde. Sie debütirte mit Concerten von Hoffmeister und Mozart, sowie mit einer Sonate von Kotzeluch. Am 26. Februar 1792 spielte sie in einem Concert der Gesellschaft Harmonie. In der Nummer 54 des Correspondenten ist ein Bericht enthalten, der sich in etwas überschwänglicher Weise über die junge Pianistin ausläßt, welche vom Publicum mit dem größten Beifall ausgezeichnet wurde, und auch lange Zeit der Liebling der musikalischen Kreise Hamburg's blieb. Etwas reservirter lautet die Kritik in Nr. 50 der Speyer'schen Musikalischen Correspondenz. Sie sei die Tochter eines Hamburger Musikers, „eines geschickten und sehr brauchbaren Mannes auf verschiedenen Instrumenten, besonders des Fagotts, mit welchem er zum Gesellschafter des vortrefflichen ersten Fagottisten, des Herrn Schwencke, in allen Konzerten dienet. Dieses

---

[1]) Sie heirathete später einen Herrn Sengstack in Bremen und starb 1867.

9jährige Kind, die allein ihre Geschicklichkeit des Klavierspielens ihrem Vater zu danken hat, ist so ganz für Mozart's Arbeiten geneigt, daß sie nur diese mit einer besondern Vorzüglichkeit, Leichtigkeit, Präcision und Ausdruck spielet und vorträgt, daß alle übrige sonst gute Komponisten bei ihr keinen Eindruck machen."

Am 5. November 1792 gab sie mit ihrem sechsjährigen Bruder Fritz, welcher später Kaufmann wurde und in Spanien starb, im Schauspielhause ein Concert mit folgendem Programm:

I.
1. Symphonie von Wranitzky.
2. Fortepiano Concert. Gespielt von Demoiselle Grund.
3. Flöten Concert von Hoffmeister. Herr Petersen.
4. Doppelsonate (vierhändig) von Mozart. Geschwister Grund.

II.
1. Symphonie von Haydn.
2. Fortepiano-Concert von Kotzeluch. Demoiselle Grund.
3. Symphonie von Haydn.
4. Variationen von Mozart. Demoiselle Grund.

Schwencke, der über ihr Auftreten im Jahre 1799 in der Leipziger Allgemeinen musikalischen Zeitung berichtet, urtheilt über ihr Spiel ziemlich scharf. „Sie glaubt gut zu spielen, wenn sie nur geschwind spielt, und übertreibt daher fast alle Sachen, worüber der Komponist unglücklicher Weise Allegro, Presto, Vivace oder ein anderes ähnliches Wort gesetzt hat. Ob der Ausdruck oder die Kraft des Tonstücks dadurch leidet; ob die darin befindlichen schweren Stellen rein, bestimmt und deutlich herauskommen; ob hin und wieder darneben gegriffen wird; ob es möglich ist, daß die Akkompagnisten, — auf welche bey Mozart's Konzerten besondere Rücksicht genommen werden muß — mit fortkommen können oder nicht rc., das alles sind Dinge, wovon Demoiselle Grund bis jetzt noch nichts zu wissen scheint. Ueberhaupt, wenn sie auch alles Ton für Ton durchaus rein und deutlich herauszubringen vermöchte, so fehlt ihr doch noch bey weitem die zur guten Execution der größeren Mozart'schen Konzerte durchaus nöthige Kraft und Festigkeit."

In den folgenden Jahren begegnen wir dem Namen des Fräulein Grund auf vielen Programmen; auch veranstaltete sie in jeder Saison ein eigenes Concert oder auch deren mehrere. Vom Jahre 1793 an producirte sie sich auch als Sängerin. Ihre Concerte gehörten zu den beliebtesten und besuchtesten in Hamburg. Während andere Künstler oft kaum einige hundert Mark Einnahmen zu verzeichnen hatten, war ihr Auftreten stets von einem günstigen pecuniären Erfolg begleitet. So betrug z. B. die Einnahme des am 11. März 1798 gegebenen Concertes 1486 ℳ. Natürlich trug der Localpatriotismus mit das Seinige bei. Auch ihren Bruder Fritz finden wir in den neunziger Jahren oft auf den Programmen als Mitwirkenden genannt.

Der spätere Gründer und Leiter der Sing-Akademie und der philharmonischen Gesellschaft, Friedrich Wilhelm, trat erstmalig am 3. April 1803 in einem Concert auf, das, wie das Programm besagt, von den Geschwistern Grund gegeben wurde. Das Programm war folgendes:

I.

1. Mozart, Ouvertüre zu Titus.
2. Dussek, Clavier-Concert. Carl Grund.[1]
3. Righini, Arie, gesungen von Wilhelm Grund.[2]
4. Sterckel, Clavier-Quintett. Henriette Grund.
5. Kreutzer, Ouvertüre zur Lodoiska.
6. Mozart, Duett, gesungen von Ferdinand[3] und Wilhelm Grund.
7. Violin-Concert von Andreas Romberg, gespielt vom Componisten.
8. Feldmayer, großes Duett, gesungen von Henriette Grund und dem Componisten.

---

[1] Carl Grund, geb. 1784, siedelte später nach Rußland über und starb dort als Bergwerks-Offizier.
[2] Wilhelm Grund starb früh.
[3] Ferdinand Grund geb. 1790 wurde Apotheker und starb 1877. Der nächste Sohn Eduard geb. 31. Mai 1801, starb als herzoglicher Concertmeister in Meiningen 1874. Im Ganzen waren es elf Geschwister.

Das Programm vom 11. Februar 1804 lautet:

I.
1. Ouvertüre aus Cosi fan tutte.
2. Clavier-Concert von Dusseck. Henriette Grund.
3. Scene, Abrahams Opfer von Cimarosa. Demoiselle Lacroix.
4. Violin-Solo, componirt und gespielt von Andreas Romberg.

II.
5. Titus Ouvertüre.
6. Flöten Concert von Hoffmeister. Herr Petersen.
7. Rondo von Paesiello. Demoiselle Lacroix.
8. Grand Concert von Dusseck. Carl Grund.
9. Finale.

Die Concerte der „Geschwister Grund" können als regelmäßige Bestandtheile der winterlichen Aufführungen bis zum Jahre 1817 verfolgt werden. Auf Wilhelm Grund werden wir später noch zurückkommen.

Einen wichtigen Einfluß auf das Concertleben Hamburg's gewannen ferner

Bernhard und Andreas Romberg, die seltsamer Weise auf sämmtlichen Programmen als Brüder figuriren.

Bernhard Heinrich Romberg,[1] der Schöpfer des heutigen Violoncellspiels, ist am 11. November 1770 zu Dinklage im Münster'schen geboren. Sein Vater Anton, geboren 1742, gestorben 14. December 1814, war ein ausgezeichneter Fagott-Virtuos. Mit seinem Vetter Andreas trat Bernhard 1790 als Orchester-Mitglied in die Capelle des Kurfürsten von Köln ein. Nach Auflösung derselben im Jahre 1793 wurden Beide mit dem Vater Bernhard's im Hamburger Theaterorchester angestellt. In den Jahren 1801/3 hielt Bernhard sich in Paris auf, wo er Lehrer am dortigen Conservatoire war; 1803 kehrte er wieder

---

[1] Nachstehende authentische Angaben sind handschriftlichen Aufzeichnungen entnommen, die im Besitz der Frau Andreas Romberg und des Capellmeisters Andreas Romberg waren; ich verdanke sie der Güte des Herrn Organisten Schwencke hier.

nach Hamburg zurück, wurde 1803 für die Berliner Hofcapelle engagirt, begab sich aber 1820, bei Spontini's Eintritt, wieder nach Hamburg, wo er am 13. August 1841 starb.

Jacobus Andreas Romberg ist am 27. April 1767 zu Vechter im Münster'schen geboren. Sein Vater Gerhard Heinrich, geboren 1745, gestorben 14. November 1819 als Musikdirector zu Münster, hatte einen großen Namen als Clarinettspieler. Andreas war ein ausgezeichneter Violinspieler und vortrefflicher Quartettist. Als Componist hat er manch' Werthvolles geschaffen. Am populärsten von seinen Werken wurde „Schiller's Glocke" für Soli, Chor und Orchester, die wir heute noch auf manchen Programmen treffen. Er wie sein Vetter bereisten zusammen Deutschland, Frankreich und Italien. Andreas folgte von Hamburg aus seinem Vetter nach Paris, mit dem er 1803 wieder in der Hansestadt sich niederließ. Im Jahre 1809 wurde ihm von der Kieler Universität die Doctorwürde verliehen. 1815 ging er an Spohr's Stelle als Musikdirector nach Gotha, wo er am 10. Mai 1821 starb.

Bernhard und Andreas Romberg traten erstmalig in Hamburg am 1. December 1795 auf. Man darf wohl sagen, daß beide Künstler in den folgenden Jahren den musikalischen Mittelpunkt des Hamburgischen Musiklebens bildeten. Es fand beinahe kein öffentliches und Privat Concert statt, in dem sie nicht mitgewirkt hätten. In einem am 26. März 1797 veranstalteten Concert führten sie in Hamburg zum ersten Male die Haydn'sche Symphonie mit dem Paukenschlag auf.

Am 9. März 1799 gab der alte Anton Romberg ein großes Familien-Concert im deutschen Schauspielhause. In diesem Concert traten auch Anton und Angelika, die beiden Geschwister des Bernhard Romberg auf. Anton, geboren am 6. März 1771 zu Münster, vortrefflicher Fagottspieler,[1] trug mit seinem Vater u. A. ein Doppel-Concert für 2 Fagotts vor. Angelika Romberg, geboren 21. Juli 1775,[2] glänzte durch

---

[1] Er trat später in die Münchener Capelle.
[2] Sie heirathete im Jahre 1804 den Consistorialrath Professor Schlüter.

ihren schönen Gesang und ihr brillantes Clavierspiel. In erwähntem Concert sang sie eine Arie von Righini, die Schwester des Andreas Romberg, **Therese**,[1]) Recitativ und Rondo von demselben Componisten. Zum ersten Male begegnen wir hier auf einem Concert-Programm auch der Ouvertüre zur Zauberflöte.

Am 14. März 1807 führte Andreas Romberg eine neue Symphonie von sich und seinen 100 Psalm, am 26. März 1808 „Die Harmonie der Sphären" unter Mitwirkung des ganzen Opernpersonals auf. Am 7. Januar 1809 folgte **die erstmalige Vorführung seiner Composition zu Schiller's Glocke im Apollo-Saale**. Die Soli wurden von den Damen Gley und Amalie Stegmann sowie den Herren Mentschel, Klostermayer, Rau und Schäfer gesungen. Am 24. März wurde das Werk wiederholt, das in Hamburg einen wahren Enthusiasmus erregte. Im Correspondenten erschien folgende dithyrambische Apostrophe:[2])

„Die Mutter himmlischer Genien, Griechenland,
Gab dem Terpander einst die goldene Krone,
Den Preis des Siegers in den Olympischen Spielen,
Für ein solches harmonisches Meisterwerk.
Romberg! der Du die Wunder der Tonkunst verdunkelst,
Dir reichet selbst das heilige Chor der Musen
Die seligen Kränze des unverwelklichen Lorbeers
Als Pfänder des Ruhms, der Unsterblichkeit dar.
Der göttliche Schwan, auf den Thron der Dichterkunst erhoben,
Gab ihnen von seinem Elysischen Sitze
Den schönsten der Kränze zum Opfer für Dich.
Und mir, der glücklichen Erbin seines Gesanges
Klangvoll und hell durch die himmlischen Reize des Liedes
Den seligen Auftrag, zu tönen Dir seinen Dank.

Das Lied des unsterblichen Schillers, genannt: Die Glocke, bringt dem Herrn Andreas Romberg seinen Dank dar, daß er es in vortreffliche Musik gesetzt hat."

Am 14. April 1810 wurde auch seine Musik zu Schiller's Macht des Gesanges aufgeführt.

---

[1]) Therese Romberg 1778 zu Münster geboren, Altistin bei der Domcapelle, war eine ausgezeichnete Sängerin. Sie war eine Schülerin ihres Vaters und des Sängers Simonetti.

[2]) Correspondent Nr. 46.

Wie bereits bemerkt, folgte Andreas Romberg 1815 einem Rufe nach Gotha an Spohr's Stelle. Am 28. December des folgenden Jahres begegnen wir ihm mit seinem 14jährigen Sohne Heinrich[1]) wieder in Hamburg, wo er an genanntem Tage ein Concert gab; mit seinem Sohne spielte er u. A. ein Doppel-Concert für zwei Violinen. Im zweiten Theil des Concerts führte er seine einaktige Oper „Die Großmuth des Scipio" auf.

Noch einmal treffen wir Andreas mit seinem Sohne im Jahre 1817 in Hamburg, wo am 10. März im Apollo-Saal ein Concert stattfand, in welchem u. A. seine Glocke zum Vortrag kam. Beide trugen außerdem ein Doppel-Concert für 2 Violinen von Danzi vor.

In einem Concert des Bernhard Romberg vom 18. November 1820 im Apollo-Saale, trat seine Tochter Bernhardine als Sängerin und sein neunjähriger Sohn Carl als Cellist auf.[2])

In das Jahr 1796 fällt ein Concert der

Madame Lange und Madame Mozart „Wittwe des weyland königl. kaiserl. Capellmeisters Mozart". Dasselbe wurde am 3. Januar im deutschen Schauspielhause gegeben; ihm folgte am 10. noch ein zweites.

Madame Lange war die Schwester von Mozart's Wittwe, die Luise Weber, Gattin des Sängers Josef Lange, eine vorzügliche Sängerin. Sie war 1762 in Mannheim geboren und trat auf der dortigen Bühne 1779 erstmalig auf. Sie ging alsdann nach Wien, um unter Mozart's Leitung weiter zu studiren.

---

[1]) Heinrich Maria Romberg ist am 4. April 1802 in Paris geboren; 1827 ging er als Concertmeister an das deutsche Theater nach Petersburg, wo er auch mehrere Jahre hindurch Dirigent der dortigen italienischen Oper war. Im Jahre 1847 zog er sich nach Hamburg zurück, wo er 1859 starb.

[2]) Carl, geb. 1811 am 17. Januar zu Moskau, Violoncell-Virtuos, 1832/42 bei der Capelle in Petersburg angestellt, lebte später in Wien. Bernardine, geb. 14. December 1803, verheirathete sich 1826 mit dem Kaufmann Hildebrand. Deren Sohn Bernhard, Cellovirtuose, verunglückte mit der Austria.

Von 1784—1795 war sie am kaiserlichen Nationaltheater in Wien engagirt; in letzterem Jahre trat sie verschiedener Streitigkeiten wegen, die sie mit der Direction hatte, zurück. Hierauf wurde sie von Schröder für die Oper nach Hamburg gewonnen. Hier hatte sie schon im Jahre 1789 gastirt und öffentliche Concerte gegeben. Im Jahre 1798 ging sie unter glänzenden Bedingungen nach Amsterdam. Sie starb 1830 in Frankfurt am Main. Man stellte sie der Mara gleich; die Partie der Königin der Nacht ist für sie geschrieben.

Das Programm des ersten Concertes war folgendes:

I.
Die erste Abtheilung von La Clemenza di Tito von Mozart.

II.
Fantasie und Variationen auf dem Fortepiano vom Capellmeister Eberl.
Arie von Mozart. Herr Krug.
Große Sinfonie von Mozart.

Anton Eberl, in Wien 1765 geboren, soll ein Schüler Mozart's gewesen sein. Im Jahre 1796 begleitete er die Wittwe des Meisters und dessen Schwägerin A. Lange auf einer Kunstreise, die in Hamburg ihr Ende finden sollte. Eberl starb in Wien 1807.

Am 30. October 1802 gab

Carl Maria von Weber im deutschen Schauspielhause eine „Musikalische Akademie". Der Biograph Weber's, sein Sohn Max Maria, weiß über das Concert nichts Näheres zu berichten als was sein Vater selbst niedergeschrieben: „1802 machte mein Vater eine musikalische Reise mit mir nach Leipzig, Hamburg, Holstein ic., wo ich mit dem größten Eifer theoretische Werke sammelte und studirte."[1]) Wir sind in der Lage das Programm hier mittheilen zu können.

---

[1]) Biographie C. M. v. Weber's. I., S. 69.

I.

1. Sinfonie von Haydn.
2. Aria von Mozart, gesungen von Madame Lippert.
3. Clavier-Concert von Mozart, gespielt von C. M. v. Weber.
4. Terzett aus der Oper: Peter Schmoll und seine Nachbarn, componirt von C. M. v. Weber, und gesungen von Madame Lippert, Herrn Kirchner und Herrn Apel.

II.

5. Violin-Concert von Viotti, gespielt von Herrn Gerke aus dem französischen Orchester.
6. Arie von Mozart, gesungen von Herrn Kirchner.
7. Clavier-Concert, componirt und gespielt von C. M. v. Weber.
8. Romance von Weigl, gesungen von Herrn Apel.
9. Freye Variationen, gespielt von C. M. v. Weber.

Ein zweites Concert gab Weber am 21. October 1820 im Apollo-Saale nach seiner Rückkunft aus Kopenhagen. In Hamburg verlebten der Meister und seine Lina trauliche Tage und Stunden im Verkehr mit den Familien Oeser, Godefroy, Schröder, Fräulein Louise Reichardt und Andreas Romberg. Das zweite Concert trug ihm 119 Thaler, 17 Gr., 7 Pf. ein. Das Programm haben wir nicht aufgefunden.

Von den Concerten, die von sonstigen in Hamburg ansäßigen Künstlern in den ersten Decennien unseres Jahrhunderts regelmäßig veranstaltet wurden, sind besonders jene von

Johann Heinrich Clasing zu nennen. Er wurde 1779 in Hamburg geboren; eine gründliche musikalische Ausbildung erhielt er durch Musikdirector Schwencke. Clasing war ein vortrefflicher Clavierspieler und ein ausgezeichneter, vielbegehrter Lehrer. Die größten Verdienste hat er sich aber um das öffentliche Musik- und Concertleben durch den in Gemeinschaft mit Fräulein Louise Reichardt gebildeten Gesangverein und die mit Wilhelm Grund veranstalteten großen Musik-Aufführungen erworben. Auf diese Seite seines Wirkens werden wir im letzten Kapitel zu sprechen kommen. Auch als Componist hat er sowohl durch seine Oratorien und sonstigen Werke, wie durch die Bearbeitung der Klavierauszüge zu Händel'schen Oratorien sich verdient gemacht. Er starb am 8. Februar 1829.

Vom Jahre 1804 an gab Clasing den Winter über regelmäßige Concerte, die sich stets eines starken Zuspruchs erfreuten; besonders war es sein Klavierspiel, das die Hörer anzog. In den Kritiken der damaligen Zeit wird dasselbe stets mit bewundernden Worten gerühmt. Clasing war der erste, der das c-moll Concert von Beethoven in Hamburg, und zwar am 15. März 1819 vortrug. Am 15. März 1826 führte er im Apollo-Saal sein Oratorium „Belsazar", am 15. März 1828 „Die Tochter Jephta" auf.

Sehr beliebt waren auch die Concerte des Violinisten J. Beer und des Sängers Friedrich Gerstäcker. J. Beer war ein Schüler Romberg's, auch hatte er kurze Zeit die Unterweisung Spohr's genossen. Näheres über sein Leben haben wir nicht erfahren können; wir wissen nur, daß er 1812 von einer Kunstreise zurückgekehrt, sich in Hamburg dauernd niederließ und als erster Concertmeister im Stadttheater-Orchester fungirte. Von diesem Jahre an, gab Beer regelmäßige Concerte. Im Concert vom 25. November 1813 trat zum ersten Male sein Schüler Eduard Grund auf; sie trugen Beide ein Doppel-Concert von Spohr vor. Später ging er nach Kopenhagen als Concertmeister. In Gemeinschaft mit Christian August Prell, Cello, August Petersen, zweite Geige und dem Bratschisten Feuerberg, veranstaltete er in den zwanziger Jahren Quartett-Abende.

Friedrich Gerstäcker war einer der bedeutendsten Sänger seiner Zeit; am 15. November 1790 zu Schmiedeberg in Sachsen geboren, starb er schon am 1. Juni 1825 in Kassel. Von 1816 bis 1820 war er an der Hamburger Bühne engagirt.[1]

---

[1] Der bekannte Reisende und Schriftsteller Gerstäcker ist der Sohn des berühmten Tenoristen. Friedrich Gerstäcker war ein Schüler Benelli's.

In die Jahre 1816—20 fallen Beer's gemeinschaftliche Concerte mit Gerstäcker. Nur 1819 mußten, einer von Beer unternommenen Kunstreise nach Holland wegen, die Aufführungen unterbleiben. Am 29. April 1820 gab Gerstäcker sein Abschieds-Concert.

VIII.
Concerte und Akademien im Theater.

In den Jahren 1785—1788 gehörte zu den bewundertsten, aber auch künstlerisch hervorragendsten Mitgliedern der Hamburger Oper:

Minna Brandes, die wir an dieser Stelle anführen, weil sie auch an dem öffentlichen Concertleben thätigen Antheil genommen hat; war sie doch als Clavierspielerin ebenso bedeutend wie als Sängerin. Sie war mit den schönsten Gaben von der Natur beschenkt, und wo sie hinkam, wurde sie gefeiert und geehrt. Am 21. Mai 1765 zu Berlin geboren als die Tochter des dramatischen Schriftstellers und Schauspielers Johann Christian Brandes, hatte sie das Glück, eine sorgfältige Erziehung zu erhalten, obwohl sie für die Bühne von vornherein bestimmt war. Als sie mit der Seyler'schen Truppe im Herbst 1785 nach Hamburg kam, hatte sie bereits an mehreren Bühnen gewirkt und mit ihrem Vater längere Kunstreisen unternommen. Ihre Gesundheit hatte aber unter diesen beständigen Anstrengungen Schaden genommen, und schon am 12. und nicht 13. Juni 1788 raffte sie der Tod in dem blühenden Alter von 23 Jahren hinweg. In Nienstedten bei Hamburg liegt sie begraben. Eine Sammlung von Liedern kam nach ihrem Tode heraus. Von der Beliebtheit, welcher sie in Hamburg sich erfreuen durfte, geben verschiedene Nachrufe in den öffentlichen Blättern ein warmes Zeugniß. „Eine durch artistische und sittliche Tugenden gleich liebenswürdige Künstlerin" nennt sie Schütze.[1]) Und an einer andern Stelle schreibt er: „Am 12. Junius erlitt die Bühne einen, — wir

---

[1]) Schütze a. a. O. S. 558.

sagen nicht zu viel — unersetzlichen Verlust. Minna Brandes, ein Mädchen, das durch viel jungfräuliche sittliche Tugenden und artistisches Verdienst ihrem Geschlechte, Stande und der Bühne Hamburgs Ehre machte, starb Nachmittags um 5 Uhr an der Auszehrung. Acht Tage nach ihrem Tode ward sie, was sie im Leben oft gewünscht, auf Veranlassung eines ihrer Verehrer, zu Nienstädten, ihrem Lieblingsorte, einem Holsteinischen Dorfe, eine Meile von Hamburg, beerdigt. Auch ihr wollte man ein Denkmal setzen, Beiträge dazu sammeln. Ihre Sittlichkeit, Anspruchslosigkeit, Bescheidenheit und Herzensgüte, machen sie allen ihren Hamburgischen Freunden, auch dem Verfasser dieser Geschichte, unvergeßlich. Auch durch gesellschaftliche Bildung zeichnete sie sich in Hamburg aus, wo man sie in verschiedenen Familienzirkeln aufnahm, und wo sie, ohne glänzen zu wollen, so gern in den Ton der allgemeinen Fröhlichkeit, der in diesen Zirkeln herrschte, einstimmte."[1])

Soweit wir die Programme verfolgen konnten, gab Minna Brandes ihr erstes Concert am 11. December 1784 im Schauspielhaus. Sie sang verschiedene Arien, und ließ sich in „Flügel-Concerten von berühmten Meistern hören." Im Januar 1785 eröffnete die Künstlerin sechs Subscriptions-Concerte; im letzten vom 17. März wurde der Messias aufgeführt. Sie trat in allen diesen Concerten sowohl als Sängerin wie Pianistin auf.

Im Schauspielhaus fanden Sonnabends regelmäßig Concerte statt, denn an diesem Tage wie Sonntags durften keine Schauspiele gegeben werden. Die Erlaubniß hatte Schröder, welcher 1785 zum zweiten Male die Leitung des Hamburger Theaters übernommen hatte, vom Senate erwirkt; auch die Oberalten hatten keinen Widerspruch entgegen gesetzt. Später wurde die Erlaubniß Schauspiele zu geben auch auf den Sonntag ausgedehnt. Für den 10. März 1792 ward die erste „große musikalische Akademie" angekündigt. Zur Aufführung kamen Instrumental- und Vocal-Werke; das Theater-Orchester sowie das gesammte Opernpersonal hatten mitzuwirken. Der Ertrag dieses Sonnabend-Concerts hatte

---

[1]) Schütze a. a. O. S. 617.

Schröder zum Ankauf einer Orgel bestimmt. Das Programm war folgendes:

I.

1. Sinfonie von Mozart.
2. Chor und Arie aus Orpheus von Gluck.
3. Arie von Bianchi.
4. Arie aus Orpheus.
5. Erstes Finale aus Trofonio von Salieri.

II.

1. Sinfonie aus dem Baum der Diana von Martin.
2. Arie aus Trofonio von Salieri.
3. Terzett aus Trofonio.
4. Violin-Concert von Vauxhall.
5. Quintett aus dem Baum der Diana.
6. Recitativ und Arie aus dem Baum der Diana.
7. Erstes Finale aus dem Baum der Diana.

Am 17. März fand die zweite Akademie statt.

Im darauf folgenden Jahre faßte Schröder den Entschluß, den Ertrag dieser Concerte zur Gründung einer Pensionsanstalt für die Mitglieder des Theaters zu verwenden. Am 9. und 23. März 1795 wurden zu diesem Zweck zwei Akademien gegeben. Der Zettel enthielt folgende Bekanntmachung Schröder's:

„An das Publikum.

Der verdienstvolle und gesittete Schauspieler kann bei der itzigen Verfassung des Theaters nur eine Ursache haben, Hamburg mit einem andern Orte zu vertauschen: Brodsorge im Alter, wogegen er bei einigen Theatern gesichert ist. Ich halte es für meine Pflicht, auch jedes hiesige Mitglied nach Möglichkeit gegen diese Sorge zu sichern (wenn es sich nicht durch eine üble Aufführung dieser Aussicht beraubt). Ich widme daher in diesem Jahre, die zwei mir bewilligten Konzerte am heutigen und 23. März zur Gründung dieser Anstalt. Der Unterstützung meines guten Publikums gewiß, werde ich das doppelte Vergnügen haben — wohlzuthun und den Geschmack an edler Musik allgemeiner zu machen."

Der Appell an das „gute Publikum" scheint aber diesen humanen Bestrebungen Schröder's im Anfang nicht sonderlich

entgegengekommen zu sein, denn Logen und Parterre waren nicht
sonderlich besucht. Auf den Programmen beider Akademien
figurirten u. A. Symphonien von Cannabich und Abt Vogler,
die zweite Abtheilung von Neumann's „Cora" sowie Chöre
und Gesänge aus der „Athalia" von Schulz.

Vom Herbst 1793 bis 1800, in welchem Jahre Schröder
die Bühne verließ, fanden den Winter über 9 Akademien statt,
zu welchen auch auswärtige bedeutende solistische Kräfte hinzugezogen wurden. In der ersten vom 20. October wurde Händel's
Alexanderfest aufgeführt; zwischen den einzelnen Abtheilungen
spielte man Sätze aus einer Vogler'schen Symphonie. Das
Orchester bestand aus 59 Instrumentisten, der Chor jedoch nur
aus 14 Stimmen. Diese Zahlen geben uns einen ungefähren
Anhaltspunkt zur Beurtheilung dieser Aufführungen. Uebrigens
waren diese Akademien, welche von nun ab bis 1798 Sonntags
stattfanden, zahlreich besucht. In letzterem Jahre erhielt Schröder
die Erlaubniß, auch Sonntags theatralische Vorstellungen geben
zu dürfen, und so wurden die Akademien auf den Sonnabend
wieder verlegt. Die Programme litten durchgehends an einer
gewissen Monotonie was die Aufführung größerer Vocalwerke
betrifft, und häufig griff man zu einzelnen Opern-Acten zurück,
die man im Laufe der Saison mehrmals auf den Zettel setzte.
Die neue Direction, welche 1800 Schröder folgte, hatte wenig
Interesse für die von ihm gestiftete Pensions-Anstalt. Die Akademien
wurden zwar fortgesetzt, aber in einer Weise, daß die Theilnahme
des Publikums immer mehr erkaltete.

Von größerer künstlerischer Bedeutung waren diejenigen
Concerte, welche Musikdirector

Johann Friedrich Hönicke in den Jahren 1801—1809
zu seinem Benefiz veranstaltete. Im Jahre 1755 geboren, wurde
ihm am 25. März 1781 die Leitung des Orchesters an der
Hamburger Oper übertragen.[1]) Hönicke, der auch als Com-

---

[1]) Schütze, welcher a. a. O. S. 501 diese Daten anführt, berichtet
im Widerspruch hiermit S. 525, daß Hönicke im Jahre 1783 als
Musikdirector angestellt worden sei.

ponist mit einer Operette, einer Symphonie, Arien und Liedern an die Oeffentlichkeit trat, starb am 29. August 1809.

Am 28. Februar 1801 führte er zum ersten Male Haydn's Schöpfung „vor einer der zahlreichsten Versammlungen auf, die je in diesem Hause (Schauspielhaus) erschienen; der Wetteifer der singenden Personen mit dem Orchester, um die Ausführung so vollkommen als möglich zu machen, erhielt desto mehr den Beyfall der anwesenden Kenner und Liebhaber, da diese Ausführung auch eine ziemlich hochgespannte Erwartung befriedigte."[1] Der Chor bestand aus 50 Stimmen, die beiden vereinigten Orchester des deutschen und französischen Schauspielhauses aus 52 Mitwirkenden. Der Instrumentalkörper setzte sich aus 20 Violinen, 6 Bratschen, 4 Violoncelli, 4 Contrabässen, 2 Hörnern, 2 Oboen, 2 Flöten, 2 Clarinetten, 2 Fagotts, 1 Contrafagott, 3 Posaunen, 3 Trompeten und einer Pauke zusammen. Hönicke hatte viel Mühe und Sorgfalt auf die Einstudirung verwandt, die ihm nebenbei auch bedeutende Kosten verursachte. Da nun aber die Direction ihm eine Wiederholung des Werkes zu seinen Gunsten verweigerte, so blieb Hönicke nichts übrig, als die Eintrittspreise auf das Doppelte zu erhöhen. Das Haus war trotzdem überfüllt, und das Concert brachte die ansehnliche Summe von 6000 fl. ein. Der Referent der Leipziger Allgemeinen Musikalischen Zeitung lobt die Leistungen des Orchesters, weniger vollkommen seien jene des Chors gewesen, vorzüglich die Solisten Madame Haßloch und Lippert; auch Herr Haßloch habe sich mit der Tenorpartie in anerkennenswerther Weise abgefunden.

Da die Direction sich den Erfolg des Werkes nun auch zu Nutze machen wollte, so veranstaltete sie am 6. März eine Wiederholung desselben zu den gewöhnlichen Eintrittspreisen. Ueber den Erfolg dieser Aufführung haben wir nichts gefunden, doch hatten Herr Haßloch und Frau, zu deren Benefiz die „Schöpfung" am 24. März abermals gegeben wurde, eine Einnahme von 1550 fl.

Hier dürfte der geeignete Ort sein, über die im Schauspielhaus stattfindenden Benefiz-Concerte einiges einzuschalten.

---

[1] Hamburgischer Correspondent Nr. 33.

Die Besoldungsverhältnisse der beim deutschen Theater angestellten Künstler wiesen diese darauf an — und es war ihnen dies auch contractlich zugesichert —, an bestimmten Tagen im Schauspielhause Concerte geben zu dürfen. Der Tag wurde aber von der Direction bestimmt, und daß diese den für ihre Kasse günstigsten auswählte, an dem sie irgend einem Mitglied gestattete, ein Concert zu veranstalten, versteht sich eigentlich von selbst. Sie gab überdies nur das Haus frei, die Beleuchtungskosten gingen auf Rechnung des Concertgebers. „Wenn sie nun keine ausgebreitete Bekanntschaft oder nicht Unverschämtheit genug besitzen, Bekannten und Unbekannten in die Häuser zu laufen und ihnen die Billets mit Gewalt in die Hände zu drücken, bringen sie kaum die beträchtlichen Kosten auf. So ging es auch dem tüchtigen Geiger Massoneau, Concertmeister an der deutschen Oper."[1]) In welcher Weise die Künstler, auch die auswärtigen, von der Direction des deutschen Schauspielhauses ausgebeutet wurden, kann man aus folgendem entnehmen.

Der Concert-Saal auf dem Kamp war längere Zeit hindurch als Packraum in den neunziger Jahren benutzt worden. Die anderen Säle waren theils nicht groß genug, theils erwiesen sie sich musikalischen Zwecken sonst nicht günstig, und so waren vor der Erbauung des französischen Schauspielhauses alle Hamburger und auswärtige Künstler genöthigt, Schröder um Ueberlassung seines Hauses zu bitten. Er gestand dasselbe aber nur jenen zu, die in seinen Akademien unentgeltlich mitwirkten. So waren die Concerte mancher tüchtiger Künstler oft so schlecht besucht, daß die Kosten kaum bestritten werden konnten, hatte man sie doch schon in den Akademien gehört. „Manche nahmen daher lieber mit dem ordinairen, gewiß sehr mäßigen Honorar von sechs dänischen Dukaten, 12 Thaler hiesigen Geldes vorlieb, als sich durch ungewisse Einnahmen und gewisse hier ziemlich beträchtliche Ausgaben für Musikbeleuchtung, Erlaubniß 2c. — denn Herr Schröder gab blos das Haus frey — in Schaden zu bringen."[2])

---

[1]) Leipziger Allgemeine Musikalische Zeitung. 1801. S. 404 ff.

[2]) „Briefe über Tonkunst und Tonkünstler in Hamburg" in der Leipziger Allgemeinen Musikalischen Zeitung. Erster Jahrgang.

In demselben Brief werden ganz speziell die Aufführungen unter Hönicke gelobt, der immer bemüht sei, an seinen Benefizabenden gediegene musikalische Aufführungen zu veranstalten. So brachte er am 13. März 1802 Haydn's Jahreszeiten. Er dirigirte auch die Benefiz-Concerte anderer Mitglieder der Oper, wenn diese sich größere Vocalschöpfungen wählten. Natürlich war es in den folgenden Jahren Sitte, nur solche Werke zu bringen, die ein möglichst günstiges Kassenergebniß in Aussicht stellten; so z. B. die Schöpfung und die Jahreszeiten. Am 2. März 1803 dirigirte Hönicke den Messias in der Mozart'schen Bearbeitung.

Das letzte Concert unter Hönicke, von dem uns Kunde geworden, fand am 29. October 1808 statt. Die erste Abtheilung brachte „die vorzüglichsten Stücke aus der heroisch-komischen Oper „Sargino" von Paer; die zweite: Ouvertüre von Gluck, Gloria von Sebastian Bach, sowie Ave verum, ein Sanctus und Agnus Dei von Mozart. Der Chor bestand aus 30, das Orchester aus 30 Personen.

Zum ersten Male wurde das Requiem von Mozart am 25. April 1809 im deutschen Schauspielhause aufgeführt. Das ganze deutsche Opern-Personal wirkte mit.

Es kann nicht unsere Aufgabe sein, die Benefiz-Concerte der Mitglieder im Einzelnen zu verfolgen, zumal die Programme selbst, in der Regel von ziemlich zweifelhafter musikalischer Färbung waren. Ein Bericht in der Hammonia vom Jahre 1821[1]) findet sie zwar hinsichtlich ihrer inneren Organisation auffallend verbessert. „Wenn früherhin man es für genügend hielt, die Freunde der Tonkunst mit hundertmal gehörten Arien und Duetten, abgeleierten Polonaisen und einigen veralteten Declamations-Brocken zu bewirthen, so war in der letzten Zeit das Streben, das Bessere der neuern Compositionen in solchen Concerten zur Beurtheilung des Publicums zu bringen so unverkennbar, als der Erfolg für Publicum und Concertgeber höchst erfreulich."

Wir können zwar in dieses Lob nicht unbedingt einstimmen; enthielten auch die Programme zuweilen bessere Werke, so bezeugen

---

[1]) Hammonia. 1821. Nr. 16.

sie doch so ziemlich alle — wir sprechen nur von den Benefiz-Aufführungen im Theater —, daß der Geschmack für das wirklich Schöne und Erhaltungswerthe in der Kunst noch sehr in den Anfängen lag. Der einzige, welcher ein höheres Streben und eine geläuterte Einsicht bekundete, war Hönicke. Dagegen waren die Bestrebungen Clasing's und des Fräulein Louise Reichardt auf das eigentliche Ideal in der Kunst gerichtet. Doch hierauf sowie auf die Gründung der Singakademie und der philharmonischen Gesellschaft, die in jene Zeitperiode fällt, welche uns hier beschäftigt, werden wir erst im sechsten Kapitel eingehend zu sprechen kommen. Zunächst aber wollen wir noch eine Rückschau auf die Gesangs- und Instrumental-Virtuosen werfen, welche in den Jahren 1761—1850 in Hamburg öffentlich auftraten.

IX.

Virtuosen.

a. Sänger.

Es sind nur wenige Sänger, und darunter nur einige von Bedeutung, die in der angegebenen Zeitperiode in Concerten sich hören ließen. Wir nennen aus den Jahren 1778/90 den Tenoristen Giuliani, den langjährigen Sänger am Württembergischen Hofe Blondini, den Italiener Marchiani und Calcagni. Ein Sänger von Ruf war Josef Carl Ambrosch, zu Crumau in Böhmen am 6. Mai 1759 geboren. Nachdem er in Prag unter Kozeluch im Gesang und in der Musik ausgebildet, betrat er die Bühne zum ersten Male 1784 in Bayreuth; am 18. Juni 1787 debütirte er als Belmonte auf dem Hamburger Theater. Bislang war er Mitglied der wandernden Schmidt'schen Gesellschaft gewesen. Im Jahre 1790 wurde er mit seiner Frau, geborene Kalmes — sie trat in Soubrettenrollen auf — entlassen und 1791 für das National-Theater in Berlin engagirt. Er galt als einer der besten Sänger seiner Zeit. Auch als Liedercomponist war er sehr beliebt. Er starb den 8. September 1822, hochgeachtet und angesehen in allen Kreisen Berlins.

Am 28. Juli 1790 gab der preußische Kammersänger **Johann Christian Franz** ein Concert im Concert-Saal. Geboren 9. Juni 1765 zu Havelberg, sollte er ursprünglich Theologie studieren, ging aber seiner schönen Stimme wegen zur Musik über und wurde ein Schüler **Concialini**'s. Im Jahre 1782 engagirte ihn der Minister Graf von Schwerin als Bassist für den preußischen Hof, und 1787 wurde er zum ersten Bassisten an der italienischen und komischen Oper, 1791 am National-Theater ernannt. Er starb den 28. Februar 1812.

Im Jahre 1791 ließ sich der braunschweigische Sänger **Cougarini** in zwei Concerten mit großem Beifall hören. Am 16. April und 5. Mai trat auch der Castrat **Muschietti** auf. Er war Contra-Altist; seine Gesangskunst wurde mit jener **Porporino**'s verglichen. Von Hamburg ging er nach Berlin, wo er auf drei Jahre für die königliche Oper engagirt war. Doch wurde er Ende 1793 plötzlich entlassen, weil er revolutionärer Gesinnungen und Handlungen verdächtigt wurde. Er mußte Preußen verlassen.[1] Ueber seine weiteren Lebensumstände haben wir nichts Näheres erfahren. Am 20. April und 2. October 1793 concertirten Herr und Frau **Mussini**. **Nicolo Mussini**, in Italien geboren, kam 1792 von London nach Deutschland, und gab in den hervorragendsten Städten Concerte. 1794 wirkte er auch einige Zeit lang an der Hamburger[2] später an der Berliner Oper. An letzterer wurde er 1798 verabschiedet, worauf er als Capellmeister und Kammer-Compositeur in die Dienste der Königin Wittwe trat. Er starb in Berlin 1813 oder 1814. Ueber einen Herrn **Simonetti**, Kammersänger des Churfürsten von Köln, der am 30. November 1794 im Concert-Saale ein Concert veranstaltete, schrieb die Kritik: „Herr S. hat eine vortreffliche Tenorstimme, und verbindet mit selbiger einen so meisterhaften und rührenden Vortrag, daß dem Kenner nichts zu

---

[1] L. Schneider: Geschichte der Oper und des Königl. Schauspielhauses. Berlin 1852. S. 215.

[2] Schütze a. a. O. weiß hiervon nichts zu berichten, doch wurde in genanntem Jahre in Hamburg seine Oper: „La cameriera astuta" aufgeführt.

wünschen übrig bleibt, auch hat er bereits neulich in der Harmonie mit allgemeinem Beifall gesungen." Aus den nächsten Jahren werden uns dann ein Bassänger Wunder und ein Tenorist du Sart genannt.

Im Jahre 1797 kam Antonio Bianchi, italienischer Baritonist und Componist nach Hamburg. Er war 1758 in Mailand geboren, wo er eine gründliche musikalische Ausbildung erhielt. Hierauf machte er große Reisen, die seinen Ruf immer weiter verbreiteten. In Berlin fand er 1795 eine Anstellung an der Opera buffa, nachdem er seit 1793 am National-Theater künstlerisch thätig gewesen war. Nach dem Tode Friedrich Wilhelm II. ging die komische Oper ein, worauf er zunächst nach Hamburg zog, um dort Concerte oder sogenannte Intermezzo-Vorstellungen zu geben. Zuletzt war er bei der Krüger'schen Gesellschaft engagirt, mit der er umherzog. Vom Jahre 1802 an ist er verschollen.

Einer der vorzüglichsten Tenoristen des vorigen Jahrhunderts war Friedrich Franz Hurka, am 25. Februar 1762 zu Merklin in Böhmen geboren. Von Berlin aus, wohin er 1789 an die königliche Oper berufen worden war, kam er im Jahre 1798 nach Hamburg, um in einigen Concerten aufzutreten. Seiner Stimme wird berückende Klangschönheit und vorzügliche Schule nachgerühmt. Er starb in Berlin am 10. December 1805. Ein gleich vorzüglicher Künstler, welcher von 1800 an viele Jahre lang ein gern gesehener Gast in Hamburg war und in den Hauptconcerten als Solist auftrat, war der Preußische Kammersänger Ludwig Fischer. Zu Mainz 1745 geboren, trat er als Knabe in die Churfürstliche Capelle, war später abwechselnd in Mannheim, Wien, Paris und Italien, bis er 1789 für Berlin gewonnen wurde, wo er am 11. Juli 1825 starb. Er hatte einen seltenen Umfang der Stimme; sie reichte vom Contra D bis zum eingestrichenen A.

Als Sänger traten weiter noch auf, der Tenor Tomasini, der österreichische Kammersänger Simoni, die Italiener Cervieri, Pratelli, Folchini und Piantamida, dann ein Weimar'scher Kammersänger C. Stromeyer u. s. w.

Am 14. Februar 1807 gab im Apollo-Saal ein Hamburger, Herr Pölchau,¹) „dessen schöne musikalischen Talente bisher nur seine näheren Bekannten in freundschaftlichen Circeln zu bewundern Gelegenheit hatten," ein öffentliches Concert. Die Kritik rühmt den großen Umfang seiner Tenorstimme, den schönen Vortrag und die treffliche Methode. In seinem zweiten Concert vom 12. December wurde zum ersten Male in Hamburg Beethoven's „Eroica" aufgeführt.

Zum Schluß nennen wir noch den Tenoristen Julius Cornet, welcher lange Zeit hindurch in Hamburg engagirt war, und von 1741—1747 dem Stadt-Theater mit Julius Mühling als Director vorstand. Sein erstes öffentliches Concert mit seiner Frau, einer ebenso trefflichen Sängerin, fand am 18. November 1826 statt.

b. Sängerinnen.

Wir haben bereits früher der Sängerin Affabili flüchtig gedacht, die den Capellmeister Westenholz zu Ludwigslust heirathete, und als Hofsängerin in Schwerin 1776 starb. Sie war eine gefeierte Künstlerin; besonders wurde von den Zeitgenossen ihr Vortrag des Adagio hervorgehoben. Im Jahre 1725 in Venedig geboren, ging sie frühzeitig zur Bühne, und erregte überall durch ihre schönen Stimmmittel und ihren ausdrucksvollen Gesang Aufsehen. Mit einer italienischen Operngesellschaft kam sie 1756 nach Lübeck und Hamburg; doch fand sie erst 1765 eine feste Stellung als Hofsängerin in Schwerin. Von hier aus ging sie 1765 mit Westenholz und den „Virtuosen" Wreden, Tauer und Semler nach Hamburg, um am 25. November und 9. December 1765 zwei Concerte zu geben.

---

¹) Könnte dies vielleicht Georg Pölchau sein, der am 5. Juli 1773 in Liefland geboren, unter Kaiser Paul I. Rußland verließ und sich in Hamburg niederließ? Hier erwarb er die musikalische Hinterlassenschaft C. P. E. Bach's und kaufte die Reste der Hamburger Opernbibliothek auf. Im Jahre 1813 siedelte er nach Berlin über, wo er am 12. August 1836 starb.

Im Jahre 1766 kam „Mademoiselle" Schmeling, die später so berühmte Mara nach Hamburg, um am 12. und 19. Januar im Kramer Amthause zwei Concerte zu veranstalten. Sie war damals 17 Jahre alt und hatte als Sängerin bereits einen hohen Ruf. Niggli irrt, wenn er die Schmeling diese Kunstreise — jene durch England war vorausgegangen — erst im Frühjahr 1766 über Göttingen und Hannover antreten läßt[1]); wir berufen uns zum Zeugniß für unsere Daten auf den im Hamburger Stadtarchiv befindlichen Erlaubnißschein, der am 9. Januar ausgestellt wurde. In Hamburg hätte, wie Niggli weiter berichtet, die Familie des englischen Predigers Vaughten sich ihrer in liebenswürdigster Weise angenommen, auch habe der damals in unserer Stadt anwesende achtzehnjährige Clavier-Virtuose J. B. Cramer der „Kleinen" den Hof gemacht. Am 7. Juli 1779 concertirte sie als Frau Mara mit ihrem Manne im Drillhause.

Im Jahre 1775 gab die berühmte Agricola geborene Molteni am 18. December im Concert-Saal ein Concert. Sie war 1722 in Modena geboren und genoß den Unterricht eines Porpora, Hasse und Salimbeni. Von 1765 bis zu ihrem 1780 erfolgten Tode war sie an der Berliner Oper, wo sie den königlichen Hofcomponisten Agricola heirathete. Burney[2]) hörte sie als 50 jährige Sängerin. Er lobt trotz ihres Alters ihre reine Intonation und außerordentliche Bravour. „Man kann daraus, daß einige Stellen in ihrer Stimme etwas dünne sind, den Abgang der Jugend merken, sie hat aber noch schöne Ueberbleibsel einer großen Sängerin. Ihre Stimme geht vom tiefen A unter der Linie bis in's dreigestrichene D, und sie hat einen sehr vollkommenen Triller und eine reine Intonation." Einige Jahre

---

[1]) Siehe Band III der bei Breitkopf & Härtel erschienenen Sammlung musikalischer Vorträge, S. 172. Wie Hanslick a. a. O. S. 103 berichtet, sei sie bereits 1760 als violinspielendes Wunderkind in Wien aufgetreten, „ein gebrechliches, vielgeplagtes Kind, das mit Hilfe des englischen Gesandten in Wien hierauf die Reise nach London antrat." Erst später ging sie zum Gesang über.

[2]) Burney a. a. O. III., S. 61.

später concertirte mit ihrem Manne, dem berühmten Geiger, Madame Celestini am 20. November 1777 im Comödienhause. Die Hamburger Kritik bewunderte ihren Geschmack, den großen Umfang ihrer Stimme und die seltene Fertigkeit. Im Jahre 1780, am 22. April, gab sie wieder ein Concert in Hamburg. Auch nennen uns aus derselben Zeit die Concertzettel eine Madame Morichelli Boello, „erste Actrice der Italienischen Opera comique Ihrer Russisch Kaiserl. Majestät."

Am 20. und 28. Juli 1784 entzückte die bereits früher genannte Madame Lange die Hamburger mit ihrem Gesang. Der Correspondent schreibt in der Nummer 115: „Sie fühlt dasjenige, was sie mit ihrer schönen Stimme singt, innigst, daher ihr Gesang so sehr ans Herz dringt. Das Adagio singt sie mit unbeschreiblicher Anmuth. Auch ihre dabey angebrachte Verzierungen zeugen von ihrem geläuterten Geschmack. Bravour-Arien singt sie mit großer Fertigkeit, und überwindet alle Schwierigkeiten mit desto leichterer Mühe, da sie mit den Regeln der Tonkunst völlig bekannt ist."[1]) Als sie 1793 ihr Gastspiel an der Hamburger Oper beendet hatte, gab sie am 6. März ein Abschieds-Concert, in welchem sie zum Schluß Mozart's „Vergißmeinnicht" vortrug. Am 6. November und 11. December wirkte sie abermals in Concerten mit; das letztere trug ihr eine Einnahme von 1517 ₰ ein. Im Jahre 1790 treffen wir die ausgezeichnete und vielbewunderte Sängerin Margaretha Danzi, in München 1756 als die Tochter des dortigen Theater-Directors Marchand geboren. Im Gesang bildete sie sich bei der berühmten Lebrun, der Schwester ihres ersten Gatten aus, um nach dessen Tode 1790 den Hofmusiker und Componist Franz Danzi zu heirathen. Mit ihm trat sie noch in demselben Jahre eine größere Kunstreise an, die sie auch nach Hamburg führte, wo sie am 20. April ein Concert gab. Sie starb in München am 11. Juni 1800 an der Auszehrung. Ueber die Sängerin Negri, die sich 1793 in zwei Concerten

---

[1]) Sie gastirte zu jener Zeit von Mitte Juli bis Ende August an der Hamburger Oper; später wurde sie, wie bekannt, an derselben angestellt.

präsentirte, schreibt der Correspondent in Nr. 4, daß obgleich ihre Stimme nicht stark sei, so singe sie doch mit einer bewundernswürdigen Präcision; ihr Gesang erinnere an jenen der Todi. In demselben Jahre traten zu wiederholten Malen die Sängerinnen Lombardi-Bianchi und Madame Lionelli, 1798 die Mecklenburg-Schwerin'sche Kammersängerin Fräulein Doll auf. Ferner am 3. December die Preußische Kammersängerin Righini, nachdem sie am 19. October ihr Gastspiel am Stadt-Theater eröffnet hatte; sie verblieb der Hamburger Bühne bis 1800. Sie war die Tochter des Flötisten Kneisel zu Stettin, wo sie 1767 geboren wurde. Schon 1782 betrat sie die deutsche Bühne in Berlin, 1787 finden wir sie in Hannover. Von hier aus ging sie nach England, um sich dort in der Gesangskunst zu vervollkommnen. Im Jahre 1795 erregte sie in Frankfurt a. M. durch ihren Gesang Sensation. Von dort kam sie nach Berlin, wo sie den Capellmeister Righini heirathete und von nun ab der Opera buffa angehörte. Als letztere 1798 aufgelöst wurde, ging sie wie gesagt nach Hamburg. Im Jahre 1800 nach Berlin zurückgekehrt, wollte bei ihrer schwächlichen Constitution Righini nicht mehr zugeben, daß sie beim Theater verbleibe; sie hing aber mit ganzer Seele an ihrer Kunst. Die Verschiedenheit der Ansichten führte aber zur Trennung der Ehe. Sie starb an der Auszehrung am 25. Januar 1801. In Hamburg sang sie auch in vielen Concerten. Der dortige Referent für die Leipziger Allgemeine Musikalische Zeitung urtheilt über ihren Gesang: „Ob sie gleich nicht die außerordentliche Leichtigkeit und Höhe einer Lange, nicht die Lebhaftigkeit und den kraftvollen Ausdruck einer Schick hat, so war doch ihr Gesang durchaus rein und richtig; auch machte sie selten überflüssige Manieren und Verzierungen, und wenn man diese hörte, so paßten sie doch zur Harmonie und Begleitung. Sie gab 3 Concerte und ihr Mann dirigirte. So sehr mir auch der Componist gefiel, so mißfiel mir doch der Directeur noch ungleich mehr, der fast alles verdarb, was jener gut gemacht hatte. Ein solches entsetzliches Geprassel muß Ihnen bei der Musik noch nicht vorgekommen seyn, wenn Sie Righini nicht haben dirigiren hören." In ihren Concerten wirkte auch der Bassist Apel mit, von dem der oben erwähnte Kritiker schreibt, daß er nie eine schönere, vollere Stimme von größerem Umfange, vom Contra C bis eingestrichenem g gehört habe.

Noch nennen wir aus dieser Zeitperiode Demoiselle Guenet, Sängerin an der französischen Oper, deren schöne, volle und biegsame Stimme gerühmt wird, und Katharina Braun, geborene Brouwer (1778—1833), aus dem Haag gebürtig, Gattin des Cellisten Braun; nach Gerber hatte sie ein wunderbares Organ, dessen Umfang vom kleinen f bis zum viergestrichene c reichte. Ferner Fräulein oder Frau Willmann aus Wien, die Negri, Madame Müller vom Berliner National-Theater und Fräulein Walter aus Altona; dann die Churfürstl. Baierische Hofsängerin Madame Cannabich (1802), sowie 1805 Maria Marchetti-Fantozzi, die Mutter der berühmten Sängerin Giuseppa Marchetti. Sie war eine tüchtige Künstlerin, was schon daraus hervorgeht, daß sie im Jahre 1792 mit dem ansehnlichen Gehalt von 3000 Reichsthalern für die Berliner Oper engagirt wurde, an der sie 10 Jahre blieb, um dann wieder nach Italien zurückzukehren. Sie gab mehrere Concerte, die das Entzücken der Hamburger erregten. „Wenn es allezeit löblich war — heißt es in Nr. 71 des Correspondenten — dem Talente Gerechtigkeit wiederfahren zu lassen, und diejenigen zu rühmen, welche sich auf eine solche Art auszeichnen, daß dadurch selbst Neid und Partheygeist verstummen mußten: so ist man der Madame Marchetti diese Gerechtigkeit wohl schuldig, und sie ist es, der ein ganzes Publicum diese Gerechtigkeit durch so allgemeine Beyfallsbezeugungen wiederfahren ließ."

Im zweiten Jahrzehnt unseres Jahrhunderts war auch Wilhelmine Becker, die Tochter des Tenoristen Ambrosch, geboren 1791 zu Berlin, als erste Sängerin am Hamburger Stadt-Theater angestellt. Sie wirkte u. A. in dem Concert mit, das Spohr am 7. November 1811 gab. Die Kritik äußerte sich damals dahin, daß Madame Becker an diesem Abend einen wahren Sieg gefeiert und eine Palme errungen habe, die selbst der Neid ihr nicht zu entreißen vermöge. Damals war sie also schon mit dem Kaufmann Becker verheirathet. Ihre Stimme soll von außergewöhnlicher Höhe und Schönheit gewesen sein, der Umfang sich bis zum dreigestrichenen a erstreckt haben. Später war die Künstlerin in Prag engagirt, wo sie glänzende Triumphe feierte. Am 15. Juli 1815 gab die Milder-Hauptmann ihr erstes Concert in Hamburg im Apollo-Saal; zu gleicher Zeit gastirte sie an der dortigen Oper. Später trat sie noch zwei Mal in Hamburg als Concertsängerin auf, am 10. April 1817 und am 22. April 1818. Anna Milder ist am 13. December 1785 in Constantinopel geboren; ihren ersten Gesang-Unterricht genoß sie bei Tomaszelli, später bei Salieri in Wien. Ihrer kraftvollen Stimme und ihrer auffallenden Schönheit hatte sie es zu danken, daß sie, fast noch Anfängerin, für das Hofopern-Theater in Wien engagirt wurde, wo sie vornehmlich in Gluck'schen Opern excellirte. Für sie schrieb Beethoven die Partie des Fidelio. Im Jahre 1810 heirathete sie einen reichen Juwelier Namens Hauptmann. Bei der Berliner Hofoper war sie von 1816—1829 angestellt. Sie erschien 1836 in Wien zum letzten Male vor dem Publicum; ihr Tod erfolgte am 29. Mai 1838 in Berlin. Welchen Eindruck sie als Darstellerin in den Gluck'schen Opern machte, mag die poetische Zueignung beweisen, welche Goethe ihr zur Feier der 25 jährigen Bühnenwirksamkeit mit einem Pracht-Exemplar seiner Iphigenie übersandte:

> Dies unschuldsvolle fromme Spiel
> Das edlen Beifall sich errungen,
> Erreichte doch noch höhres Ziel,
> Betont von Gluck, von dir gesungen!

Am 8. Januar 1816 und 25. Juni wie 4. April 1817 gab Anna Maria Sessi im Apollo-Saal Concerte. Es gibt sieben Sängerinnen dieses Namens. Hierunter waren fünf Schwestern, von welchen drei zu den ausgezeichnetsten Künstlerinnen ihres Faches gehörten. Anna Maria Sessi, die seit 1815 sich nach ihrem Gatten Sessi-Neumann nannte, war 1793 zu Rom geboren. Ihre Carriere begann sie 1811 in Wien, ging später nach Pest und trat noch in verschiedenen Hauptstädten Deutschlands auf; sie soll wie Hanslick[1]) berichtet, 1864 in Wien nach längerer

---

[1]) A. a. O. S. 260.

Krankheit gestorben sein. Die Hamburger Kritik rühmte der Stimme bedeutende Stärke und eine Höhe nach „die, als sie noch mit weniger Anstrengung erreicht werden konnte", bewunderswürdig gewesen sein müsse. Ihr Vortrag sei im großen Stil gehalten gewesen.

Im Jahre 1816 bemächtigte sich Hamburgs der Catalani-Fanatismus. Die berühmte Sängerin gab im Juni innerhalb zehn Tagen 4 Concerte im Apollo-Saale, zu denen der Eintritt 2 Species-Thaler betrug. „Madame Catalani — heißt es in Nr. 96 des Correspondenten — kann 32 Jahre alt sein; aber sie scheint jünger, da sie mit einem sehr edlen Römischen Gesicht eine schöne Gestalt vereinigt, und die Kunst ihre Jugend immer erhält." Als sie nach Hamburg kam, war sie übrigens 37 Jahre alt, und der Höhepunkt ihres künstlerischen Rufes war bereits überschritten. Sie ist 1779 in Sinigaglia im Kirchenstaat als die Tochter eines Goldarbeiters geboren. Zum ersten Male trat sie 1795 in der Fenice zu Venedig auf. Nachdem sie auf allen Bühnen Italiens ihre Landsleute zur Bewunderung hingerissen, führte sie ein glänzender Antrag 1804 auf 3 Jahre nach Lissabon. In den Jahren 1807 bis 1814 war sie in London mit einem festen Gehalt von 96000 Franken jährlich engagirt. Von hier aus ging sie nach Paris, um, zum Schaden des Instituts, die Direction der italienischen Oper zu übernehmen. Später machte sie Kunstreisen durch Europa, bis sie 1827 sich auf ihre Villa bei Florenz zurückzog und jeder öffentlichen Kunstübung fortan entsagte. Am 12. Juni 1849 erlag sie in Paris der Cholera. Wie überall, so waren auch in Hamburg über ihren Gesang die Meinungen getheilt. Sie einigten sich darin, daß die Catalani eine der schönsten und gewaltigsten Sopranstimmen habe; strengere Kritiker vermißten jedoch in ihrem Gesang das tiefere Gemüthsleben, und tadelten einige Unebenheiten und Nachlässigkeiten in ihrer Technik selbst. Eine der schärfsten Kritiken schrieb Musikdirector Schwencke.[1]) Zunächst constatirt er die Thatsache, daß der Apollo-Saal, welcher im Ganzen 1000 Personen fasse, trotz der hohen Eintrittspreise in den beiden ersten Concerten

---

[1]) Allgemeine Musikalische Zeitung. 1816. S. 473.

übervoll, im dritten dagegen nur ziemlich besucht und im vierten fast leer gewesen sei. Die Stimme habe sich innerhalb der Grenztöne g—a bewegt; der Umfang sei also kein außerordentlicher gewesen, und das Organ habe mehr die Färbung eines Alt als jene eines Sopran getragen. Sie hätte zwar auch in das hohe h hinauf und in das tiefe f hinunter singen können, aber diese Töne seien nicht mehr schön gewesen. Er rühmt der Stimme große Kraft nach, sie nehme aber in der hohen Lage einen scharfen Timbre an. Ihre Stimme habe sie vollständig in ihrer Gewalt, auch ihre Fertigkeit sei groß, besonders im mezza oder sotto voce Vortrag. Dagegen störe es empfindlich, daß sie vornehmlich in Passagen und Coloraturen fast „alle Leittöne und übermäßige Intervalle und große Terzen nach der gleichschwebenden Temperatur" zu tief singe. Auch tadelt Schwencke ihre Aussprache, das Zerreißen der musikalischen Phrase und die Wahl ihrer Stücke. Ihre Programme setzten sich aus lauter italienischem Phrasengeklingel zusammen. Weiter rügt er ihre willkürlichen Ausschmückungen in der Arie aus Figaro: „Dove sono i bei momenti."[1]

Die Catalani sang so ziemlich überall dasselbe Programm ab; mit einem Dutzend Arien bereiste sie jahrelang Europa. Ihre Paradenummern waren die Polonaise „Placida campagna" von Puccita, die Variationen von Rode, welche sie zuerst in Puccita's Oper „La principessa in campagna" 1817 einlegte, und die Arie Figaro's „Non piu andri." Im Jahre 1819 gab sie am 12. Juli in Hamburg abermals ein Concert, und am 14. veranstaltete sie eine geistliche Aufführung in der St. Michaelis-Kirche zu wohlthätigen Zwecken. Trotz der hohen Platzpreise — 5 ß 12 β — fanden sich mehrere tausend Hörer in der Kirche ein. Der Referent des Correspondenten schreibt wieder in überschwänglicher Weise in der Nummer vom 20. Juli von den „Seraphs-Tönen der Königin des Gesangs, Angelica Catalani."

---

[1] Im Hamburger Unterhaltungsblatt vom Jahre 1816 Nr. 6 und ff. wird gegen Schwencke's Kritik polemisirt und ihm u. A. vorgeworfen, sie sei deßhalb so scharf gehalten, weil die Catalani ihm zu wenig Aufmerksamkeit geschenkt habe.

Sie sang Arien von Händel, Guglielmi, Sacchini und Puccita. „Die Fülle, die Kraft, der Glockenton ihrer bewunderten Stimme erschienen wohl nie mächtiger und lieblicher zugleich, als unter diesen herrlichen, Gott geweihten Gewölben." Außerdem wirkte der von Fräulein Reichardt und Clasing geleitete Chor mit, welcher Gesänge aus Händel's Messias und Haydn's Schöpfung vortrug. Das letzte Concert der Catalani in Hamburg fand im Mai 1820 statt.

In den folgenden Jahren concertirten noch eine Madame Gervais, deren Gesang die Kritik „innigst beseelten Vortrag" nachrühmt, Madame Ellmenreich und Madame de Gregori. Am 3. Januar 1829 trat die berühmte Contra-Altistin Constance Tibaldi, eine Schülerin Benelli's und Tochter des vorzüglichen Tenoristen Carlo Tibaldi auf. Sie war am 21. Juli 1806 in Dresden geboren, und wurde später an der dortigen italienischen Oper angestellt. Nach dem Abgang der Sontag wurde sie für das Königsstädter Theater in Berlin engagirt. Hier erhielt sie den Titel Kammersängerin. Eine Kunstreise führte sie durch die Hauptstädte Deutschlands. Besondere Anerkennung fand ihr Gesang in Hamburg und London, während sie in Paris als Tancred ausgepfiffen wurde. Verstimmt hierüber zog sie sich von der Bühne zurück und ging nach Bologna, wo sie einen reichen Privatmann heirathete. Noch nennen wir die in den Jahren 1829/30 an der Hamburger Oper engagirte Kraus-Wraniczky, geboren 1800 in Wien. Am 14. December erklärte sie sich für „zu sittenstreng und keusch", um die Partie der Kunigunde in Spohr's Faust zu singen. Die hierüber ausgebrochenen Zwistigkeiten führten am 30. Januar 1830 zu Theaterscandalen, welche die Künstlerin zum Verlassen der Hamburger Bühne nöthigten. Sie starb am 25. Juni 1831 in Wiesbaden. Ein Spottreim sang ihr beim Verlassen Hamburgs nach:

„Lin zu Andern lenke deine Schritte,
Wo man Prüd'thun höher hält, als Kunst."

Saphir sprach ziemlich geringschätzig über ihren Gesang; „zuweilen schreit sie, als ob sie unrecht hätte, denn wer recht hat, schreit nie." Sie muß jedoch eine vortreffliche Künstlerin gewesen sein, wie aus allen objectiven Referaten hervorgeht.

Im Jahre 1850 kam Henriette Sontag nach Hamburg, wo sie 4 Concerte gab. Trotz des für die damalige Zeit hohen Eintrittspreises von 6 ℳ, machte sie volle Häuser. Das erste Concert fand im Apollo-Saal am 11., die übrigen am 15., 18. und 20. November im Theater statt. Ihr Honorar für diese drei Abende betrug 15 202 ℳ. Der „Dichter Tobias Sonnabend" gestand

„Daß ihr Programm, das an den Ecken kleistert,
Selbst ihn zu seiner Hymne hat begeistert."

Sie trug u. A. Arien von Bellini, Rossini und Paccini, sowie Variationen über ein Schweizerlied von Piris vor. Die „Hamburger Nachrichten" schrieben u. A.: „Die schönste und vollendetste Blüthe der Kunstbildung ist hier mit den glänzendsten Gaben der Natur vereinigt."[1]) Das Auftreten der Sontag[2]) in Hamburg ist insofern noch von Interesse, als sie mit diesen Concerten Abschied vom Kunstleben nahm, denn bald darauf erfolgte die öffentliche Declaration ihrer Heirath mit dem Grafen Rossi. Zeitgenossen schildern uns die Sontag als das holdeste, liebenswürdigste und einfachste deutsche Mädchen „von mittlerer Größe, dem zierlichsten Wuchse, mit einem lachenden, runden Gesichtchen, blauen, sanften, lebhaften Augen, stets heiter, voll Laune und Muthwillen, aber von den Grazien umweht in jeder Bewegung, dabei mit dem besten Herzen begabt, stets hülfebereit, immer wohlthätig, freundlich, zuvorkommend und liebreich." Mit dieser bezaubernden Persönlichkeit einte sich eine glockenreine, klare, liebliche, weiche und umfangreiche Stimme und die eingehendste musikalische Bildung. „Ihr Vortrag war zugleich im höchsten Grade präcis, kunstgerecht und natürlich wie herzlich, ergreifend und seelenvoll; die höchste Gewandtheit und Kehlenfertigkeit für verzierten Gesang wie einen seltenen Grad von Ausdauer waren ihr eigen. Für den Ausdruck tief erschütternder Leidenschaftlichkeit fehlten ihr die

---

[1]) Hamburger Nachrichten. 1830. Nr. 270.
[2]) Die Sonntag war am 3. Januar 1806 in Coblenz geboren.

Mittel, dagegen war sie in Partien, die ihrer Persönlichkeit zusagten, in launigen, schalkhaften und gemüthlichen Rollen unerreichbar und unvergleichlich."

Im Jahre 1853 nöthigten ungünstige Vermögensverhältnisse die Künstlerin, nochmals aufzutreten. Sie war immer noch eine schöne, stattliche Frau, und wie früher wußte sie Alles in den Zauberkreis ihres Gesanges zu bannen. Auf dieser Reise kam sie, wie wir im nächsten Kapitel erfahren werden, auch nach Hamburg, wo sie im Theater und in Concerten auftrat. In den Vereinigten Staaten feierte sie Triumphe über Triumphe, bis der Tod ihrem Leben plötzlich ein rasches Ziel setzte. Sie erlag am 17. Juni 1854 in Mexico der asiatischen Cholera. Ihr Wunsch, im Kloster Marienthal, wo ihre Schwester Nina als Nonne weilte, beigesetzt zu werden, wurde erfüllt. An einem schönen Maimorgen (4. Mai 1855) wurde der mit Kranz und Lorbeer geschmückte Sarg der Königin der deutschen Sängerinnen über den stillen Klosterhof von Marienthal in die Gruft der Kreuz- oder Michaeliscapelle getragen. Am 17. Juni 1856 ließ Graf Rossi den bisherigen Sarg in einen kostbaren Zinnsarg einsetzen, an dessen Fußseite die Worte Pauli zu lesen sind: „Wenn ich mit Menschen- und Engelszungen redete und hätte die Liebe nicht, wär' ich ein tönend Erz. Die Liebe höret nimmer auf."

c. Violinspieler.

Der Geiger sind Legion, die in gedachter Periode in Hamburg sich öffentlich und in Privatconcerten hören ließen. Ein Peter Albrecht von Hagen war der erste, welcher ein Concert gab, und zwar am 12. Mai 1740 im Drillhause. Doch scheinen schon vor ihm Künstler dieses Instruments aufgetreten zu sein, denn in der Anzeige heißt es, daß er versuchen werde, „ob ein Einheimischer Antheil an demjenigen Beyfalle finden möge, womit allhier einige Ausländer, gedachten Instruments wegen, beehret worden sind."

Im Jahre 1775 trat der berühmte Antonio Lolli in mehreren Concerten auf. Die Zeit seiner Geburt ist nicht genau festzustellen. Gewöhnlich wird angenommen, daß er 1733 zu Bergamo geboren sei; doch wird dies bestritten und das Jahr

1740 als solches bezeichnet.¹) Auch uns scheint letzteres Datum das richtige zu sein. Im Jahre 1762 trat er in die Dienste des Herzogs Carl von Württemberg; von hier aus ging er 1773 nach Petersburg. Von 1779 an machte er größere Kunstreisen bis zu seinem 1802 in Sicilien nach längerer Krankheit erfolgten Tod. Die Urtheile über sein Spiel lauten ungleich. Zwar meint ein entzückter Verehrer, daß

„Ein schmachtender Triller von Ihm ist mehr, als hundert Concerte,
Von seelenlosen Stümpern gelärmt."²)

Und als er 1784 über Stockholm und Kopenhagen wieder in Hamburg eine Reihe von Concerten veranstaltet hatte, schrieb der Correspondent: „Welcher Freund der Musik wird nicht mit Entzücken einen Mann hören, der nicht nur die größten Schwierigkeiten mit einer beynahe unbegreiflichen Reinigkeit und Präcision spielt, sondern auch aus seinem Instrument einen so großen, vollen und klingenden Ton ziehet, dergleichen die größten Meister nach dem Urtheil der Kenner bis jetzt auf der Violine noch nicht hervorbringen können."³) Ja ein Jünger der Muse bestieg nach dem Concert vom 10. October 1784 sogar den Pegasus, um sich in folgendem Dithyrambus zu ergehen:⁴)

> De ces accords divins que je venois d'entendre
> L'ame encor en extase, et marchant à pas lents,
> Hier non loin de moi, sans d'abord bien comprendre,
> J'entendis sur Lolli disputer trois passans.
> J'ecoutai de plus près l'un l'appelloit un Diable;
> Ah c'est par trop mentir! dit l'autre
> Car à moins d'être un Dieu on ne produit tels sons;
> Le troisième enfin d'un ton plus aimable,
> Dit, J'ignore Messieurs, comme il faut qu'on le nomme
> Mais je suis pour certain, ce ne peut être un homme.
>   J. G. M."

Etwas anders lautet dagegen die Kritik des Hamburgischen Referenten in Cramer's Magazin.⁵) Hier wird besonders das

---

¹) Siehe Leipz. Allgemeine Musikal. Zeitung. Jahrgang 1799.
²) Hamburgische Adreß Comtoir-Nachrichten. 1773. Nr. 166.
³) Hamburgischer Correspondent. 1784. Nr. 161.
⁴) Hamburgischer Correspondent. 1784. Nr. 166.
⁵) Cramer's Magazin. 1786. S. 911.

willkürliche Spiel Colli's getadelt; er sei zwar ein großer Violinvirtuose, aber ein Tonkünstler ohne Empfindung. „Welche Empfindung, welche Leidenschaft hat er jemals uns dargestellt? Was hat er denn gethan? Er hat auf der Geige den Ton einer Flöte, einer Laute, einer Leyer, eines Dudelsacks u. s. w. hervorgebracht; er hat das Krähen eines Hahnes, das Bellen eines Hundes und den Gesang der Vögel nachgeahmt." Dieses Urtheil ist entschieden ein übertriebenes, aber etwas vom Charlatan war Colli's Spiel nach allen Zeugnissen eigen. Man kann ihn als den Vater des modernen Virtuosenthums betrachten; Colli war das Vorbild eines Paganini und verwandter Geiger.

Zum letzten Male trat Colli in Hamburg im Jahre 1791 auf, und zwar gab er am 25. Mai auf dem Kaiserhof, sowie am 2. August im Schauspielhause Concerte. In beiden spielte auch sein Sohn, der Cellist Filippo Colli.[1]

In den siebziger Jahren ließen sich auf der Geige hören Sartory, die Virtuosin Beyern (1773), sowie Kammermusikus Pesch aus Braunschweig und Müller, erster Violinist des Prinzen Heinrich von Preußen (1778/79). Es ist uns nicht gelungen zu erfahren, ob letzterer mit Johann Michael oder Johann Heinrich Müller identisch ist.

In den achtziger Jahren traten noch auf der herzoglich Gothaische Kammermusicus Hattasch, der Anhalt-Dessauische Kammermusicus Hartung und ein Geiger Namens Lüders aus der Capelle des Prinzen Ferdinand von Preußen. Am 27. November und 4. December 1785 producirte sich im Schauspielhause Signora Regina Strinasachi in zwei Concerten. Im Cramer'schen Magazin für Musik wird ihr Spiel sehr anerkennend besprochen. Wir haben keine Daten über ihren Lebenslauf gefunden; nur wissen wir, daß sie von Hamburg über Ludwigslust und Berlin nach Dresden reiste, wo sie sich mit dem Cellisten Tricklir verheirathete, um dann

---

[1] Die Notiz in der Nummer 86 des Correspondenten vom Jahre 1791, daß der junge Colli erst 8 Jahre alt sei, muß auf einem Druckfehler beruhen, oder, was uns wahrscheinlicher dünkt, sie war eine recht plumpe Reclame, denn Filippo war 1773 in Stuttgart geboren.

mit ihm eine Kunstreise nach Frankreich und Italien anzutreten. Im Jahre 1784 producirte sich auch ein blinder Violinvirtuose Namens Pudon. Noch sei der trefflichen, 1772 in München geborenen Violinistin, Pianistin und Sängerin Marianna Crux gedacht, welche 1787 und 1807 in Hamburg Concerte gab.

Am 15. März 1788 trat auch ein Hamburger Kind als Geiger auf, nämlich Johann Heinrich Marpurg, der Sohn des berühmten gleichnamigen Theoretikers und Musikschriftstellers. Er ist in unserer Stadt 1766 geboren. Seine musikalische Ausbildung erhielt er in Berlin, wo er später Mitglied des Orchesters vom deutschen Theater wurde. Von Berlin aus trat er in die Capelle des Markgrafen von Schwedt, 1790 in diejenige des Herzogs von Mecklenburg-Schwerin. In Ludwigslust errichtete er eine Musikalien-Handlung. Im Jahre 1802 soll er nach Altona übergesiedelt und dort auch gestorben sein. Ein Schüler Colli's und ein ausgezeichneter Geiger war Bartolommeo Campagnoli, welcher am 28. April 1785 in Hamburg ein Concert gab. „Er machte erstaunende Passagen, und alle so rein wie eine Glocke. In Doppelgriffen ist er besonders stark, und bey allen den Künsten die er macht, beobachtet er einen Anstand, daß einer glauben möchte, es sei nichts leichter als so zu spielen." In Hamburg trat er nochmals am 24. Mai 1791 auf. Campagnoli war am 10. September 1751 zu Cento bei Bologna geboren, er starb am 6. November 1827 in Neustrelitz.

Am 16. April und 3. Mai 1791 concertirte der vortreffliche Violinspieler Pieltain, in Lüttich 1754 geboren. Er war ein Schüler Jarnowich's. Sein Tod erfolgte am 12. December 1833. Ein bedeutender Geiger jener Zeit war auch Isidor Berthaume, 1752 in Paris geboren und von 1774 an erster Violinist im Orchester der großen Oper, von 1785 bis 1791 Director der Concerts spirituels. Er begab sich, von der Revolution vertrieben, auf Concertreisen, die ihn 1792 nach Hamburg führten, wo er am 19. Juni ein Concert veranstaltete, in welchem auch sein Schüler Lafont, damals 11½ Jahr alt, auftrat. Von 1793—1800 bekleidete Berthaume die Stelle eines herzoglich-oldenburgischen Concertmeisters und Musikdirectors zu Eutin. Eine hierauf vorgenommene Kunstreise führte ihn von Scandinavien nach Petersburg, wo er als erster Violinist der kaiserlichen Privatcapelle noch in demselben Jahre am 20. März starb. Auch der bereits früher erwähnte Schick ließ sich am 8. März 1794 in Hamburg wieder hören. Ihm folgte der begabte, ja genial veranlagte, aber sittlich verkommene Jacob Scheller, der sich als ehemaliger württembergischer Capellmeister einführte. Geboren am 16. Mai 1759 zu Schettal bei Raknitz in Böhmen, genoß er die musikalische Unterweisung des Abts Vogler in Mannheim, wo er im Orchester Anstellung gefunden hatte. Nach einer längeren Kunstreise trat er dann als Concertmeister in die Capelle des Herzogs von Württemberg in Mömpelgard. In dieser Stellung verblieb er bis 1792. Von dort an trieb er sich, meist betrunken, als vagabundirender Geiger herum. Sein Wahlspruch war: Ein Gott, — ein Scheller! Nach Hamburg kam er mit dem Clarinett-Virtuosen-Stadler. In der Voranzeige des am 20. December 1794 stattgehabten Concerts kündigte er an, daß er u. A. „nach seiner eigenen Erfindung die Harmonika täuschend auf der Geige vortragen und darauf in einer Ariette zwey sich zankende Weiber möglichst nachahmen" und zum Schluß „ein belustigendes musikalisches Allerley, nebst comischen Variationen" ausführen werde. Im Jahre 1801 gab er nochmals ein Concert in Hamburg. Der Referent der Leipziger Allgemeinen Musikalischen Zeitung berichtet in wenig erbaulicher Weise hierüber: „Der berüchtigte Violinist Scheller trat zwar nur einmal auf, er hatte sich aber dermaßen begeistert, daß er, so wie er sich sehen ließ, durch sein in jedem Betracht abentheuerliches Aussehen, ein allgemeines Gelächter erregte, kaum stehen, geschweige spielen konnte. Da ihm niemand akkompagniren wollte, so judelte er ein Thema mit Variationen unter beständig anhaltendem Gelächter des Publicums allein her, und stürzte, oder fiel vielmehr in die Coulissen zurück, wo er aber von einigen mitleidigen Menschenfreunden aufgefangen wurde." Die Virtuosität Scheller's muß eine außerordentliche gewesen sein. So habe er in einem Violinconcert von Hoffmeister den ersten Satz des Rondo in Flageolettönen auf das Vollkommenste gespielt.

Im Jahre 1796 besuchte Ferdinand Fränzl Hamburg, wo er am 30. April ein Concert gab. Fränzl war der Sohn und Schüler des einst hochgeschätzten Ignatz Fränzl in Mannheim. Geboren am 24. Mai 1770 zu Schwetzingen, starb er nach einem arbeitsvollen und an künstlerischen Erfolgen reichen Leben im November 1833 in Mannheim. Es werden ihm ungemeine Fertigkeit und Sauberkeit, Reinheit des Tons und ausdrucksvoller Vortrag nachgerühmt. Auch der Hamburger Berichterstatter rühmt in der Leipz. Allgem. Mus. Zeitung gelegentlich Fränzl's Auftretens in zwei Concerten am 1. und 15. November im Jahre 1800, diese Eigenschaften, tadelt dagegen sein unrhythmisches Spiel.[1]) Der berühmte Rode veranstaltete 1796 mehrere Concerte. Er war Schüler von Fauvel und Viotti. Geboren 16. Februar 1774 in Bordeaux, debütirte er 1790 mit dem 15. Concerte Viotti's. Seine Glanzzeit begann mit der Anstellung als Solospieler in der Privatcapelle des ersten Consuls im Jahre 1800. Doch schon 1803 ging er nach Petersburg. Aber seines Bleibens war nirgends lange. Er kehrte wieder nach Paris zurück, machte alsdann Kunstreisen durch Deutschland und Oesterreich und ließ sich schließlich — 1814 — in Berlin, später in seiner Vaterstadt nieder. Er starb am 25. November 1830. Leider haben wir über sein Auftreten in Hamburg nirgends ein Urtheil gefunden. Spohr rühmte seinen langen und kräftigen Bogenstrich, seinen starken, fast schneidenden Ton; „Sprünge und Doppelgriffe gelingen vorzüglich, doch mangelt ihm das, was alle Herzen elektrisirt und hinreißt."[2]) Rode trug beinahe ausschließlich seine eigenen Compositionen vor. Aus dem Jahre 1797 nennen wir Giornovichi, auch öfters Jarnowik geheißen, ein Schüler Lolli's. Geboren 1745 in Palermo, nach anderen in Paris oder Ragusa, gehörte er mehrere Jahre, von 1779—1783 der Capelle des Kronprinzen von Preußen an. In London war er Anfangs der neunziger Jahre, ehe Viotti dort erschien, der Alleinherrscher unter den Geigenkünstlern. Aber sein

---

[1]) Zu diesen Concerten waren zum ersten Male die Karten in der Böhme'schen Musikalienhandlung, große Bäckerstraße, zu haben.

[2]) Allgemeine Musikalische Zeitung von 1813.

dissolutes Leben, seine Arroganz und Streitsucht, die ihn früher schon in Paris und Berlin unmöglich gemacht hatten, trugen zu seiner Beliebtheit auch in der Themsestadt nicht bei. So kam er nach Hamburg, wo er als Violin- und Billardspieler Gold und Lorbeeren gewann. Schwencke schreibt über ihn in der Leipz. Allgem. Mus. Zeitung, daß er seine 6—8 Concerte noch immer rein und nett spiele, das sei aber auch Alles. Dittersdorf urtheilt dagegen über sein Spiel: „Er zieht einen schönen Ton aus seinem Instrumente, hat eine reine Scala, überwindet Schwierigkeiten spielend, singt vortrefflich im Adagio, hat hie und da gewisse pikante Eigenthümlichkeiten, spielt degagirt, ohne zu grimmassiren, mit einem Wort: er spielt für Kunst und Herz."[1]) Er starb am 21. November 1804 beim Billardspiel in Petersburg. Schwencke erwähnt in obiger Kritik auch eines Holländers Dingel, der ein „gewaltiger Notenfresser" sei. „Er spielt die schwersten Konzerte, Solo's ꝛc. ohne fast auch nur eine einzige Note zu verfehlen, zum ersten Male vom Blatte weg, aber wie leicht zu erachten, fast ohne allen Character-Ausdruck."

Am 18. März 1798 gab das jugendliche Künstlerpaar Pixis aus Mannheim in Hamburg sein erstes Concert. Der 12jährige Friedrich Wilhelm, geboren 1786, gestorben zu Prag am 20. October 1842, spielte die Geige, während sein Bruder Johann Peter, 1788 geboren, zu Baden-Baden am 22. December 1874 gestorben, als Pianist sich einführte. Dem ersten Concert folgten noch zwei am 25. März und 5. Mai. Die Hamburger Kritik lobte die außerordentliche Fertigkeit des älteren Pixis, die Reinheit und Bestimmtheit seines Spiels sowie die Wahrheit des Ausdrucks und die Feinheit des Geschmacks im Vortrag.[2]) Aufsehen erregte im Jahre 1799 das Spiel des 10jährigen Julien Baur, der in mehreren Concerten auftrat. Der strenge Hamburger Kritiker in der Leipz. Allgem. Mus. Zeitung lobt sein Spiel mit warmen Worten. Etwas Näheres haben wir über ihn nicht erfahren können; er war wahrscheinlich, wie so manches

---

[1]) Dittersdorf a. a. O. S. 234.
[2]) Hamburgischer Correspondent. 1798. Nr. 46.

andere Wunderkind, eine Eintagsfliege, die den Abend des Tages nicht mehr erlebt. Am 14. Februar 1805 begegnen wir dem vorzüglichen Violin-Virtuosen Christian Gottfried Kiesewetter, 24. December 1777 zu Ansbach geboren, Kammermusikus des Fürsten von Bernburg, später Concertmeister in Oldenburg und Hannover. Er starb am 27. September 1827 zu London in großer Armuth. Nach Hamburg, wo sein außerordentliches Talent großes Aufsehen erregte, kam er oft von Hannover herüber um zu concertiren. Am 11. November 1815 spielte er mit seinem Schüler August Petersen, dem Sohne des berühmten Hamburger Flöten-Virtuosen Petersen, ein Concert für zwei Violinen. Zum letzten Male begegnen wir ihm am 24. März 1817. Die Kritik hebt die Sicherheit und Deutlichkeit in der Ausführung der schwierigsten Passagen, die bewundernswerthe Fertigkeit im Allegro, den hinreißenden, tief in die Seele dringenden Ton im Cantabile hervor.

Im Jahre 1810 kam Ludwig Spohr[1]) nach Hamburg. Er gab am 8., 21. und 24. Februar sowie am 5. März Concerte, die stark besucht waren und ihm, mit Ausnahme der am 24. Februar zum Benefiz des F. L. Schmidt stattgefundenen Aufführung, in welcher Spohr die Rode'schen Variationen spielte, eine Einnahme von 1925 Species-Thaler eintrugen. In allen Concerten wirkte seine Frau mit.[2]) Das Programm vom zweiten Concert war folgendes:

I.

1. Ouvertüre von Spohr.
2. Arie von Mozart, gesungen von Herrn Negri.
3. Violin-Concert, componirt und gespielt von Herrn Spohr.

---

[1]) Geboren 5. April 1784 zu Braunschweig, gestorben 22. October 1859 in Cassel.

[2]) Dorothea Spohr war die Tochter des Gothaischen Kammermusikus Schindler; sie wurde geboren am 2. December 1787 und starb den 10. November 1834. Sie war eine ausgezeichnete Harfen-Virtuosin.

II.

1. Sonate für Pedalharfe und Violine von Spohr. Gespielt von Herrn und Frau Spohr.
2. Potpourri für Violine mit Begleitung des ganzen Orchesters. Componirt und gespielt von Spohr.
3. Variationen für Harfe. Gespielt von Frau Spohr.

Der Correspondent enthält in seiner Nummer 51 einen Bericht in dem es heißt: „Das vortreffliche Spiel des großen Virtuosen erregte bei allen Musikfreunden die innigste Bewunderung seiner Talente in der Composition und in der Ausführung, und die angenehmsten und lebhaftesten Gefühle, die durch das hinreißende Harfenspiel seiner vortrefflichen Gattin noch vermehrt wurden."

Im Herbst 1811 kam Spohr wieder nach Hamburg, um seine für Schröder geschriebene Oper „Der Zweikampf mit der Geliebten" zu dirigiren; bei dieser Gelegenheit veranstaltete er am 7. November mit seiner Frau im Apollo-Saal ein Concert, in welchem auch der berühmte Clarinettist Hermstedt mitwirkte. „Von einem volltönenden Orchester ward eine neue, in allen ihren Theilen wahrhaft große Symphonie von Spohr sehr glücklich executirt. Dann spielte Spohr mit der ihm eigenen Kraft ein Allegro und eben der Zartheit im Adagio ein Concert, und hierauf Madame Spohr mit ihrem Gatten ein wunderschönes Concertando für Harfe und Violine, beyde von des ersteren trefflichen Composition." Auch wirkte Spohr in einem von der an der Oper engagirten Sängerin Gley gegebenen Concert mit. Im Jahre 1819 trat Spohr nochmals am 6. oder 7. October in Hamburg auf; u. A. trug er sein A-Dur Concert vor. Im Jahre 1816 gab auch Ignatz Schuppanzigh aus Wien, (1776—1830), in Hamburg ein Concert. „Ein fester solider Spieler."[1])

Von sonstigen Geigen-Virtuosen, die sich in den drei ersten Decennien unseres Jahrhunderts in Hamburg hören ließen, nennen wir noch Anton Bohrer, 1783 zu München geboren, 1852 als Concertmeister in Hannover gestorben. Dann eine Madame

---

[1]) Hamburgisches Morgenblatt. Nr. 81.

Girbini, (?) die sich als eine Schülerin Viotti's ausgab, Carl Mühlenfeldt und Luigi Tomasini.

Besondere Erwähnung verdient der Kammermusikus und Concertmeister Carl Friedrich Müller, am 11. November 1797 zu Braunschweig geboren, am 4. April 1875 dortselbst gestorben. In dem berühmten älteren Müller'schen Quartett spielte er die Bratsche. Zum ersten Male trat er in Hamburg als Solist am 12. December 1822 auf; dann treffen wir ihn in den Jahren 1825 und 1827 als Veranstalter von Concerten in unserer Stadt. Als ein tüchtiger Schüler von Spohr bewährte sich Leopold Lindenau, 1806 zu Hamburg geboren, später Concertmeister und Dirigent am Theater-Orchester daselbst; er starb 1859. Lindenau trat am 26. November 1825 in seiner Vaterstadt erstmalig öffentlich auf, und errang durch sein Spiel großen Beifall.

Ueber das erste Auftreten von Ferdinand David in seiner Geburtsstadt fanden wir einen Programmzettel, der bislang sogar seinem Biographen Julius Eckhardt unbekannt war. Nach diesem Zettel gab der 17jährige Künstler[1]) am 6. October 1827 in der Stadt London, einem Gasthofe, eine musikalische Abend-Unterhaltung. Unter anderem spielte er mit Hamburger Künstlern ein Spohr'sches Quartett, mit Lindenau ein Doppel-Rondo von Maurer, sowie Variationen von Mayseder. Die Kritik schrieb: „Herr David bewährte in seinem Vortrage so verschiedenartiger Compositionen eine seltene und schätzbare Vielseitigkeit, und indem er die Manier Spohr's verlassen, und nicht mehr so zu sagen, an der Schule klebt, gibt er uns die gegründete Hoffnung, daß er sie durch Eigenthümlichkeit zu ersetzen im Stande sein werde."

Am 29. Februar 1828 ließ sich der ebenfalls 17jährige Baron Sigismund Otto Praun hören. Er war am 1. Juni 1811 in Tyrnau in Ungarn geboren, doch erlag er schon am 5. Januar 1830 in Krakau der Schwindsucht. Die Kritik lobt den „eindringlichen, vollen und doch südlich-milden Ton, dessen Schönheit

---

[1]) Ferdinand David ist am 19. Januar 1810 in demselben Hause wie Mendelssohn, Große Michaelisstraße 14 geboren; er starb am 18. Juli 1873 auf einer Reise zu Klosters in der Schweiz.

von jedem tief empfunden werden muß, auf welcher Stufe musikalischer Ausbildung und Kenntniße er sich auch befinde. Es ist nicht der stark-kräftige Ton der Deutschen, nicht der durch kecke Bogenführung zu erreichende der Neufranzösischen, es ist der milde, tief in die Seele sich einschmiegende der älteren Italienischen Schule, als deren letzten Repräsentanten Campagnoli, der jüngste Schüler Nardini's ist." Im Jahre 1829 concertirte Karl Möser, in Berlin am 24. Januar 1774 geboren, 27. Januar 1851 dortselbst gestorben. Aus seinen Soiréen gingen die königlichen Symphonie-Concerte hervor. Auch der seit 1825 in Hamburg als Concertmeister wirkende Joseph Rudersdorf[1]) trat öfter als Solospieler auf. Auch E. A. Beer, der, wie wir bereits ausgeführt, während einer Reihe von Jahren eine erfolgreiche künstlerische Wirksamkeit in Hamburg ausübte, kam 1850 von Stockholm, wo er als Concertmeister an der Königl. Hofcapelle angestellt war, herüber, um am 1. September im Logensaale ein Concert zu geben.

Endlich lenkte auch Nicolo Paganini[2]) seine Schritte nach Hamburg, wo er im Juni 1830 eine Serie von Concerten im Theater gab. Leider haben wir keine Berichte über sein Auftreten und Spiel gefunden. Marx schildert Paganini als einen krank verfallenen Mann, der mit leisem, eiligem Schritt durch die Musiker gleitet, „das fleisch- und blutlose Gesicht im dunklen Locken- und Bartgewirr, mit der kühnsten Nase voll Ausdruck des wegwerfendsten Hohnes, mit Augen, die wie schwarze Edelsteine aus dem bläulichen Weiß glänzen. Nun sogleich hastiger Anfang des Ritornells, und nun der schmelzendste und kühnste Gesang, wie er nie auf einer Geige gedacht worden ist."[3]) Zu seinen verblüffendsten Effectmitteln gehörte das Umstimmen der 4 Saiten, wodurch ihm sonst unausführbare Passagen und Accordfolgen möglich wurden.

---

[1]) Er wurde 1799 in Amsterdam geboren und kam 1825 als Concertmeister nach Hamburg. Von hier aus ging er nach Dublin, später nach Berlin. Rudersdorf starb in Königsberg im Jahre 1866.

[2]) Geboren 27. October 1782 zu Genua, gestorben 27. Mai 1840 zu Nizza.

[3]) Berliner Musikzeitung. 1829. Nr. 10.

Seine Bogenführung und Applicatur waren einzig in ihrer Art, ebenso sein Flageolettspiel. In dem allgemeinen Taumel, der die Welt ob Paganini's Spiel ergriffen hatte, nimmt sich Spohr's Urtheil sehr nüchtern aus. Er schreibt: „Im Juni 1830 kam Paganini nach Cassel und gab 2 Concerte im Theater, die ich mit dem höchsten Interesse anhörte. Seine linke Hand so wie die immer reine Intonation schienen mir bewunderungswürdig."[1]) Wie überall so spielte Paganini auch in Hamburg die Variationen über den Hexentanz aus „Le nozze de Benevento". Es war dies ein Mailänder Ballet von Vigano mit Musik von Süßmayer.

d. Violoncellisten.

Der erste Violoncellist, der sich in Hamburg als Solist hören ließ, war ein Battiste Anselmi, welcher am 6. und 9. April 1761, und „aus Italien wieder zurückgekommen", am 28. Juli 1762 in einem „vollstimmigen Concert" im Concert-Saal mitwirkte. Der erste Künstler von Bedeutung suchte Hamburg im Jahre 1768 auf; es war dies Christoph Schetky, zu Darmstadt 1740 geboren, 1773 in Edinburg gestorben; er lebte auch einige Zeit in Hamburg und London. Er trat am 11. Juni, 5. und 19. December auf. In seiner Anzeige des dritten Concerts hofft er den Beifall der Hörer noch mehr zu verdienen, „indem er die hohe Gesellschaft für den Windzug verwahren und das Orchester ansehnlich verstärken und durchaus erhöhen wird." Am 27. Februar, 20. März und 11. October 1769 gab er noch drei weitere Concerte. Im zweiten führte er u. A. den Tod Jesu von Graun auf und spielte ein Concert für Violoncell; im letzten wirkte auch sein Bruder, Flötist, mit. Von Hamburg aus scheint Schetky im Frühjahr 1770 nach London sich begeben zu haben. Im Jahre 1775 kam der Cellist Johann Carl Bischoff nach Hamburg, wo er sich einige Zeit aufhielt und mehrere Concerte gab. Er ist 1747 in Nürnberg geboren und war Mitglied der fürstlichen Capelle in Dessau. Bischoff machte auch große Kunstreisen durch

---

[1]) Spohr's Selbstbiographie. II., S. 180.

Deutschland, Frankreich und Holland. Er ist der Vater des Musikkritikers Ludwig Bischoff. Auf seine Erfindung des Harmonicello, das er 1797 auch in Hamburg vorführte, werden wir an geeigneter Stelle zurückkommen.

Einer der hervorragendsten Cellisten des vorigen Jahrhunderts war Johann Baptist Baumgärtner, zu Augsburg 1723 geboren, gestorben als Kammermusicus des Fürstbischof von Eichstädt am 18. Mai 1782. Zu erwähnen sind außer seinen Compositionen eine damals hochgeschätzte „Instruction de musique theorique et pratique à l'usage de Violoncelle". Er concertirte am 19. December 1776 und am 17. Februar 1777. Am 25. November 1785 ließ sich auch der Musicus und Thürmer zu St. Nicolai, Hartmann, im Concert-Saal auf dem Violoncell hören, am 8. Mai 1784 Hausmann, ein Schüler Duport's. Ein anderer Schüler des älteren Duport, Daniel Johann Braun, ein vorzüglicher Spieler, kam 1799 nach Hamburg, wo er am 4. April im Eimbeck'schen Haus ein Concert gab. Er wurde am 24. Juli 1767 in Kassel geboren, trat 1787 als Kammermusicus in die Berliner königliche Capelle ein. Durch sein vortreffliches Spiel stand er bei König Friedrich Wilhelm II., der selbst Cellist war, hoch in Gunst; ja er mußte ihn 1793 in den Rheinfeldzug und ein Jahr später nach Polen begleiten, um bei den Concerten im Hauptquartier mitzuwirken. Er starb am 16. Juni 1832 in Berlin. Ein gleich vortrefflicher Cellist war Martin Calmus, 1749 zu Zweibrücken geboren und seit 1797 im Orchester des Theaters zu Altona angestellt. Nach einer längeren Kunstreise durch Norddeutschland, trat er 1800 als erster Violoncellist in die Dresdener Hofcapelle ein, wo er am 13. Januar 1809 starb. Er war auch ein guter Violinist; nur faßte er das Instrument gleich dem Violoncello zwischen die Knie. Von ihm fanden wir ein Concert in Hamburg vom 30. April 1801 verzeichnet, das im neuen Logensaale stattfand. Hier sei auch des Violoncellisten Max Bohrer, des jüngeren Bruders des Violinisten Anton Bohrer gedacht, der gemeinschaftlich mit letzterem größere Kunstreisen machte, und im Jahre 1810, 1814 und 1825 auch in Hamburg auftrat. Zu München 1787 geboren, wurde er 1832 als erster Violoncellist in das Stuttgarter

Orchester berufen. Im Jahre 1842 unternahm er noch eine an Ehren reiche Concerttour nach Amerika. Sein Todesjahr ist unbekannt.

Ein bedeutender Violoncellist war Nicolaus Kraft, Sohn des Cello-Virtuosen Anton Kraft, am 14. December 1778 zu Esterhazy in Ungarn geboren. Im Jahre 1814 trat er in die württembergische Hofcapelle ein. Von hier aus unternahm er 1818 mit Hummel eine Kunstreise, die ihn auch nach Hamburg führte, wo er am 14. Mai sehr gefiel, denn die Kritik schrieb, daß nur ein Künstler wie er es wagen dürfe, in Hamburg nach einem Bernhard Romberg als Cellist aufzutreten. Im Jahre 1834 mußte er eines Fingerübels wegen, das er sich beim Stimmen seines Instruments zugezogen hatte, in den Ruhestand treten. Kraft starb am 18. Mai 1853 in Stuttgart. Er war früher ein Mitglied des berühmten Schuppanzigh'schen Quartetts in Wien.

Bedeutend als Virtuose war der Hamburger Joh. Nic. Prell, geboren am 9. November 1773. Er war der letzte Discantist unter C. Ph. E. Bach, und bildete sich unter B. Romberg zum Violoncellisten aus. Er wurde bald beim Theater-Orchester angestellt. Später wandte er sich der Pflege der Quartettmusik zu; auf diesem Gebiete hat er sich große Verdienste erworben. Ein tüchtiger Spieler war auch sein Sohn August Christian Prell, geboren 1. August 1805 in Hamburg. Schüler seines Vaters, trat er schon im 12. Jahre mit Beifall öffentlich auf, wurde 1821 Kammermusicus in Meiningen und fünf Jahre später erster Violoncellist in der königlichen Capelle zu Hannover. Wir finden ein Concert von ihm verzeichnet, das er am 22. November 1826 im Apollo-Saale gab. Die Kritik rühmte den ungemein kräftigen, lebendigen, jugendfrischen Ton, dem bei aller Stärke nichts Rauhes und Schneidendes beiwohne.

Im Jahre 1827 besuchte Gustav Knoop Hamburg, wo er am 26. März im Apollo-Saale sich hören ließ. Er war einer der vorzüglichsten Violoncell-Virtuosen der neueren Zeit. Geboren zu Göttingen 1805, wurde er 1842 als Concertmeister in der herzoglich Meiningen'schen Capelle angestellt, ging aber schon im Jahr darauf nach Nordamerika, wo er in Philadelphia am 23. December 1849 starb.

e. Contrabassisten.

Ein berühmter Contrabassist im vorigen Jahrhundert war Joseph Kämpfer. In Ungarn geboren, widmete er sich dem militärischen Beruf und gehörte eine Zeit lang als Offizier der oesterreichischen Armee an. Als solcher hielt er sich in Croatien auf, wo er mit dem Spiel auf dem Contrabaß sich beschäftigte, und durch beharrliche Studien zum Virtuosen auf dem Instrument sich ausbildete. Sein erstes Auftreten erfolgte in Wien[1]), und zwar mit einem solchen Erfolg, daß er bald darauf für die Capelle des Fürsten von Esterhazy engagirt wurde. Vom Jahre 1776 an machte er große Kunstreisen durch Deutschland und Rußland; 1784 erregte er in London durch sein Spiel allgemeine Bewunderung. Seitdem blieb er verschollen. Im Jahre 1780 am 30. October gab Kämpfer[2]) im Schauspielhause ein Concert. Er trug „ein Concert mit Rondo vom Herrn Kapellmeister Heyden", und eine Sonate eigener Composition vor; außerdem spielte er ein Violin-Concert auf seinem Instrument. Am 25. Juni 1783 producirte er sich abermals in unserer Stadt. Einem Bericht des Cramer'schen Magazins der Musik[3]) über ihn entnehmen wir folgendes: „Ohne alle Anweisung, ohne einen Menschen zu haben, von dem ich hätte lernen können — erzählt er selbst —, machte ich mich mit einer Geduld, die ich Ihnen nicht beschreiben kann, daran; und habe manche Passagen wohl viele tausendmale wiederholt, ehe ich mich befriedigen konnte; denn es kam darauf an, ein Instrument, das nur zur Begleitung bestimmt scheint, und seiner Natur nach rauhe Töne hat, so zum Sanften und Gekörnten zu zwingen, daß es auch im Solo den Zuhörern gefiele. In

---

[1]) Es ist auffallend, daß Hanslick a. a. O. den Namen Kämpfer gar nicht erwähnt.

[2]) Er schrieb sich auf dem Programm Kempffer; zu jener Zeit stand er in Diensten des Cardinals und Fürsten von Bathiany.

[3]) Magazin der Musik. 1783. S. 560 ff.

Wien hörte ich endlich einen Secretair Mandl mehr darauf spielen, der für einen Liebhaber viel that, aber nur ziemlich leichte Sachen executirte. Sein Instrument hatte fünf Saiten; ich nahm anfangs diese Neuerung an, schaffte sie aber hernach wiederum ab, da ich sie der Natur desselben nicht angemessen fand. 1776 fieng ich meine Reisen durch Deutschland an; so viel Beyfall ich aber auch schon damals erhielt, so muß ich doch gestehen, daß ich nachher erst alle in dem Goliath verborgenen Kräfte habe kennen lernen. Mein damaliges Spielen war nicht das vierte Theil von dem, was ich jetzt — 1783 — darauf leiste; ich bringe die schwersten Violinpassagen heraus, und weis den Laut in den höheren Tönen so ziemlich dem der Harmonica gleich zu bringen." Er zeigte dem betreffenden Referenten mehrere seiner Compositionen, wobei dieser sein Erstaunen über die halsbrechenden Passagen nicht zurückhalten konnte. Er nennt Kämpfer einen jovialen, gutmüthigen und unterhaltenden Mann; er sei auch ein großer Liebhaber des schönen Geschlechts „dem er nicht leicht misbehagen wird."

Im Jahre 1803 concertirte ein Contrabassist Eisoldt am 24. September im deutschen Schauspielhause. Nähere Daten über ihn haben wir nicht zu eruiren vermocht. Das ehemalige Mitglied des Hamburger Stadt-Theaters Süßmilch, ließ sich am 13. Juni 1812 ebenfalls als Solist auf dem Contrabaß hören; desgleichen sein Sohn im Jahre 1816.

f. Pianisten.

Es trifft nicht ganz zu wenn Hanslick schreibt: „Später als Geige und Cello, später als Oboe, Clarinette, Flöte und Horn betrat das Pianoforte als Concert-Instrument den Schauplatz der Oeffentlichkeit."[1] Schon im Jahre 1761 wirkte ein bedeutender Pianist, der um 1742 geborene Palschau in Hamburg in einem am 16. April stattgefundenen Concerte mit. In der Ankündigung heißt es: „wobey ein vor kurzem allhier angekommener großer Virtuose, Herr Palschau, seine besondere Geschicklichkeit auf dem

---

[1] Hanslick a. a. O. S. 120.

Flügel, mit Concerten und Soli, hören lassen wird." Palschau war einer der vorzüglichsten Pianoforte-Spieler seiner Zeit. Im Jahre 1800 lebte er noch in Petersburg.

Von 1761—1777 schweigen die Zeitungen und Programme von auswärtigen Pianisten. Erst am 24. Februar 1777 melden sie uns von einem gewissen Zierlein, Capell-Director des Fürstbischofs von Irmeland. Er war ein Schüler C. Ph. E. Bach's. Das Concert fand im Schauspielhause statt; er ließ sich „auf einem schönen neuen Gerlach'schen Flügel mit Concerten, und auf dem Fortepiano mit Soli's hören." Hier ist auch der von 1778 bis 1811 als Tenorist an der Hamburger Bühne engagirte Carl David Stegmann, 1751—1826, zu nennen, der von 1781 an oft in Concerten als Pianist auftrat. Im Jahre 1782 kam Franz Dussek[1]), einer der berühmtesten Pianoforte-Spieler nach Hamburg, wo er am 12. Juli im Concert-Saal „auf einem Englischen Fortepiano ganz neuer Erfindung" spielte. Er genoß eine Zeit lang auch den Unterricht C. Ph. E. Bach's. Alsdann ging er nach Berlin, Petersburg und Paris, sodann nach Italien, 1788 nach Paris und dann nach London, wo er sich dermaßen in Schulden stürzte, daß er 1800 heimlich nach Hamburg entfloh. Hier lernte er eine hochgestellte Dame kennen, mit der er zwei Jahre lang in einem intimen Verhältniß auf einem Gute in der Nähe lebte. In dieser Zeit trat er oft in Hamburg als Clavierspieler auf. Als solcher darf er neben Clementi und Cramer gestellt werden. Er war auch ein fruchtbarer Componist.

Die blinde Pianistin Maria Theresia Paradies kam 1786 nach Hamburg. Geboren am 15. Mai 1759, hatte sie das Unglück, im fünften Jahr zu erblinden. Sie zeigte schon in frühester Jugend eine ungewöhnliche Begabung für Musik und studirte Gesang und Clavier. Ihr Hauptlehrer im Clavierspiel war Kotzeluch. Sie soll bei ihm über 60 Clavier-Concerte gespielt haben. Auf ihren Kunstreisen, die sie mit ihrer Mutter unternahm, errang sie überall die ungetheilte Bewunderung. Ihr

---

[1]) Am 9. Februar 1761 zu Czaslau in Böhmen geboren, starb er am 20. März 1812 zu St. Germain en Laye.

Gedächtniß muß ein phänomenales gewesen sein. Sie hat auch viele Compositionen hinterlassen, unter anderem eine zweiaktige Oper: „Ariadne auf Naxos", zu der sie den Text selbst gedichtet haben soll. Ihre Compositionen diktirte sie Note für Note. Sie starb in Wien am 1. Februar 1824. Wenn ihre Compositionen sich übrigens, wie die in ihrer Jugend mit der Paradies befreundete Caroline Pichler erzählt[1]) „sich nicht über, ja kaum an das Mittelmäßige" erhoben haben, so war sie um so bedeutender als Pianistin. Am 3. Januar 1786 spielte sie in Hamburg zwei Clavier-Concerte ihres Lehrers Kozeluch.

Ein Schüler Dussek's, Vincenz Maschek, 1761 oder 1762 zu Zvikovec im Pilsener Kreise geboren, als Chor-Dirigent am 15. November 1831 zu Prag gestorben, erwarb sich als Pianist ebenfalls Anerkennung. Nur eine Kritik im Magazin der Musik von 1788, Seite 243, lautet etwas verdächtig. Es heißt dort: „Ich habe ihn in Privat-Gesellschaften am Clavier Arien accompagniren gehört, daß einem die Ohren mußten weh thun, wie er durch seine eingemischten Schnörkeleien die schönsten Stücke verhunzte. Was aber seine Compositionen anbelangt, so glichen sie der Welt im Kasten Noah's. Acht, zwölf, sechszehn Tacte zum Thema, das sich anhören läßt; dann eine Weile allerlei Thiere und Gewürme, das auf Erden kreucht oder in den Lüften hauset, bis das Thema endlich einmal wieder zum Vorschein kommt. So geht es ohne Verbindung und Bezug auf einander, Satz um Satz, ein Lauf nach dem andern; und wenn man's ausgehört hat, so sollte man glauben, der Componist habe einen zu Besten haben wollen." Im Jahre 1787 concertirte er im Schauspielhause am 15. October. Die unter den Violinisten bereits erwähnte 13jährige Demoiselle Crux ließ sich am 5. und 12. und 13. Mai auch auf dem Claviere hören, desgleichen ein Jahr später der unter den Geigern bereits erwähnte Marpurg.

Der junge Johann Nepomuk Hummel, dessen Talent sogar die Aufmerksamkeit eines Mozart auf sich zog, der ihn in

---

[1]) Denkwürdigkeiten. II. S. 96.

sein Haus aufnahm um den Unterricht zu leiten, gab am 9. Januar 1790 in Hamburg ein Concert im Schauspielhause.[1]) Er spielte zwei Concerte sowie die A-Dur-Sonate mit Variationen von Mozart sowie Variationen eigener Composition. Die Kritik schrieb: „Er spielte mit so viel Fertigkeit und Geschmack, daß die glänzende und zahlreiche Versammlung, gerührt über die Talente dieses Kindes, ihm den vollkommensten und lautesten Beifall schenkte."[2]) Im Mai 1818 kam Hummel wieder nach Hamburg um sich in zwei Concerten hören zu lassen; er spielte u. A. sein Septett. Am Schluß des letzten gab er die übliche freie Phantasie, „die sich in den durch Tönen ausgedrückten Wunsch: Auf Hamburg's Wohlergehen auflöste."[3]) Das Programm des im Apollo-Saal am 14. Mai stattgehabten Concerts war folgendes:

I.

1. Ouvertüre.
2. Großes Concert für Pianoforte, componirt und gespielt von J. N. Hummel.
3. Arie von Mozart, gesungen von Demoiselle Braun.
4. Concert für Cello, componirt und gespielt von N. Krafft.

II.

1. Ouvertüre von Hummel.
2. Der treue Tod, Romanze, gesungen von Herrn Dölle, mit concertanten Variationen von J. N. Hummel, für Pianoforte, Violine und Cello, vorgetragen von Beer, Hummel und Kraft.
3. Potpourri über schwedische Volkslieder von B. Romberg, gespielt von N. Kraft.
4. Freie Phantasie, vorgetragen von Hummel.

Ueber dieses Concert lesen wir im Correspondenten[4]), daß Hummel alle Clavierspieler übertreffe. „Man wußte in der That

---

[1]) Er wurde als ein 10jähriges Wunderkind ausgegeben, obwohl er damals schon 12 Jahre zählte, denn er war am 14. November 1778 in Preßburg geboren. Er starb am 17. Oktober 1837 in Weimar.
[2]) Hamburgischer Correspondent Nr. 8.
[3]) Zeitschrift Hammonia. 1818.
[4]) Hamburgischer Correspondent Nr. 79.

nicht, sollte mehr die Originalität, der Reichthum und die Mannigfaltigkeit der Ideen in seinen Compositionen, oder die Gründlichkeit, wohl berechnete Abwechselung und Anmuth der Bearbeitung derselben, oder die höchste Präcision, Deutlichkeit, Nettigkeit, Kunstfertigkeit seines höchstvollendeten Spiels bewundert werden. Mit einem Worte, wir halten Herrn Hummel für den größten Clavierspieler seiner Zeit und glauben nicht, daß er überboten werden kann."

Ein feiner, geschmackvoller Clavierspieler war Franz Seraphinus Lauska, geboren 13. Januar 1764 zu Brünn, gestorben 18. April 1825 in Berlin.[1]) Eine große Kunstreise führte ihn im Jahre 1796 auch nach Hamburg, wo er am 9. und 30. October, sowie am 20. und 30. November und am 13. Januar 1797 als Pianist sich producirte. Auf den Programmen gab er sich als Schüler Mozarts aus, doch haben wir dies nirgends bestätigt gefunden; das Ganze scheint also mehr Reclame gewesen zu sein. Ein gediegener deutscher Claviervirtuose war Heinrich Gerhard Lentz, 1764 zu Köln geboren. In Paris trat er 1784 erstmalig mit einem Concert eigener Composition im Concert spirituel auf; von hier ging er 1791 nach London, wo er in anregendem Verkehr mit bedeutenden Künstlern bis 1795 lebte, um dann nach Deutschland zurückzukehren und zunächst in Hamburg bis 1796 zu verweilen. Von hier zog ihn eine ehrenvolle Berufung an den Hof des kunstliebenden Prinzen Louis Ferdinand von Preußen. Dussek verdrängte ihn 1802 aus dieser Stellung. Von hier ging er nach Halle, Lemberg und Warschau. In letzterer Stadt lebte er hochgeachtet bis zu seinem am 21. August 1839 erfolgten Tode. Sein Concert fand am 11. Juli 1795 statt; er trat sowohl als Pianist wie als Componist in demselben auf. Im Jahre 1795 kam der Prager Organist Johann Wenzel nach Hamburg, geboren 19. Mai 1759 zu Rappau in Böhmen, gestorben im ersten Viertel unseres Jahrhunderts. Er war ein guter Clavierspieler und der erste, welcher die Oper „Idomeneo"

---

[1]) Nach A. Gathy's Musikal. Conversations-Lexikon soll er auf einer Reise nach Hamburg gestorben sein.

und die Symphonien von Mozart für Clavier arrangirte. In den beiden Concerten vom 18. und 31. October spielten er und seine Frau nur Mozart'sche Compositionen. Ein vorzüglicher Pianist war Anton Eberl, Freund Mozart's, geboren am 13. Juni 1766 zu Wien, am 11. März 1807 dortselbst gestorben. Mit Mozart's Wittwe unternahm er eine Kunstreise, die ihn 1795 auch nach Hamburg führte, wo er am 13. December und 17. Januar 1796 öffentlich auftrat. Im Jahre 1798 concertirte er nochmals mit seinem bereits erwähnten älteren Bruder, dem Violinisten Johann Peter Pixis, 1788 in Mannheim geboren, am 21. December 1874 in Baden-Baden gestorben. Auch den berühmten Clavier-Virtuosen Joseph Wölfl, 1772 zu Salzburg geboren, am 11. Mai 1812 in größtem Elend gestorben, führte eine 1799 unternommene Kunstreise nach Hamburg, wo er am 12. October und 30. November Concerte gab. Als Pianist und ganz besonders als Improvisator wurde er über Beethoven und neben Mozart gestellt, doch war sein Sieg über Beethoven im Jahre 1800 nur ein Scheinsieg. Schwencke, der in der Leipz. Allgem. Mus. Ztg. seinem Spiele alle Gerechtigkeit wiederfahren läßt, gibt über seine freie Phantasie ein absprechendes Urtheil ab. Er wiederhole stets eine Menge von Lieblingssätzen, Passagen, Trillern u. s. w. „Während bei Ph. E. Bach niemals etwas verunglückte, war seine Technik nicht immer sauber." In demselben Jahre kam auch der berühmte Violin- und Clavierspieler Henri Marchand nach Hamburg, wo er am 6. und 13. April wie am 14. December auftrat. Er war ein Schüler Mozart's. Schwencke lobte besonders sein galantes und brillantes Spiel; vorzüglich sei die Ausbildung der rechten Hand, „mit der linken nimmt er's so genau nicht."[1]) Er war 1774 in Mannheim geboren. Der Pianist und Operncomponist Friedrich Heinrich Himmel (geboren 20. November 1765 zu Treuenbrietzen in Brandenburg, gestorben 8. Juni 1814 in Berlin), ließ sich am 23. April 1801 hören. Schwencke veröffentlichte in der Leipz. Allg. Mus. Ztg. eine etwas ätzende Kritik über dieses Concert. „Herr Himmel führte zu Anfang eine sehr

---

[1]) Leipz. Allgem. Musik. Zeitung. 1800. S. 624.

geräuschvolle, stark mit Trompeten und Pauken angefüllte Ouvertüre aus einer seiner neuen Opern auf — mir kam sie nicht sehr neu vor." Außerdem spielte der Concertgeber die Clavierpartie eines selbst componirten Sextetts für Clavier, Hörner, Bratsche und Violine. Sowohl hier wie an der für zwei Claviere von ihm componirten und mit Dussek gespielten Sonate wird die allzugroße Breite der Ausführung getadelt, sein freies Phantasiren wie sein Spiel überhaupt dagegen als ein fertiges und auch „geschmackvolles" characterisirt. Im Jahre 1802 ließ sich die bereits früher genannte Frau Capellmeister Westenholz im deutschen Schauspielhause als Clavierspielerin hören, 1805 Veronica Cianchettini, Schwester des berühmten Dussek, 1779 zu Czaslau in Böhmen geboren. In London, wohin sie sich 1797 begab, gehörte sie zu den angesehensten Lehrerinnen. In demselben Concert vom 4. Mai trat auch ihr fünfjähriger Sohn Pio auf. Er gehörte übrigens zu jenen Wunderkindern, die in der Jugend angestaunt und gefeiert, später über die Stufe der Mittelmäßigkeit nicht hinauskommen. Ferdinand Ries, geboren 29. November 1784 zu Bonn, gestorben 13. Januar 1838 zu Frankfurt a. M., ein Schüler Beethoven's, war ein tüchtiger Clavierspieler und Dirigent wie fruchtbarer Componist. In seinem Concert vom 20. April 1811 spielte er Variationen von Beethoven und ein Concert eigener Composition; den Schluß bildete die übliche freie Phantasie. Am 6. März und 13. April 1816 gab ein Schüler Schwenckes, Friedrich Kuhlau, im Apollo-Saal zwei Concerte. Er war am 13. März 1786 zu Uelzen in Hannover geboren und starb 18. März 1832 zu Kopenhagen. Von seinen Compositionen sind die Claviersonaten und Sonatinen noch heute ein werthvolles Unterrichtsmaterial. Im Jahre 1819 concertirte am 6. November der Sohn Mozart's, geboren 26. Juli 1791, gestorben 30. Juli 1844, mit dem berühmten Fürstenau. Die Hammonia berichtet darüber: „Herr Mozart sollte die trübe Erfahrung machen, daß die Aegide eines unsterblichen Namens selbst im Geleite eigenen Verdienstes nicht immer vor Kaltsinn und Mangel an Theilnahme zu schützen vermag. Die erste Abtheilung seines Concerts begann mit der g-moll Symphonie seines

Vaters." Dann folgten eine Arie aus Idomeneo und ein Clavier-concert componirt und gespielt vom jungen Mozart. „Eine ganz vorzügliche Composition, die mit Feuer, Geschmack und Genauigkeit ausgeführt wurde. Mehr Schattirung in Stärke und Schwäche würde den Reiz des so braven Spiels noch erhöht haben." Gerühmt werden auch die Lieder des Concertgebers. Die übrigen vorgetragenen Compositionen waren von Mozart. Aus dem Jahre 1819 nennen wir noch den Pianisten und berühmten Pädagogen **Aloys Schmitt**, geboren 26. August 1788 zu Erlenbach am Main in Bayern, gestorben 25. Juli 1866 in Frankfurt a. M. Die Hamburger Kritik lobte die Fertigkeit, Präcision und den Geschmack seines Spiels und Vortrags. Hier sei auch der **Louise David**, Schwester des berühmten Geigers David gedacht. Sie war eine ausgezeichnete Pianistin. Geboren am 29. März 1811 in Hamburg, erhielt sie ihre musikalische Unterweisung bei Schwencke und später bei Grund. Im Jahre 1821 trat sie erstmalig öffentlich in ihrer Vaterstadt auf, und wirkte in den folgenden Jahren in vielen Concerten mit. Ihre Heirath mit einem Herrn Dulcken führte sie 1828 nach London, wo sie die Pianistin der Herzogin von Kent und Lehrerin der heutigen Königin von England wurde. In den Jahren 1835 und 1839 unternahm sie größere Kunstreisen nach den Niederlanden und Rußland. Sie starb in London am 12. April 1850. Der ausgezeichnete Pianist und anerkannte Componist **Ignatz Moscheles**[1]) lenkte im Jahre 1825 seine Schritte nach der Hansestadt. Sein Spiel erregte in Hamburg das höchste Interesse und fand einen solchen Beifall, daß er fünf Concerte geben mußte. Dieselben fanden statt am 26. und 29. Januar, am 2., 9. und 24. Februar. Das letztere allein warf ihm einen Reinertrag von 2735 ℳ ab. Er trug u. A. seine Concerte in Es-Dur und g-moll vor. Das erste Concert wurde unter Rudersdorf's Leitung mit der Fidelio-Ouvertüre eingeleitet. „Nun erschien der Heros selbst auf dem Kampfplatz, auf dem es für ihn nur Siege und Triumphe gab."[2]).

---

[1]) Geboren 30. Mai 1794 zu Prag, gestorben 10. März 1870 in Leipzig.
[2]) Hammonia. 1825. Am 4. December 1826 gab er wieder ein Concert.

In demselben Jahre trat auch der jüngere Bruder und Schüler von Aloys Schmitt, **Jacob Schmitt** am 17. December im Apollo-Saale auf. Die Kritik nannte ihn einen Clavierspieler ersten Ranges und einen gründlichen Harmoniker. Er war am 2. November 1803 zu Obernburg in Bayern geboren, machte nach vollendeten Studien eine Kunstreise und ließ sich 1825 in Hamburg nieder, wo er als Lehrer wie als Mensch hochgeschätzt war, aber trotzdem in kümmerlicher Lage 1853 starb. Er war auch ein fleißiger Componist. Beifall fanden weiter die pianistischen Leistungen der **Leopoldine Blahetka**, geboren 15. November 1811 zu Guntramsdorf bei Wien; sie war eine Schülerin von Czerny und Moscheles. Ihr Concert fand am 15. Februar 1826 statt. Am 19. December 1829 und 28. Januar 1830 ließ sich im Saale des Musikalien-Händlers Joh. Aug. Böhme der junge **Stephan Heller** hören.[1]) Leider enthalten die Zeitungen weder Programm noch eine Besprechung der beiden Concerte des später zu so hohem Ansehen gelangten Pianisten und Componisten.

g. Bläser.

1. Flötisten.

Erst gegen die Mitte und Ende des achtzehnten Jahrhunderts stellten sich die Flöten, Oboen, Fagotte, Clarinetten, Hörner und Trompeten im Orchester den Streichinstrumenten ebenbürtig zur Seite; sofort traten auch Virtuosen auf Blasinstrumenten auf. Die Flöte wurde erst dadurch concertfähig, daß Quantz ihr 1726 einen beweglichen Pfropf und mehrere Klappen gab.[2])

Der erste Flötist von Bedeutung, welcher sich in Hamburg producirte, war der bereits früher genannte, und um die frühesten musikalischen Zustände Hamburgs verdiente **Zinck**; er stellte sich am 6. Mai 1777 in einem auf dem Amthause stattgehabten Concert als tüchtiger Künstler auf seinem Instrument vor.[3]) Auch

---

[1]) Geboren 15. Mai 1814 zu Pest, gestorben 1888 zu Paris.
[2]) Zamminer: Die Musik und die musikalischen Instrumente. Gießen 1855. S. 280.
[3]) Neue Zeitung. 1777. Nr. 71.

in den folgenden Jahren ließ er sich öffentlich hören. Ungefähr zur selben Zeit begegnen wir einer Flötistin **Mademoiselle Rode**, die ein Concert auf dem Kaiserhof gab.

Zu den ersten Virtuosen auf der Flöte gehörte der blinde **Friedrich Ludwig Dulon**, am 14. August 1769 zu Oranienburg geboren, am 7. Juli 1826 in Würzburg gestorben.[1]) Schon in seinem dreizehnten Jahre unternahm er mit seinem Vater Kunstreisen, die von großem Erfolg begleitet waren. In Hamburg trat er erstmalig am 25. Januar 1783 auf; auch in den folgenden Jahren besuchte er unsere Stadt, zum letzten Male 1796. Ueber das erste Concert äußerte sich die Kritik: „Selbst unser großer Bach, der befugteste und zuverlässigste Richter der Tonkunst und ihrer Meister, beehrte ihn mit lautem und wiederholtem Beyfall, nahm sich die Mühe, die Flötenstimme während der Ausführung nachzusehen, und gestand nachher, daß er keine Note verfehlt habe, die vom Componisten vorgeschrieben worden."[2]) Noch bedeutender war **Christian Carl Hartmann**, um 1750 zu Altenburg geboren. Auf seinen Kunstreisen kam er 1786 nach Hamburg, wo er am 17. Juni das erste Concert gab; ein zweites fand am 20. December 1788 statt. Wir treffen ihn dann nochmals im Februar 1789 in Hamburg. In den neunziger Jahren ging er nach Paris, wo er zum Professor am Conservatorium ernannt wurde. Diese Stelle bekleidete er bis zu seinem 1804 erfolgten Tode.

Der berühmteste Flötenvirtuose Hamburgs im vorigen Jahrhundert war **Peter Nicolas Petersen**. Als der Sohn eines armen Orgelbauers zu Bederkesa bei Bremen 2. September 1761 geboren, schloß er sich als Knabe, nachdem er ein wenig Flöten blasen gelernt, einem Trupp umherziehender Musikanten an. Siebenzehn Jahre alt, trat Petersen in Hamburg als Oboist in ein Regiment ein. Im Jahre 1791 ließ er sich zum ersten Male in einem Concert als Flötist hören, um dann Erfolg auf Erfolg zu erringen. Petersen starb in unserer Stadt, wo er auch als Lehrer

---

[1]) Siehe seine Selbstbiographie. Zürich 1807. Zwei Bände.
[2]) Magazin der Musik. 1783. S. 156.

ein hohes Ansehen genoß, am 19. August 1850. Die Flöte hat ihm wesentliche Verbesserungen zu verdanken. Er modificirte in erster Linie die Löcher derselben, und fügte den bereits vorhandenen Es- und F-Klappen noch die As- und B-Klappen hinzu. Aus den Jahren 1797 und 1802 ist Franz Joseph Götzel zu nennen.

Im Jahre 1818 concertirten Caspar und Anton Bernhard Fürstenau. Caspar der Vater, 26. Februar 1772 zu Münster geboren, starb am 11. Mai 1819 als Cammermusicus in Oldenburg. Noch bedeutender war sein Sohn Anton Bernhard, ja man kann ihn wohl den größten Flötenvirtuosen unserer Zeit nennen. Geboren am 20. October 1792 zu Münster, starb er als Cammermusicus in Dresden am 18. November 1852. Innige Freundschaft verband ihn mit Carl Maria von Weber.[1]) Beide Fürstenau gaben im Januar und Februar 1818 drei Concerte. Den jungen Fürstenau treffen wir am 30. October wieder in Hamburg. „Ob seine an das Unglaubliche grenzende Fertigkeit, sein geläuterter Geschmack oder der Ausdruck seines Spiels den Vorzug verdienen, ist bey diesem Meister, dessen bezaubernder Ton jedes empfängliche Gemüth mit Wonne erfüllt, nicht zu entscheiden."[2]) Auch der berühmte Flötist Rafael Dreßler, geboren 1784 zu Gera, gestorben 12. Februar 1835 zu Mainz, kam im Juni 1818 nach Hamburg, um sich mit seiner Kunst zu produciren. Aus dem Jahre 1824 ist der Wiener Flötist Joseph Wolfram zu nennen. Er ist der Erfinder des sogenannten Panaulon, einer verlängerten Flöte von bedeutend größerem Umfange als eine gewöhnliche. Das Instrument fand keinen sonderlichen Anklang. Auch in Hamburg blies er auf dem Panaulon.

2. Hornisten.

Nächst den Flötisten stellten von den Bläsern die Hornisten das Haupt-Contingent an Virtuosen. Dem ersten begegnen wir

---

[1]) Hanslick bemerkt S. 230 a. a. O., daß Weber 1826 in Fürstenau's Armen gestorben sei. Woher Hanslick diese Mittheilung hat, ist uns unerfindlich, sie ist aber total falsch. Weber wurde am Morgen des 5. Juni 1826 todt im Bette gefunden.
[2]) Hammonia. 1819.

in Hamburg im Jahre 1775. Es war dies Ignaz Körber, der in Paris im Jahre 1766 sogar mit einem Punto um die Palme stritt. Er wurde 1744 zu Mainz geboren; nach seiner Rückkehr aus Paris lebte er als Cammermusiker in Gotha. Körber starb zu Anfang dieses Jahrhunderts. Im Jahre 1785 gaben am 20. December die Gebrüder Ignaz und Anton Böck[1]) im Schauspielhause ein Concert auf dem Waldhorn. Ihre Leistungen fanden wie überall so auch in Hamburg Bewunderung und Beifall. Treffliche Waldhornisten waren ferner die drei Gebrüder Johann, Josef und Wilhelm Steinmüller, die unter Haydn Kammermusiker in der Esterhazischen Capelle waren. Sie traten im Januar 1784 zwei Mal öffentlich und in verschiedenen Privat-Concerten auf. Sie bliesen in dem Concert vom 24. Januar u. A. Trios für drei Waldhörner. Ein Schüler Punto's war der Cammermusicus Hey aus Weimar, der 1787 mehrmals sich hören ließ. Am 6. April 1795 concertirte der berühmte Carl Türrschmidt[2]) 1793 und 1799 Jean le Brun.[3]) Schwencke schreibt über letzteren: „Sein Allegro ist schön, sein Andante entzückt; sein Adagio aber hat mich jedesmal bis zu Thränen gerührt." Einen bedeutenden Ruf als Hornist hatte der königliche Capellmeister G. Abraham Schneider zu Berlin, der auf seiner 1810 unternommenen Kunstreise durch Deutschland, Italien und Frankreich am 11. April auch nach Hamburg kam.[4]) Zu den größten Waldhorn-Virtuosen Deutschlands gehörten die

---

[1]) Der erste 1754, der andere 1757 zu Hof geboren. Eine Zeit lang waren sie in der Capelle des Grafen Bathyany angestellt. Nach ihren Kunstreisen traten sie 1790 in die Münchener Hofcapelle.

[2]) Geboren 24. Februar 1753 zu Wallerstein, gestorben 1. November 1797 zu Berlin.

[3]) Am 6. April 1759 als der Sohn deutscher Eltern in Lyon geboren; im Jahre 1808 lebte er noch in Berlin als Cammermusiker.

[4]) Zu Darmstadt am 19. April 1779 geboren, am 19. Januar 1839 in Berlin gestorben. Er war sehr geschickt im Instrumentiren. So soll er u. A. den Faust von Radziwill instrumentirt und auch Spontini bei mancher Partitur behülflich gewesen sein.

beiden Brüder Joseph und Heinrich Gugel¹) aus Stuttgart. Heinrich Gugel gab am 27. März und 2. April 1821 mit seinem Sohne zwei Concerte.

Noch sei zum Schluß eines am 28. und 30. October 1830 stattgefundenen Concerts russischer Hornisten gedacht. Ihre Instrumente unterschieden sich aber wesentlich von dem wirklichen Horn; es waren sogenannte Dudotkas, auch Duda, Schweran genannt. Das Instrument hatte Aehnlichkeit mit der Rohrflöte und bestand aus zwei Schallröhren von verschiedener Länge. Wie aus einer über das Concert erschienenen Kritik hervorgeht, besaß ein Theil derselben zwei Töne, andere gaben nur einen bestimmten Ton an. Die Russen trugen Ouvertüren von Boieldieu und Mehül, Compositionen von Mozart und slavische Weisen vor.

3. Fagottisten.

Das Fagott war schon im 17. Jahrhundert in Deutschland verbreitet, doch stellten die Virtuosen auf diesem Instrument sich erst Mitte des vorigen Jahrhunderts ein, und auch da nur vereinzelt. Der bedeutendste Fagott-Virtuos in Hamburg im vorigen Jahrhundert war **Johann Gottlieb Schwencke**, über den wir bereits ausführlich berichtet haben. Im Jahre 1773 ließ sich der Anspacher Kammermusiker **Andreas Gottlieb Schwarz**²) auf seiner Kunstreise nach England in Hamburg hören; 1785 der berühmte Fagott-Virtuos **Johann Christian Stumpf**,³) 1806 die Gebrüder **Preumayr**, 1829 **Franz Preumayr**, erster Fagottist der Schwedischen Hofcapelle.

---

¹) Der erstere um 1770, der andere 1760 geboren. Nach längeren Kunstreisen traten sie in die Sachsen-Hildburghausen'sche Hofcapelle. Der jüngere lebte um 1837 noch als kaiserlicher Cammermusicus in Petersburg.

²) Geboren 1743 zu Leipzig, gestorben am 26. Dezember 1804 in Berlin.

³) Lebte 1785 in Paris, später gehörte er bis 1798 dem Altonaer Theater-Orchester an; von dort ging er als Repetitor an das Frankfurter Theater. Hier starb er 1801.

4. Clarinettisten.

Die Clarinette, Anfangs der neunziger Jahre des 17. Jahrhunderts von Christoph Denner in Nürnberg erfunden, ist das jüngste Instrument des damaligen Orchesters. Als Concert-Instrument begegnen wir demselben erst in den drei letzten Decennien des vorigen Jahrhunderts. Im Jahre 1771 berichten uns die Blätter von einem Clarinettisten Dossenbach aus der Capelle des Herzogs von Braunschweig, der am 4. April in einem Privat-Concert sich hören ließ.[1]) Im Jahre 1794 kam der berühmte Clarinettist Stadler nach Hamburg. Ob es Anton oder Johann Stadler war, haben wir aus den Anzeigen nicht erfahren können, wie überhaupt nähere Daten über beide Künstler fehlen. Wir wissen nur, daß Anton 1812 in seinem 59., Johann Stadler 1804 in seinem 48. Jahre starb.[2]) In der Anzeige seiner Concerte, die am 29. November und 20. December stattfanden[3]) nennt er sich Cammermusiker des Königs von Preußen. Weiter heißt es, daß er „auf eine von ihm selbst veränderten Clarinette, die sich sowohl durch einen besonderen Bau und sanfteren Ton, als auch einen Umfang von 4 vollkommenen Octaven von dem gewöhnlichen unterscheide" spielen werde. Zwei Concerte gab 1796 der hervorragende Clarinettist Franz Tausch,[4]) und 1798 besuchte der ausgezeichnete schwedische Künstler Henrik Bernhard Crusell[5]) Hamburg, 1811 der nicht minder bedeutende Johann Simon Hermstedt,[6]) in dessen Concert am 19. November Spohr mitwirkte, welcher für ihn ein Clarinetten-Concert schrieb. Einen

---

[1]) Hamburger Neue Zeitung.
[2]) Siehe auch Jahn's Mozart. III. S. 248.
[3]) In letzterem wirkte auch der berühmte Scheller mit. Mozart schrieb für die Gebrüder Stadler sein A-Dur Quintett mit Clarinette und ein Concert für letzteres Instrument. (1791.)
[4]) Geboren 26. December 1762 zu Heidelberg, gestorben 9. Februar 1817 in Berlin.
[5]) Am 15. October 1775 zu Nystad in Finnland geboren, im Juli 1838 in Stockholm gestorben.
[6]) Geboren 29. December 1778 zu Langensalza, gestorben 10. August 1846 als Hofcapellmeister in Sondershausen.

europäischen Ruf besaß **Heinrich Johann Bärmann**, am 14. Februar 1784 zu Potsdam geboren, in München am 11. Juni 1847 gestorben. Er war der intime Freund Carl Maria von Weber's, der für ihn drei Clarinetten-Concerte schrieb. In Hamburg blies er eines der letzteren. Das Concert war schlecht besucht; seine Leistungen fanden jedoch einen solchen Beifall, daß er noch eine Soirée im Hotel de Russie gab. Endlich nennen wir noch aus dem Jahre 1824 den berühmten **Iwan Müller**, geboren den 3. December 1786 zu Reval, gestorben am 4. Februar 1854 in Bückeburg. Er ist der Erfinder der Clarinette mit 13 Klappen und der Altclarinette.

5. Oboisten.

Von berühmten Oboisten, die im vorigen Jahrhundert in Hamburg concertirten, nennen wir **Johann Friedrich Braun**[1]) (1784), **Ludwig August Lebrun**[2]) (1790), **Christian Samuel Barth**[3]) (1806), und **Wilhelm Braun**,[4]) Sohn des Johann Friedrich, der im Jahre 1827 in einem Concert der Harmonie auftrat.

6. Virtuosen auf Bassethorn, Englisch Horn, Baryton und Posaune.

Das Bassethorn ist im heutigen Orchester nicht mehr gebräuchlich; es war eine Alt-Clarinette in F, von sanfter, hornartiger Klangfarbe, und als Soloinstrument sehr beliebt. Einer der bedeutendsten Virtuosen auf diesem Instrument war **Anton David**, der 1782 nach Hamburg kam und sowohl auf dem

---

[1]) Am 15. September 1759 in Kassel geboren, 15. September 1824 zu Ludwigslust gestorben.

[2]) Zu Mannheim 1746 geboren, 16. December 1790 zu Berlin gestorben. Seine Frau war die berühmte Sängerin Danzi.

[3]) Geboren 1735 zu Glauchau, am 8. Juli 1809 in Kopenhagen gestorben. Er war ein Schüler Joh. Seb. Bach's.

[4]) Im Jahre 1791 zu Ludwigslust geboren, nacheinander Mitglied der Capelle zu Berlin und Ludwigslust; ging 1831 als Mitglied des Orchesters der Philharmonischen Gesellschaft nach Stockholm.

Bassethorn wie auf der Clarinette ein Concert gab.¹) Mit ihm wirkte sein Schüler, der vortreffliche Clarinettist und Bassethornbläser Vinzent Springer²) mit. Die Namen der übrigen Bassethornisten, die in Hamburg auftraten, sind ohne Belang.

Das Englisch-Horn, ein dem Bassethorn verwandtes Instrument mit oboeartigem Mundstück, wurde früher von den Componisten oft verwendet. Die Blüthezeit desselben fällt in die letzte Hälfte des vorigen Jahrhunderts. In Hamburg gab nur ein Künstler, ein gewisser Balestrini am 21. und 31. März Concerte auf dem Englisch-Horn.

Ein zur Zeit Haydn's sehr beliebtes Instrument war der Baryton, ein dem Violoncell ähnliches Instrument; nur besaß ersteres ein breiteres Griffbrett und hatte 5 bis 7 Saiten, die mit dem Bogen gespielt wurden; unter dem Griffbrett lagen aber noch 8—24 Stahlsaiten, die beim Spielen mittönten oder auch mit dem Daumen der linken Hand gerissen wurden. Der Klang soll ein edler und angenehmer gewesen sein. Ein ausgezeichneter Virtuose auf dem Baryton war Carl Franz, 1738 zu Langenbielau bei Reichenbach geboren, 1802 in München gestorben. Der von ihm benutzte Baryton hatte 16 Darmsaiten über dem Halse und sieben andere über dem Griffbrett. Er kam 1787 nach Hamburg, wo er im Februar zwei Concerte veranstaltete.

Von Posaunisten ließen sich nur Kammermusiker Schmidt und Sohn im Jahre 1827 am 8. December im Apollo-Saal hören; sie bliesen u. A. ein Doppel-Concert für 2 Posaunen.

h. Orgel-Virtuosen.

Unter diesen Begriff rubriciren wir nur reisende Virtuosen, denn an bedeutenden Orgelkünstlern hat es Hamburg seit dem 16. Jahrhundert nie gefehlt, wenn sie auch keine öffentlichen Concerte gaben, sondern ihre Kunst ausschließlich in den Dienst der

---

¹) Geboren zu Offenburg in Baden um 1756, in Löwenberg 1796 gestorben.
²) Im Jahre 1760 zu Jung-Bunzlau bei Prag geboren. Weiteres ist über ihn nicht bekannt.

Kirche stellten. Es war im Jahre 1790, daß der berühmte **Abt Vogler**[1]) sich in Hamburg einfand, um am 13. December auf seiner Durchreise nach Schweden, auf der Orgel der Catharinenkirche seine Charlatanerien preiszugeben. Zwei Jahre darauf besuchte er abermals unsere Stadt, um sowohl auf der Catharinen-Orgel wie auf jener der Michaeliskirche mehrere Concerte zu veranstalten. Die Kirche konnte die Zuhörer nicht fassen. Er ließ dann am 23. Mai ein fünftes in der Jacobi-Kirche folgen, in welchem er u. A. sein Tongemälde „Die Seeschlacht" wiederholte. „Zum Schluß folgt eine Jagd-Musik, worin verschiedene Echos von Flöten, Oboen, Waldhörnern und Fagotts, ferner die allmählige Annäherung und Entfernung von Wind, Regen und Donner abwechselnd nachgeahmt sind."

Sonst ist nur noch die Nachricht von einem Concert des Organisten **Kollmann** an der Catharinen-Kirche erhalten, das am 2. December 1801 stattfand und in welchem er u. A. eine neue Schwellung und deren Wirkungen den Hörern zu demonstriren versuchte.

i. **Virtuosen auf der Harfe, Guitarre, Harmonica, Calascione, Harmonicello, Mandoline, Harmonichord, Panthaleon, Psalterio, Melodion.**

Die Harfe genoß in Deutschland nicht die Popularität wie in Frankreich und England. **Forkel**[2]) schreibt 1782, daß man sie in Deutschland nur selten als Concert-Instrument finde; nur in einzelnen großen Capellen diene sie allenfalls zur Verstärkung der Bässe neben Theorbe und Laute. Von Harfenisten wurde nun zwar Hamburg häufig heimgesucht, doch namhafte Künstler haben wir nicht unter ihnen gefunden. In den Jahren 1782 und 1785 concertirte ein Harfenist **Hoffmann** mit seinen beiden Söhnen. Sie trugen u. A. ein concertirendes Stück für Orchester und zwei Harfen, dann ein Singstück „Arion der Harfenspieler" mit obligater Harfe und Trompete (!!) vor. Das Solo wurde vom jüngsten

---

[1]) Geboren 15. Juni 1749 zu Würzburg, gestorben 6. Mai 1814 in Darmstadt.
[2]) Forkel's Almanach für das Jahr 1782.

Sohne Hoffmann's, der 10 Jahre alt gewesen sein soll, gesungen. Dem Programm nach, scheint die künstlerische Qualität der Familie Hoffmann eine ziemlich untergeordnete gewesen zu sein. In den achtziger Jahren ließen sich ferner auf der Harfe hören ein Herr Medohfsky und der dänische Kammermusikus Kirchhof. Im Jahre 1787 concertirte einer der bedeutendsten Harfenvirtuosen Deutschlands, Ferdinand Horn, aus Breslau gebürtig. Er führte ein dissolutes Leben; in Folge von Schulden sah er sich häufig veranlaßt, seinen Namen zu ändern. Seit 1815 ist er verschollen. Er gab am 28. März und 20. October 1787 sowie am 8. November 1788 Concerte. Aus den Jahren 1794 und 1802 nennen uns die Programme die Harfenistin Weber aus Berlin, dann die berühmte Caroline Longhi aus Neapel, die später den Violinisten und Concertmeister Möser in Berlin heirathete. Möser gab gemeinschaftlich mit ihr die am 12. und 19. September im Jahre 1812 stattgefundenen Concerte.

Während Hanslick[1]) von einem öffentlichen Guitarren-Concert im vorigen Jahrhundert nichts zu berichten weiß, hatte Hamburg diesen außerordentlichen Genuß im Jahre 1767 bereits zu erdulden. Die Hamburgischen Adreß-Comtoir-Nachrichten schreiben nämlich in ihrer Nummer 85: „Mittwoch, den 28. October wird in dem hiesigen Amthause ein großes Concert gehalten werden, worin sich ein berühmter Virtuose aus Portugal, der vor kurzem hier angekommen ist, auf der spanischen Guitarren hören lassen wird."

Ein heute verschollenes, aber Ende des vorigen und Anfang unseres Jahrhunderts beliebtes Instrument war die Glas-Harmonika. Der berühmte Benjamin Franklin galt längere Zeit für den Erfinder dieses Instruments, doch hat er nur die von Puckeridge und Delaval gemachten Versuche, benetzte Gläser vermittelst Reibung zum Tönen zu bringen, vervollkommnet. Er befestigte nämlich sämmtliche Glasglocken an eine gemeinsame Achse, die durch einen Pedaltritt mit Treibriemen in Umdrehung gesetzt wurde. Das Instrument, dem Franklin den Namen Har-

---

[1]) A. a. O. Seite 132.

monika gab, wurde dadurch zum Tönen gebracht, daß man die benetzten Glasglocken mit den Fingern berührte.

Einer der ersten deutschen Virtuosen auf diesem Instrument war Philipp Joseph Frick,[1]) Hoforganist des Markgrafen von Baden. Die Franklin'sche Erfindung verleitete ihn dazu, sich eine Glasharmonika selbst zu fabriciren. Im Jahre 1769 trat er eine große Kunstreise an, die ihn 1775 auch nach Hamburg führte, wo er am 8. Februar ein Concert gab. Auch der Wiener Carl Leopold Roellig (1761—1804) ließ sich im Jahre 1781 und 1788 auf der Harmonika hören. Wesentliche Verbesserungen hatte das Instrument dem Violinisten Schroeter zu verdanken, welcher am 14. December 1782 in Hamburg concertirte. Harmonica à cloux de fer nannte er dasselbe. „Sie — die Harmonica — hatte die Gestalt eines kleinen Tisches, der auf einem leicht hin und her zu tragenden Fußgestelle steht; in der Mitte davon befindet sich eine Art einer Oeffnung mit Taft bezogen, die einen Resonanz-Boden, bei der Hölung des Tisches oder Kastens enthält. Um diese verdeckte Oeffnung herum, stehen 13 abgeschliffene eiserne Nägel, die nach gemachter Probe des Klanges oder Tones, so wie die stählernen Stimmgabeln, die Scala der Töne geben. Da nun die Töne hier in der Octave eben so folgen, wie auf dem Clavier, so kann man auch alles, was diesen Umfang hat, und darnach gesetzt sein muß, darauf spielen. Herr Schroeter, der hierin sehr geübt war und mit schnellen und leichten Bogen eben die Fertigkeit dabey anzulegen wußte, als auf der Violine, konnte ebenso schnell die Allegrosätze, als sehr sanft und reizend das Adagio darauf spielen."[2]) Auch der Triller soll ihm gut gelungen sein; derselbe wurde durch schnellen Bogenstrich hervorgebracht. Die Nägel waren übrigens keine Erfindung Schroeter's, aber seine Spielart war neu, sie trug einen concertirenden, virtuosenhaften Character. Im Jahre 1787 traten auch die bereits genannten Dussek und Maschek als Harmonica-

---

[1]) Geboren zu Willanzheim bei Würzburg am 27. Mai 1740, gestorben am 15. Juni 1798 in London.
[2]) Magazin der Musik. 1783. S. 650 ff.

Spieler auf. Der Hamburger Berichterstatter des Magazins der Musik¹) schreibt über Maschek, daß er seine Harmonica, die mittelst einer Tastatur gespielt wurde, mit dem Clavier verbunden habe. Die Glocken oder Schalen seien mit Oelfirniß überzogen gewesen, hätten aber nicht die Klangschönheit des Glastons gehabt.

Das Jahr 1788 war ein an Harmonika-Virtuosen gesegnetes Jahr für Hamburg. Sie alle wurden aber überstrahlt von der blinden Marianne Kirchgeßner.²) Sie entzückte alle Welt; auch die Hamburger waren hingerissen und konnten sich vor Begeisterung nicht fassen. Sie gab in unserer Stadt in den Jahren 1792 und 1796 mehrere Concerte. „Ihr Adagio ist hinreißend und ihr Allegro wirklich bewundernswürdig. Sie spielt das Instrument mit einer Leichtigkeit, als wenn sie ein Clavier unter Händen hat, und macht Manieren und Triller, dergleichen man bis jetzt für unmöglich hielt."³) Es berührt uns wahrhaft komisch, wenn wir heute die damaligen Begeisterungsausbrüche lesen, die so recht den sentimentalen Character einer Zeitperiode wiederspiegeln, die einem Werther das Dasein gab. Für Mondscheinnaturen wie Jean Paul war die Harmonika mit ihrem säuselnden, unbestimmt verhallenden Ton gerade das Wahre. „Sie ging hinab, das melodische Requiem des Tages, stieg herauf — der Zephir des Klanges, die Harmonika, flog wehend über die Gartenblüten — und die Töne neigten sich auf den dünnen Lilien des aufwachsenden Wassers, und die Silberlilien zersprangen oben vor Lust und Wonne in flammige Blüten — und drüben ruhte die Mutter Sonne, lächelnd in einer Aue und sah groß und zärtlich ihre Menschen an."⁴) Und: „O! der Schmerz der Wonne befriedigte ihn, und er dankte dem Schöpfer dieses melodischen Edens, daß er mit den höchsten Tönen der Harmonika,

---

¹) Magazin der Musik. 1788. S. 243.
²) Geboren 1770 zu Waghäusel bei Bruchsal, gestorben auf einer Kunstreise in Schaffhausen am 8. December 1808.
³) Hamburgischer Correspondent. 1792.
⁴) „Titan". Band XV. S. 268.

die das Herz des Menschen mit unbekannten Kräften in Thränen zersplittern, wie hohe Töne Gläser zersprengen, endlich seinen Busen, seine Seufzer und seine Thränen erschöpfte: unter diesen Tönen, nach diesen Tönen gab es keine Worte mehr; die volle Seele wurde von Laub, Nacht und Thränen zugehüllt — das sprachlose Herz sog schwellend die Töne in sich und hielt die äußeren für innere — und zuletzt spielten die Töne nur leise wie Zephir um den Wonneschlaftrunkenen!"[1]) Das Verrückteste vollbrachte aber eine Caroline Palm in Eßlingen, die nach einem dort stattgefundenen Concert der Kirchgeßner, das so besucht war, daß der Bürgermeister zur Aufrechthaltung der Ordnung die Polizei requiriren mußte, folgenden Brief[2]) an die Künstlerin abließ: „Nehmen Sie, theure liebe unvergeßliche Künstlerin diese Kleinigkeit (nämlich eine Chocolade-Tasse mit silbernem Löffel) mit Liebe hin! Liebe und Achtung reicht Ihnen das. Ihr Schicksal machte Sie, ehe ich Sie sah, meinem Herzen interessant. — Ihre Seele sanft und lieblich, wie das überirdische Instrument, das Ihre zarte, liebe Hand so angenehm rührt — Ihre Seele nahm dies Herz Ihnen hin. Sie erzeigen mir eine Wohlthat, wie die, daß ich noch an Ihrer Seite   Sie hören durfte. Solch eine Wohlthat, wann Sie manchmal aus dieser Tasse trinken wollen, auf der mein Name ist, und sich dabei erinnern, daß Ihnen die sonst so ungünstige Stadt doch gleichwohl noch Menschen enthält, die für Sie Herzen und Ohren haben — Ihnen für die Freude und das süße Vergnügen Ihres Spiels unendlich dankbar sind; und daß besonders Caroline Palm Sie herzlich ehrt und liebt, Ihrer immer denken und die herzlichsten Wünsche für den Segen Ihrer Augenkur und das Glück Ihrer Reise Gott sagen wird, der allein es gewähren kann. Mit diesen Empfindungen sage ich Ihnen nochmals Lebe wohl!"

Die Kirchgeßner muß übrigens meisterhaft gespielt haben, denn Mozart schrieb für sie ein Quintett — Adagio und Rondo — für Harmonika, Flöte, Oboe, Viola und Violoncell. Auch die

---

[1]) „Hesperus." Band VI. Seite 93.
[2]) Musikalische Correspondenz. 1791. Nr. 12.

bereits mehrfach erwähnte Westenholz gab in Hamburg mehrfach Concerte auf der Harmonika. Im Jahre 1825 veranstaltete sogar ein Künstler auf der Mund-Harmonika am 9. Januar im Concert-Saal ein Concert, Kunert hieß der Meister.

Auch auf dem Harmonicello ließen sich Künstler hören. So im Jahre 1797 Johann Carl Bischoff, der Erfinder des Instruments, das aus fünf Darmsaiten bestand, unter denen sich zehn Drahtsaiten befanden, welche auf einem besonderen Griffbrett besonders behandelt werden konnten, und die durch ihr Mitklingen die Klangfarbe der Darmsaiten bereicherten. Bischoff führte zum ersten Male dieses Instrument in Hamburg vor.

Ein eigenthümliches Instrument war das Calascione, auch Dambura genannt. Der Schallkasten glich jenem der Laute, das Griffbrett selbst besaß Bunde von Elfenbein. Die Saiten wurden entweder vermittelst eigens geformter Baumrinde oder mit Fischbein, seltener mit den Fingern zum Tönen gebracht. Im Jahre 1762, 1763 und 1764 ließen sich die Gebrüder Cola auf diesem Instrument in Hamburg hören.

Auch die Mandoline fand ihre Vertreter in Signora Rossi (1766) und Signora Zaneboni (1779).

In den Jahren 1815 und 1819 gab der Erfinder des Harmonichords, der Mechaniker und Tonkünstler Kaufmann aus Dresden Concerte auf diesem Instrument; hier wurden die Saiten durch Reibung zum Erklingen gebracht.

Ein schon längst ausgestorbenes Instrument ist das Pantaleon, nach seinem Erfinder, dem berühmten Violinspieler Pantaleon Hebenstreit (1690) genannt. Es war eine Art Cymbal oder Hackebrett, nur vier Mal länger und doppelt so breit als letzteres. Das Instrument besaß zwei Resonanz-Böden, von denen der eine mit Draht-, der andere mit Darmsaiten bezogen war. Der Umfang betrug 4—5 Octaven. Es hatte einen starken und in der Tiefe glänzenden Klang. Der letzte Pantaleonist war der 1789 in Ludwigslust verstorbene Kammermusiker Noelli, der 1775, 1782 und 1789 in Hamburg sich mehrfach hören ließ.

Sogar auf dem veralteten harfenartigen Instrument Psalterio, das aus einem dreieckigen Rahmen bestand, in welchem die Saiten aufgespannt waren, ließ sich Ende des vorigen Jahrhunderts eine Madame Bauer hören. In einer Kritik aus dem Jahre 1792 heißt es: „Das bisher wenig bekante Psalterio ist durch den Capellmeister Zimmermann zu solcher Vollkommenheit gebracht, daß Madame Bauer die schwersten Violin- und Clavier-Concerte mit der größten Fertigkeit und Ausdruck darauf spielt."

Noch nennen wir das Melodicon, ein von Peter Riffelstein in Kopenhagen (1800) erfundenes Clavier, auf welchem die Töne durch Stimmgabeln hervorgebracht wurden. Er selbst führte das Instrument am 2. Mai 1807 in Hamburg vor. Dann das Orchestrino, ein von Poulleau in Paris erfundenes Tasteninstrument, das die Töne der Saiteninstrumente, der Oboe und der Orgel täuschend nachahmte und Crescendi ermöglichte. Es war 4 Fuß lang, 2½ Fuß breit und mit Darmsaiten bezogen. Poulleau selbst gab auf dem Orchestrino am 1. Juli 1816 in Hamburg ein Concert.

Fünftes Kapitel.

Die Concerte von 1830 bis 1889.

Einleitung. Concert-Vereine: Der Hamburgische Musikverein unter G. D. Otten; die Akademie von 1851 unter K. G. P. Grädener; die Sing-Akademie von 1855 unter Dr. Garvens; die Deppe'sche Sing-Akademie. Die Kammermusik in den zwanziger bis vierziger Jahren. Das Hafner'sche Quartett. Das Quartett Böie-Lee. Die neuen Quartett-Vereinigungen in den sechsziger Jahren unter Stockhausen. Das Hamel'sche Quartett. Die Trio-Soiréen v. Holten's, Christian Miller's und G. Goldschmidt's. Sonstige Soiréen. Der Quartett-Verein. Die Cammermusik-Abende Karl Bargheer's. Die philharmonischen Cammermusik-Abende. Die Cammermusik-Abende von Fräulein Marstrand, Levin, Spengel, Holten, Kopecky, Prochazka, Dannenberg und Siedler. Auswärtige Quartett-Vereine produciren sich in Hamburg. Die Gebrüder Müller. Das Quartett Joachim. Das Florentiner Quartett. Die Gebrüder Schröder. Hervorragende Concerte auswärtiger Künstler. Die Concerte im Stadttheater. Populäre Concerte. Orgel-Concerte. Der Schäffer'sche Orchester-Verein. Die Musikfeste der Jahre 1841, 1866, 1882 und 1884. Die Männergesang-Vereine. Virtuosen-Concerte.

— —

In diesem Kapitel geben wir einen orientirenden Ueberblick über die in dem angegebenen Zeitraum stattgefundenen Concerte, soweit der allgemeine Zweck unserer Arbeit dies zuläßt, denn es kann nicht unsere Aufgabe sein, eine jede künstlerische Erscheinung der Gegenwart in ihren Einzelheiten zu verfolgen, oder jeder musikalischen Vereinigung eine ausführliche Monographie zu Theil werden zu lassen. Nur der größeren, heute noch bestehenden Concert-Institute, die zum Theil einen bleibenden Einfluß auf das musikalische Leben unserer Stadt bis in die neueste Zeit gewonnen haben, soll im nächsten Abschnitt eingehend gedacht werden.

Auch für dieses Kapitel sind wir in erster Linie auf den Annoncentheil der politischen Tagesblätter angewiesen. Zwar beginnt in dieser Periode die Kritik immer mehr die Feder zu spitzen und dem musikalischen wie künstlerischen Leben mit Antheil zu folgen, aber bis in die sechsziger Jahre läßt sie doch noch Manches zu wünschen übrig; namentlich vermissen wir eine regelmäßige Berichterstattung. Wenn wir die vortrefflichen, mit „Wahrlieb" unterzeichneten Referate im Freischütz ausnehmen, so beginnt erst mit v. Dommer und Riccius eine neue Epoche der Hamburger musikalischen Kritik, einer Kritik, die mit größter Sachkenntniß jede einzelne Erscheinung des künstlerischen Lebens verfolgt, und auch dem Historiker ein lebendiges Bild von den Hebungen und Senkungen auf diesem Gebiet des Geistes darbietet.

Vom Jahre 1830 an entfaltet sich in Hamburg, angeregt durch das Wirken von Concert-Instituten wie die „Singakademie" und die „Philharmonische Gesellschaft", ein reges musikalisches Leben. Ja, es will uns bedünken, als ob in der Creirung von musikalischen Vereinigungen nach dem Muster der eben genannten Institute, des Guten zu viel geschehen sei. Eine zu große Zersplitterung der Kräfte wurde hierdurch herbeigeführt, die dann ihrerseits wieder eine Schwächung des Gesammt-Organismus zur Folge hatte. Wenn wir die Anzahl der Musikvereine, Akademien u. s. w. überblicken, die von den vierziger bis siebzyer Jahren entstanden, so werden wir es nur zu begreiflich finden, daß die Lebensdauer der meisten in Folge schwacher Betheiligung und finanzieller Abzehrung nur eine kurze sein konnte. Wir werden im nächsten Abschnitt erfahren, wie sogar eine Zeit lang ein Institut wie die „Philharmonische Gesellschaft" mit den größten Hindernissen zu kämpfen hatte, um sich ihr Fortbestehen zu sichern, und wie wenig Theilnahme im Ganzen dem „Cäcilien-Verein" und der „Bach-Gesellschaft" zugewendet wurde.

Hierzu kam noch ein weiterer Uebelstand. Das Orchester zeigte in den verschiedenen Concerten auch immer eine verschiedene Physiognomie, da jeder Concertgeber sich andere Musiker engagirte und diese selbst in der Regel nur für die bevorstehende Aufführung. Obwohl nun die einzelnen Musiker tüchtig waren, so fehlte es doch im Ganzen, wenn wir die Concerte der Philharmonie und jene unter Musikdirector Otten ausnehmen, an einem regelmäßigen Zusammenspiel, so daß die Gesammtleistung hierunter immerhin zu leiden hatte. Durch dieses Engagiren von Fall zu Fall mußte der Dirigent selbst wieder in eine gewisse Abhängigkeit von dem einzelnen Musiker gerathen. Schädlich wirkte auch die allzugroße Zersplitterung der Gesangskräfte, denn außer den fünf öffentlich concertirenden Sing-Vereinen, bestanden noch über ein Dutzend kleinerer Vereinigungen, die nur vor geladenem Publikum sangen, mit denen aber die größeren Institute die besseren Gesangskräfte theilen mußten.[1])

Wenn man diese Verhältnisse und Wandlungen überschaut, da möchte ein vorschnelles Urtheil leicht bereit sein, dem Hamburgischen Referenten der Leipziger Allgemeinen Musikalischen Zeitung vom Jahre 1858[2]) Recht zu geben, wenn er schreibt: „Wenn gleich unser Hamburg in der merkantilischen Welt eine wichtige Stellung einnimmt, so dürfte es doch in Beziehung auf Tonkunst einen nur untergeordneten Rang behaupten. Dazu kommt, daß unsere hohe Behörde seit Jahren die einzige Bildungsanstalt für den edelsten Zweig dieser schönen Kunst, die früher blühende Kirchenmusik, welcher Männer wie Ph. E. Bach und andere tüchtige Meister vorgestanden, gänzlich aufgehoben und aus unseren evangelischen Tempeln entfernt hat. Aus dieser Bestimmung ist zugleich der Nachtheil entsprungen, daß der musikalische Geschmack an ernsten und erhebenden Werken untergraben, und auf den Thermometer Lanner und Strauß gesunken ist."

Das ist nun aber entschieden übertrieben und zum Theil gar nicht der Wahrheit entsprechend. Wir machen hier von Neuem eine Beobachtung, die sich uns schon öfter aufgedrängt hat: der Hamburger denkt viel geringer über die Pflege und Ausübung der Kunst in seiner Vaterstadt wie über das ihm hier künstlerisch Gebotene, als es den Thatsachen entspricht. In Hamburg ist von jeher gute Musik gemacht worden, und sowohl Einzelne wie Corporationen sind seit hundert Jahren bestrebt gewesen, die Kunst in ihren edelsten und besten Vertretern zu

---

[1]) Deutsche Musikzeitung. 1860. S. 184.
[2]) Seite 19.

pflegen und deren Werke in künstlerisch abgerundeter Weise vorzuführen. Hamburg braucht also nach dieser Richtung hin den
Vergleich mit anderen großen Städten und sogenannten „Musik-
Centren" nicht zu scheuen. Mit wohlfeilen Phrasen über das
Musiktreiben unserer Stadt abzuurtheilen ist ja sehr leicht; bedarf
es doch hierzu weder einiger Sachkenntniß noch etlicher historischen
Einsicht. Aber es entspricht nicht der Wahrheit. Nur Eines
muß zugestanden werden: es ist nicht immer der Kunstgenuß an
sich, der den Hamburger in den Concertsaal zieht; etwas spielt
doch immer die Mode, der gute Ton mit hinein, der es erfordert,
die Aufführungen der ersten Concert-Institute zu besuchen. Zuweilen ist es auch eine Tagesgröße, oder ein musikalisches Meteor,
dem ein großer Reclame-Sternschnuppen-Fall voraufgegangen, die
einen ausverkauften Saal verursachen. Das sind aber Beobach-
tungen die wir überall, nicht nur in Hamburg machen können.
In seinem innersten Wesen gleicht sich das Concert-Publicum
hier wie dort, an der Elbe wie an der Spree und am Neckar.
Aber unser Concert-Publicum hat im Allgemeinen den großen
Vorzug, daß es sich zur ernsten Musik hingezogen fühlt, und
derselben ein um so größeres Interesse entgegenbringt, als in
Hamburg auch im Hause gute Musik fleißig gepflegt wird. Also
so schlimm, wie der genannte Referent und heute noch mancher
mißvergnügte Kritikaster es darzustellen versucht, hat es je gestanden noch steht es heute mit den musikalischen Zuständen unserer
Stadt und mit dem Publicum selbst. So entspricht es auch nicht
der Wahrheit, wenn die Leipz. Allgem. Musik. Zeitung vom
Jahre 1858 schreibt, daß der Geschmack an ernsten Werken untergraben worden sei. Der Referent vergißt darüber das Wirken
einer Louise Reichardt, eines Berens und Clasing,
er übersieht wissentlich die von den Zeitgenossen als vortrefflich
bezeichneten Aufführungen der Sing-Akademie und der Philharmonischen Gesellschaft. Es ist eben traurig, daß so oft der
Parteigeist den wahren Thatbestand zu verdunkeln sucht. So war
es damals, so ist es heute noch.

Wir werden in diesem wie im letzten Kapitel erfahren,
was in musikalischer Hinsicht in den vergangenen sechszig Jahren

gethan und geleistet worden ist. Wir wenden uns zunächst den Concert-Vereinen zu.

I.
Concert-Vereine.

Wir haben schon im vorigen Kapitel in Kürze der Verdienste gedacht, die Gesanglehrer J. J. Berens sich um die Pflege kirchlicher Musik erworben. Seine Aufführungen bewegten sich hauptsächlich in dem Rahmen der religiösen Tonkunst.

Zu den vornehmsten Concerten neben denen der Philharmonie gehörten jene von G. D. Otten,[1]) die etwa 20 Jahre hindurch bestanden und das Beste und Bedeutendste zur Ausführung brachten, was sowohl die Meister auf instrumentalem wie vocalem Gebiet geschaffen. Nachdem Otten schon früher, in den dreißiger Jahren, größere Aufführungen veranstaltet hatte, gab er in den Jahren 1843/53 im Winter regelmäßig stattfindende Concerte, deren Ertrag zu wohlthätigen Zwecken bestimmt war. Im Jahre 1856 gründete Otten den Hamburger Musik-Verein, dessen vornehmster Zweck war, die bedeutendsten Vocal- und Instrumental-Werke älterer und neuerer Meister zur Aufführung zu bringen.

---

[1]) Georg Dietrich Otten ist am 8. Februar 1806 in der Hamburgischen Vorstadt St. Georg geboren. Sein Vater, der höherer Postbeamter war, gab ihm die erste Unterweisung im Clavierspiel; später erhielt er Unterricht von dem Organisten an der Nicolaikirche, Westphal, und von Clasing. In den Jahren 1817—1825 besuchte Otten die Gelehrten-Schule des Johanneums. Die Mußestunden galten der Musik, doch zeigte er auch entschiedene Anlagen zum Zeichnen, so daß sein Vater sich veranlaßt sah, ihm bei dem Strom- und Canalbau-Director Reinecke als Zeichner eine Stellung zu verschaffen. Nach dem Tode Reinecke's erwachte von Neuem die Liebe zur Musik in ihm, und Otten begab sich nach Dessau zum dort lebenden Hofcapellmeister Schneider, bei welchem er 1828/32 Musik studirte. Hierauf ließ er sich in Hamburg als Musiklehrer nieder, wo er sich auch bald als Leiter größerer Chor- und Orchesteraufführungen hervorthat. Nachdem im Jahre 1863 der Hamburgische Musik-Verein aufgehört hatte zu bestehen, wirkte Otten bis 1868 noch als Musiklehrer in seiner Vaterstadt, um alsdann mit seiner Gattin sich in Vevey am Genfer See niederzulassen, wo er heute noch in voller Rüstigkeit lebt.

Dieser Verein bestand bis zum Jahre 1863. Das erste Abonnements-Concert fand am 24. November 1855 statt.

Das Programm war folgendes:

1. Symphonie Nr. 3 von Mendelssohn.
2. Arie von Mozart, gesungen von Madame Guhrau.
3. Ouvertüre von Bach.
4. Clavier-Concert in Es-Dur von Beethoven, gespielt von Joh. Brahms.
5. Lieder, gesungen von Madame Guhrau.
6. Solo-Vortrag von Joh. Brahms.
7. Ouvertüre zu „Euryanthe" von Weber.

Die Kritik erkannte die Verdienste des Musikdirectors Otten auch vollauf an und betonte mit Recht, daß seine Concerte den Anspruch auf höchste künstlerische Bedeutung erheben könnten. So schrieb u. A. der Freischütz:[1] „Herr Otten verfolgt mit lobenswerther Consequenz sein Ziel, den Sinn für ernstere Tonkunst zu beleben; dies kann aber nur gradatim geschehen, weil eingestreute moderne in das Ohr fallende Compositionen die Wärme der Theilnahme bei solchen Personen aufrecht erhalten muß, die in das Wesen der Harmonie noch nicht eingedrungen sind." Auch sonst wurde betont, daß man es hier mit einem Musiker zu thun habe, der die Kunst der Kunst wegen liebe, und dem es eine Herzenssache sei, Alles was er in ihr für wahr und schön erkenne, auch Anderen nahe zu bringen.

Wie aus dem mitgetheilten Programm hervorgeht, spielte Brahms außer Schumann'schen Werken das Es-Dur Concert von Beethoven. Die Kritik äußerte sich im Ganzen wohlwollend; er habe sich mehr als tüchtig geschulter Spieler denn als Virtuose gezeigt. In dem Concert vom 26. Januar 1856 spielte Brahms das d-moll Concert von Mozart mit eigenen Cadenzen, die der Kritiker des Freischütz aber etwas zu „neustylig" fand; am 25. October desselben Jahres trug er, ebenfalls unter Otten, das G-Dur Concert von Beethoven vor.

---

[1] Freischütz vom Jahre 1857. Nr. 15.

Otten's Abonnements-Concerte können wir, was die Programme betrifft, getrost jenen der Philharmonie gleichstellen, ja in gewisser Beziehung überragten sie letztere. Otten war es, der den Hamburgern zum ersten Male die Musik zu Manfred und die Faust-Scenen von Schumann sowie die Missa solemnis von Beethoven vorführte. Erstere beiden Werke waren bei der Hamburger Aufführung noch Manuscript. Zu jener von Manfred, die am 21. April 1855 stattfand, war Frau Clara Schumann eigens von Düsseldorf herübergekommen. Ueber die Ausführung selbst herrschte in der Kritik nur eine Stimme, wenn auch Otten als Dirigent nicht gerade als hervorragend von den Zeitgenossen geschildert wird. Aber sein Wirken war ein anregendes, das Verständniß für die Werke älterer und neuerer Meister förderndes. Das Orchester war ein treffliches, und bestand aus den ersten Künstlern der Stadt. Der Chor setzte sich aus tüchtigen Kräften zusammen, und die Gewinnung hervorragender Solisten ließ sich Otten vornehmlich angelegen sein.[1]) So wirkten Künstler wie Joachim, Bülow, Brahms, Stockhausen, eine Clara Novella[2]) u. s. w. mit. Letztere sang in dem großen geistlichen Concert, das am 25. März 1857 in der Catharinen-Kirche stattfand, die Sopranpartie in Reinthaler's „Jephta". Vor der Orgel war ein Podium für 250 Mitwirkende gebaut. Die Aufführung wird uns in der Presse als eine großartige geschildert. Ueber den Gesang der Novella lesen wir, daß ihre Sopranstimme vom reinsten Silberklang und ihr Vortrag vom geläutertsten Gefühl, vom feinsten Geschmack beseelt und belebt sei. Die Künstlerin betheiligte sich dann noch in dem zwei Tage später, am 27. März folgenden Concert Otten's; sie sang zwei Arien und die Sopran-Partie in der neunten Symphonie von Beethoven mit. Letzteres Werk soll eine gute Wiedergabe gefunden haben. Die neunte Symphonie führte Otten nochmals im Jahre 1859 in einem Concert zur

---

[1]) Süddeutsche Musik-Zeitung. 1855. S. 79.
[2]) Sie war die Tochter des Londoner Verlegers Vincent Novella und besonders als Oratorien-Sängerin gefeiert. Geboren am 10. Januar 1818, verheirathete sie sich 1843 mit einem Grafen Gigliucci. Später trat sie noch öfter öffentlich auf.

Feier des 100jährigen Geburtstages Schiller's, am 18. November auf. Der Chor bestand aus 160 Personen. Außerdem kamen noch die Ouvertüren zu Faust von Spohr und Ruy Blas von Mendelssohn zum Vortrag. Am 25. Februar 1859 wurden nochmals die drei ersten Sätze der neunten Symphonie aufgeführt, ebenso am 28. März 1862. Am 8. November 1861 wurde die Missa solemnis von Beethoven erstmalig in Hamburg, und zwar in der Michaeliskirche zu Gehör gebracht. Die Solisten waren Frau Michal-Michaeli, Fräulein Jenny Meyer aus Berlin, Herr Baumann aus Kassel und Adolf Schulze aus Hamburg. Herr Böie spielte das Violin-Solo im Benedictus. Am 6. October 1865 wurde das Werk wiederholt. Bis auf Frau Joachim und Herrn Dr. Gunz waren es dieselben Solisten.

Vom 24. October 1857 an erscheint Otten als Dirigent des Hamburgischen Musik-Vereins; an diesem Tage fand das erste Abonnements-Concert desselben statt. Es war die bis jetzt unter Otten's Namen bestandene Vereinigung, welche sich nunmehr als eine selbständige constituirte. Der Concert-Verein bestand bis zum Jahre 1865.

In diesem Zeitraum wurden u. A. aufgeführt an

Symphonien: Es-Dur, F-Dur (Pastoral), d-moll, D-Dur von Beethoven, D-Dur von Haydn, C-Dur von Schubert, a-moll von Mendelssohn, B-Dur und C-Dur von Schumann.

Ouvertüren: Lodoiska und Abencerragen von Cherubini, Hebriden und Melusine von Mendelssohn, Leonore No. 3, Fest-Ouvertüre op. 124 von Beethoven, Genoveva, Braut von Messina und Manfred von Schumann, Hero und Leander von Rietz, Zauberflöte von Mozart, Faust von Spohr, Oberon, Euryanthe und Freischütz von Weber, Im Hochland von Gade, Robespierre von Litolff.

Sonstigen Instrumental-Werken: Marsch, Andante, Polonaise und Finale aus Spohr's Notturno für Blasinstrumente; Ouvertüre, Scherzo und Marsch aus der Mendelssohn'schen Musik zum Sommernachtstraum.

Vocalwerken: Missa solemnis von Cherubini, Finale aus Loreley und achtstimmiger Psalm von Mendelssohn, Weber's Cantate: „Kampf und Sieg", Chor-Phantasie von Beethoven, Missa solemnis von Beethoven zum ersten Male in Hamburg, Des Sängers Fluch, Manfred und Faust-Scenen von Schumann, Jephta von Reinthaler, Walpurgisnacht und Elias von Mendelssohn.

Vertrat Otten gegenüber der mehr strengen, classischen Richtung der Philharmonischen Gesellschaft den gewählten Electicismus, so wurde

Karl G. P. Grädener,[1]) der Gründer und Leiter der Akademie von 1851, mehr der romantischen Richtung gerecht. Grädener hatte sich zwar ursprünglich die Aufgabe gestellt, den ihres geringen Umfanges wegen für eigentliche Kirchen-Concerte nicht geeigneten, ursprünglich für liturgische Zwecke bestimmten geistlichen Musikstücken eine Stätte zu bereiten; aber er ist diesem Programm eigentlich nur in wenigen Fällen gerecht geworden. Wenn wir die einzelnen stattgefundenen Aufführungen uns näher ansehen, so finden wir in der Aufstellung der Programme kein bestimmtes Princip durchgeführt. Auf jeden Fall kann die Bach'sche Matthäus-Passion, welche im Jahre 1858 am 14. September und 7. December in der Katharinen-Kirche aufgeführt wurde, nicht zu jenen geistlichen Musikstücken gezählt werden, die durch ihre Kürze für eigentliche Kirchen-Concerte nicht geeignet erscheinen; immerhin hat Grädener sich hierdurch das Anrecht auf warme Anerkennung erworben. Die Concerte fanden auch die allgemeine Anerkennung der Kritik; besonders wird die gute Schulung des Chors hervorgehoben.

Auch bei diesen Aufführungen wirkten Künstler wie Bülow, Brahms und Stockhausen mit. So spielte ersterer in dem Concert vom 20. November 1855 ein Clavier-Concert von Grädener, und mit Böie die Beethoven'sche Sonate op. 47. In

---

[1]) Geboren 14. Januar 1812 zu Rostock, gestorben 10. Juni 1883 in Hamburg. Sowohl als Componist wie als Theoretiker genoß er ein hohes Ansehen.

demselben Concert dirigirte Bülow seine Ouvertüre zu „Julius Caesar", die aber vor der Kritik schlecht bestand und in scharfer Weise angegriffen wurde. So schrieb der Freischütz,[1]) daß je verdienter der Erfolg Bülow's als Virtuose gewesen sei, um so „bedauerlicher" er sich als Componist gezeigt habe. Die Ouvertüre entbehre aller Klarheit und Verständlichkeit, und bilde „eine solch chaotisch-verwirrte Zusammenstellung von Tönen und Harmonien, daß es wie ein großes Schlachtgetümmel zwischen Streich- und Blase-Instrumente anzuhören war und wobei viele Tausend unschuldige Noten auf dem Platze blieben, ohne die falschen zu zählen. Es war ein förmliches Gemetzel! Daß die Blech-Instrumente fast überall den Sieg davon trugen, ist selbstverständlich, und es war kein kleines Glück, daß Herrn Wörmer's Mauern solider sind, als die von Jericho. Armer Julius Cäsar! Nicht von Brutus Dolch allein bist du gefallen. Der vergangene Dienstag Abend war verhängnißvoller für Dich, als der Idus des März, und im Geiste sah ich Deine gemarterte Gestalt durch den Saal schweben, während Du voll Entsetzen ausriefst: Hans, auch Du?!!!" Ueber Grädener's Compositionen für Orchester sprach sich die Kritik günstiger aus; aber auch sie enthalte „neben manchem Schönen und selbst Trefflichem wieder viel Eigenthümliches, Bizarres und selbst Unschönes, neben so manchen natürlich und doch originell ausgesprochenen Gedanken, oft eine Sucht und ein Haschen nach Effect, selbst auf Kosten der harmonischen Reinheit."

Von den aufgeführten Werken nennen wir:

Johannes der Täufer, Oratorium von Grädener, Ouvertüre zu „Fiesco" und Heyse's „Sabinerinnen" von demselben Componisten; Comala von Gade, Matthäus-Passion von J. S. Bach, Utrechter Te Deum von Händel; „Heilig" für Doppelchor von C. Ph. E. Bach; Oster-Cantate „Christ lag in Todesbanden" von J. S. Bach; Paulus von Mendelssohn; Requiem von Cherubini u. s. w.

Im Jahre 1864 löste sich die Akademie auf.

---

[1]) Freischütz No. 142.

Am 30. October 1855 gründete
Dr. Garvens¹) mit 24 seiner Privatschüler die nach ihm
genannte Akademie, deren Specialität u. A. darin bestand, daß sie
niemals Statuten besaß. Von einem bestimmten Princip ließ sich
Garvens nicht leiten; er brachte Geistliches und Weltliches, Altes
und Neues, doch wurde den Werken neuerer Componisten vorzugsweise Beachtung geschenkt. Den Leistungen des Vereins, der
in seiner Glanzzeit 150, in den letzten Jahren seines Bestehens
etwa 120 singende Mitglieder zählte — 53 Soprane, 28 Alt,
18 Tenöre und 21 Bässe — wurde allgemeine Werthschätzung
zu Theil. Nach dem Kriegsjahr 1870 trat der Verein von der
Oeffentlichkeit zurück.

Von den aufgeführten Werken nennen wir:

Das Oratorium Abraham von Molique, Samson von Händel,
der häusliche Krieg von Schubert, Jephta von Reinthaler, Scenen
aus der Gluck'schen Iphigenia in Tauris, der Rose Pilgerfahrt
von Schumann, die Zerstörung Jerusalems von Hiller, Jahreszeiten von Haydn.

---

¹) Garvens Dr. W., am 10. Juni 1813 in Hamburg geboren, studierte
ursprünglich Medicin und wurde auch 1841 in Halle zum Doctor med.
promovirt. In Würzburg stiftete und leitete Garvens die Liedertafel;
dortselbst ging er auch zur Bühne über, da er mit einer schönen wohlgeschulten Stimme begabt war. In den folgenden neun Jahren war
er in Köln, Pest, Graz und Augsburg als lyrischer Tenor engagirt.
Im Jahre 1852 kehrte er in seine Vaterstadt zurück, um sich dem
Berufe eines Gesanglehrers und Concertsängers ausschließlich zu
widmen. In den fünfziger Jahren sang er in den Concerten unter
Grund, Otten und Grädener die Tenor-Soli. Die Kritik rühmte stets die
Innigkeit, den Adel und die scharfe Characteristik des Vortrags und
der Declamation sowie das edle Maß. Mit Grädener war er gemeinsam
der Hauptschöpfer des Hamburger Tonkünstler-Vereins. Außer der von
ihm geleiteten Akademie dirigirte er auch 15 Jahre lang die Harburger
Sing-Akademie und die dortige Liedertafel. Garvens, der heute noch
in voller Rüstigkeit in seiner Vaterstadt lebt, ist in der Theorie ein
Schüler von Marx, im Gesang von Hofcapellmeister C. L. Fischer in
Hannover und Gentilnomo in Wien.

Beliebt und geschätzt waren die in den Sechsziger Jahren von L. Deppe[1]) veranstalteten Concerte, die eine durchaus classische Physiognomie trugen. Wurden auch hin und wieder Instrumental-Werke älterer und neuerer Meister zum Vortrag gebracht, so war es doch hauptsächlich das Händel'sche Oratorium, dessen Pflege Deppe sich in erster Linie angelegen sein ließ. So führte er die Oratorien: Josua, Messias, Saul, Judas Maccabäus, Israel in Aegypten und Samson auf. Es war dies ein sehr verdienstliches Unternehmen, das sich auch der allgemeinen Anerkennung zu erfreuen hatte. Die Aufführungen der Händel'schen Oratorien sollen, wie uns von authentischer und maßgebender Seite versichert wurde, recht gute gewesen sein, ja relativ zu den besten gehört haben, die in Hamburg stattfanden. Chor und Orchester waren vortrefflich, auch hatte Deppe immer das Glück, ausgezeichnete Solisten zu gewinnen. Wir nennen nur eine Tietjens, Michal-Michaëli, Amalie Joachim, Otto Uloleben, einen Stockhausen, Schneider, Schulze, Gunz u. s. w.

Ende des Jahres 1866 legte Deppe zum allgemeinen Bedauern seine Stellung als Dirigent der Akademie nieder. Da die Mitglieder aber ein Weiterbestehen derselben wünschten, so übernahm von Holten die Leitung; doch war das am 21. Januar 1868 stattgefundene Concert, in welchem Schumann's Rose Pilgerfahrt sowie Acis und Galathea von Händel aufgeführt wurden, das letzte.

Auch einer Akademie von 1854 unter Leitung Hugo Katterfeld's gedenken die öffentlichen Ankündigungen; letzteren ist zu entnehmen, daß kleinere Chorwerke, Lieder- und sonstige Vorträge den Bestandtheil der Programme bildeten. Die Akademie bestand aber nur wenige Jahre. Ebenso trat die Sing-Akademie des Vereins Hamburger Staatsbeamten, die übrigens heute noch besteht, nur einen Winter über, 1884, an die Oeffent-

---

[1]) Ludwig Deppe ist am 7. November 1828 zu Alverdissen (Lippe) geboren. Eine Zeit lang Schüler von Marrsen in Altona, setzte er seine Studien unter Lobe in Leipzig fort und ließ sich 1860 als Musiklehrer in Hamburg nieder. Seit 1876 lebt er in Berlin.

lichkeit. Unter Franz Nölken's Leitung wurden u. A. Schiller's Glocke von Dr. Johann Bartels und die sieben Schläfer, Oratorium von Löwe aufgeführt.

II.
Cammer-Musik.

Die Cammer-Musik hat in Hamburg von jeher eine eifrige Pflege gefunden. Der eigentliche Ausgangspunkt der Quartett-Musik war Wien, doch war deren Stätte weniger der öffentliche Concertsaal als die Familienstube.[1] Erst durch Schuppanzigh und seine vortrefflichen Leistungen als Quartett-Spieler, gewann das größere Publikum ein regeres Interesse an diesen Concerten. Unter ihm fanden im Winter 1804/1805 die ersten Quartett-productionen gegen Abonnements statt. So war Wien also die erste Stadt, welche öffentliche Cammermusik-Aufführungen besaß.[2] Etwa um dieselbe Zeit hatte Hamburg auch sein Quartett, nur producirte sich dasselbe nicht öffentlich. Es war dies das Quartett von Andreas Romberg, dessen Zierde der treffliche und bereits genannte Cellist Johann Nicolaus Prell war. Sowohl mit den beiden Romberg als im Zusammenwirken mit all' den bedeutenden Künstlern von Viotti und Rode bis zu Spohr und Müller, wurden ihm eine Reihe der höchsten Kunstgenüsse zu Theil.[3] Als Spohr im Jahre 1810 nach Hamburg kam, wurde mit Prell, Andreas Romberg und einem ungenannten Dritten auch ein Quartett-Abend improvisirt. Spohr war begeistert von dem Spiel Prell's; auch Romberg's Virtuosität erkannte er willig an, doch fand er dessen Spiel etwas conventionell; Romberg habe sogar während eines ganzen Quartetts seine Pfeife nicht ausgehen lassen.[4]

Später bildete sich ein Quartett, in welchem der bereits früher genannte Beer die erste, August Petersen die zweite

---

[1] Siehe Hanslick a. a. O. S. 202.
[2] In Cassel, wo Spohr 35 Jahre lang wirkte, durften vor dem Jahre 1866 keine öffentlichen Quartett-Productionen stattfinden, weil der Kurfürst es nicht duldete.
[3] Er starb am 18. März 1849.
[4] Spohr: „Selbstbiographie." Band I. S. 146.

Geige, **Feuerbach** die Bratsche und **Christian August Prell**
das Violoncell spielte. Aus diesem Quartett ging 1829 ein
zweites hervor: **Rudersdorf**[1]) erste, **Spars** zweite Geige,
S. **Lippmann** Bratsche und **Sebastian Lee**[2]) Violoncell.
Diese Quartett-Abende fanden im Saale der Musikalien-Handlung
von Böhme, große Bäckerstraße, statt. Es wurden 3—4 Soiréen
im Winter gegeben, aber das Publikum brachte ihnen zunächst wenig
Theilnahme entgegen. Im October 1853 zeigte dagegen Concertmeister **Rudersdorf** an, daß er während der Saison 1853/54
16 Quartett-Unterhaltungen veranstalten werde.[3]) Unter den gespielten Quartetten befanden sich solche von Haydn, Mozart,
Beethoven, Onslow, Fesca und Spohr. Von Beethoven wurden
hauptsächlich die Quartette aus op. 18 gespielt, dann jene in
F-Dur und a-moll aus op. 59; von Spohr u. A. das Doppel-
Quartett in d-moll. Das Haupt-Contingent stellte Onslow.
Ob diese Quartett-Abende in den folgenden Jahren fortgesetzt
wurden, haben wir nicht zu erfahren vermocht. Die öffentlichen
Anzeigen wenigstens lassen uns im Stich. Erst in der Saison
1858/59 fanden wieder acht Quartett-Abende statt. Auch hier
bewegten sich die Programme in enggezogenen Grenzen. Ein
Versuch des Geigers **Veit**, regelmäßige Cammermusik-Auf-
führungen zu veranstalten, kam nicht zu Stande. Nur in der
Saison 1858/59 gab er mit **Löwenberg, Pollak** und **Sack**
8 Soiréen. Erst vom Jahre 1859 an kann von einer ständigen
Quartett-Vereinigung die Rede sein, die jährlich eine Anzahl von
Concerten gab. Als Gründer derselben darf der Geiger **Hafner**[4])

---

[1]) Josef Rudersdorf ist 1799 in Amsterdam geboren. Im Jahre 1827
kam er als Concertmeister nach Hamburg, ging dann nach Dublin,
1851 als Orchester-Dirigent nach Berlin und starb im März 1866 als
Concertmeister in Königsberg.

[2]) Bedeutender Cellist und Pädagog, geboren 24. December 1805 zu
Hamburg, gestorben 4. Januar 1887 dortselbst. Vom Jahre 1837 bis
1868 war er Solocellist an der großen Oper in Paris.

[3]) Hamburger Nachrichten Nr. 242.

[4]) Ueber dessen Bildungsgang und sonstige Lebensumstände haben wir
nichts Näheres erfahren können; er starb in Hamburg am 15. Januar 1861.

angesehen werden, der im Jahre 1839 sich in Hamburg niederließ. Hafner übernahm die erste, Löwenberg die zweite Geige, Pollak die Bratsche und Theodor Sack das Violoncell. Hafner war ein Schüler aus der Schule Mayseder's in Wien. Er soll im Besitz schöner technischer Mittel, sein Ton frisch und kräftig gewesen sein. Doch wurde bei seinem ersten Auftreten die Auffassung des Characters des Tonstücks, die richtige Beobachtung der Tempi und die Unterordnung den anderen Quartettstimmen gegenüber vermißt.¹) Bis zum Winter 1843 fanden während der Saison acht Quartett-Abende statt, von dort an nur noch deren vier. Im Jahre 1843 trat nach einer öffentlichen Bekanntmachung Hafner's an Stelle Löwenberg's Otto Friedrich von Königs-löw,²) für Sack, der nach Stockholm übersiedelte d'Arien³) ein.

¹) Siehe Nr. 19 des Freischütz von 1840. In derselben Nummer wird mitgetheilt, daß Veit und Sack das Verdienst zukomme, den oben genannten Verein ins Leben gerufen zu haben, ersterer aber aus unbekannten Gründen ausgeschieden sei. Veit, welcher öfter Concerte gab, war ein Schüler Carl Müller's in Braunschweig. „Er suchte seinen Meister hinsichtlich der Wärme des Ausdrucks zu übertreffen," habe sich aber von der soliden Bahn in der Technik seines Lehrers entfernt. Seine Auffassung sei zwar eine geistreiche, sein Spiel aber unklar, verschwommen gewesen. Ueber Carl Hafner urtheilt eine Kritik des „Correspondenten" aus dem Jahre 1840, daß sein Ton kräftig und die Technik sicher sei, doch habe der Vortrag etwas Hand-festes, auch fehlten die Mitteltinten.

²) O. F. v. Königslöw ist am 13. November 1824 als der Enkel des ehemaligen Directors der Rathsmusik in Hamburg geboren. Seine ersten Lehrer waren Pacius und Hafner; von 1844—1846 besuchte er das Leipziger Conservatorium, wo er sich unter David zu einem vorzüglichen Geiger ausbildete. Nach längeren Kunstreisen wurde er 1858 Concertmeister der Gürzenich-Concerte und Lehrer am Conser-vatorium in Köln. In dieser Stellung verblieb er bis 1881. Von aller Kunst zurückgezogen soll er seitdem bei Bonn leben. Zum ersten Male trat er am 6. April 1843 vor seinem Abgange nach Leipzig in einer der alljährlich von Sack veranstalteten musikalischen Abend-unterhaltungen im Logensaal auf. Seine Leistungen wurden von der Kritik als zu schönen Hoffnungen berechtigte anerkannt.

³) D'Arien war auch ein geborener Hamburger und ein Schüler S. Lee's, Prell's und Kummer's in Dresden. Erstmalig trat er in seiner Vater-stadt am 27. November 1841 auf.

D'Arien wurde 1845 durch **Louis Lee**[1]) ersetzt und die zweite Geige übernahm **Iversen**. Von 1850 an waren Hafner und Lee die Unternehmer des Quartetts. Auch fanden die künstlerischen Darbietungen desselben immer größere Anerkennung und auch Unterstützung durch die sich mehrende Zahl der Abonnenten. Im Jahre 1852 übernahm **Breyther** die Bratsche und 1853 trat **Bohnroth** für Iversen ein, der nach Melbourne übersiedelte. Durch das lebhaftere Interesse, welches diesen Abenden vom Publikum zugewandt wurde, sahen sich die Unternehmer veranlaßt, von 1854 an jährlich 6 Soiréen zu veranstalten.

Carl Hafner starb am 15. Januar 1864. Für ihn trat **John Böie**[2]) als Mitunternehmer ein. Doch ehe wir weiter gehen, sei uns ein kurzer Rückblick auf das künstlerisch Dargebotene in den Jahren 1859—1864 gestattet. Zunächst sei bemerkt, daß in den vierziger und Anfangs der fünfziger Jahre die Quartett-Abende im Böhme'schen Saal, Hôtel de Russie, im Logensaal auf der Drehbahn, im Apollo- und Schuberth'schen Saale sowie in der Tonhalle stattfanden; von 1855 an im kleinen Saal des Convent-Gartens. Was die Cammermusik-Werke selbst anbelangt, die in der angegebenen Zeitperiode aufgeführt wurden, so bildeten selbstverständlich Haydn, Mozart und Beethoven den Grundstock. Kehren bei letzterem Meister auch die Quartette aus op. 18 am häufigsten wieder, so enthält das Programm doch auch u. A. Nr. 1 und 2 in F-Dur und e-moll aus op. 59, in Es-Dur op. 74

---

[1] **Louis Lee** ist am 29. October 1819 in Hamburg geboren und ein Schüler Prell's. Auch er war, wie sein Bruder, ein ausgezeichneter Cellist, dem besonders eine musterhafte Technik und Bogenführung nachgerühmt wurde. Er machte in noch jugendlichem Alter Kunstreisen durch Deutschland und nach Kopenhagen, hielt sich auch einige Jahre in Paris auf, von wo er 1845 wieder nach Hamburg zurückkehrte. Um die Pflege der Cammermusik in seiner Vaterstadt erwarb er sich große Verdienste. Bis 1884 war er Lehrer am Conservatorium und wirkte als erster Cellist bis vor zwei Jahren im Philharmonischen Orchester mit. Seitdem hat er sich von der öffentlichen Kunstthätigkeit zurückgezogen.

[2] Siehe den Abschnitt über die Altonaer Sing-Akademie.

und op. 127, ja am 18. März 1846 wurde sogar jenes in cis-moll gespielt. Letzteres setzten die Künstler am 26. März desselben Jahres, am Todestage Beethoven's, nochmals auf das Programm neben jenen in D-Dur aus op. 18 und Es-Dur aus op. 74. Wir begegnen überhaupt unter den Programmen manchen ihm geweihten Abend. So wurden z. B. am 29. März 1849 die Quartette in F-Dur aus op. 18, e-moll aus op. 59 und cis-moll aus op. 151 zu Gehör gebracht. Jenes in f-moll aus op. 95 erscheint erstmalig am 15. Januar 1850, jenes in a-moll op. 132 am 16. November desselben Jahres auf dem Programm. Seltsam mag es Manchem dünken, daß Spohr wenig berücksichtigt wurde. Zum ersten Male treffen wir ihn auf dem Programm vom 25. Januar 1851, und zwar ist er mit dem g-moll Quartett vertreten. Auch die Cammermusik-Werke Schubert's wurden alle gespielt. Daß diejenigen von Haydn und Mozart, auch des letzteren Quintette in g-moll, A-Dur und C-Dur nicht fehlten, versteht sich von selbst. Von Schumann erscheinen im Jahre 1847 das A-Dur Quartett — welches auch bei dessen Anwesenheit 1850 vorgetragen wurde — mit dem a-moll Quartett auf der Bildfläche, Volkmann mit jenem in g-moll am 3. November desselben Jahres; das Brahms'sche Sextett in B-Dur kam am 20. Februar 1861 zum Vortrag, und wurde am 7. März wiederholt. Von sonstigen Componisten, deren Cammermusik-Werke aufgeführt wurden, nennen wir noch Cherubini, Grädener, Gurlitt, L. Lee, Mendelssohn, Romberg u. s. w.

Für Hafner trat John Böie an die Spitze des Quartetts, das bis 1872 bestand. Ende des Jahres 1864 starb der treffliche Bratschist Breyther, an dessen Stelle A. Schmahl trat; Mitte 1871 schied auch Hohnroth aus dem Leben, für den H. E. Kayser die zweite Violine übernahm. Die Programme bewegten sich in dem früheren Rahmen, d. h. es wurden besonders die Meister des Quartett-Stils gepflegt, den neuen Kammermusik-Werken aber keine geringere Aufmerksamkeit geschenkt. So finden wir Brahms, Gade, Grädener, Raff, Rubinstein, Volkmann u. A. vertreten.

Im Jahre 1865 wurde ein Quartett gebildet, das aus

den Herren Carl Rose,[1]) Brandt, Beer und E. Hegar[2]) bestand, die mit Stockhausen[3]) 4 Matinéen veranstalteten; sie fanden aber beim Publikum keinen besonderen Anklang, doch wurden sie im Winter 1864 mit den Herren Rose, Beer, Másskowski und Hegar unter Mitwirkung von Stockhausen fortgesetzt. Es fanden deren drei statt, am 8. und 22. November sowie am 4. December. Im letzten Concert wirkten Clara Schumann und Brahms mit. Ende 1866 wurde ein neues Quartett organisirt; es bestand aus den Herren Auer,[4]) Brandt, Beer und Albrecht. Im Jahre 1867 trat Gowa für Albrecht ein. Doch schon im folgenden Jahre ging das Quartett wieder ein. Auer gab dann noch einige Soiréen mit drei der Gebrüder Müller, ohne irgend welchen Erfolg zu erzielen. Im Herbst 1867 veranstaltete Stockhausen mit Frau Clara Schumann vier Abend-Unterhaltungen, am 11. November 1868 eine Soirée mit

---

[1]) Rose (Rosa) geboren den 21. März 1842 zu Hamburg, machte seine Studien am Leipziger und Pariser Conservatorium. In den Jahren 1863—1865 war er Concertmeister in Hamburg und Primgeiger im eben erwähnten Quartett. Im Jahre 1865 ging Rose nach London wo er sich 1867 mit der Sängerin Parepa verheirathete. Er starb 1889 in Paris.

[2]) E. Hegar ist am 5. Januar 1843 zu Basel geboren, Schüler des Leipziger Conservatoriums, 1866 erster Cellist des Gewandhaus-Orchesters. Eines Nervenleidens wegen musste er dem Cello entsagen, und lebt seitdem als Gesanglehrer an der Baseler Musikschule.

[3]) Julius Stockhausen, 22. Juli 1826 zu Paris geboren, dirigirte 1862—1867 die Concerte der Philharmonie und der Singakademie in Hamburg, hielt sich hierauf einige Zeit lang in Cannstatt bei Stuttgart auf, worauf er von 1874—1878 die Direction des Stern'schen Gesangvereins übernahm, um alsdann einem Rufe als Gesanglehrer an das Hoch'sche Conservatorium nach Frankfurt zu folgen. Von dieser Stellung trat er 1879 zurück und steht seitdem einer eigenen Gesangschule vor.

[4]) Leopold Auer ist einer der vorzüglichsten Geiger der Gegenwart. Er ist geboren am 28. Mai 1845 zu Veszprim in Ungarn, erhielt seine Ausbildung an dem Conservatorium zu Pest und Wien, und wurde 1863 als Concertmeister in Düsseldorf angestellt. Im Jahre 1866 ging er in gleicher Eigenschaft nach Hamburg und 1868 nach Petersburg, wo er heute noch in angesehener Stellung wirkt.

Brahms, am 15. November eine Matinée mit letzterem; überhaupt war Stockhausen auch auf diesem Gebiet sehr rege, und wirkte anregend und fördernd nach allen Seiten.

In den sechsziger Jahren hatte Hamburg sich über Mangel an Cammermusik-Abenden von Seiten der einheimischen Künstler nicht zu beklagen. So veranstalteten die Herren Kayser, E. Hamel,[1]) Kupfer und Wieman von 1860—1867 jährlich mehrere Quartett-Soiréen. Sie verfolgten das Princip, möglichst den lebenden Componisten das Wort zu geben. So führten sie Quartette von Berens, Grädener, Hamel, Lachner, E. Lee, L. Pape, Reinecke, Richter, Rubinstein, Schuberth, Thieriot, Volkmann u. s. w. auf, ohne die älteren Meister zu vernachlässigen. Hier sind auch die Abend-Unterhaltungen von Emil Krause[2]) zu nennen. In einem dieser Concerte führte er u. A. ein Trio in c-moll für 2 Violinen und Cello von Corelli auf.

In den Jahren 1860—1870 gab Carl von Holten[3]) in Verbindung mit Böie, Lee, Breyther und anderen Künstlern im kleinen Saal des Convent-Garten Trio-Soiréen; doch waren Einzelvorträge oder Aufführungen von Quartetten und Quintetten

---

[1]) Eduard Hamel, 1811 zu Hamburg geboren, war längere Zeit Violinist an der Großen Oper in Paris, lebt seit 1846 als Musiklehrer und Kritiker in seiner Vaterstadt. Auch als Componist war er nach verschiedenen Richtungen hin thätig.

[2]) Krause E. ist am 30. Juli 1840 in Hamburg geboren. Von 1857 bis 1860 besuchte er das Leipziger Conservatorium, um sich dann als Lehrer in seiner Vaterstadt niederzulassen. Im Jahre 1864 übernahm er das Concert-Referat für das Hamburger Fremdenblatt, und 1885 wurde er als Lehrer am Conservatorium angestellt. In den siebziger Jahren veranstaltete Krause häufig Privat-Aufführungen, in welchen Künstler wie Frau Otto Alvleben, Frau Peschka Leutner, die Herren Ehrke, Lederer u. s. w. mitwirkten. Als Componist hat Krause bis heute 75 Opera veröffentlicht, darunter auch schätzenswerthe pädagogische Werke.

[3]) C. v. Holten, Componist und vortrefflicher, geistvoller Pianist, ist am 26. Januar 1836 zu Hamburg geboren und Schüler von J. Schmitt, Ave Lallemant und Grädener. In den Jahren 1854/55 studirte er am Leipziger Conservatorium unter Moscheles, Plaidy und Rietz. Seit 1874 ist Holten Lehrer am Hamburger Conservatorium.

nicht ausgeschlossen. Die reichhaltigen Programme umfaßten die Werke älterer und neuerer Meister.

Ehe wir zu den neuern Cammermusik-Unternehmungen übergehen, seien uns noch einige ältere, von Hamburger Künstlern veranstalteten Concerte, die unter diese Kategorie gehören, zu nennen vergönnt. Zunächst sind die Trio-Soirèen des heute noch in seiner Vaterstadt als Musiklehrer thätigen Christian Miller zu erwähnen, welche in den Jahren 1856—1864 im kleinen Saal der Tonhalle sowie in der Loge auf dem Valentinskamp stattfanden. Von dort an bis 1869 veranstaltete er alljährlich einen Cammermusik-Abend. Dann gab Otto Goldschmidt[1]) von 1837—1838 sowie 1847—1851 im kleinen Saal der Tonhalle mit Carl Hafner und L. Lee je vier Trio-Soirèen.

Noch erwähnen wir die Soirèen von Königslöw, in der Saison 1848/49, von Tedesco[2]) in den fünfziger Jahren, von Kleinmichel[3]) 1867—1869, und von 1865—1870

---

[1]) Otto Goldschmidt, Pianist und Componist, ist am 21. August 1829 in Hamburg geboren; den ersten Unterricht ertheilte ihm Jac. Schmitt und Fr. W. Grund, später wurde er Schüler von Mendelssohn und Chopin. Im Jahre 1849 spielte er in einem Concert der Jenny Lind, die er 1851 nach Amerika begleitete und im folgenden Jahre heirathete. Goldschmidt lebt in London, wo er sich mehrfach Verdienste um das dortige Musikleben erwarb. In Hamburg trat er zum ersten Male in einem vom Geiger J. Steinfeldt am 5. December 1846 gegebenen Concert auf, in welchem er Mendelssohn's g-moll Concert spielte. Auch als Componist war er thätig. In Hamburg wurde am 5. Mai 1869 das biblische Idyll „Ruth" unter seiner Leitung aufgeführt.

[2]) Ignatz Amadeus Tedesco war ein vortrefflicher Clavierspieler. Geboren 1817 zu Prag, trat er schon in seinem zwölften Jahre öffentlich auf. Seine Weiterbildung übernahm Tomaschek in Prag, worauf er 1855 eine zweite Kunstreise machte, die ihn u. A. nach Leipzig führte, wo er im Gewandhaus spielte. In den fünfziger Jahren lebte er in Hamburg. Er starb im November 1882 in Odessa. Eine Kritik in Nr. 28 des „Freischütz" vom Jahre 1850 zählt ihn zu den erst lebenden Pianisten und rühmt seinem Spiele Ruhe, Nüancen-Reichthum und technische Vollendung nach.

[3]) Richard Kleinmichel ist am 31. December 1846 zu Posen geboren. Von seinem Vater, der als Militär-Capellmeister nach Hamburg versetzt wurde, erhielt er den ersten Musikunterricht. 1863/66 war er

R. Fr. Niemann.[1]) Die Programme der letzteren enthielten vorwiegend Werke moderner Componisten. Hier sei auch noch der 1860/61 von den Herren Kappelhofer, Meyer, Schmahl, Otterer und Risch veranstalteten Cammermusik-Soirèen gedacht, die im Logensaal auf dem Valentinskamp stattfanden und in welchen Clara Schumann, Johannes Brahms und von Holten mitwirkten. So spielten am 20. November 1860 die Herren Brahms, Miller und von Holten das Tripel-Concert von Bach, mit Begleitung eines doppelt besetzten Quartetts, Brahms und von Holten die Variationen für zwei Flügel von Schumann; am 22. Januar 1861 trugen Clara Schumann und Brahms das Bach'sche Concert sowie eine Mozart'sche Sonate für zwei Claviere vor. Scheller gab 1862 Cammermusik-Abende im Lübschen Baume sowie im Röttger'schen Saal auf dem Gänsemarkt; in demselben Jahre auch die Herren Risch, Otterer und Schmahl. In den Jahren 1850 und 1863 veranstaltete F. G. Schwencke, der Enkel des Musikdirectors und Nachfolger seines Vaters als Organist an der Nicolai-Kirche, unter Mitwirkung der Herren Böie und Lee Soirèen. Aehnliche Concerte gaben in den sechsziger Jahren C. G. P. Grädener, Sara Magnus, Alexander Dreyschock, L. Auer, Ad. Mehrkens u. s. w.

Von den heute noch bestehenden Quartett-Unternehmungen ist die älteste jene der Herren Marwege, Oberdörffer, Schmahl und Klietz. Der Quartett-Verein gibt jährlich drei Concerte; das erste fand am 24. November 1874

Schüler des Leipziger Conservatoriums, worauf er einige Zeit lang als Musiklehrer nach Hamburg ging. Im Jahre 1876 siedelte er nach Leipzig über. Seit 1882 ist er Musikdirector am dortigen Stadt-Theater.

[1]) Rudolf Friedrich Niemann ist am 4. December 1830 in Wesselburen im Holsteinischen geboren. Den ersten Unterricht ertheilte ihm sein Vater, dann besuchte er 1855/56 das Leipziger, hierauf das Pariser Conservatorium, und studirte endlich unter Bülow und Kiel in Berlin. Er lebte längere Zeit in Hamburg, seit 1883 in Wiesbaden

statt. Wenn wir die Programme der drei ersten Abende hier veröffentlichen, so geschieht es aus dem Grunde, weil dieselben gleichsam das leitende Princip enthalten, dem die Künstler bis heute treu geblieben sind: Pflege der alten Meister, unter stetiger Berücksichtigung aller modernen bedeutenderen Erscheinungen auf dem Gebiete der Quartett-Musik.

24. November 1874.
Haydn, Quartett G-Dur.
Volkmann, Quartett c-moll.
Beethoven, Quartett B-Dur op. 130.

9. Februar 1875.
Mozart, Quartett G-Dur.
Gernsheim, Quartett c-moll.
Mendelssohn, Quartett Es-Dur op. 12.

9. März 1875.
Böie, Quartett op. 29.
Beethoven, Trio c-moll op. 9 Nr. 3.
Cherubini, Quartett Es-Dur.

Sämmtliche Programme weisen eine große Mannigfaltigkeit auf, und gewähren ein erschöpfendes Bild von den mancherlei divergirenden Bestrebungen auf diesem speciellen Gebiet des tonkünstlerischen Schaffens, ohne daß eine Richtung speciell bevorzugt erscheint.

Einen Collegen erhielt der Quartett-Verein in den von Carl Louis Bargheer[1]) im Winter 1876 gegründeten Cammermusik-Abenden. In diesem Jahre war Bargheer als Concertmeister der Philharmonischen Gesellschaft und erster Violinlehrer des Conservatoriums nach Hamburg berufen worden. Seine Verdienste um das hiesige musikalische Leben sind unbestreitbar;

---

[1]) Geboren 31. December 1831 zu Bückeburg, erhielt er seine künstlerische Ausbildung unter Spohr in Cassel, worauf er eine Anstellung in der Detmolder Hofcapelle fand. Nebenbei setzte er seine Studien bei David und Joachim fort. Im Jahre 1863 wurde er Hofcapellmeister zu Detmold; in dieser Stellung verblieb Bargheer bis zu der 1876 erfolgten Auflösung der Capelle.

man braucht nur die Programme seiner veranstalteten Kammermusik-Abende vorurtheilslos zu prüfen, um diese Verdienste vollauf zu würdigen. Seine Leistungen als Geiger waren schon früher von der Hamburger Kritik anerkannt worden. Im Jahre 1860 trat er am 16. November in einem von L. Deppe im Conventgarten gegebenen Concert auf. Bargheer spielte das d-moll Concert von Spohr sowie eine der Romanzen von Beethoven. Der Referent der „Deutschen Musik-Zeitung"[1]) schildert sein Spiel als äußerst correct. Die Intonation sei makellos, der Ton kernig, gesund, innig; die Auffassung habe eine jugendliche, begeisterungsvolle Frische documentirt. In demselben Jahre trat er am 20. November in einer Soirée für Cammermusik der Herren Kappelhofer, Meyer, Otterer, Schmahl und Risch auf, am 23. November im Otten'schen Concert, wo er das Viotti'sche Concert in a-moll und eine Caprice von Paganini vortrug. Auch hier war die Kritik einstimmig in der Anerkennung seiner künstlerischen Eigenschaften.

Bargheer hielt sich zunächst in seinen Programmen nicht ausschließlich an die Vorführung von Werken der Quartett-Literatur im strengsten Wortbegriff, sondern seine Concerte umfaßten das Gebiet der Cammermusik im weitesten Sinne. So war er auch darauf bedacht, hervorragende hiesige und auswärtige Künstler zu diesen ersten Aufführungen heranzuziehen. Einzelne Ausnahmen abgerechnet, fanden in den ersten Jahren vier Cammermusik-Abende statt. Auch die modernen Meister wurden gebührend berücksichtigt. Wir geben in folgendem die Programme der vier ersten Abende.

I.

1. L. Spohr: Doppel-Quartett für 4 Violinen, 2 Violen und 2 Violoncelli op. 65.
2. Beethoven: 32 Variationen für Pianoforte in c-moll. Frau Dr. Clara Schumann.
3. Tartini: Sonate in g-moll für Violine.
4. R. Schumann: Quintett für Piano, 2 Violinen, Viola und Violoncell op. 44. Pianoforte: Frau Schumann.

---

[1]) Süddeutsche Musik-Zeitung. 1860. S. 416.

II.

1. Mozart: Divertimento in F-Dur für 2 Violinen, Viola, Violoncell, Baß und 2 Hörner.
2. C. G. P. Grädener: Pianoforte-Trio in G, op. 22. Pianoforte: J. v. Bernuth.
3. Beethoven: Quartett op. 54 Nr. 3.

III.

1. R. Schumann: Trio für Pianoforte, Violine und Violoncell op. 80. Pianoforte: Frau Dr. Erika Nissen.[1)]
2. Haydn: Quartett op. 54 Nr. 1.
3. J. S. Bach: Fantasie und Fuge für Pianoforte in g-moll. Frau Nissen.
4. Beethoven: Quartett op. 18 Nr. 6.

IV.

1. Mozart: Quartett in G-Dur.
2. Beethoven: Sonate für Piano und Violine op. 96. Pianoforte: Herr Levin.
3. Schubert: Quartett in D-Dur.

In den folgenden Jahren fanden übrigens die meisten Aufführungen ohne Zuziehung von Solisten statt.

Im Jahre 1881 übernahm die philharmonische Gesellschaft die Cammermusik-Abende von Bargheer; letzterer behielt jedoch bis Frühjahr 1888 die künstlerische Oberleitung. Bis 1881 wirkten regelmäßig die Herren H. Schloming, R. Dietzen und A. Gowa mit. Im Winter 1881/82 über-

---

[1)] Erika Nissen, geborene Lie, eine der bedeutendsten Pianistinnen der Gegenwart, ist am 17. Januar 1845 zu Kongsvinger in Norwegen geboren. Ihre künstlerische Unterweisung erhielt sie vornehmlich bei Kullak in Berlin, an dessen Institut sie auch mehrere Jahre hindurch als Lehrerin wirkte. Später machte sie Kunstreisen nach England, Norwegen und Schweden und Deutschland; überall erregte ihr Spiel Aufsehen und fand auch die höchste Beachtung bei der Kritik. Besonders wurde ihre hervorragende Technik und die Anmuth ihres Vortrags hervorgehoben.

nahm an Stelle Schloming's Concertmeister O. Kopecky¹) die zweite Geige, 1883 M. Löwenberg; von 1885/88 war die Bratsche durch letzteren, die zweite Violine durch G. Derlien vertreten. In den Jahren 1883—1888 fanden jährlich fünf Cammermusik-Abende statt.

Bargheer trat im Herbst 1888 sowohl von seiner Stellung als Concertmeister der Philharmonie wie von jener als Lehrer am Conservatorium zurück. Für ihn wurde der ausgezeichnete Geiger, Concertmeister Florian Zajic²) gewonnen. Da Zajic jedoch bis September 1889 in Straßburg gebunden war, so kam er zu den fünf Concerten und deren Proben jeweils von Straßburg herüber. Hatte er schon durch sein Auftreten als Solist mit dem Beethoven'schen Violin-Concert im zweiten philharmonischen Concert bewiesen, daß er zu den hervorragendsten Geigern unserer Zeit gehört, so errang er sich nicht minder die allgemeinste Anerkennung als Quartettspieler. Seine im ureigensten Wesen des einzelnen Kunstwerks wurzelnde Auffassung weiß er den Genossen mitzutheilen, seine Begeisterung auf sie zu übertragen.

Mit Zajic's Eintritt schied außer Bargheer noch Derlien aus; für letzteren übernahm Schloming die zweite Geige. Für Gowa trat im Laufe der Saison Concertmeister Bast ein, der sich sowohl als tüchtiger Solist wie Quartett-Spieler auf das Vortheilhafteste bewährte. Da Bast einen ehrenvollen Ruf für

---

[1] Kopecky, Ottokar ist am 28. April 1850 zu Chotebor in Böhmen geboren. Er ist ein Schüler von Bennewitz am Prager Conservatorium, wurde später Concertmeister am Stadttheater in Brünn, dann am Mozarteum in Salzburg, und hierauf in der Hofcapelle zu Sondershausen, wo er den Titel Cammervirtuos erhielt. Bald darauf siedelte er nach Hamburg über, wo er als Solist wie als Mitglied des philharmonischen Orchesters und als Lehrer am Conservatorium thätig ist.

[2] Zajic ist am 4. Mai 1853 in Unhoscht (Böhmen) geboren. Er ist ein Schüler von Mildner und Bennewitz; im Jahre 1870 kam er als Concertmeister nach Augsburg. Von 1871/81 in gleicher Eigenschaft an der Mannheimer Hofcapelle thätig, ging er alsdann als erster Lehrer des Violinspiels am Conservatorium nach Straßburg, von wo er nach Hamburg im Herbst 1889 übersiedelte.

die Richter'schen Concerte nach London erhielt, so wurde an seiner Stelle Professor Karl Schröder gewonnen.

Zu erwähnen sind noch die Cammermusik-Abende von Fräulein Wilhelmine Marstrand[1]) und des Herrn J. Levin. Fräulein Marstrand gab mit Marwege von 1871—1874 den Winter über 3 Soiréen, deren Programme in historischer Reihenfolge das ganze Gebiet der einschlägigen Literatur von Bach bis zur Gegenwart umfaßte, von 1878 an selbständige Cammermusik-Abende unter Mitwirkung hiesiger hervorragender Solisten.

Herr Levin veranstaltete vom November 1874 an alljährlich mehrere Cammermusik-Abende. Regelmäßig Mitwirkende waren in den ersten Jahren die Herren Böie und Lee. Auch diese Concerte hoben sich durch interessante Mannigfaltigkeit der Programme und künstlerische Ausführung derselben hervor. Die Cammermusik-Abende währten bis 1879; für Böie trat Bargheer, 1878 für letzteren Marwege, für Lee Klietz ein. In der Saison 1884/85 sowie 1886/87 wurden die Soiréen nochmals aufgenommen.

Cammermusik-Abende gaben ferner in den Jahren 1876/77 sowie 1888/89 Julius Spengel, 1884/89 O. Kopecky,

---

[1]) Wilhelmine Marstrand ist am 7. August 1845 in Donaueschingen auf dem badischen Schwarzwald geboren. Den ersten Musikunterricht erhielt sie von dem Fürstl. Fürstenbergischen Cammermusiker Nepomuck Wagner und dem ausgezeichneten Violoncell Virtuosen Leopold Böhm. Nach der Uebersiedelung ihrer Eltern nach Constanz im Jahre 1855, übernahm der dortige Musikdirector und Organist Professor Schmalholz die musikalische Weiterbildung, worauf Fräulein Marstrand im October 1859 in das neugegründete Stuttgarter Conservatorium trat. Hier wurde Sigmund Lebert, einer der bedeutendsten Clavier-Pädagogen unserer Zeit, ihr Lehrer, während Professor Pruckner die Ausbildung im Solospiel übernahm. Nachdem sie in Stuttgart, Mannheim, Karlsruhe und anderen süddeutschen Städten, auch in Leipzig im Gewandhaus, dann in Dresden und Braunschweig mit großem Erfolg concertirt hatte, entschloß sich Fräulein Marstrand den Beruf des Virtuosen mit jenem des Pädagogen zu vertauschen. Sie ließ sich im November 1868 in Hamburg nieder, wo sie sich im philharmonischen Concert mit Hummel's h-moll Concert vortheilhaft einführte. Seit October 1883 ist sie auch am Hamburger Conservatorium mit Erfolg thätig.

1886/88 Prochazka, 1834/87 von Holten und R. Dannenberg, 1888/89 R. Dannenberg und Fiedler.[1])

Nachdem Bargheer aus dem Verband der Philharmonischen Gesellschaft ausgetreten, gab er mit den Herren Derlien, Löwenberg und Gowa im Winter 1888/89 vier Cammermusik-Abende. Herr von Bülow wirkte an zwei Abenden mit; an den beiden übrigen Concerten betheiligten sich zwei Schülerinnen des letzteren, die Fräulein Schehafzoff und Anna Haasters.

Es erübrigt uns nunmehr noch der auswärtigen Quartett-Vereinigungen zu gedenken, die in Hamburg Concerte gaben.

Das erste reisende Streichquartett wird wohl jenes der Gebrüder Müller aus Braunschweig gewesen sein. Der älteste, Karl Friedrich, am 11. November 1797 in Braunschweig geboren, 4. April 1873 gestorben, ein Schüler Möser's aus Berlin, spielte die erste Geige, Heinrich Gustav, geboren 3. December 1799, gestorben 7. September 1855 die Bratsche, August Theodor, geboren den 27. September 1802, gestorben 22. Mai 1875 das Violoncell und der jüngste, Georg, geboren 29. Juli 1808, gestorben 20. October 1875, die zweite Geige. Das öffentliche Auftreten der vier Brüder fällt in die Jahre 1831 bis 1855. Ihr Austritt aus der herzoglichen Capelle war durch die despotische Behandlung veranlaßt, welche sie unter dem Regiment des Herzogs Carl von Braunschweig zu erdulden hatten. So verließen sie die dortige Capelle, um sich auf Kunstreisen zu begeben, die sie nach Hamburg, Berlin, Wien, Paris, Holland, Dänemark und Rußland führten. Ueberall fand ihr ausgezeichnetes, von einem Geiste belebtes und beseeltes Zusammenspiel, das von dem tiefen Eindringen in die Intentionen des Tondichters zeugte, den lebhaftesten Beifall. Sie beschränkten sich in ihren künstlerischen Darbietungen jedoch nicht ausschließlich auf das Gebiet des Streichquartetts, sondern opferten auch zuweilen dem Lorbeer des

---

[1]) August Max Fiedler ist am 31. December 1859 in Zittau geboren, und war in den Jahren 1877/80 Schüler des Leipziger Conservatoriums. Fiedler ist ein tüchtiger Pianist, hat auch als Componist bei Breitkopf & Härtel mehrere kleinere Werke veröffentlicht.

Virtuosen. Zum ersten Male traten die Künstler im Jahre 1831 auf. Sie trugen Quartette von Spohr, Onslow, Feska und Beethoven vor. Die Miscellen[1]) berichten hierüber, daß sie „eine gewählte Zuhörerschaft nicht blos in hohem Grade befriedigt, sondern wahrhaft entzückt, und in gerechtes Erstaunen ob solcher Fertigkeit, Geschmack und Einigkeit in den schwierigsten Ausführungen gesetzt haben." In genanntem Jahre gaben sie am 6. Juni in der „Stadt London" ihre erste Quartett-Unterhaltung, der noch drei weitere folgten. Sie spielten Quartette von Haydn, Mozart, Beethoven, Fesca; am vierten Abend trug Carl Müller Variationen von Mayseder, und mit seinem Bruder Georg, Variationen für zwei Violinen von Kalliwoda vor. Sie concertirten wiederholt in den Jahren 1842, 1851, 1853 und 1855. Die Programme weisen außer Quartetten der drei Wiener Meister, solche von Mendelssohn, Onslow, Litolff und Schubert auf.

Nach dem Tode Gustav's und Georg's bildeten im Jahre 1853 die vier Söhne Carl Friedrich's[2]) ein neues Quartett, das sich 1875 auflöste. Sie producirten sich in Hamburg in den Jahren 1856, 1860 und 1868.

Der Altmeister Joseph Joachim kam schon 1863 mit den Königlichen Kammer-Virtuosen Lindner und Gebrüdern Eyert aus Hannover nach Hamburg herüber, um zwei Quartett-Abende zu veranstalten, ebenso im Jahre 1866.[3]) Auch von Berlin aus besuchte er später mit seinem berühmten, einzig dastehenden Quartett unsere Stadt. Es waren zunächst außer Joachim

---

[1]) Miscellen. 1831. Nr. 28.

[2]) Es waren dies die Gebrüder Karl, geboren 11. April 1829, für den später Auer die erste Geige übernahm, Hugo, geboren 21. September 1832, gestorben 26. Juni 1886, zweite Geige, Bernhard, geboren 24. Februar 1825, Bratsche, und Wilhelm, geboren 1. Juni 1834, Violoncell.

[3]) Joseph Joachim ist am 28. Juni 1831 in Kittse bei Preßburg geboren und ein Schüler Böhm's; seit 1868 ist er Director der Berliner Hochschule für Musik.

die Herren De Ahna,¹) Rappoldi²) und Müller, welche im Quartett mitwirkten; später traten für beide letzteren Emanuel Wirth³) und Robert Hausmann⁴) ein.

Großer Beliebtheit erfreute sich in Hamburg auch das Florentiner Quartett. Jean Becker⁵) begründete dasselbe im Jahre 1866 in Florenz; die zweite Violine spielte Enrico Masi, die Bratsche Luigi Chiostri und das Cello Friedrich Hilpert, während Becker die Führung übernahm; im Jahre 1875 trat an Hilpert's Stelle Spitzer-Hegyesi. Das Quartett bestand bis 1880. Die Leistungen desselben besaßen Weltruf. Wundervoll war das Zusammenwirken der vier Instrumente; sinnliche Schönheit des Klangs, musikalische Feinfühligkeit der Auffassung und sorgfältigste Nüancirung, die nur in den letzten Jahren durch das subjective Hervordrängen des Quartett-Leiters zuweilen einen manirierten Character erhielt, zeichneten die Leistungen dieser Künstler aus.

Das Quartett concertirte in den siebziger Jahren sehr häufig in Hamburg, und hatte sich immer eines zahlreichen Zuspruchs und des reichsten Beifalls zu erfreuen. Im Jahre 1870 gaben die Florentiner vom 7. Februar bis 9. März sechs Concerte, desgleichen im Jahre 1871. Zum letzten Male spielten sie 1877 im Januar. Nach der Auflösung des Florentiner Quartetts, gab Jean Becker mit seinen Kindern Jeanne⁶) — Clavier — Hans⁷)

---

¹) Heinrich De Ahna geboren 22. Juni 1833 zu Wien, Schüler Mayseder's und Mildner's, seit 1868 Concertmeister der königl. Capelle in Berlin.

²) Eduard Rappoldi geboren 21. Februar 1839 zu Wien, Schüler von Jansa und Böhm, seit 1877 Hofconcertmeister in Dresden.

³) Emanuel Wirth geboren 18. October 1842 zu Luditz in Böhmen, seit 1877 Lehrer an der Berliner Hochschule.

⁴) Robert Hausmann geboren 13. August 1852 zu Rottleberode am Harz, Schüler Theodor Müller's und der Berliner Hochschule, seit 1876 Lehrer an der Berliner Hochschule.

⁵) Jean Becker am 11. Mai 1836 zu Mannheim geboren und Schüler von Kettenus und Vincenz Lachner. Er starb am 10. October 1884 in seiner Vaterstadt.

⁶) Jeanne Becker 9. Juni 1859 zu Mannheim geboren, Schülerin von Reinecke und Sigmund Lebert.

⁷) Hans Becker 12. Mai 1860 zu Straßburg geb., ist Schüler von Singer.

— Bratsche — und Hugo¹) — Violoncell, Quartett-Abende. Sie besuchten auch Hamburg, wo sie im Jahre 1881 zwei Concerte veranstalteten, die von großem Erfolg begleitet waren.

Auch das Quartett der Gebrüder Schröder²) welches vermöge seiner ausgezeichneten Leistungen überall Aufsehen erregte, gab in Hamburg am 7. und 14. November 1871 zwei Soirées.

III.
Concerte hervorragender auswärtiger Künstler.

Es ist hier nicht unsere Absicht, alle bedeutenden Künstler, die in Hamburg auftraten, einer speciellen Betrachtung zu unterziehen, sondern in diesem Abschnitt soll nur derjenigen Concerte gedacht werden, die allgemeines Aufsehen erregten und die Gemüther in eine gewisse Spannung versetzten. Die hier nicht genannten Künstler sind unter der Rubrik Virtuosen aufgeführt.

In den dreißiger Jahren war es Ole Bull,³) der das Publikum durch seine Charlatanerien auf der Geige in hellen Enthusiasmus versetzte. Sein entschiedenes Talent hat er niemals in den Dienst der wahren Kunst gestellt; als Geiger wie als Componist war er hauptsächlich darauf bedacht, durch Bizarrerien und grelle Contraste zu glänzen. Den Autodidacten hat er niemals zu verläugnen vermocht.

Am 28. December 1837 gab er im Stadt-Theater sein erstes Concert. Die Kritik war außer sich vor Entzücken, das Publikum nicht minder. Erstere schrieb: „Das Dämonisch-Leidenschaftliche

---

¹) Hugo Becker, geboren 13. Februar 1864 zu Straßburg, ist Schüler von Grützmacher.

²) Der geistige Leiter war Karl Schröder, ausgezeichneter Cellist und Dirigent, geboren 18. December 1848 zu Quedlinburg, 1873 erster Cellist der Hofcapelle zu Braunschweig, 1874 der Gewandhaus- und Theatercapelle zu Leipzig, 1881/86 Hofcapellmeister zu Sondershausen, im folgenden Jahre Capellmeister der deutschen Oper zu Rotterdam, 1887/88 erster Capellmeister der Berliner Oper, seitdem in gleicher Eigenschaft am Hamburger Stadt-Theater thätig.

³) Ole Bull, am 5. Februar 1810 zu Bergen in Norwegen geboren, gestorben am 17. August 1880 auf seiner Villa bei Bergen.

Paganini's, der wie eine personificirte sinfonia passionata in seinem ganzen Wesen und Wirken dasteht, und das Tiefste, an das Infernalische Grenzende, was sein Bogen hervorzaubert, wird wohl Ole Bull noch fremd bleiben, dessen ganzes Wesen und Wirken in ein tief gefühltes Pastorale verkörpert erscheint." Er sei „mit seinem Innern, mit seinem ganzen Ich auf wahre Siamesische Art verbunden." Carl Töpfer schrieb nach Ole Bull's Auftreten im Jahre 1839: „Ole Bull's Spiel ist schön, wie ein Sonnenuntergang über seinen Norwegischen Bergen, wie die Leiche einer 15 jährigen Jungfrau, welche die verzweifelnde Liebe mit Rosen gekränzt hat, schön, wie die gläubige Sehnsucht mit ihren Ansprüchen an ein Jenseits." [1]) Spätere Kritiken rügten dagegen seine willkürliche Auffassung, überhaupt seine Zuthaten zu classischen Compositionen. In den folgenden Jahrzehnten gab er noch häufig Concerte in unserer Stadt.

In den dreißiger Jahren concertirte auch **Clara Wieck**,[2]) 1840 **Sigismund Thalberg**[3]) in Hamburg. Erstere Künstlerin wirkte nicht durch äußerlich blendende Eigenschaften, sondern mehr durch die künstlerische Ruhe und geistige Abklärung ihres Spiels. Sie hat niemals zu jenen Virtuosen gehört, welche die große Masse zu electrisiren vermochten, sondern zu jenen Künstlern von Gottes Gnaden, die sich in die Tiefe der Herzen hinein zu zaubern wissen, ohne zu den Kunstkniffen der Reclame und leeren Äußerlichkeiten greifen zu müssen. Clara Wieck trat zum ersten Male im philharmonischen Concert vom 14. März 1835 auf. Sie spielte das Adagio und Finale aus dem C-Dur Concert von Pixis sowie die fis-moll Mazurka und zwei Etüden von Chopin. Die Kritik sprach sich sehr anerkennend über ihr Spiel aus. Wenn sie spiele, könne man sich nicht wundern, wie sie das Gewöhnlichste

---

[1]) Thalia. 1839. Nr. 1.
[2]) Clara Wieck ist am 13. September 1819 in Leipzig geboren; schon 1835 begann sie ihre erste Kunstreise. Im Jahre 1840 heirathete sie Robert Schumann.
[3]) Thalberg, geboren 7. Januar 1812 zu Genf, gestorben 27. April 1871 in Neapel.

accentuire und mit ihrem Seelenhauch belebe.¹) Ein anderer Referent machte ihr einige Jahre später den Vorwurf, der aber nur für die Künstlerin das höchste Lob in sich schloß, daß sie zu wenig „das Galante und Schimmernde" berücksichtige. Ja es wurde sogar getadelt, daß sie Chopin in den Concerten spiele; das sei nur Kost für ein kunstverständiges Publikum und gehöre daher in den Salon. Auch ein Standpunkt. Darin waren aber die Kritiker einig, daß sie die Erste unter den Pianistinnen sei, und sich in ihrem Spiel hohes technisches Können mit musikalischer Intelligenz und gefühlswarmem Vortrag vereinige. Fräulein Wieck war auch später als Frau Schumann ein häufiger und stets gern gesehener Gast in Hamburg.

Den richtigen Virtuosen-Typus repräsentirte Sigismund Thalberg; er vertritt jene subjective Richtung, die im Cultus der eigenen Persönlichkeit ihre höchste Befriedigung sucht und findet. Thalberg hielt es später gar nicht mehr der Mühe werth, andere Compositionen als die eigenen zu spielen. Sein Spiel war ein elegantes, liebenswürdiges, wie seine Compositionen selbst, aber ohne Kraft und Tiefe, doch von einem leisen Hauch der Romantik berührt. Eine Zeit lang lagen seine Compositionen auf jedem Clavier, heute sind sie vergessen und werden höchstens noch als pädagogischer Rhabarber verschrieben. Als Pianist genoß er europäischen Ruf und die Kritik überbot sich in Hymnen und poetischen Weihrauchwolken. Auch in Hamburg mußte Thalberg sich ansingen lassen. Es war die Zeitschrift Thalia²) die sich zu folgendem dithyrambischen Erguß verstieg:

„Donner rollen, es kracht urewiges Eis auf den Alpen,
Blitze zucken, und wild stürzet vom Felsen der Bach!
Aber die riesigen Kulmen beleuchtet die Sonne, es flöten
Nachtigallen, es zirpt sorglos das Heimchen umher.
Ruhig schaffend, das Größte sowie das Kleinste bestellend,
Gleichest Du Goethe'n — nein, mehr — gleichst Du der hehren Natur!"

---

¹) Hamb. Correspondent Nr. 12.
²) Thalia. 1840. Nr. 89.

Sein Stern wurde aber verdunkelt, als in demselben Jahre Franz Liszt[1]) nach Hamburg kam, und die Herzen der Männer und Frauen in einen reinen Wonnetaumel versetzte. Die Erfolge wie er hat vor und nach ihm kein zweiter Pianist mehr errungen. Wie ein gekrönter Held und Sieger zog er von Stadt zu Stadt, von Land zu Land, von einer Nation zur anderen, und Alles jubelte ihm zu. Er war ein Pianist von höchster Genialität, dessen Spiel mit dämonischer Gewalt alles in seine Kreise bannte. Es ist nicht übertrieben, wenn ein Schriftsteller einstens schrieb, daß die Damen ihr Herz und die Kritiker den Kopf verloren. Ein Wiener Referent wußte keinen höheren Superlativ mehr zu gebrauchen, als daß er Liszt ein „musikalisches Mammuth" nannte. Wie früher das Werther-Costüm, so kamen jetzt die bis zur Schulter herabwallenden Haare, die übergeklappten Hemdkragen und der eng anschließende Anzug à la Liszt in die Mode. „Sein zwischen düsterem Ernst und ausgelassener Heiterkeit wechselndes Wesen, seine eigenthümliche Art, sich zu verbeugen, seine Gewohnheit, abwesend und versunken an den Flügel zu treten, die Handschuhe nachlässig von sich zu schleudern und die Bezeugungen des rauschendsten Beifalls mit schmerzerfüllter Miene aufzunehmen — all' diese Wunderlichkeiten galten für Kundgebungen einer Genialität, wie sie die Welt noch nicht gesehen haben sollte." Liszt schuf einen völlig neuen Künstler-Typus, der als Verkörperung des Weltschmerzes erschien. Liszt war sicherlich ein großer, ein genialer Künstler, aber er verstand es auch seine Zeit und ihre Menschen seiner Eitelkeit dienstbar zu machen. Unsere Zeit ist eine andere geworden, wir verstehen kaum mehr jene tollen Ueberschwänglichkeiten, jenen übertriebenen Kultus, der in seiner Wurzel krank und unnatürlich war. Schrieb doch ein Kritiker im Jahre 1839: „Das Blut wogt, die Pulse stürmen, die Nerven zittern, während seine Seele in olympischer Verklärung schweigt; jene Künstlerseele, die in solchen Augenblicken der Mittelpunkt aller Existenzen zu

---

[1]) Franz Liszt, 22. October 1811 zu Raiding bei Oedenburg in Ungarn geboren, starb in der Nacht auf den 1. August 1886 in Bayreuth.

sein scheint, und in welche die Radien des ganzen Außenlebens zusammenlaufen, gleichwie die Radien der Schöpfung sich vereinen im ewigen Urgeiste." Ja man könne sein Spiel nur mit Goethe's „Faust" vergleichen, in welchem nach der Frau von Stael, „Alles enthalten sei und noch Einiges darüber."

Auch in Hamburg rief Liszt bei seinem Auftreten eine große Bewegung hervor, die sich aber mehr in eine Zeitungspolemik[1]) über sein Spiel verdichtete. Es bildeten sich zwei Parteien, die Stellung für und gegen den Künstler nahmen.

Das erste Concert fand am 28. October 1840 im Apollo-Saale statt. Liszt spielte die von ihm für Clavier gesetzte Pastoral-Symphonie, seine Fantasie über Motive aus Lucia di Lammermoor, zwei Transcriptionen Schubert'scher Lieder, ein Duett für zwei Claviere mit seinem Schüler H e r r m a n n und den chromatischen Galopp. Es folgten dann noch weitere Concerte am 31. October, 6 und 10. November. Das letztere fand im Stadt-Theater statt. Demselben gingen unerquickliche persönliche Reibereien voraus, zu welchen wohl beide Theile Veranlassung gegeben hatten. Liszt hatte zu seinem Abschiedsconcert von einem Künstler des Stadt-Theaters die Zusage erhalten, daß er in demselben mitwirken werde. Die Theater-Direction verbot dem betreffenden Künstler jedoch die Mitwirkung, weil hierzu die im Contract vorgeschriebene Genehmigung nicht nachgesucht worden war. Die Absage kam zu spät, und Liszt war genöthigt, das Publikum vor Beginn des Concerts über die Gründe der Programm-Aenderung in Kenntniß zu setzen. Mag nun dies in einer wenig geeigneten Form geschehen sein, wie von der einen Seite behauptet wurde, oder waren die Gemüther schon in eine solch' hochgradige nervöse Aufregung versetzt, daß der Vernunft kein Gehör mehr geschenkt wurde — genug, es kam zu sehr unliebsamen öffentlichen Auseinandersetzungen zwischen Liszt und der Theater-Direction, und die Tagesblätter bemächtigten sich erst recht der Sache.[2]) Liszt beschloß nun feurige Kohlen auf das

---

[1]) Siehe Hamb. Nachrichten. 1840. Nr. 258 ff.
[2]) Siehe hierüber auch: „Franz Liszt in Hamburg. Ein Beitrag zur Kunstgeschichte. Hamburg 1840.

Haupt der Direction zu sammeln. Er hatte erfahren, daß für
die Musiker des Orchesters keine Pensionskasse bestände, und rasch
entschlossen kündigte er ein Concert im Apollo-Saale an, dessen
ganzer Ertrag zur Gründung eines solchen Fonds bestimmt sein
sollte. Nun zog die Direction mildere Saiten auf, und bat Liszt,
dieses Concert im Stadt-Theater zu veranstalten. Er kam diesem
Wunsche unter der Bedingung nach, daß ihm zwei Drittel der
Einnahme zugesichert würden. Diesen Ertrag, der 2296 ℳ 15 ß
betrug, überwies er dem Mitglied des Theatercomités Senator
Dammert „zur Gründung eines Pensionsfonds für das Orchester
des Hamburger Stadt-Theaters." Dieser „Franz Liszt-Fonds"
gelangte durch freiwillige Beiträge und durch zu seinen Gunsten
veranstaltete Concerte im Laufe der Jahre zu ansehnlicher Höhe.
In dem Concert selbst wurde Liszt mit „einem Tusch und Jubel-
geschrei empfangen und trug sein Concert von Hummel aus
h-moll so vor, wie nur Er es vermag. Dann phantasirte er
über einige aufgegebene Themata, die er aus einer Urne nahm.
Rauschender Jubel unterbrach mehrmals sein Spiel. Der Virtuose
wurde mit Tusch entlassen." Etwas anders lautete das Urtheil
im Freischütz[1]) über den Vortrag des Hummel'schen Concerts; es
spricht sich sehr scharf über das „Eisenbahn-Tempo" aus, das im
letzten Satz in „Wildheit" übergegangen sei. Im Uebrigen läßt
der Referent dem Künstler volle Gerechtigkeit widerfahren. Die
Virtuosität habe in Liszt den Gipfel des Genialen erreicht. „Er
ist der seltene Mann, der das Unglaubliche, das kaum je Geahnte,
das bisher für unmöglich Gehaltene leistet." Dagegen wurde
ihm vom Kritiker der Hamburger Nachrichten[2]) als ein tadelns-
werther Mangel vorgeworfen, daß die classischen Meister auf den
Programmen gar keine Berücksichtigung fänden, und somit dem
Kritiker ein Maßstab zur Beurtheilung der Leistungen im Verhältniß
zu jenen anderer Künstler nicht gegeben sei. Eine trotz ihrer
Ueberschwänglichkeit sehr treffende Characteristik des ganzen Wesens
von Liszt brachte die Zeitschrift Thalia,[3]) ja sie gehört mit zum

---

[1]) Freischütz. 1840. Nr. 45.
[2]) In der Nummer 258.
[3]) Thalia. 1840. Nr. 88.

Besten, was über den jungen Liszt geschrieben worden ist. „Wir sehen in Franz Liszt wieder eines jener eminenten Kunst-Genies aus der jüngeren Generation hervorgegangen, vor uns, die berufen zu seyn scheinen, den Massen Staunen abzunöthigen. Nicht nur die außerordentliche Fertigkeit in den Händen, der vollendete Seelen-Ausdruck und der innere Aufschwung, das Vertrautsein mit dem Geist der Composition und eine geschmackvolle Nüancirung — selbst seine ganze Persönlichkeit stempeln ihn zum Manne des Erfolges. Er hat ein Orchester in seinen Fingern, eine Welt der Dichtung in seinem Gemüthe, einen treuen Spiegel der auf- und abwogenden Empfindungen in seinem Antlitz! Aber sein Genius ist kein lächelnder — es ist der Genius, der in Wehmuth über Gräbern trauert oder der sich mit Lust in den wüthenden Kampf der Elemente stürzt. Diese junge Seele hat schon vom Baume der Erkenntniß genossen, denn sie ist aus dem Paradiese vertrieben worden. Liszt wird ein Jeder hören wollen und — sehen. Er zieht das Publikum an, wie eine schaurige Gespenster-Geschichte im Halbdunkel erzählt — dies Grauen, was uns überrieselt, ist wonnig! Seine Eigenthümlichkeit ist sein Reiz — er ist ein Ganzes durch und durch — in sich selbst gekeimt, gewachsen und geworden."

In den folgenden Jahren spielte Liszt noch einige Male in Hamburg.

Am 22. März 1843 gab Hector Berlioz [1]) im Stadttheater ein Concert. Seine Erfolge verdankt der in seinem Vaterland verkannte und von Neid und Mißgunst verfolgte Künstler einzig und allein Deutschland. Es war aber weniger der musikalische Gehalt seiner Werke, der ihm hier einigen, wenn auch nicht anhaltenden Erfolg gewährte, sondern das Absonderliche, in seiner Art Originelle derselben, sowie die ganz neue und ungewohnte Behandlung des Orchesters; etwas Neugierde mag auch mit unterlaufen sein. Im November 1842 reiste Berlioz mit der Sängerin Martin-Rezio nach Deutschland, um in Frankfurt,

---

[1]) Hector Berlioz, 11. Dezember 1803 zu Côte St. André (Isère) geboren, am 9. März 1869 in Paris gestorben.

Stuttgart, Karlsruhe, Weimar, Dresden, Leipzig u. s. w. Werke von sich aufzuführen. Im Frühjahr 1843 kam er dann auch nach Hamburg, wo er ein Orchester fand wie in keiner anderen Stadt; dasselbe besaß nämlich den tüchtigen Harfenisten Schaller und — eine Ophicleide, aber leider kein englisch Horn. Das Concert fand im Stadttheater am 22. März statt. Das Programm war folgendes:

I.

1. Harold, Symphonie.
2. Offertorium aus dem Requiem.
3. Aufforderung zum Tanz, von Weber, in der Berlioz'schen Instrumentirung.

II.

1. „Quaerens me", Chor aus dem Requiem.
2. Le jeune patre Breton ⎱ Romanzen, gesungen von Absence . . . . . ⎰ Demois. Recio aus Paris.
3. Der 5. Mai oder der Tod des Kaisers. Cantate für Chor.
4. Reverie et caprice, Romanze für Violine. Gespielt von Herrn Lindenau.
5. Cavatine aus der Oper Benvenuto Cellini.
6. Die Vehmrichter, Ouverture.

Großen Erfolg hatte Berlioz nicht, obwohl er mit der Aufführung selbst zufrieden war, wie aus seinem Briefe an Heine hervorgeht.[1]) In demselben heißt es u. A.: „Hamburg hat große musikalische Mittel: Singvereine, philharmonische Gesellschaften, Militärmusikchöre u. s. w. Das Orchester des Theaters ist aus ökonomischen Rücksichten allerdings auf allzu kleinliche Grenzen beschränkt worden, allein ich hatte dem Director im Voraus meine Bedingungen gestellt, und so bot man mir ein in Bezug auf die Anzahl und das Talent der Musiker ganz schönes Orchester dar." Ueberrascht war Berlioz, in Hamburg einen so ausgezeichneten Harfenisten zu finden[2]) wie kaum anderswo in Deutschland; besonders erfreut war er auch über die Ophicleide. Von dem Flötisten

---

[1]) Memoires de Hector Berlioz. Paris 1878. II. p. 75—89.
[2]) Es war dies der bereits erwähnte Schaller.

Canthal und dem Geiger Lindenau urtheilt er, daß es zwei Virtuosen ersten Ranges seien; auch lobt er die Dirigentenfähigkeiten des Capellmeisters Krebs. Das Publicum erschien ihm „intelligent et très chaud".

Einen nachhaltigen Eindruck hinterließ das Concert nicht, doch wurde Berlioz mit Auszeichnung empfangen und am Schluß auch gerufen. Die Kritik verhielt sich ablehnend. Ihr damaliger Hauptvertreter schrieb, daß die Gedanken in Berlioz's Werken sich weniger durch innere Kraft und Selbstständigkeit auszeichnen, als durch die bizarre Art ihrer Zusammenstellung.[1]) Und die Hamburger Nachrichten:[2]) „Die Mittel, die Berlioz wählt, bestimmte Ideen musikalisch zu versinnlichen, sind größtentheils so phantastisch, bizarr, extravagant und dem wahren Schönheitsgefühl so schnurstracks zuwiderlaufend, daß der Hörer selten erfreut wird, und diese Mittel keinen anderen nachhaltigen Eindruck, als den einer förmlichen Betäubung zurücklassen.

Im Concertsaal feierte auch die Jenny Lind[3]) Triumphe, wie sie kaum einem Liszt zu Theil geworden. Ihre Stimme hatte freilich den jugendlichen Schmelz von ehedem nicht mehr, als sie im Jahre 1849 der Bühne entsagte, um sich nur noch dem Concertgesang zu widmen. Auf der Hamburger Bühne begann sie ihre Gastrollen am 29. März 1845 und zwar als Norma. Die Hamburger waren außer sich über den Gesang der schwedischen Nachtigall; der Andrang zu den Vorstellungen war ein solcher, daß polizeiliche Hülfe requirirt werden mußte. Die Kritik sprach nur noch von dem „Glasharmonika-Klang" ihres Portaments; „ihre Läufer sind Perlen; in ihrem mezza voce liegt ein Reiz wie im Ton der Aeolsharfe. Und während das Ohr entzückt wird, sieht das Auge nur Poesievolles vor sich." Nach absolvirtem Gastspiel wurde ihr ein Ständchen nebst Fackelzug gebracht, ihr zu Ehren sogar auf der Alster ein Feuerwerk abgebrannt. Im Jahre

---

[1]) Freischütz. Nr. 15.
[2]) Hamb. Nachrichten. Nr. 75.
[3]) Jenny Lind, geboren 6. October 1820 zu Stockholm, starb in London den 2. September 1887.

1846 kam Jenny Lind abermals nach Hamburg, um für die Kleinigkeit von 1400 ℳ pro Abend zu singen; ja als sie in einer Vorstellung zum Besten des Pensionsfonds und in einer Aufführung zu Gunsten der Armen mitwirkte, ließ sie sich für den ersten Abend nur 1241 ℳ, für den zweiten 1145 ℳ ausbezahlen. Ihr Gastspiel gab die Veranlassung zu folgenden Broschüren:

1. Jenny Lind, die schwedische Nachtigall. Eine biographische Skizze. Hamburg 1845.
2. Jenny Lind in Hamburg. Apotheose von N. O. Molasvi (J. W. Salomon). Hamburg 1845.
3. Jenny Lind und die Hamburger, oder ein Stündchen im Jungfernstieg. Genrebild von Snüffelmann. Mit wenigen Portraits und gar keinen Abbildungen. Hamburg 1845.
4. Lind-Würmer. Satyrisch-parodirendes Quodlibet nach Schiller, von Jemandem. Motto: „Unsinn, du siegst." Schiller. Hamburg 1846.
5. Bind-Würmer. Satyrisch-parodirendes Quodlibet von Niemandem. Seitenstück zu den Lind-Würmern. Motto: „Und tausend Stimmen werden laut: Das ist der Bindwurm, kommt und schaut." Hamburg 1846.
6. Jenny Lind. Epos zu Ehren Hamburgs und Jenny Binds von Alphons de Vinez. Hamburg 1846.
7. Jenny Lind in Hamburg un Jenny Bind op St. Pauli, oder: Wer hätt vor de Armen sung'n? von Th. S. Hamburg, v. J.

Das Jahr 1849 sah sie wieder in unseren Mauern; am 15. November gab sie ein Concert im Apollo-Saal, und am 29. sang sie den Gabriel und die Eva in Haydn's Schöpfung im Stadttheater; ein Theil der Hamburger Kritik schwamm im siebenten Himmel. Ein Vertreter derselben erklärte, daß solche Genüsse nicht nach irdischen Werthen zu messen seien; „eine Stunde, in welcher unser unsterbliches Wesen in den geöffneten Himmel schaut, ist ein Reichthum, den die arme Erde mit allen ihren Schätzen nicht aufwägen kann." Und weiter: „Jeder Tag, an welchem Jenny Lind diese heiligende Musik vorträgt, wird zum Festtage werden und den Bühnenraum in einen Tempel des Herrn verwandeln, in welchen andachtsvolle Herzen der Verkündigung Seiner Ehre und Seines Preises lauschen. Und zu diesem Gesange die liebliche Erscheinung, ihr Gewand die Farbe der Unschuld, ihr ganzer Schmuck nur eine weiße Rose, ihr Blick Andacht — so schien sie ein Seraph, höheren Räumen entstiegen." Etwas kühler und reservirter äußerte sich ein Kritiker im Jahre 1855 über die vier im Monat Februar von der Sängerin gegebenen Concerte, die vor ausverkauftem Hause stattfanden. Die Stimme stände zwar immer noch der kunstreichsten Benutzung zu Gebote, aber die Höhe habe verloren. Die Töne über g und a bedürften eines sehr vorsichtigen Ansatzes. Das Liebliche, Anmuthige, Graziöse seien die Hauptvorzüge ihres Vortrags, während die Größe, Tiefe und Leidenschaft des Ausdrucks ihr von jeher versagt gewesen. Jenny Lind wirkte in den fünfziger Jahren noch öfter in Concerten mit.

Im Jahre 1852 trat nach langer Pause Henriette Sontag wieder an die Oeffentlichkeit. Wenn wir dem tendenziös gefärbten Bericht Uhde's[1]) trauen dürfen, so hätte sich die damalige Direction des Hamburger Stadttheaters, welche die Sontag für mehrere Gastvorstellungen à 100 Louisdor pro Abend — in Leipzig hatte sie 500 Thaler in Gold für die Vorstellung erhalten — engagirt hatte, zu unlauteren Reclamemitteln gegriffen, um die laue Nachfrage nach Billeten etwas zu steigern. Doch das Haus sei leer gewesen, und das Publicum selbst habe sich sehr kühl verhalten. Damit stimmen nun aber die öffentlichen Kritiken durchaus nicht überein. „Unvergleichliche Lieblichkeit des Gesanges, das Piano wie eine Engelsstimme erklingend, dabei die herrlichste Schule, liebenswürdiger Humor, graziöse Feinheit des Spiels" rühmt ihr ein Referent nach; auch die einfache Würde ihres Vortrags als Gabriel und Eva in Haydn's Schöpfung wurde hervorgehoben. Die Worte des Dichters Mirza Schaffy's könne man auf die Sontag anwenden:

"Daß Du in allem wahr bist,
Und die Natur zu wahren weißt,
Daß Du in allem klar bist,
Und Wort und Sinn zu paaren weißt."

---

[1]) Hermann Uhde: Das Stadt-Theater in Hamburg 1827—1877 Stuttgart. S. 525.

In den vierziger Jahren waren es außer Liszt die beiden Geschwister Teresa und Maria Milanollo,[1]) deren Kunstreisen großen Triumphzügen glichen; man kämpfte förmlich um die Billette, und wenn es den Griechen für ein Unglück galt, den Zeus des Phidias nicht gesehen zu haben, so waren jene noch untröstlicher, denen es versagt blieb, die beiden Wunderkinder zu sehen und zu hören. Die reizvolle Erscheinung der beiden Geschwister, die ihr Spiel noch mehr hob und mit dem goldenen Zauber der Poesie umwob, übte auch nicht wenig ihre Macht auf die Gemüther aus. „Es war ein reizendes Genrebild, wenn die beiden italienischen Kinder mit einander geigten: die schlanke, ernsthafte Teresa mit dem sinnenden Blick unter langen, schwarzen Augenwimpern, schwesterlich wachsam auf die neunjährige Marietta herabblickend, deren munteres, rundes Gesichtchen während des Musizirens so schelmisch lächelte." Das erstmalige Auftreten der jungen Künstlerinnen fällt in das Jahr 1840; ihre Erfolge bezeichnen einen der bedeutendsten Culminationspunkte in der Epoche des Virtuosenthums. Das Spiel der Geschwister war ein correctes, gut geschultes und den virtuosen Forderungen der modernen Salonliteratur gewachsen. Nach Hamburg kamen sie im Jahre 1844, wo sie im ausverkauften Stadttheater neun Concerte gaben. Die Begeisterung fand keine Grenzen: „diese Wunderkinder übertrafen an Feinheit ihre Anpreiser, an Gefühl die krittelnden Magister, an Geist alle über sie erschienenen Gedichte." Im Jahre 1854 lenkte Teresa nochmals ihre Schritte nach Hamburg, um im Januar und Februar eine Reihe von Concerten zu geben. Die einheimische Tageskritik lobte ihren vollen, runden und weichen Ton, die große und breite Bogenführung, den edlen Vortrag, die eminente Sicherheit. „Jegliche Streichart ist virtuose; die Doppelgänge in Terzen, Sexten, Octaven

---

[1]) Teresa am 28. August 1827, Maria am 19. Juli 1832 zu Savigliano bei Turin geboren. Die jüngere starb bereits am 21. October 1848 zu Paris an der Schwindsucht. Teresa setzte ihre Kunstreisen bis 1857 fort, in welchem Jahre sie den französischen Officier Parmentier zu Toulouse heirathete. Sie war eine Schülerin Lafont's und Beriot's; ihre jüngere Schwester unterrichtete sie selbst.

und Decimen werden mit gleicher Ruhe und Sicherheit bei glockenreiner Intonation wie die einfachste Cantilene, ebenso das Flageolet in höchster Reinheit und Schönheit ausgeführt." Im Uebrigen mußte Teresa Milanollo gerade in Hamburg den raschen Wechsel, dem die Stimmungen des Publikums unterworfen sind, erfahren. Ihr erstes Concert fand am 18. Januar im Apollo-Saale vor leeren Bänken statt. Die übrigen wurden nach dem Stadt-Theater verlegt und durften sich eines steigenden Beifalls erfreuen. Der Hamburger Referent der Süddeutschen Musik-Zeitung[1]) urtheilt übrigens ziemlich scharf über das Spiel Teresa's. Sie spiele zwar rein, „mit lecker Hand und weichem Schmelz. Das sei aber auch alles." Ihr Vortrag bestehe in thränenreichem Vibrato, in einem Säuseln und Lispeln, das nur Frauen und Kinder zu befriedigen vermöge. „Leider sind aber unsere Hörer beinahe nur Frauen, wenn sie auch im Beinkleid und mit dem Bart erscheinen."

Am 5. Mai 1867 gab der Componist Max Bruch[2]) im Sagebiel'schen Saale ein Concert, in welchem er u. A. seinen Frithjof zu Aufführung brachte. Ein Fräulein Wagner sang die Ingeborg, Stockhausen den Frithjof.

Am 21. und 23. Januar 1873 veranstaltete Richard Wagner zwei Concerte zu Gunsten des Bayreuther Theaters. Sie waren beide überfüllt.

Das Programm des ersten war folgendes:

I.

1. L. v. Beethoven. Symphonie Nr. 5 in c-moll.

II.

2. Vorspiel zu Lohengrin.
3. Liebeslied aus der Walküre. Herr Lederer.
4. Vorspiel und Schlußsatz aus Tristan und Isolde.
5. Kaisermarsch.

---

[1] Süddeutsche Musik-Zeitung. 1854. Nr. 39.
[2]) Geboren 6. Januar 1838 zu Köln. Lebt in Breslau.

Im zweiten Concert wurden die vier letzteren Werke wiederholt, außerdem die Tannhäuser-Ouvertüre und die Schmiedelieder aus Siegfried vorgetragen.

Das Publikum wie die Kritik zeigten sich dem Meister und seinen Schöpfungen zustimmend, nur Arrey von Dommer veröffentlichte in Nummer 21 des Correspondenten einen Artikel, der durch eine leidenschaftliche Maßlosigkeit sich auszeichnete, die selbst auf die Gegner Wagner's abstoßend wirken mußte. Zunächst beschäftigte er sich mit der Ausführung von Beethoven's c-moll Symphonie. Nach der technischen Seite hin sei sie geradezu schlecht gewesen; die Ruhe, Sicherheit, Präcision und Correctheit hätten in einem Grade gefehlt, wie solches nur „untergeordneten Dirigenten" passiren könne. Wagner's ganze Interpretation des Werkes habe in einem affectirten Verzögern der Diminuendos, Pianos und Gesangpartien, im Beschleunigen des Crescendo, Forte und der leidenschaftlich bewegten Stellen bestanden. Was die Werke eigener Composition betreffe, so liege Wagner's Musik alle Idealität und Reinheit fern; sie sei durch und durch materieller, grob-sinnlicher Natur und zeichne sich durch geistige Armuth aus. Das Liebeslied aus der Walküre könne man auch bei den bescheidensten Ansprüchen nur trivial und langweilig nennen. Das Vorspiel zu Tristan erscheint dem Referenten nur als Klingwerk; es enthalte keinen einzigen kräftigen Gedanken und sei ohne alle zusammenhängende Entwickelung der Form. Der Kaisermarsch zeichne sich durch blinden Lärm aus. Dagegen lobt Riccius[1]) der für Wagner stets warm eintrat, die große Sorgfalt, welche auf das Studium der Symphonie verwandt worden. Diejenigen, welche auf die Schablone und das Metronom schwören, hätten freilich bitter enttäuscht sein müssen. Mit Feuer und Leben, mit Geist und Hingabe habe Wagner seine Aufgabe erfaßt und durch diese Eigenschaften das Orchester an sich zu fesseln gewußt. Nur wird die unruhige Auffassung des Andante gerügt.

Am 12. März 1873 fand die erste Aufführung des ersten Actes aus Wagner's Walküre mit Clavierbegleitung

---

[1]) Hamb. Nachrichten. 1873. Nr. 20.

unter Direction Mühldorfer's aus Leipzig im Convent-Garten-Saale statt. Die Mitwirkenden waren Fräulein Schefsky aus München — Sieglinde —, Ferdinand Groß aus Frankfurt a. M. — Siegfried — und C. Hertzsch aus Leipzig — Hunding. —

Hier seien auch die Concerte der Meininger Hofcapelle unter H. v. Bülow's Leitung in den Jahren 1882, 1884 und 1885 erwähnt, die, wie überall, auch in Hamburg die größte Anziehungskraft ausübten und das ungetheilteste Interesse fanden. Sehr schön urtheilte Riccius in den Nachrichten über Bülow's genialer Interpretation der Beethoven'schen Schöpfungen. Sein eigenes innerstes Fühlen und Denken, seinen eigenen Geist vermähle er mit dem des Meisters, aber in keiner unfruchtbaren Verbindung „denn sie ist von Zweien geschlossen, die sich in geistiger Zeugungskraft gleichen, wenn auch verschieden äußert, bei dem einen in himmelstürmender Phantasie und Poesie, bei dem andern in höchster Versinnlichungskraft und einem Empfindungs- und Schönheitsvermögen, das den ersten in frömmstem Cultus wie einen Gott verherrlicht." Meinardus tadelt dagegen die Willkür in der Auffassung, bei aller Hochschätzung der genialen Beanlagung Bülow's.[1]) Gelegentlich der von Bülow mit der Meininger Hofcapelle unter Mitwirkung von Brahms am 15. Januar 1882 veranstalteten Brahms-Matinée, in welcher das d-moll Concert, die Variationen über ein Haydn'sches Thema, die akademische Fest-Ouvertüre und die c-moll Symphonie aufgeführt wurden, definirte Meinardus die Brahms'sche Kunst dahin, daß Brahms wie Bülow, Liszt und Wagner, in seinen Werken auf neue Formen des Ausdrucks eines menschlichen Gedankeninhalts sinne, der seinen Ausgangspunkt von „einer kühl vornehmen Weltverachtung, von einer stolzen selbstbewußten Abkehr von der einfachen, frohsinnigen Gottesnatur" nehme. Sie knüpften wohl an Beethoven an, bemächtigten sich aber nur des „Dämons" in seinen Werken. Das Herz des Hörers gehe bei Brahms leer aus.

---

[1]) Hamb. Correspondent. 1882. Nr. 11.
[2]) Hamb. Correspondent. 1882. Nr. 17.

Unter den Concerten nahmen auch diejenigen von Karl August Krebs[1]) einen bedeutenden Rang ein; in den Jahren 1827—1850 war er Capellmeister am Hamburger Stadt-Theater. Vermöge seiner umfassenden musikalischen Bildung und seines großen Directionstalents, wirkte er nicht nur an diesem Kunstinstitut fördernd, sondern auch auf das ganze musikalische Leben belebend ein. Krebs veranstaltete jährlich große Concerte, die zu den Glanzpunkten der musikalischen Saison gehörten. Von den neueren Werken, die er zur Aufführung brachte, nennen wir u. A. die Symphonie-Oden „Columbus" und „Die Wüste" von Felicien David. Er war auch der Erste, welcher das Oratorium „Elias" von Mendelssohn, und zwar am 9. October 1847, den Hamburgern im Saale der Tonhalle vermittelte.

Nicht dieselbe Bedeutung erlangten jene von Ignatz Lachner,[2]) der von 1853—1858 erster Capellmeister am Hamburger Stadt-Theater war.[3])

IV.
Die Concerte im Stadt-Theater.

Hierher gehören zunächst die Benefiz-Abende der hervorragendsten Künstler der Oper, die wir nicht einzeln verfolgen wollen, da dies zu weit führen würde. Bis 1855 bezogen die Mitglieder der Hamburger Bühne außer ihrem festen Gehalt noch die Einkünfte einer von ihnen beliebig einzurichtenden Abend-Unterhaltung. Schmidt verwandelte diese Begünstigung in das Beneficium, daß der Künstler den halben Antheil an dem Ertrage einer bei aufgehobenem Abonnement stattfindenden Vorstellung

---

[1]) Am 16. Januar 1804 als Sohn des Clarinettisten Miedcke geboren, wurde er vom Opernsänger J. B. Krebs in Stuttgart adoptirt, der auch seine künstlerische Ausbildung übernahm. K. A. Krebs starb am 16. Mai 1880 in Dresden.

[2]) Ignatz Lachner, geboren 11. September 1807 zu Rain, lebt in Frankfurt a. M.

[3]) In den siebziger Jahren stellte auch der Impresario Ullmann mit seiner Künstlertruppe sich mehrere Male in Hamburg ein, und machte volle Häuser.

contractlich beanspruchen konnte; in den meisten Fällen war eine gewisse Summe garantirt.[1]) Die Beneficiaten zogen in manchen Fällen den Opern-Concerte vor. Außer diesen Benefiz-Concerten fanden jährlich auch sonstige musikalische Aufführungen statt, deren Programme aus Symphonien, Oratorien und sonstigen größeren und kleineren Vocalwerken, sowie aus den üblichen solistischen Zugaben bestanden. Hierher gehören auch jene Concerte, die zu Gunsten der Pensionscasse der Orchester-Mitglieder gegeben wurden. Besonders in den sechsziger Jahren ragten diese Concerte durch gewählte Programme und die Mitwirkung namhafter auswärtiger Künstler hervor. Zur Errichtung eines Mozart-Denkmals wurde am 15. April 1858 des Meisters Requiem und Romberg's Glocke aufgeführt.

Im Jahre 1845 gestattete der Senat zum ersten Male, am Charfreitage im Stadt-Theater ein Concert abzuhalten; zur Aufführung kamen „Stabat mater" von Rossini und das Oratorium „Christus" von Beethoven. Seitdem hat sich der Brauch erhalten, an diesem Tage geistliche oder sonst der ernsten musikalischen Kunst dienende Werke, aufzuführen. Am 11. August 1845 wurde die Enthüllung des Beethoven-Monuments zu Bonn durch ein Festconcert gefeiert. Das Orchester war auf 80 Mann verstärkt. Zum ersten Male wurde in diesem Concert, das Krebs leitete, das Kyrie und Benedictus aus der Missa solemnis zu Gehör gebracht; den Schluß bildete die neunte Symphonie. Eine Geschmacklosigkeit beging die Direction mit der Aufstellung des Programms zur Gedächtnißfeier Mendelsohn's am 20. November 1847.[2]) Nach einem Trauermarsch von Beethoven, sprach Baison einen Prolog von Prätzel, dem ein Männer-Chor mit verändertem, auf die Trauer des Tages bezugnehmenden Text aus „Antigone" folgte, worauf — es klingt fast unglaublich — der Sommernachtstraum, und zwar in nachlässiger Darstellung aufgeführt wurde. Der Todte wurde also durch Zettel's Eselskopf und

---

[1] Uhde a. a. O. S. 76.
[2]) Mendelsohn war am 4. November gestorben.

die Späße der Handwerker geehrt. Noch sei hier der am 11. November 1859 im Stadttheater stattgefundenen Schillerfeier gedacht, deren musikalischer Theil von Musikdirector Otten geleitet wurde. Zur Aufführung kamen der erste Satz aus der Eroica und Chorlied von Beethoven, sowie Händel's Krönungs-Hymne.

Die Concerte und Matineen im Stadttheater litten, wenn wir von jenen absehen, die von fremden Künstlern veranstaltet wurden und deshalb nicht hierher sondern unter die Rubrik „Virtuosenconcerte" gehören, an einem gewissen monotonen Zuschnitt der Programme. Die Aufführungen selbst müssen zuweilen von höchst zweifelhafter künstlerischer Bedeutung gewesen sein. So weiß ein Referent über das Charfreitags-Concert vom Jahre 1853, in welchem Mozart's Requiem unter dem damaligen Capellmeister Barbieri zum Vortrag kam, nichts weiter zu sagen, als daß die Theaterdirection einen Spielabend mehr im Jahre zu benutzen suche, „wobei das Gesetz der Osterwoche ihr diese Bußfertigkeit auferlegt." [1])

Unter Pollini's Leitung tragen die Concert-Programme eine reichhaltigere Physiognomie. Im Jahre 1876 wurde am 8. Januar das Requiem von Verdi, 1881 am Charfreitage das Oratorium: „Die Legende der heiligen Caecilia" von Benedict, am 7. April 1882 das Brahms'sche Requiem unter Leitung des Componisten aufgeführt. Als Solisten wirkten Frau Peschka-Leutner und Dr. Krauß mit. Der Chor bestand aus dem gesammten Solo- und Chorpersonal der Oper und der Bachgesellschaft; im Orchester wirkten 76 Musiker mit. Am 25. März 1885 brachte das Programm die geistliche Trilogie von Gounod: „Die Erlösung", für Soli, Chor und Orchester unter Mitwirkung der Bachgesellschaft; am Ostermontag 1886 das Vorspiel, die Schlußscenen des ersten und dritten Acts, wie den Charfreitagszauber mit dem sich anschließenden Dialog zwischen Gurnemanz und Parsifal aus dem Wagner'schen Bühnenweihfestspiel, am Charfreitag 1888 das Stabat mater von Pergolese.

---

[1]) Süddeutsche Musik-Zeitung. 1853.

V.
Populäre Concerte.

Unter diese Rubrik sollen nicht nur jene Concerte inbegriffen sein, deren Leiter sich angelegen sein ließen, gegen billiges Entrée auch dem minder Begüterten Gelegenheit zu geben, bessere Musik zu hören, sondern auch jene Orchesteraufführungen, die der leichter geschürzten Muse huldigten.

Beginnen wir mit den letzteren, so war der erste, welcher Walzer-Abende in Hamburg veranstaltete, der bereits genannte erste Flötist am Stadttheater August Cranthal. Im August 1857 zeigte er öffentlich an, daß er vom 5. August ab im Colosseum Concert-Abende veranstalten werde, deren Programme Tänze und Potpourris von Lanner, Strauß und sich selbst — er war ein beliebter Tanzcomponist — enthalten sollten. Das Entrée betrug zwei Schillinge; „Damen ohne männliche Begleitung werden nicht zugelassen" verkündigten mit sittlichem Pathos die öffentlichen Anzeigen. Nach einer Notiz im Freischütz vom Jahre 1855 waren bereits in diesem Jahre von Cranthal und Fürstenow im Verein mit Hamburger Musikern Walzer-Abende veranstaltet worden. „Die Strauß- und Lanner-Wuth ist eine Mode-Wuth, die ihre Zeit bald durchlebt haben wird. Beide Musiker haben reizende, die Füße hebende Tänze componirt; beide aber noch bei weitem mehr Schofel, das da affectirt, in seinem Nichts etwas Rechtes zu sein."[1]

Johann Strauß feierte gerade damals seine Triumpfe; über jeden neuen Walzer gerieth Alles in Entzücken, und die Tagespresse widmete seinen und Lanner's Dreivierteltakt-Ergüssen mehr Raum, als sie jemals einem ernsten Meister der Kunst gestattet haben würde. Im October 1856 kam der Wiener Walzerkönig auch nach Hamburg, wo er wie ein Fürst gefeiert wurde. „Johann Strauß ist ein gutes Zeichen der Zeit, ein Zeichen der guten Zeit in Hamburg, Gott erhalte uns dabei. Strauß wird gehört, getanzt und sogar gegessen. Gehört ist Strauß worden in zwei Concerten im Apollo-Saal, das erste zum Ersticken

---

[1] Freischütz. 1855. Nr. 50.

voll, das zweite sehr voll, aber in Folge guter Anordnung nicht zum Ersticken; zweimal in Altona im dortigen Museum dito vor zahlreicher und glänzender Gesellschaft, zweimal im Hamburger Stadttheater bei sehr vollem, das erstemal zum Erdrücken vollem Hause. Getanzt ist unser Walzer-Virtuos geworden auf einem hübsch arrangirten Balle im Hotel zur Stadt London, wo sogar das auf der Gallerie zuschauende Publicum sehr interessant war. Strauß gegessen wurde endlich auf einem Picknick, im Salon des Herrn Rainville in Ottensen, wo für die Bagatelle von 6 Louisdor pro Couvert, Lucullische Gerichte und — Strauß servirt wurde. Alles gute Zeichen der guten Zeit; nochmals, der Himmel wolle uns dabei erhalten."[1]) Daß es Strauß in Hamburg gut gefallen hat, geht schon daraus hervor, daß er im folgenden Jahre seine Schritte wieder nach der Elbe lenkte; ihm folgten später Johann Strauß der jüngere und Eduard Strauß. Josef Gungl gab im October 1847 zehn Concerte; auch besuchte er später noch öfter unsere Stadt. Ebenso ließen sich Josef Labitzky, Lumbye und Kéler Béla hören.

Eine höhere künstlerische Stufe nahmen die Ende der fünfziger und Anfang der sechziger Jahre von H. Fürstenow,[2]) einem Hamburger Musiker, mit seiner Capelle veranstalteten Symphonie-Soiréen ein. In der Saison 1860/61 gab er deren zwölf in der Tonhalle.

Im October 1873 fanden populäre Symphonie-Concerte unter Professor Stern's und Capellmeister Fliege's Leitung statt; beide kamen mit einer Capelle aus Berlin herüber. Hier sind auch die Concerte des Musikdirectors bei der Hamburger Garnison Berens[3]) zu erwähnen, deren Programme einen gewählten

---

[1]) Freischütz. 1836. Nr. 42.
[2]) Starb Anfang der achtziger Jahre.
[3]) Berens, Conrad, 1801 in Hamburg geboren war ein Schüler von Musikdirector Eule. Noch sehr jung trat er zunächst als Triangeler in das Musikcorps der Hanseaten ein. Später übernahm er die Flöte in demselben Corps, dessen Musikdirector er bald wurde. Er brachte seine Capelle zu hohem Ansehen, die regelmäßig im Winter, zunächst im Apollo-Saale, dann in der Tonhalle Concerte gab. Berens starb im Jahre 1862.

musikalischen Geschmack bekundeten. Sie fallen in die vierziger und fünfziger Jahre. Am 11. April 1849 führte Berens u. A. auch die historische Symphonie von Spohr auf.

Im Winter 1869/70 veranstaltete der Capellmeister des in Hamburg garnisonirenden Regiments, Stabshoboist Ganzer Symphonie-Concerte; er führte Symphonien von Haydn, Mozart, Beethoven und Mendelssohn auf. Vornehmlich sind aber hier die Bestrebungen des Herrn Musikdirectors Laube zu nennen; die Programme seiner populären Symphonie-Concerte, die er in den siebziger Jahren gab, tragen eine künstlerische Factur. Zunächst fanden dieselben im Jahre 1871 in Wachtmann's Salon statt. In den beiden Wintern 1875/77 verband sich Laube, der über ein vortreffliches Orchester verfügte, mit dem Concert-Verein unter Leitung des Herrn Musikdirectors Beständig — siehe letztes Kapitel —, um eine Serie von Aufführungen zu veranstalten, deren Programme Orchester- und Chorwerke enthielten. In der Saison 1877/78 gab Laube mit seiner 72 Mann starken Capelle in der Concordia einen Cyclus von Symphonie-Concerten, die großen Zuspruch und auch die Anerkennung künstlerischer Kreise fanden. Die Programme enthielten vorwiegend Werke neuerer Componisten. So führte Laube u. A. auf an Symphonien und symphonischen Dichtungen: La jeunesse d'Hercule und Phaeton von Saint Saens, Ländliche Hochzeit von Goldmark, „Im Walde" und „Leonore" von Raff, c-moll von Brahms, C-Dur von A. Krug, Les Préludes von Liszt, Fest-Symphonie von Meinardus, Faust-Symphonie von Liszt u. s. w.

Im Mai 1879 erreichten die Concerte ihr Ende und wurden nicht mehr fortgesetzt. Noch nennen wir die von Bilse veranstalteten, sowie jene von Parlow und vom königlichen Musikdirector Carl aus Stuttgart mit ihren Capellen im Hansa-Saal gegebenen Concerte. Aus neuester Zeit sind auch die künstlerisch beachtenswerthen Aufführungen unter Musikdirector Scheel's Leitung in der Flora zu nennen.

Im letzten Winter hat die philharmonische Gesellschaft begonnen, einen Cyclus populärer Concerte zu geben; hierüber im folgenden Kapitel.

VI.
Orgel-Concerte.

Die eigentlichen Orgel-Concerte sind erst durch den Abt Vogler aufgekommen; obwohl er nun aber ein vortrefflicher Orgel-Virtuos war, so benutzte er seine Gaben nicht zu einer würdigen Vorführung des herrlichen Instruments, sondern es diente ihm nur zum Tummelplatz seiner Charlatanerien, wie wir im vorigen Kapitel bereits erfahren haben. Ein ernsterer Geist beherrscht die Programme von Julius Katterfeldt,[1]) der in den dreißiger Jahren öfter Orgel-Concerte in Hamburg gab. Katterfeldt war ein tüchtiger Orgelspieler, auch als Componist hat er für das Instrument manches Gute geschrieben. Einen seltsamen Eindruck macht es uns heute, wenn wir auf einem geistlichen Programm Sätze wie den ersten und zweiten aus Beethoven's Septett verzeichnet finden. Heute würde die Vorführung derartiger Werke in einem Kirchenconcert auf entschiedenen Widerspruch stoßen. Katterfeldt gab am 12. Januar und 4. December 1832 in der Jacobikirche Concerte. In demselben Jahre concertirte der vortreffliche Orgel-Virtuose Carl Heinrich Zöllner[2]) am 12. April und 9. Mai in der Catharinenkirche. Sein Spiel erregte in Hamburg die allgemeinste Bewunderung. Auch der Kieler Stadt-Cantor, Organist und Besitzer einer Musikalien-Handlung, Karl Gottfried Apel,[3]) gab am 19. November 1832 in der

---

[1]) Geboren um 1808 zu Schleswig. Das Mendel'sche Lexikon läßt ihn seit 1840 an der Michaeliskirche in Hamburg angestellt sein; dies war niemals der Fall. Dagegen war Johann Heinrich Katterfeldt, wahrscheinlich sein Vater, 1815 Organist an St. Jacobi. Julius wird 1842 als Domorganist in Schleswig in den Programmen aufgeführt.

[2]) Zöllner, Carl Heinrich, geboren zu Oels in Schlesien am 5. Mai 1792, war ein ebenso ausgezeichneter Clavierspieler wie tüchtiger Componist. Er fand nirgends eine dauernde Stellung, da sein ausschweifender Lebenswandel ihn nie zu einer inneren Concentration kommen ließ. Er starb bereits am 2. Juli 1836.

[3]) Apel hat sich durch die Herausgabe eines Choralmelodien-Buches zu dem Schleswig Holsteinischen Gesangbuch — Kiel 1832 — verdient gemacht.

Nikolaikirche ein Concert. Hier seien auch die Orgel-Concerte von J. F. Schwencke, dem Sohne des † Musikdirectors erwähnt.

In den Jahren 1851, 1852 und 1858 kam der ausgezeichnete Organist Friedrich Wilhelm Ferdinand Vogel[1]) nach Hamburg, wo er als Musiklehrer von 1858 bis 1841 lebte, um dann 1841 sich wieder auf die Virtuosen-Wanderschaft zu begeben. In Kopenhagen wurde er später Organist an der deutsch- und französisch-reformirten Kirche, um 1852 einem Ruf als Lehrer an der in Bergen neu errichteten Schule für Orgelspiel und Composition zu folgen. Während seines Hamburger Aufenthalts veranstaltete Vogel öfters Concerte in der Jacobikirche. Im Jahre 1850 finden wir ihn nochmals in Hamburg, wo er am 2. December in der Petrikirche sich hören ließ. Auch ein gewisser George Hepworth gab in den vierziger Jahren öfters Orgel-Concerte in der Jacobikirche. Am 5. Februar 1848 producirte sich in der englischen Episcopalkirche der Orgelvirtuose und Capellmeister des Herzogs von Parma Joseph Maria Homeyer.[2])

In späteren Jahren gaben die Organisten Schmahl, Georg Armbrust[3]) u. A. Orgel-Concerte; am 25. Februar 1869 concertirte sogar eine Orgelkünstlerin Louise Volckmann in der Petrikirche. Auch der blinde Orgelvirtuose Fr. Buchholz aus Berlin gab in den Jahren 1876, 1877 und 1880 Concerte.

Hervorragende Bedeutung gewannen die von Carl Armbrust,[4]) Organist an der Petrikirche, seit 1886 unternommenen

---

[1]) Vogel, Fr. W. F. ist am 9. September 1807 zu Havelberg geboren; er ist ein Schüler Birnbaum's in Berlin, wo er das Joachimsthal'sche Gymnasium besuchte.

[2]) Homeyer, Joseph Maria ist am 18. September 1814 zu Lüderode am Harz geboren. Sein glänzendes Orgelspiel erregte Aufsehen. Auch als Componist hat er viele Werke veröffentlicht, außerdem ein verdienstvolles Werk „Cantus Gregorianus" publicirt.

[3]) Siehe folgendes Kapitel.

[4]) Armbrust, Carl F. ist am 30. März 1849 zu Hamburg geboren; seine musikalische Ausbildung erhielt er am Stuttgarter Conservatorium, im Orgelspiel speciell von Faißt. Im Jahre 1869 folgte er bereits seinem Vater als Organist an der Petrikirche.

historischen Orgelconcerte, deren je drei während der Saison bis jetzt stattgefunden haben. Dieselben bezwecken, ein Bild von den verschiedenen Schulen und der Entwickelung des Orgelstils bis auf unsere Zeit zu geben, soweit dies eben jeweils in dem knapp bemessenen Rahmen von nur drei Concerten möglich ist. Die hohe technische und musikalische Begabung Armbrust's befähigen ihn vorzugsweise zur Veranstaltung derartiger Concerte, die entschieden eine Lücke im bisherigen musikalischen Leben Hamburgs ausfüllen.

VII.
Der Schäffer'sche Orchester-Verein.

Orchester-Vereinigungen für Dilettanten müssen schon in den vierziger Jahren bestanden haben, denn 1847 berichtet der Freischütz in seiner Nummer 10 von einem am 25. Februar stattgefundenen zwölften Concert des Apollo-Vereins. Dieses Dilettanten-Orchester stand unter Leitung des Concertmeisters Leopold Lindenau,[1]) des ersten Geigers im Orchester des Stadttheaters. Der Verein muß bald wieder eingegangen sein, denn im Jahre 1853 (nicht 1854 wie eine Notiz lautet) gründete Heinrich Schäffer[2]) mit einem halben Dutzend Mitglieder den nach ihm benannten Orchester-Verein. Derselbe bezweckte außer der Uebung im Ensemble-Spiel, den Sinn für gute Musik zu pflegen. Die Uebungen fanden während der Monate October bis April jeden Donnerstag unter Hinzuziehung anderer Musiker für diejenigen Instrumente, die nicht besetzt werden konnten, im Gasthof „zur Sonne" auf dem neuen Wall statt. Im Laufe der Saison wurden ein bis zwei öffentliche Concerte gegeben, deren Eintritt frei war; die Kosten wurden von den Mitgliedern getragen.

---

[1]) Lindenau, Leopold ist 1806 in Hamburg geboren und war ein Schüler Spohrs und Jugendfreund Mendelssohn's. Er war ein ausgezeichneter Geiger, auch als Componist hat er manches Gute geschrieben. Lindenau starb im Jahre 1859.

[2]) Schäffer, Heinrich ist zu Kassel am 20. Februar 1808 geboren. Er war Sänger und wirkte als Tenor an verschiedenen Bühnen, zuletzt in Hamburg, wo er sich 1858 in das Privatleben zurückzog. Schäffer starb 28. November 1874.

Nur einige wenige Concerte wurden gegen Entrée gegeben; den Reinertrag verwandte man zu wohlthätigen Zwecken. Die Zahl der Mitwirkenden variirte zwischen 40 und 60. Nach Schäffer's Tode im Jahre 1874, übernahm Musikdirector John Böie, nach dessen Austritt provisorisch für eine Saison Professor J. v. Bernuth, und dann definitiv Dr. L. Prochàzka die Leitung. Im Jahre 1884 löste sich der Verein auf. Das letzte Concert fand am 7. April im Convent-Garten statt.

VIII.

Die Musikfeste in den Jahren 1841, 1866, 1882 und 1884.[1])

Die großen Musikfeste sind neueren Datums. Auch hier ging England wie in so manchen anderen künstlerischen Dingen, wieder voran; ihm kommt die Ehre zu, das erste derartige große Fest veranstaltet zu haben. Dasselbe fand auf Veranlassung des Lord Fitzwilliam Watkin Williams und John Bates im Jahre 1784 zum Gedächtniß des hundertjährigen Geburtstages Händel's[2]) in der Westminster-Abtei statt. Das Fest, an welchem sich 500 Musiker betheiligten, wurde von dem Violinisten W. Cramer geleitet, und währte 4 Tage; die Einnahmen betrugen 12736 Pfund Sterling. Es wurden nur Werke des großen Meisters aufgeführt. In den folgenden drei Jahren wurde die Feier wiederholt, und ging alsdann in ein großes alljährlich stattfindendes Musikfest über. Es folgten dann Birmingham, York und andere Städte, auch Berlin, wo 1786 Händel's Messias unter Hiller's Leitung

---

[1]) Die Musikfeste vom Jahre 1818 und 1823 sind so enge mit der Geschichte und Gründung der Sing-Akademie verknüpft, daß sie am geeignetsten in Verbindung mit diesem ältesten, heute noch bestehenden Kunst-Institut Hamburg's besprochen werden dürften. Ebenso haben die Musik- oder besser gesagt die Jubiläumsfeste der philharmonischen Gesellschaft und der Bach-Gesellschaft in den Jahren 1878 und 1880, da sie doch mehr einen lokalen Character trugen, ihre Erwähnung in den betreffenden, diesen Instituten gewidmeten Abschnitten des letzten Kapitels gefunden.

[2]) Geboren am 23. Februar 1685.

mit 300 Mitwirkenden aufgeführt wurde. Im Jahre 1812 constituirte sich die „Schweizerische Musikgesellschaft," ein Institut, das sich die Ermöglichung von Aufführungen größerer Werke in den bedeutendsten Städten der deutschen Schweiz als obersten Zweck gesetzt hatte, und dessen eifrigster Förderer Hans Georg Nägeli war. In Deutschland war es der Cantor und Musikdirector Georg Friedrich Bischoff,[1]) dem das Verdienst zukommt, die ersten deutschen Musikfeste im großen Stil geschaffen zu haben. Seiner Energie war es zu verdanken, daß in den Tagen des 20. und 21. Juni, nicht Juli 1810, das erste große Musikfest, und zwar in Frankenhausen im Thüringischen zu Stande kam. Ueber 200 Theilnehmer hatten sich eingefunden, um unter Spohr's Leitung mitzuwirken. Es wurden aufgeführt u. A. Haydn's Schöpfung und die erste Symphonie von Beethoven. Bei dem 1811 zu Erfurt stattgefundenen zweiten Musikfest, lud Bischoff sämmtliche 300 Musiker zu Pathen seines Sohnes ein. Im Jahre 1815 ward das Musikfest wieder in Frankenhausen abgehalten, 1816, 1817 und 1818 in Hildesheim, 1817 auch in Hannover, 1820 in Quedlinburg, 1821 in Bückeburg. Auf die verwandten Bestrebungen der Louise Reichardt und Joh. Heinrich Clasing's werden wir im folgenden Kapitel zu sprechen kommen. Auch in anderen Städten Deutschlands und Oesterreichs gewannen diese Aufführungen im großen Stil immer mehr Boden, ebenso im Elsaß und in Holland.

Nachdem das letzte große norddeutsche Musikfest im Jahre 1823 in Hamburg stattgefunden hatte, trat eine 15jährige Ebbe ein. Den ersten Impuls zur Fortsetzung dieser Feste gab Lübeck, wo sich Ende 1838 eine Gesellschaft bildete, mit dem ausgesprochenen Zweck, die Städte Lübeck, Schwerin, Rostock, Wismar, Güstrow, Hamburg, Bremen, Altona, Kiel und Lüneburg zu einem „Norddeutschen Musikfest-Verein" zu verbinden. Alle

---

[1]) Bischoff, Georg Friedrich geb. 21. September 1780 zu Eisenach, studirte Theologie in Jena und Leipzig, fungirte einige Zeit lang als Hauslehrer, war dann Cantor und Lehrer am Lyceum zu Frankenhausen. Im Jahre 1816 wurde er als Musikdirector nach Hildesheim berufen. Er starb am 7. September 1841 in Halberstadt.

folgten willig dem an sie ergangenen Rufe, und so fand in den Tagen des 26. bis 28. Juni 1859 zu Lübeck ein großes Musikfest statt.

Am Montag den 24. Juni zogen die Hamburger, Altonaer, Berliner, Leipziger, Bremer und Oldenburger Mitwirkenden vom Steinthore in 40 Wagen ab. Voran 28 Hamburger mit Flaggen und Fahnen, 1 Berliner, 1 Leipziger, 5 Bremer, dann 8 Altonaer mit Flaggenwagen, hierauf wieder 6 Hamburger Wagen; die Oldenburger bildeten die Nachhut. Ein großer Rundwagen, den die fröhliche Sängerschaar die „Punschbowle" nannte, enthielt die der Obhut Sauke's überantworteten „eingemachten" Contrabässe.[1]) Am ersten Tage wurde in der Marienkirche Händel's Samson unter Leitung des Musikdirectors Hermann aufgeführt. Am 27. Juni folgte ein weltliches Concert im Saale der Börse, das Wilhelm Grund dirigirte. Das Programm enthielt u. A. das Finale aus dem Wasserträger, das c-moll Concert von David, — vom Componisten selbst gespielt — die Ouvertüren zur Melusine von Mendelssohn und zur Leonore von Beethoven. Im dritten Concert, unter Leitung des Musikdirectors Riem aus Bremen, wurden u. A. die c-moll Symphonie von Beethoven und der zweite Theil des Messias zu Gehör gebracht. Der Sängerchor bestand aus 270, das Orchester aus 150 Mitwirkenden.

Nachdem im Jahre 1840 in Schwerin das zweite norddeutsche Musikfest stattgefunden, folgte 1841 das dritte vom 2. bis 8. Juli in Hamburg. Die fremden Theilnehmer wurden Sonnabend den 3. Juli, Mittags 12 Uhr in der auf dem Walle zwischen dem neuen Marien-Magdalenen-Kloster und der Abfahrt nach der Straße „bei dem Drillhause" eigens für das Musikfest errichteten Festhalle[2]), vom Präses des Festcomités, Senator Dr. Hammert begrüßt. Nachmittags um 4 Uhr fand dann in der großen

---

[1]) A. Gathy: Erinnerungen an das erste norddeutsche Musikfest in Lübeck. Hamburg 1840.

[2]) Die Festhalle war 240 Fuß lang, 100 Fuß breit, 45 Fuß hoch und faßte 3000 Zuhörer. Die Gallerie war in 18 Logen eingetheilt, und dem Orchester gegenüber ein Amphitheater von 12 Sitzreihen zu 50 numerirten Plätzen errichtet, das auf Säulen ruhte.

St. Michaeliskirche unter Leitung des Hofcapellmeisters Dr. Friedrich Schneider die Hauptprobe zum Messias, und am 5. Juli die Aufführung des Messias Nachmittags 2½ Uhr statt. Die Solisten waren Frau Schröder-Devrient — Sopran —, Madame Müller geb. Cherson aus Braunschweig — Alt —, Fräulein Hedwig Schulz aus Berlin — Sopran —, Heinrich Schäffer aus Hamburg — Tenor —, Fischer aus Berlin — Baß. —

Das zweite Concert fand Mittwoch den 7. Juli unter Leitung des Capellmeisters Krebs statt. Es wurde mit Beethoven's „Eroica" eröffnet; der Symphonie folgte die Chor-Phantasie desselben Meisters, Franz Liszt spielte die Clavierpartie. Frau Schröder-Devrient trug hierauf eine Arie aus Mozart's „Titus" vor, der sich die Introduction aus Rossini's Oper: „Die Belagerung von Corinth" anreihte. Weiter kamen noch zur Ausführung die Ouvertüren zu Weber's „Oberon" und Rossini's „Tell", Arie und Variationen aus Rossini's „Aschenbrödel", gesungen von Madame Duflot-Maillard, „Valse diabolique" nach Motiven aus Robert dem Teufel, von Liszt componirt und gespielt.

Das Concert vom 8. Juli in der Michaeliskirche trug wieder einen geistlichen Character und wurde von Wilhelm Grund geleitet. Eingeleitet wurde dasselbe mit einem Bach'schen Choral, dem die Festouvertüre von Beethoven und eine Mozart'sche Messe folgten. Die erste Abtheilung beschloß das doppelchörige „Heilig" von C. Ph. E. Bach. Mit dem von Friedrich Schneider componirten 24. Psalm begann die zweite Abtheilung, worauf Fräulein Schulz, nachdem in der ersten Abtheilung Madame Duflot-Maillard durch den Vortrag des Schubert'schen „Ave Maria" entzückt hatte, die Arie „Singt dem göttlichen Propheten" aus Graun's „Tod Jesu" sang. Der Arie schlossen sich Chor und Terzett aus Grund's Oratorium „Die Auferstehung und Himmelfahrt Jesu", ein von Queisser geblasenes Concert für Posaune von David und der Haydn'sche Chor aus der Schöpfung: „Die Himmel erzählen die Ehre Gottes" an.

Ueber die Zusammensetzung des Orchesters und dessen hervorragendsten Künstlern haben wir leider nicht mehr aus den Festberichten der Blätter erfahren können, als daß die Geigen 52fach besetzt waren; die Zahl der Mitwirkenden soll sich auf 600 belaufen haben.

Durch den Hamburger Brand vom Jahre 1842 fand der neugegründete „Norddeutsche Musik-Verein" sein vorschnelles Ende.

Erst im Jahre 1866 kam unter der Leitung von Otto Goldschmidt und Julius Stockhausen in Hamburg wieder ein Musikfest zu Stande, das aber einen mehr localen Character trug. Der Chor bestand aus 512 Mitwirkenden, das Orchester aus 98 Musikern, an deren Spitze v. Königslöw stand.

Das erste Concert am 29. Mai brachte Händel's Messias in der Michaeliskirche unter Goldschmidt's Leitung; die beiden übrigen Aufführungen fanden am 31. Mai und 1. Juni im großen Saale bei Sagebiel statt. Die Solisten waren Jenny Lind-Goldschmidt — Sopran —, Fräulein Bettelheim aus Wien — Alt —, Dr. Gunz aus Hannover — Tenor —, Stägmann aus Hannover und Stockhausen aus Hamburg — Baß. — Als Solisten traten ferner noch Joseph Joachim und der Organist Weber aus Köln auf.

Das Programm des zweiten Festtages bestand aus Händel's „Cäcilien-Ode", der bekannten Scene aus Gluck's „Orpheus" und der neunten Symphonie von Beethoven; Stockhausen dirigirte. Für die plötzlich erkrankte Rosa Mandl trat Fräulein Therese Schneider ein. Im dritten Concert kamen an größeren Stücken Schumann's zweiter Theil aus Paradies und Peri, sowie die Freischütz-Ouvertüre zum Vortrag. Joachim spielte ein Viotti'sches Concert, Jenny Lind, Fräulein Bettelheim und Herr Stägmann producirten sich mit Solostücken. Das Fest soll einen ebenso anregenden wie künstlerisch befriedigenden Verlauf genommen haben.

In den Tagen vom 10. bis 15. August 1882 wurde das dritte deutsche Sängerbundesfest in Hamburg gefeiert.

Das erste deutsche Sängerfest war auf dem 1860 in Koburg tagenden Sängertag beschlossen worden und fand im darauf folgenden Jahre zu Nürnberg statt; es war „ein Kind des mächtig erwachten Einheitsdranges des deutschen Volkes, welcher auch die Sängerwelt erfaßte und zu festerem Aneinanderschließen trieb."[1]) Und so erschien Nürnberg, die alte Reichsstadt mit ihren herrlichen Erinnerungen an Deutschlands ehemaliger Größe als die geeignete Stätte, um einen Tag die getrennten Glieder des deutschen Volkes zusammenzuführen, und am gemeinsam gesungenem deutschen Lied das nationale Zusammengehörigkeitsgefühl von Neuem zu wecken und zu stärken. „Wohl vermögen wir's nicht — wie Elben auf dem Fest zu Dresden im Jahre 1865 ausführte — mit unsern Liedern Deutschland frei und einig zu singen. Aber wir pflanzen in alle Herzen den unzerstörbaren nationalen Glaubenssatz der Zusammengehörigkeit und Einigkeit, welcher gewaltiger in jedem nachwachsenden in diesem Glauben empfangenen Geschlechte, wenn die Zeit gekommen sein wird, die nationale That erzeugen muß." Gegen 5000 Sänger waren dem Rufe gefolgt. Der Norden war am schwächsten, Baiern, Thüringen und Sachsen am zahlreichsten vertreten.

Diesem Sängerfest folgte 1865 zu Dresden das erste Bundesfest des deutschen Sängerbundes. Die Zahl der Sänger betrug 16000. In den Tagen des August 1874 fand das zweite Bundesfest in München, in dem bekannten Glas-Palast statt. Hamburg war die dritte Stadt, welche die Ehre hatte, die deutschen Sänger in ihren Mauern zu bewillkommnen. Die Fest-Dirigenten waren Professor Julius von Bernuth und Bundeschormeister Franz Schmid aus München. Gegen 7000 Sänger stellten sich ein, die 52 Sängerbünde vertraten. Die Moorweiden-Halle war zur Festhalle umgewandelt. Die Sängerbühne bot 1600 □-m Raum für 7000 Sänger und 125 Musiker; der Zuhörerraum mit 3960 □-m enthielt 6205 Sitz- und 2200 Stehplätze, eine erhöhte Bühne noch weitere 954 Stuhlplätze. Die von patriotischer Wärme beseelte Festrede hielt im ersten Concert der damalige Präsident der Bürgerschaft, der heutige Polizeichef Senator Dr. Hachmann. Die beiden Concerte vom 11. und 12. August

---

[1]) Elben, Otto: Der volksthümliche deutsche Männergesang. 2. Aufl. Tübingen 1887. S. 165.

enthielten Chorwerke von Beethoven, Fr. Lachner, Kreutzer, H. Marschner, J. Otto, K. Zöllner, Schumann, Reinthaler, Bruch, Faißt, Brahms, Pacius, Zenger, Hiller, Attenhofer, Rietz und Abt.

Glänzend fiel der Festzug aus, welcher sich durch die Steinstraße nach Speersort, von da durch die Rathhausstraße nach dem Rathhausmarkt über die große Johannisstraße, den Adolfsplatz, Adolfsbrücke, den Neuenwall, alten Jungfernstieg und Gänsemarkt durch die Dammthorstraße zum Festplatze bewegte. Vierzehn Musikbanden begleiteten ihn auf seinem 1½ stündigen Marsch. Den Glanzpunkt des Zuges bildete der Aufputz des Bundesbanners. Der Wagen wurde von sechs Rappen gezogen; auf ihm befand sich ein in altem holländischen Stil gebautes Schiff mit Schießscharten, am Steuerruder das Hamburger Wappen, an der Spitze Apoll und zwei Engel als Posaunenbläser. Am reich geschmückten Mastbaum hing die Sängerbundesfahne, geziert mit den Fahnenbändern von Dresden, München und Hamburg.

Ein Musikfest im großen Stile, wie es kaum ein zweites Mal in Deutschland je stattgefunden hat, war das in den Tagen des 5. und 6. Juni 1884 in Hamburg gefeierte. Die große Ausstellungs-Halle war dazu ausersehen worden. Das Orchester war 180 Mann stark, und der Chor bestand aus 1567 Mitwirkenden, nämlich aus 621 Sopran-, 502 Alt-, 167 Tenor- und 277 Baßstimmen. Aus Hamburg selbst betheiligten sich die Sing-Akademie, der Cäcilien-Verein, die Bach-Gesellschaft, der Concert-Verein, aus Altona die Sing-Akademie; dann die Gesangvereine aus Flensburg, Kiel, Oldenburg, Schwerin und die Sing-Akademie aus Lübeck. Das Orchester setzte sich aus dem Philharmonischen Orchester und Künstlern aus Braunschweig, Bremen, Hannover, Kopenhagen, Lübeck, Oldenburg, Schwerin und Sondershausen zusammen. Festdirigenten waren die Herren Professor Julius von Bernuth aus Hamburg und Musikdirector Reinthaler aus Bremen. Die Soli hatten übernommen: Frau Anna Sachse-Hofmeister aus Berlin, Fräulein Hermine Spies aus Wiesbaden, Cammersänger Rieße aus Dresden, Josef Wolff vom Stadttheater in Hamburg und Cammersänger Franz Betz aus Berlin. Die eigens für die Halle gebaute Orgel, welche das Podium abschloß, wurde von Herrn Degenhardt gespielt.

Am ersten Festtag kam Händel's Messias zur Aufführung. Das Programm des zweiten Concerts war folgendes:

1. Schumann: Ouvertüre zur Oper Genovefa.
2. Weber: Arie aus Oberon: „Ocean du Ungeheuer." Frau Sachse-Hofmeister.
3. Marschner: Arie aus Hans Heiling: „An jenem Tage." Cammersänger Betz.
4. Brahms: Rhapsodie für Alt und Männerchor. Fräulein Spies.
5. Mehül: Arie aus Joseph in Aegypten: „Ach mir lächelt umsonst." Cammersänger Riese.
6. Wagner: Quintett aus „Die Meistersinger von Nürnberg." Gesungen von den Solisten.
7. Mendelssohn: Der 114. Psalm für achtstimmigen Chor und Orchester.
8. Beethoven: Symphonie in c-moll.
9. Händel: Halleluja aus Messias.

Der erste Theil des Concerts stand unter Reinthalers Direction, die beiden letzten Nummern wurden von Professor v. Bernuth geleitet. Das Fest nahm einen in allen Theilen großartigen und erhebenden Verlauf.

IX.

Die Männergesang-Vereine.

Nach Beendigung der Freiheitskriege und nach Auflösung der Hanseatischen Legion, bildete sich unter den früheren Legionären, in Erinnerung an die Erlebnisse einer großen Zeit, eine gesangliche Vereinigung, welche zunächst die vierstimmigen Gesänge Weber's, später auch andere Männerchöre im engeren Kreise vortrug. Nachdem Methfessel 1822 nach Hamburg gekommen war, constituirte sich unter ihm die Hamburger Liedertafel, deren Gründungstag der 16. März 1823 ist. Nach seiner Berufung als Hofcapell-

meister nach Braunschweig im Jahre 1852,¹) drohte der unter
Methfessel zur raschen Blüthe gelangte Verein wieder zu zerfallen,
bis der schon früher genannte Heinrich Schäffer (1859) die
Leitung übernahm; unter ihm hat die Liedertafel, bis zu seinem
1874 erfolgten Tode, ihre Glanzperiode gefeiert. Auch auf die
Pflege des Männergesangs in Holstein und Mecklenburg hat Schäffer
einen nachhaltig fördernden Einfluß ausgeübt. Ihm folgte Musikdirector Böie aus Altona, der heute noch rüstig seines Amtes
waltet. Auf Anregung der dem deutschen Sängerausschuß ange-
hörigen Bundes-Mitglieder Karl Dahm in Hamburg und
W. Kümmel in Altona, traten im Juni 1881 Abgeordnete verschiedener Männergesang-Vereine der Städte Hamburg-Altona
zusammen, um über eine engere Vereinigung zu berathen. Die
von dem Vorsitzenden der Hamburger Liedertafel W. Kümmel
ausgearbeiteten Statuten wurden in einer zweiten Versammlung
am 9. Juli angenommen, und somit bestand der Bund aus
24 Vereinen. Heute umfaßt derselbe 57 Vereine mit 1150
Sängern. Alljährlich findet ein geselliger Commers im großen
Saale bei Sagebiel statt, in welchem Gesammt-Vorträge mit Probe-
Vorträgen jener Vereine abwechseln, die dem Bunde beizutreten
wünschen.

X.
Virtuosen-Concerte.
a. Sänger.

Es sind wenige Namen von hervorragender Bedeutung,
denen wir in diesem Zeitraum begegnen. Aus dem Jahre 1852
wäre zunächst der königl. holländische Cammersänger W. P. C. de
Vrugt zu nennen, welcher im December einige Concerte im
Apollo-Saale und im Stadttheater veranstaltete. „Er singt die
zierlichsten und saubersten chromatischen Tonleitern auf- und abwärts,

---

¹) Die Angabe Otto Elben's a. a. O., S. 29, daß Methfessel bereits im
Jahre 1850 als Hofcapellmeister nach Braunschweig gezogen sei, ist
eine irrige; er verließ Hamburg erst 1852.

und schlägt einen ganz meisterhaften Triller."[1]) Seine Stimme habe einen großen Umfang besessen und sei von bezauberndem Schmelz besonders in der Höhe gewesen. Aus den dreißiger und vierziger Jahren haben wir im Uebrigen von keinen Concerten bedeutender Sänger zu berichten.

Am 1. März 1849 gab Theodor Wachtel[2]) ein Concert im Apollo-Saal. Es war dies gleichsam das erste Debüt des Sängers. Er trug u. A. die Bildniß-Arie aus der „Zauberflöte, eine Arie aus Rossini's „Barbier" und zwei Duette mit Frau Schäffer-Reithmeyer vor. Johannes Brahms spielte in demselben Concerte die Thalberg'sche Phantasie über Motive aus Mozart's „Don Juan". Am 12. März trat Wachtel im Stadttheater auf, wo er im Costüm die Bildniß-Arie nochmals, und die Romanze des Nemorino aus dem Liebestrank sang. Diese Concerte hatten selbstverständlich ein „von brennender Neugierde auf den Erfolg beseeltes Publicum" herbeigelockt. Die „Jahreszeiten" fanden die Erscheinung Wachtel's um so wundersamer, als sie nicht früher entdeckt und ans Licht gezogen worden. Der Referent konnte aber nicht verhehlen, daß dem Sänger noch Alles fehle, was die Muse sonst neben den Gaben der Natur fordert. Am 22. und 23. April producirte sich Wachtel auch im Thaliatheater.

---

[1]) Leipziger Allgemeine Musikalische Zeitung. 1833. S. 74 ff. De Vrugt war gegen 1799 geboren und ursprünglich Kaufmann. Er besaß eine schöne Tenorstimme, die er schon als Dilettant ausgebildet hatte. Nachdem er als Kaufmann fallirt, benutzten die Gläubiger seine hervorragenden Gesangsgaben, und ließen ihn in allen holländischen Städten Concerte geben, wobei sie und auch de Vrugt ihre Rechnung fanden. In den Jahren 1830/32 machte er eine große Kunstreise durch Deutschland und Rußland. Näheres über ihn haben wir nicht zu ermitteln vermocht.

[2]) Wachtel, Theodor, wurde am 10. März 1823 zu Hamburg geboren. Sein Vater war Droschkenbesitzer, nach dessen Tode er in Gemeinschaft mit seiner Mutter das Geschäft übernahm. Die Gesangslehrerin Fräulein Grandjean in Hamburg war seine erste Lehrmeisterin.

Die Oper hatte in jenen Jahren berühmte Operngäste wie Mantius, Wild, Standigl, Adolf Schnuck u. A.; Schnuck war ein geborener Hamburger, Sohn des Pastors Dr J. A. Schnuck zu St. Georg.

Im folgenden Jahrzehnt ließen sich Sänger genug hören, doch waren es nur wenige, die den Anspruch auf höhere künstlerische Bedeutung erheben durften. Zu den letzteren gehörten u. A. der Tenorist **Tichatscheck** — geboren 11. Juli 1807 zu Oberwerfelsdorf in Böhmen, gestorben 18. Januar 1866 in Dresden, — der gelegentlich seiner Gastspiele an der Hamburger Oper auch in Concerten mitwirkte, dann der berühmte Bassist **C. Salvatore Marchesi**, geboren 15. Januar 1822 zu Palermo, welcher am 2. Februar 1852 ein Concert gab. Seine Stimme erstreckte sich vom tiefen F aus über zwei Octaven. Seine vorzügliche Schule wurde von der Kritik besonders anerkannt, sein Vortrag dagegen sei ein ungleicher gewesen.

Julius Stockhausen ist den Hamburgern aus den sechziger Jahren durch seine herrlichen Liedervorträge bekannt. Auf sein künstlerisch befruchtendes Wirken während des mehrjährigen Aufenthalts in der Hansestadt haben wir bereits hingewiesen, wir werden auch im letzten Abschnitt noch darauf zurückkommen. Seine Concerte waren stets die besuchtesten, und wohl selten ist ein Künstler in so warmer und herzlicher Weise gefeiert worden wie er. Und wer könnte auch jene Stunden vergessen, in welchen er die Schubert'schen, Schumann'schen und Beethoven'schen Lieder-Cyclen oder die Gesänge eines Brahms' vortrug?

Aus den siebziger und achtziger Jahren nennen wir noch die Sänger **Emilio Pancani, Paul Schmidt, Conrad Behrens, Franz Betz, Georg Henschel, Gura, Ernst Hungar, Gustav Walter, Franz Krückl, Dr. Gunz, Ladislaus Mierzwinski, Emil Götze, Scheidemantel, Gudehus, Perron, Litzmann** u. s. w.

b. Sängerinnen.

Hier sei zunächst der Concerte von **Francisca Cornet**[1] gedacht; sie war eine vorzüglich geschulte Sängerin, die während ihrer langjährigen Wirksamkeit als Gesanglehrerin in Hamburg eine

---

[1] Cornet, Francisca ist 1802 in Kiel geboren, sie starb im August 1870 zu Hamburg.

erfolgreiche Thätigkeit entfaltet hat. Der deutschen Oper hat sie manche tüchtige Kraft zugeführt. Noch Ende der vierziger Jahre sang sie in Concerten. Am 18. April 1855 gab die berühmte, im vorigen Abschnitt schon erwähnte Marianne de Sessi ein Concert in der großen Michaeliskirche. Der Freischütz schrieb in Nr. 9 über das Concert: „Jugendkraft und Jugendfülle des Tones sind ja freilich der Sichel des unerbittlichen Zeitgottes anheimgefallen; aber was die Kunst ihr Eigenthum nennt, liegt außer der Macht jenes ewigen Tyrannen, und hat sich auch bei der verehrten Künstlerin auf bewunderungswerthe Weise erhalten. Ihr Vortrag hat noch jene Innigkeit und Seele, die einst ihren Ruhm begründete. Jeder Ton, mag er auch intensiv abgeschwächt oder mit Anstrengung heraufbeschworen erklingen, verräth zum Erstaunen die Tiefe des Gemüthes, jede Verzierung bürgt als Zeugniß für solide beste Schule."

Der Jenny Lind und ihrer Concerte haben wir bereits gedacht. Hier haben wir nur noch nachzuholen, daß sie schon im Jahre 1845 und zwar am 21. April sowie am 1. August 1846 in den Zwischenactspausen eine Arie aus „Niobe" von Paccini und schwedische Lieder vortrug. In demselben Jahre gab die berühmte Altistin Marietta Alboni im Thaliatheater am 12., 14. und 17. November Concerte. Ihre Stimme besaß den seltenen Umfang vom kleinen f bis zum dreigestrichenen c. Ihr hatte die Natur alles verliehen, was andere sich erst auf dem Wege mühseligsten Studiums erwerben müssen. Sie besaß auch eine bei Altstimmen seltene Coloratur. Geboren am 10. März 1825 zu Cesana in der Romagna, war sie eine Schülerin der Bertolotti und Rossini's. Ueberall wo sie sang, erregte sie einen Sturm des Beifalls. Ihre Fides im Propheten und der Page in den Hugenotten sollen unerreichbar nach Seite des Gesangs und der Darstellung gewesen sein. Für letztere Partie componirte ihr Meyerbeer eine besondere Einlage. Im Jahre 1854 vermählte sie sich mit dem Grafen Pepoli; 1863 trat sie von der Bühne zurück. Nach dem Tode ihres Freundes Rossini ließ sie sich nochmals von dem Unternehmer Strakosch für ungeheure Summen engagiren, um die Altpartie in dessen nachgelassener Messe zu singen.

Ein überschwenglicher Hamburger Kritiker beschrieb ihr Aeußeres folgendermaßen: „Eine Gestalt, wie die der Hero, ein Kopf wie der des Dionysos der Griechen, eine Stimme, wie die des Orpheus, als er den Cerberus zwang — kurz, ein Phänomen, wie es nur unter der glühenden Sonne der Romagna emporblüht." Hier ist auch noch Kathinka Evers zu erwähnen, die in den vierziger Jahren Mitglied der Hamburger Oper war; 1845 ging sie nach Italien. Sie war die Schwester des in Hamburg am 8. April 1819 geborenen Pianisten Karl Evers, eines Schülers von Krebs und Mendelssohn. Ein Kritiker drückte seine Freude aus, daß man die Wörter, welche die Evers singe, nicht um 6 β an der Kasse zu kaufen brauche. Ihre Stimme war von jugendlich-frischem Reiz, ihr Vortrag ein warm beseelter. In Hamburg bezog sie ein Gehalt von 4800 Thaler.

Ihr folgte im Jahre 1847 die gefeierte Helena Angri[1]; sie gab am 30. August und 3. September Concerte im Thalia-theater. Am 6. August 1849 erfreute Henriette Nissen[2] die Hamburger mit ihrer schönen Stimme.

Am 3. Mai 1856 gab Johanna Caroline Therese Tietjens ihr erstes Concert im Convent-Garten, nachdem sie schon früher an der Hamburger Oper gastirt hatte. Sie ist von deutschen und nicht von ungarischen Eltern in Hamburg am 18. Juli 1831 geboren. Ihr Vater besaß, wie schon ihre

---

[1] Angri, Helena ist am 14. Mai 1824 auf Corfu geboren und Schülerin Taglioni's und Doglia's. Im Jahre 1842 wurde sie für die Oper in Lucca engagirt, bald darauf für die Scala in Mailand, von wo sie als Primadonna der italienischen Hofoper nach Wien kam und Kunstreisen machte. Seit 1849 sang sie in Paris und London und feierte überall große Triumphe.

[2] Nissen, Henriette, geboren 12. März 1819 zu Gothenburg in Schweden, gestorben 27. August 1879 in Harzburg am Harz. Sie war eine Schülerin von Manuel Garcia, im Clavierspiel von Chopin. Ihre Blüthezeit fällt in die vierziger und fünfziger Jahre. Sie wurde von Vielen der Jenny Lind gleichgestellt. Im Jahre 1850 vermählte sie sich mit dem dänischen Componisten Salomon. Von 1859 bis zu ihrem Tode war sie Gesanglehrerin am Petersburger Conservatorium. Nach ihrem Tode erschien eine von ihr verfaßte Gesangschule.

beiden Großväter, eine Schankwirthschaft. Nachdem er am 15. Mai 1841 gestorben, setzte die Mutter die Wirthschaft in der Vorstadt St. Pauli auf dem Spielbudenplatz bis 1848 fort. Am ersten April dieses Jahres machte Therese Tietjens als Irma in der Oper „Maurer und Schlosser" ihren ersten theatralischen Versuch; der Zettel kündigte sie als „Fräulein Tietjens aus St. Pauli" an. Einen Bericht über ihr Debüt haben wir nicht finden können. Im Bühnen-Almanach wird sie im Jahre 1849 als Mitglied des Stadttheaters zu Altona aufgeführt; 1850 war sie in Frankfurt a. M. engagirt, wo sie sich als Agathe einführte. In jener Zeit sang sie vorwiegend Soubretten-Rollen und jugendlichdramatische wie colorirte Gesangspartien. In den Jahren 1851/52 sang sie in Brünn, 1855 an der Wiener Hofoper, 1856 auf der Hamburger Bühne. Ihr hiesiges Gastspiel machte ein solches Aufsehen, daß sie fortan eine Berühmtheit war. Unter glänzenden Bedingungen wurde sie 1858 nach London engagirt, wo sie als dramatische und Oratoriensängerin in hohem Ansehen stand. Sie starb am 5. October 1877 in London. In Hamburg sang sie oft in Concerten; besonders ist ihre Mitwirkung in den von Deppe in den sechsziger Jahren veranstalteten Händel-Aufführungen zu erwähnen. Sie hatte eine gewaltige, vortrefflich geschulte Stimme, und ihr Vortrag war ein von tiefster Leidenschaft, und trotz aller heroischen Kraft des Ausdrucks, von innigstem Empfinden beseelter. Partien wie Fidelio, Valentine, Donna Anna, Norma, sollen unübertreffliche Leistungen gewesen sein.

Das Jahr 1861 führte auch Frau Mampé-Babnigg nach Hamburg, die zur Unterscheidung von Jenny Lind die „schlesische Nachtigall" genannt wurde. Sie ist die Tochter des ausgezeichneten Tenoristen Anton Babnigg. Im Jahre 1855 heirathete sie in Breslau, wo sie engagirt war, den Redacteur Mampé, worauf sie sich von der Bühne zurückzog, um nur noch in Concerten und auf Musikfesten mitzuwirken. Ihr Concert in Hamburg fand am 12. März im Logensaal auf dem Valentinskamp statt.

In den sechsziger Jahren concertirten u. A. Frau Louise Michal Michaëli, Michalesi-Krebs, Francisca Cornet, Pauline Lucca (letztere trat in einem Concert vom 21. October

(876 auf) und Carlotta Patti.¹) Letztere sang in sechs rasch hintereinander folgenden Concerten. Sie hatte einen Sopran der mühelos bis zum dreigestrichenen f reichte. „Bewunderung erregten die Triller, Staccati und Passagen, welche dies kleine Silberglöckchen in schwindelnder Höhe so rein, sicher und kalt ausführte — recht eigentlich ein schimmerndes Spielwerk der Kunst, dessen Reiz durch das Ohr nicht bis zum Herzen dringt." Ihr Repertoire war in engen Grenzen gehalten; eine Zugnummer desselben waren die „Lach-Couplets" aus „Memon Lescaut" von Auber. In ihren von dem Impresario Ullmann arrangirten Concerten, die am 16., 17., 20. und 23. Februar wie am 1., 2. und 5. März stattfanden, wirkten Alfred Jaell, Louis Brassin, Henry Vieuxtemps, Pietro Ferranti und Jules de Swert mit. Die edlere Kunst wurde durch diese Concerte, welche nur die Virtuosität par excellence pflegten, nicht gefördert, ganz abgesehen von dem geschäftlichen Character, den dieselben trugen. Im Jahre 1876 kam die zweite Auflage der Patti-Concerte nach Hamburg; dieses Mal waren der Pianist Raffael Joseffy und der Cellist Jules de Swert im Gefolge der Künstlerin.

Eine ganz andere, edle künstlerische Erscheinung war dagegen Frau Amalie Joachim,²) die seit den sechsziger Jahren fast alljährlich nach Hamburg kommt, und stets ein gern gesehener und freudig empfangener Gast ist. An Vornehmheit der Auffassung und edler Einfachheit des Ausdrucks sowohl auf dem Gebiet des Oratorien- als des Liedergesangs, dürfte sie wohl ohne Rivalin sein. Als eine der vorzüglichsten Sängerinnen unserer Zeit ist hier auch Jenny Ney zu nennen, die den Dresdener Hofschauspieler Bürde heirathete.

---

¹) Patti, Carlotta ist 1840 zu Florenz geboren. Ein Fußübel gestattete ihr nicht, ihre künstlerische Kraft der Bühne zu widmen, und so blieb ihre Wirksamkeit auf das Concertpodium beschränkt, auf welchem sie Ruhm und Ehre in Fülle genoß.

²) Joachim, Amalie ist am 10. Mai 1839 zu Marburg in Steiermark geboren.

Aus den siebziger und achtziger Jahren sind u. A. noch die Damen Etelka Gerster, Heink, Reicher-Kindermann, Mallinger, Moran-Olden, Metzler-Löwy, Sachse-Hoffmeister, Marie Lißmann, Pia von Sicherer, Hermine Spies u. s. w. zu nennen.

c. Pianisten.

Auf seiner dritten Kunstreise kam Friedrich Kalkbrenner[1]) im Jahre 1833 auch nach Hamburg, um dort am 8. und 13. August zwei Concerte zu geben. Die Kritik spendete seinem Spiel die höchste Anerkennung; „er nüancirt den Ton, wie es auf seinem Instrument noch nie zu Gehör gekommen. Schwellung und Elasticität, kostbarer Anschlag, unglaubliche Fertigkeit bei schönster Perlung und höchster Trennung und Deutlichkeit auch im geschwindesten Zeitmaße sind diesem Meister rein habituel. Glanz und Wärme geben seinem Vortrag einen hinreißenden Character, und seine Sicherheit ist unwandelbar. Sein Allegro ist Feuerstrom, sein Cantabile wirklicher Gesang."[2])

Am 13. November 1854 gab Eduard Marxsen[3]) sein erstes Concert nach seiner Rückkunft von Wien; er trug nur eigene Compositionen vor. Auch in späteren Jahren trat er noch öfters auf. Im Jahre 1859 kam Alexander Dreyschock[4]) nach Hamburg. Er gehörte als Pianist zu jenen Kraftgenies, die in den Schülern der Weimarer Schule ihre höchste Blüthezeit hoffentlich erreicht haben. Seine Bravour bestand in der Kraft; „diese eisenhammerartige Gewalt und Rapidität im Octavenspiel und virtuose Selbständigkeit der linken Hand hatte man nicht früher

---

[1]) Kalkbrenner, Friedrich, geboren 1788 zu Berlin, gestorben 10. Juni 1849.

[2]) Freischütz Nr. 34.

[3]) Marxsen, Eduard, geboren 23. Juli 1806 zu Nienstädten, gestorben im Herbst 1887, studirte unter Clasing in Hamburg und Seyfried in Wien, um sich dann als Musiklehrer in Altona niederzulassen. Er ist der Lehrer von Brahms.

[4]) Dreyschock, Alexander, geboren 15. October 1818 zu Zack in Böhmen, gestorben den 1. April 1869 zu Venedig. Er war ein Schüler von Tomaschek in Prag.

gehört." Selten durfte auf einem seiner Programme die berühmten Variationen über „God save the queen" für die linke Hand allein, fehlen. Seine Concerte fanden im genannten Jahre am 22. März, 6. und 9. April statt. Als Musiker stand er übrigens weit höher als Thalberg; auch als Componist war er gediegener als dieser, seine Programme von einem größeren künstlerischen Ernst erfüllt. Als er später nochmals nach Hamburg kam und im Februar 1856 das Beethoven'sche Es-Dur Concert in der Philharmonie spielte, äußerte sich die Kritik, daß die Jahre dem herrlichen Metalle nunmehr den echten Schliff und die echte Politur gegeben: „Die Sicherheit, das Kühne, das Geniale ist geblieben, aber ein milder Ernst hält es unter Controle."

Ein ausgezeichneter Pianist war der Franzose Mortier de Fontaine,[1]) der am 5. November 1841 in Hamburg auftrat. Er war einer der ersten Clavierspieler, welche Beethoven's B-Dur Sonate op. 106 vortrugen. Die Kritik rühmte seinem Spiele Bravour und Eleganz nach; nur wurde ihm die Nachahmung der Liszt'schen Virtuositäten zum Vorwurf gemacht. Ein eleganter Spieler war Theodor Döhler;[2]) er gab zwei Concerte im Stadttheater am 4. und 7. April 1841. Im ersten spielte er u. A. das g-moll Concert von Mendelssohn. Ein Schüler Hummel's, Rudolf Willmers,[3]) producirte sich im December 1843 und in den folgenden Jahren in mehreren Concerten im Thaliatheater, Charles Mayer,[4]) der elegante, liebenswürdige Pianist und Componist, concertirte am 1. April und 2. Mai 1846; im folgenden Jahre suchte er Hamburg wieder auf.

---

[1]) Mortier de Fontaine, H. L. St. 13. Mai 1816 zu Wisniowiec in Wolhynien geboren, am 10. Mai 1883 zu London gestorben.

[2]) Döhler, Theodor, geboren 20. April 1814 zu Neapel, gestorben 21. Februar 1856 in Florenz. Er war ein Schüler Benedict's in Neapel, später von Czerny und Sechter in Wien.

[3]) Willmers, Rudolf, geboren 31. October 1821 zu Berlin, gestorben 24. August 1878 in Wien.

[4]) Mayer, Charles, geboren 21. März 1799 zu Königsberg, gestorben 2. Juli 1862 in Dresden.

Am 21. September 1848 gab der fünfzehnjährige Johannes Brahms[1]) im „alten Graben" sein erstes öffentliches Concert. Das Programm war folgendes:

> Adagio und Rondo aus dem D-Dur Concert von Rosenhain.
> Phantasie über Motive aus Rossini's „Tell" von Döhler.
> Fuge von Bach.
> Serenade für die linke Hand von Marrsen.
> Etude von Herz.

Die Kritik sprach sich freundlich und aufmunternd aus. Ueber das weitere Auftreten Brahms verweisen wir auf früher bereits Ausgeführtes. Nur sei hier noch seines Concerts vom 14. April 1849 im Saale des Jenisch'schen Hauses gedacht, in welchem er auch eine Phantasie eigener Composition spielte. Die Kritik fand, daß dieselbe von außergewöhnlichem Talent zeuge. Ende der vierziger und in den folgenden Jahren veranstaltete der bereits mehrfach erwähnte Otto Goldschmidt öfter Concerte, in den fünfziger Jahren auch der früher schon genannte Ignaz Tedesco.

Großen Beifall erntete der genial veranlagte Henry Litolff,[2]) welcher im Februar 1852 fünf Concerte gab. Er spielte u. A. seine Concert-Symphonie in h-moll, das holländische Concert, führte auch seine Ouvertüren „Robespierre" und „Die Girondisten" auf. Im folgenden Jahre und 1853 treffen wir die Gebrüder Louis, Leopold und Gerhard Brassin.[3]) Die beiden älteren Brüder waren vortreffliche Pianisten, Gerhard Brassin ein tüchtiger Geiger. Sie traten am 30. Mai und 1. Juni im Thaliatheater auf.

---

[1]) Brahms, Johannes, geboren den 7. Mai 1833 zu Hamburg.

[2]) Litolff, Henry, ist am 6. Februar 1818 zu London geboren.

[3]) Brassin, Louis, geboren 24. Juni 1840 zu Aachen, starb schon am 17. Mai 1884; er war ein Schüler von Moscheles. Leopold Brassin ist am 28. Mai 1843 zu Straßburg geboren, lebt in Petersburg. Gerhard Brassin 10. Juni 1844 geboren, lebt ebenfalls in Petersburg.

Hans von Bülow[1]) spielte in Hamburg zum ersten Male am 11. Februar 1854 im philharmonischen Concert. Er trug das Es-Dur Concert von Beethoven sowie die Liszt'sche Paraphrase des Marsches aus Tannhäuser und die zwölfte Rhapsodie von Liszt vor. Die Kritik nannte die Wiedergabe des Beethoven'schen Concerts eine Meisterleistung. „Die schwindelnde Höhe der modernen Virtuosität" habe sein Spiel in den beiden mit „ebenso großer Kühnheit als Sicherheit und Eleganz" vorgetragenen Liszt'schen Transcriptionen erreicht. Ferner wurde der „schöne, weiche, elastische, bald ungemein zarte, bald imponirend kräftige Anschlag" gerühmt.[2]) Am 24. Februar spielte Bülow im Stadttheater. Das Programm bestand aus:

Les Planiteurs, Phantasie von Liszt.
Polonaise brillante von Weber, mit der Liszt'schen
  Orchesterbegleitung.
Phantasie über ungarische Nationalmelodien von Liszt.

Von diesem Jahre an kam Bülow in regelmäßigen Zwischenräumen nach Hamburg, wo er theils eigene Concerte, Matinéen und Soiréen veranstaltete, theils in anderen Concerten spielte. Sein Spiel fand stets die größte Anerkennung. Die Kritik lobte namentlich die unfehlbare Technik und Sicherheit, die „hohe Kunst geistreicher Exegese". „Aber mit seinen Programmen macht er es sich selbst und den Zuhörern allzusauer, denn er spielt neben den Werken ebenbürtiger Meister auch was gar keine Musik mehr, sondern nur das Geräusch(?) einer solchen ist, wenn er die moderne Zerrissenheit(?) in Rubinstein's und Liszt's eitelsten Improvisationen zur Ausstellung bringt. Daß Herr v. Bülow die beiden Concert-Etüden Liszt's in sein Programm aufgenommen hatte, das halten wir einer Pietät zu Gute, die wir durch unser Schweigen über den Eindruck dieser Etüden ehren."[3])

---

[1]) Bülow, Hans v., geboren am 8. Januar 1830 zu Dresden, lebt seit 1887 in Hamburg.
[2]) Freischütz Nr. 19.
[3]) Hamburger Nachrichten. 1863. Nr. 271.

Am 20. Februar 1864 vermittelte Bülow den Hamburgern die Bekanntschaft mit den Sonaten op. 101 und 106 von Beethoven, die vor ihm kein anderer Pianist hier öffentlich gespielt hatte. Am 11. November 1878 trug er die fünf letzten Sonaten des Meisters vor, und im Frühjahr 1887 spielte er an vier Abenden ausschließlich Beethoven'sche Clavierwerke. Außerdem veranstaltete er einen Chopin-Abend u. s. w.

Aus den fünfziger Jahren nennen wir noch folgende bedeutende Pianisten, die nach Hamburg kamen: Louis Lacombe,[1] Josef Wieniawski,[2] Julius Schulhoff,[3] dessen Spiel sich namentlich durch Anmuth und schönen Gesang auszeichnete, Leopold de Meyer,[4] der besonders beim schönen Geschlecht furore machte, Rudolph Niemann, Rudolph Hasert[5] u. A. In den letzten Jahrzehnten concertirten Franz Bendel,[6] Theodor Kirchner,[7] der leider seiner Kunst so früh entrissene Karl Tausig,[8] Anton Rubinstein,[9] Theodor Ratzen-

---

[1] Lacombe, Louis, geboren 26. November 1818 zu Bourges, gestorben 30. September 1884 zu St. Vaast-la-Hougue.

[2] Wieniawski, Josef, geboren 23. Mai 1837 zu Lublin, lebt in Warschau.

[3] Schulhoff, Julius, geboren 2. August 1825 zu Prag.

[4] Meyer, Leopold von, geboren 20. December 1816 zu Baden bei Wien, gestorben in der Nacht auf den 6. März 1883 in Dresden. „Mit einer sehr hübschen Technik ausgestattet, hat es Meyer doch eigentlich nie höher gebracht als zum brillanten Walzerspieler. Was immer er spielen oder componiren mochte, der Walzerrhythmus war sofort an der Oberfläche. Meyer war die concertfähig gewordene Wiener Tanzlust, der parfümirte „Sperl"." Hanslick a. a. O. S. 343.

[5] Hasert, Rudolph, geboren 4. Februar 1826 in Greifswald, studirte anfänglich Jura, ging dann zur Musik über um 1865 den theologischen Beruf zu ergreifen. Seit 1875 ist er Pastor zu Gristow bei Greifswald.

[6] Bendel, Franz, geboren 23. März 1833 zu Schönlinde bei Rumburg, gestorben 4. Juli 1874 zu Berlin.

[7] Kirchner, Theodor, geboren 10. December 1824 zu Neukirchen bei Chemnitz, lebt seit einigen Jahren in Dresden.

[8] Tausig, Karl, geboren 4. November 1841 zu Warschau, gestorben 17. Juli 1871 in Leipzig.

[9] Rubinstein, Anton, geboren 30. November 1830 zu Wochwotynez in Bessarabien, lebt in Petersburg seit einigen Jahren als Director des dortigen Conservatoriums.

berger,[1]) die Gebrüder Willi und Louis Thern,[2]) die durch ihr Ensemblespiel auf zwei Clavieren in den siebziger Jahren Aufsehen erregten, Raffael Joseffy[3]) und Ignaz Brüll.[4]) Hier sei auch noch Fritz Brahms, der Bruder von Johannes Brahms erwähnt, welcher in den sechsziger Jahren einige Soiréen gab. In einer derselben wirkte Stockhausen mit. Auch er war ein Schüler Marxsen's. Seine Technik wurde von der Kritik sehr gerühmt und seinem Vortrag Verständniß und Gefühl zugesprochen.

Als ein vielverheißendes Talent führte sich am 15. December 1875 Emil Sauer, ein Hamburger Kind ein. Geboren am 8. October 1862 in Hamburg, machte er seine Studien bei Nicolaus Rubinstein und Liszt. Was er versprochen, hat er gehalten, Sauer gehört heute zu unseren hervorragendsten Pianisten. Dagegen hat Julius Röntgen den einst gehegten Erwartungen nicht entsprochen. Der Pianisten wird übrigens Ende der siebziger und in den achtziger Jahren Legion; das Clavierspiel wird immer mehr zur Modekrankheit, und aus dem Meer der tastenschlagenden Jünger der Kunst ragen nur wenige Auserwählte hervor, die wirklich künstlerisch Vollendetes leisten. Neben einem Bülow ist hier außer Sauer und Stavenhagen vornehmlich Eugen d'Albert zu nennen. Erwähnenswerth sind noch die Pianisten Karl Heinrich Barth, Xaver Scharwenka, Graf Zichy, Paderewski u. A. Bewundernswürdig ist, was Zichy mit der linken Hand, eine rechte besitzt er nicht, zu leisten vermag.

d. Pianistinnen:

Auch auf die Pianistinnen kann der Spruch angewendet werden: „Viele sind berufen, aber nur Wenige auserwählt."

---

[1]) Ratzenberger, Theodor, geboren 14. April 1840 zu Großbreitenbach in Thüringen, gestorben 8. März 1879 in Wiesbaden.
[2]) Thern, Willi, geboren 27. Juni 1847 zu Ofen, Louis geboren 18. December 1848.
[3]) Joseffy, Rafael, geboren 1852 zu Preßburg, lebt in New-York.
[4]) Brüll, Ignaz, geboren 7. November 1846 zu Proßnitz in Mähren, lebt in Wien.

Auch hier liegt es uns fern, das ganze Heer der clavierspielenden Damenwelt Revüe passiren zu lassen, sondern wir beschränken uns darauf, nur diejenigen anzuführen, welche eine höhere künstlerische Bedeutung beanspruchen dürfen.

In den dreißiger Jahren bereits entzückte die spätere Gattin Robert Schumann's, Clara Wieck, die Hamburger musikalischen Kreise, wie wir bereits früher erfahren haben. Ihr auf dem Fuße folgte Marie Felicité Pleyel,[1]) eine der bedeutendsten Pianistinnen unseres Jahrhunderts. Sie war Schülerin von Herz und Kalkbrenner. Die Künstlerin gab im October und November 1835 mehrere Concerte. Sie spielte u. A. das h-moll Concert von Hummel und das Concertstück von Weber. Wie aus einer Kritik des Freischütz[2]) hervorgeht, scheint sie auch Beethoven'sche Sonaten gespielt zu haben, denn es wird ihr bemerkt, daß eine Beethoven'sche Sonate „vor einen Kreis gewählter Kenner gehöre" und in einem öffentlichen Concert so wenig wirke wie eine Etüde von Chopin oder eine Bach'sche Fuge; nur die Virtuosität habe der Künstler im Concert zu zeigen. Ueber das Falsche eines solchen Standpunktes, werden wir wohl weiter keine Worte zu verlieren haben. Im Uebrigen wird der Künstlerin Eleganz und Leichtigkeit des Spiels wie leichte Besiegung der unglaublichsten Schwierigkeiten nachgerühmt.

Die vortreffliche Pianistin Louise Japha, geboren 2. Februar 1826 zu Hamburg, debütirte am 10. Februar 1858 in einem Concerte im Apollo-Saal; später setzte sie ihre Studien unter Robert und Clara Schumann in der Composition und im Clavierspiel fort. Seit 1855 ist sie mit dem Musikschriftsteller Wilhelm Langhans vermählt. Am 17. Januar 1859 gab die hochbegabte

---

[1]) Pleyel, M. F. ist als die Tochter eines französischen Professors Moke — ihre Mutter war eine Deutsche — am 4. September 1811 zu Paris geboren, sie starb 30. März 1875 in St. Josse ten Noode bei Brüssel.

[2]) Freischütz. 1835. Nr. 44.

englische Pianistin Rovena Anna Laidlow¹) in demselben Saale ein Concert. Aus dem Jahre 1850 ist die Pianistin Wilhelmine Clauß²) zu nennen, die auch in den folgenden Jahren die Hamburger zuweilen noch durch ihr Spiel entzückte.

Außerordentlichen Beifall fanden am 15., 17. und 19. November 1851 die Geschwister Sophie und Isabella Dulcken aus London. Es waren wohl weniger ihre künstlerischen Leistungen als das warme Mitgefühl für die früh verwaisten Kinder der Louise David, welches ihnen so reichen Beifall eintrug. Sophie Dulcken spielte Clavier, Isabella die Concertina, eine verbesserte Art der Harmonika.³) Der Leipziger Schriftsteller Oettinger schrieb an den Redacteur der Signale folgenden überschwänglichen Brief über das Auftreten des Geschwisterpaares: „Wie soll ich Ihnen den Eindruck schildern, den diese Schwesterknospen auf mein blasirtes Ohr, auf meine Seele ausgeübt, die wie ein Murmelthier in starrem Winterschlafe lag. Mir war's als hätten diese beiden Mädchen ein altes längst verklungenes Märchen in meinem Herzen wachgeküßt und mir die Ueberzeugung verschafft, daß die Musik wie jenes wunderthätige Bild Unserer lieben Frau zu Loretto, der einzige Wallfahrtsort, das letzte Asyl, jenes geheimnißvolle Thule ist, wo es Tage ohne Nächte, eine Sonne ohne Flecken, ein Glück ohne Thränen gibt." An Extase grenzt folgender Erguß: „Können Sie ein Bouquet von Sonnenstrahlen, ein Concert von Wohlgerüchen, einen Accord von Thränen zergliedern? Sophie und Isabella Dulcken sind zwei Sybillen, deren meisterhaftes Spiel uns das

---

¹) Laidlow, R. A. ist 30. April 1819 zu Bretton in Yorkshire geboren. Erst nachdem die Familie 1830 nach Königsberg übergesiedelt war, erhielt sie regelmäßigen Clavierunterricht von dem deutschen Musiklehrer Georg Tag. Vier Jahre später trat sie zum ersten Male öffentlich auf und zwar in Berlin. Ihr Spiel machte ein solches Aufsehen, daß die Herzogin von Cumberland sie zu ihrer Cammer-Virtuosin ernannte. Sie machte wiederholt größere Kunstreisen. Später ließ sie sich in London nieder.

²) Clauß, Wilhelmine, geboren 13. December 1834 zu Prag.

³) Sophie Dulcken heirathete später einen Fürsten Radziwill, Isabella den früheren Reichstagabgeordneten Karl Braun.

goldene Buch jener geheimnißvollen Sprache öffnen, welche die Engel im Himmel reden. Wenn Sophie ihre kleinen weißen Hände über die Taste des Claviers rauschen läßt, wenn Isabella die schwellenden Töne ihrer Concertina erklingen läßt, dann glaubt das musikberauschte Ohr die Abendglocke des Paradieses, das Ave Maria der Himmelsblumen, das millionenzüngige Gebet der Sterne zu vernehmen. Es gibt kein Instrument, das unser Herz zu so großer Andacht stimmt, als Isabellen's Harmonika" u. s. w. In diesem morphiumsüchtigen Stil geht es noch eine Weile weiter. Die vernünftige Kritik ließ der Fertigkeit und dem weichen Anschlag der Pianistin alle Gerechtigkeit widerfahren, doch habe es dem Spiel an Kraft, der Auffassung selbst an Tiefe gefehlt.

Aus den sechsziger Jahren führen wir noch an: Sara Magnus[1]) und Marie Wieck,[2]) die Schwester der Clara Schumann. Am 9. Februar 1864 trat die 12 Jahre alte Mary Krebs,[3]) in Hamburg auf. Das Concert fand im großen Saal des Convent-Garten statt. Die jugendliche Künstlerin trug das cis-moll Concert von Ries, Lucrezia-Fantasie von Krebs, a-moll Fuge von Bach, „Warum" von Schumann, Perpetuum mobile von Weber und Faustwalzer von Liszt vor. Ihre Leistungen fanden ungemeinen Beifall; seitdem hat Fräulein Krebs noch oft auf ihren Kunstreisen Hamburg berührt, wo ihrem seelenvollen, technisch vollendeten Spiel die Herzen stets zujubelten. In den sechsziger Jahren kam auch Sophie Menter[4]) nach Hamburg; sie spielte zum ersten Male am 22. November 1867 im philharmonischen Concert, und zwar Stücke von Chopin und Liszt.

---

[1]) Sara Magnus, 1839 zu Stockholm geboren, ist Schülerin Kullacks, Dreischock's und Franz Liszt's. Sie heirathete den Musikalienverleger Gustav Heinze und ließ sich in Dresden nieder. Seit einer Reihe von Jahren lebt sie in Hamburg.

[2]) Wieck, Marie, 1830 geboren.

[3]) Krebs, Mary, geboren 5. December 1851, lebt in Dresden.

[4]) Menter, Sophie, geboren 29. Juli 1846 in Dresden, ist eine Schülerin von Bülow und Liszt.

Von bedeutenden Pianistinnen, die in den letzten 10 Jahren auftraten, sind noch anzuführen: Annette Essipoff,[1]) Vera Timanoff,[2]) Frau Rappoldi,[3]) Anna Mehlig,[4]) Clotilde Kleeberg u. s. w.

c. Geiger.

Unter den Virtuosen, die Hamburg in den Jahren 1830 bis 1889 besuchten, nehmen die Geiger, was die Zahl betrifft, den ersten Rang ein. Auch hier müssen wir uns auf die Nennung derjenigen Künstler beschränken, die in der musikalischen Welt sich eines bedeutenden Rufes zu erfreuen hatten.[5]) Zunächst haben wir hier derjenigen einheimischen Geiger zu gedenken, die in den dreißiger Jahren in Hamburg als solche angesehen waren. Es sind dies die bereits genannten Rudersdorf und Leopold Lindenau. Am 5. August 1835 trat Ferdinand David, dessen wir schon im vorhergehenden Kapitel gedachten, mit seiner Schwester Louise, Frau Dulcken im Stadttheater auf. Er spielte nur eigene Compositionen. Am 4., 10. und 21. December 1835 concertirten die Gebrüder Eichhorn im Stadttheater, zwei Wunderkinder, die überall angestaunt und bewundert wurden. Der ältere, Johann Gottfried Ernst, am 30. April 1822 zu Coburg geboren, soll ein Geigertalent ersten Ranges und schon mit 12 Jahren ein fertig ausgebildeter Künstler gewesen sein. Er starb aber schon am 16. Juni 1844. Der jüngere, Johann Karl Eduard, geboren am 17. October 1823, erfüllte in späteren Jahren, wie so manches Wunderkind auch unserer Zeit,

---

[1]) Essipoff, Annette. Ihr Geburtsjahr haben wir nicht ermitteln können; 1880 heirathete sie ihren Lehrer, den berühmten Pianisten Leschetizki.

[2]) Timanoff, Vera, geboren 18. Februar 1855 zu Ufa in Rußland. Schülerin des Petersburger Conservatoriums und von Tausig.

[3]) Rappoldi, Laura, geboren 14. Januar 1853 zu Mittelbach bei Wien, Schülerin des dortigen Conservatoriums und von Liszt.

[4]) Mehlig, Anna, geboren 11. Juni 1847 in Stuttgart, Schülerin des dortigen Conservatoriums.

[5]) Die unter der Rubrik „Hervorragende Concerte auswärtiger Künstler" aufgeführten Geiger werden hier nicht mehr berücksichtigt.

die einst gehegten Erwartungen nicht. In den Jahren 1857 und 1859 berührten der ausgezeichnete französische Geiger **Prosper Sainton**, geboren 5. Juni 1813 zu Toulouse, ein Schüler Habeneck's, und der deutsche Violinvirtuose **Heinrich Wolff**, in Frankfurt am 1. Januar 1813 geboren, Hamburg. Am 6. Mai 1834 trat „bei dem schönen Frühlingswetter vor leerem Hause" der 14jährige **Henri Vieuxtemps**[1]) auf. Sein Spiel erntete solche Beifallsstürme, „das man von den einfallenden Tuttisätzen nur selten einen Ton vernahm." Vieuxtemps war kein Wunderkind, sondern ein außerordentliches musikalisches Talent, das später hielt was es einst versprochen. Im Jahre 1846 besuchte er nochmals Hamburg.

Wie Liszt und Thalberg, so gehört auch H. W. **Ernst**[2]) zu jenen Künstlern, die eine neue Epoche des Virtuosenthums angebahnt haben. Sein erstes Concert gab er in Hamburg am 9. November 1839, dem noch ein halbes Dutzend weiterer folgten. Das interessante Aeußere und die liebenswürdige Persönlichkeit verliehen auch ihm jene Macht, namentlich über Frauenherzen, die in manchen Fällen nachhaltiger wirkt als die bedeutendste künstlerische Leistung. Ernst war ein hervorragender Geiger, aber nur in beschränktem Sinne. Seinem Spiel fehlte die große Auffassung, die Kraft tiefer Leidenschaft, wenn auch nicht das warme Empfinden; aber sein Empfinden war kein männliches, sondern jenes thränenfeuchte, wie es durch seine „Elegie" klingt, die zu so vielen sentimentalen Novellen und Gedichten Veranlassung gegeben hat. Ernst spielte nur eigene Compositionen. Seine Paradestücke, die er überall vortrug, waren „Carneval de Venise", die „Othello-Phantasie" und das „Papageno-Rondo." Seine Technik war eine glänzende. Im Jahre 1843 besuchte er nochmals Hamburg.

---

[1]) Vieuxtemps, Henri, geboren 20. Februar 1820 zu Mustapha in Algier, ein Schüler Beriot's. Seit dem Jahre 1873, wo ihn eine Lähmung der linken Seite traf, lebt er zurückgezogen in Paris.

[2]) Ernst, Heinrich Wilhelm, geboren 1814 zu Brünn, gestorben 14. October 1865 in Nizza.

Ein Geiger von glatter Technik und sentimentalem Wesen war François Prume.[1]) In Hamburg trat er im Jahre 1841 auf; die Kritik fand seine Bravour unnatürlich, seinen Vortrag monoton, seine Compositionen mittelmäßig. Ein Geiger von anderem Schlage war Wilhelm Bernhard Molique,[2]) ein echter deutscher Künstler, von einer wundervollen Fülle, Weichheit und Zartheit des Tons. Er machte der sensationssüchtigen Menge keine Concessionen, die zauberischen Zuthaten des modernen Virtuosenthums gingen ihm ab; sein Spiel wie seine Compositionen trugen den Stempel des höchsten künstlerischen Ernsts. Molique kann in seiner Art neben Joachim gestellt werden. Auch in Hamburg, wohin er 1842 kam und in mehreren Concerten im Stadttheater auftrat, hatte er großen Erfolg.

Auf seiner großen Kunstreise, die sich bis Australien erstreckte, berührte der Virtuose Miska Hauser[3]) auch unsere Stadt, wo er 1843 und 1844 mit seinen Virtuosen-Kunststückchen sich producirte. Als glänzender Techniker erwies sich Bazzini[4]) — 26. und 29. September. — Am 11. April 1845 trat erstmalig C. Sivori[5]) auf. Er gehört zu den bedeutendsten Virtuosen der Gegenwart. Der ernsten Schule Spohr's darf J. J. Bott[6]) zugezählt werden, der 1846 am 27. Januar im Stadttheater und 19. Februar im Thaliatheater spielte. Ein Jahr darauf begegnen wir der bedeutenden Geigenvirtuosin Wilhelmine Neruda[7]) und 1849 verdiente sich der 14jährige Henri Wieni-

---

[1]) Prume, François, geboren 3. Juni 1816 zu Stavelot bei Lüttich, gestorben 14. Juli 1849 dortselbst.

[2]) Molique, Wilhelm Bernhard, geboren 7. October 1803 zu Nürnberg, gestorben 10. Mai 1869 zu Cannstadt bei Stuttgart.

[3]) Hauser, Miska, zu Preßburg 1822 geboren, war ein Schüler von Kreutzer, Mayseder und Sechter.

[4]) Bazzini, Antonio, geboren 11. März 1818 zu Brescia.

[5]) Sivori, E. C., geboren 25. October 1815 zu Genua, begann schon mit 10 Jahren seine Concertreisen.

[6]) Bott, Jean Joseph, geboren 9. März 1826 zu Cassel.

[7]) Neruda, Wilhelmine, geboren 29. März 1839 zu Brünn, lebt in London.

awski¹) in Hamburg seine ersten Sporen. In demselben Jahre concertirte auch Eduard Remenyi.²)

Am 5. Februar 1859 trat ein Hamburger Kind, der zwölfjährige Henry Schradieck³) im Saale des Conventgarten auf. Er spielte das sechste Concert von Beriot, Adagio und Rondo aus dem ersten Concert von Vieuxtemps, und eine Phantasie „Les Echos" von Leonard. Auch in den sechsziger und siebziger Jahren veranstaltete er in seiner Vaterstadt Concerte. In demselben Jahre kam Isidor Lotto, geboren 22. December 1840 in Warschau, ein Schüler Massart's nach Hamburg, 1862 und in den folgenden Jahren der bereits erwähnte Leopold Auer. In den sechsziger Jahren concertirten außer W. Neruda und C. Sivori, Ole Bull und Miska Hauser; Ole Bull ließ sich auch noch in den siebziger Jahren hören. Am 25. October 1872 betrat August Wilhelmy, geboren 21. September 1845 in Usingen (Nassau), das Hamburger Concertpodium, um die Hamburger durch seinen großen, schönen Ton hinzureißen; auch in den folgenden Jahren treffen wir seinen Namen noch häufig auf den Programmen. Leider erlosch sein Stern bald; vergessen lebt er in Dresden, frühzeitig gealtert und seiner Kunst entrissen. Noch nennen wir E. Rappoldi, Pablo Sarasate, Emil Sauret, das bald verblühte Wunderkind Maurice Dengremont, Ondriczek, Nachez, Adolf Brodsky und Isaye, deren Leistungen ebenso noch in Aller frischer Erinnerung sind, wie jene der Virtuosinnen Tua, Senkrah und Soldat. Letztere überragt nach jeder Richtung die beiden ersteren um

---

¹) Wieniawski, Henri, geboren 10. Juli 1835 in Lublin, gestorben 2. April 1880 in Moskau.

²) Remenyi, Eduard, geboren 1830 zu Heves in Ungarn; lebt seit 1875 in Paris. In den fünfziger Jahren concertirte er auch in Hamburg.

³) Schradieck, Henry, geboren am 29. April 1846 in Hamburg, ist ein Schüler Leonard's und David's. Er war nacheinander Concertmeister in Bremen, Hamburg und Leipzig, ging 1883 nach Amerika, lebt seit Juni 1889 in seiner Vaterstadt.

Haupteslänge. Der heute noch in Hamburg lebenden hervorragenden Geigern haben wir bereits früher gedacht.

f. Violoncellisten.

Außer den bereits genannten Violoncellisten J. N. Prell, Sebastian[1]) und Louis Lee, Bernhard und Cyprian Romberg, welche in den dreißiger Jahren und später in Hamburg sich auch als Solisten producirten, haben wir aus dieser Zeit noch die vortrefflichen Künstler Friedrich August Kummer[2]) und Benjamin Groß[3]) zu nennen; letzterer trat am 26. November 1836 im philharmonischen Concert auf. In den vierziger Jahren spielten in Hamburg die Violoncell-Virtuosen Gustav Knoop[4]) und Francois Servais.[5]) Servais machte durch seine interessanten Posen namentlich auf die Damenwelt großen Eindruck. Im Jahre 1846 trat auch die Violoncellistin Lise B. Christiani[6]) mehrmals auf, für die Mendelssohn das bekannte Lied ohne Worte für Cello schrieb; 1847 begegnen wir dem vortrefflichen Violoncellisten Karl Schubert.[7]) Aus den späteren

---

[1]) Lee, Sebastian, geboren 24. December 1805 in Hamburg, ein Schüler Prell's, wirkte als erster Cellist von 1827—1836 am neuen Stadttheater mit. Im Jahre 1837 erhielt er ein Engagement an das Casino Paganini in Paris, nach dessen Eingehen er an die französische Oper angestellt wurde; diese Stelle gab er 1843 auf, um fortan nur noch seinem Lehrerberuf am Collège Stanislaus obzuliegen. Er kehrte 1868 nach Hamburg zurück, wo er am 6. Januar 1888 starb.

[2]) Kummer, Fr. A., geboren 5. August 1795 zu Meiningen, gestorben 22. Mai 1879 in Dresden.

[3]) Groß, Benjamin, geboren 12. September 1809 zu Elbing, gestorben 1. September 1848 in Petersburg.

[4]) Knoop, Gustav, geboren 1805 zu Göttingen, gestorben 23. December 1849 in Philadelphia.

[5]) Servais, Francois, geboren 6. Juni 1807 zu Hal bei Brüssel, gestorben 26. November 1866 dortselbst.

[6]) Christiani, L. B., geboren 1827 zu Paris, gestorben 1853 in Tobolsk.

[7]) Schubert, K., geboren 25. Januar 1811 zu Magdeburg, gestorben 22. Juli 1863 in Zürich.

Jahren nennen wir die bekannten Künstler Davidoff, Julius Goltermann, F. W. Grützmacher, Robert Hausmann, Emil Hegar, Julius Klengel, August und Wilhelm Lindner, Louis Lübeck, Ernest de Munck, David Popper u. A.

g. Contrabassisten.

Für einen der bedeutendsten Virtuosen auf diesem Instrument galt August Müller,[1]) aber er wurde weit übertroffen von Giovanni Bottesini[2]); neben diesem durfte kein zweiter es mehr wagen, sich auf dem großen Concert-Elephanten zu produciren. Bottesini spielte am 21. November 1857 im philharmonischen Concert. Er trug eine Phantasie über Thomas aus der „Nachtwandlerin", und im Verein mit Wieniawski ein Duo für Violine und Contrabaß vor. Die Kritik schrieb, daß Bottesini nicht mehr Virtuose, sondern einzig dastehender Meister auf seinem Instrumente sei. „Bald steht der große Mann gestreckt da, wenn er in der tieferen Lage spielt, dann muß er sich bis zum Zwerghaften verkleinern, sobald die Melodie hohe Töne der Applicatur in Anspruch nimmt. Das undankbarste Instrument wird plötzlich zum dankbarsten, wenn es in solche Hände fällt. Das Cantabile ist über aller Beschreibung schön, vorzüglich das glasharmonicaartige „flautino." Und die höchste Höhe nimmt dem Contrabaß nicht seinen Character; so voll muß Der hoch singen, dessen Tiefe so markig dröhnt. Die technische Sicherheit des Herrn Bottesini ist der Art, daß auch nicht ein stumpfer Ton, geschweige dann ein vergriffener, sich bemerkbar macht."[3])

---

[1]) Müller, August, geboren 1810, gestorben 29. December 1867 zu Darmstadt.

[2]) Bottesini, Giovanni, geboren 24. December 1823 zu Crema in der Lombardei. Er hat sich große Verdienste um die Pflege deutscher classischer Musik erworben durch die zu Florenz von ihm gegründete Società di quartetto.

[3]) Freischütz Nr. 141.

h. Flötisten.

Außer Canthal, den wir bereits öfter anführten, nennen wir den blinden Flötenvirtuosen Gottlieb Grünberg,[1]) der am 7. April 1854 im Logenhaus ein Concert gab. Am 9. Januar 1850 trat der berühmte Flötist Heinemeyer[2]) in der Philharmonie auf. Aus den dreißiger Jahren ist der ausgezeichnete Flöten-Virtuos Frisch zu nennen, ein Paganini auf seinem Instrument. Leider enthält keines unserer musikalischen Handwörterbücher seinen Namen; auch wir haben nichts Näheres über ihn erfahren können, als daß er in den fünfziger Jahren in London bei einem öffentlichen Aufstand erschlagen wurde. Im Jahre 1853 kam das Künstlerpaar Franz und Carl Doppler[3]) nach Hamburg, wo sie am 8. März 1856 im philharmonischen Concert mitwirkten. Einer der bedeutendsten Flötisten aller Zeiten ist van de Broye, dessen Namen man in den Lexicis auch vergeblich suchen wird. In Hamburg spielte er am 17. November 1865 ebenfalls in der Philharmonie. Noch nennen wir unseren ausgezeichneten einheimischen Künstler Tieftrunk.

i. Oboisten.

Als Virtuosen auf diesem Instrument concertirten in den dreißiger Jahren der erste Oboist am Stadttheater Wollrabe, sowie ein Künstler Namens Spindler; letzteren treffen wir auch auf den Programmen der vierziger und fünfziger Jahre häufig.

k. Clarinettisten.

Hier sind zu nennen Gottfried Wilhelm Seemann,[4]) der in den Jahren 1829, 1851 und 1852 in der Philharmonie

---

[1]) Grünberg, Gottlieb, geboren 1802 zu Hannover. Weiteres haben wir nicht in Erfahrung gebracht.

[2]) Heinemeyer, Christian, geboren 1796 zu Celle, gestorben 6. December 1872 in Hannover.

[3]) Doppler, A. Franz, geboren 16. October 1821 zu Lemberg, gestorben 27. Juli 1883 zu Baden bei Wien; Karl, 1826 zu Lemberg geboren, lebt heute noch als Hofcapellmeister in Stuttgart.

[4]) Seemann, Gottfr. Wilh., geboren 8. Februar 1793 bei Nordhausen; er war erster Clarinettist in der Hannöver'schen Hofcapelle.

auftrat, dann der gefeierte Carl Bärmann,[1]) der am 15. Februar 1856 und 7. Mai 1857 in Hamburg concertirte. Er war der Sohn des Heinrich Joseph Bärmann, des berühmten Freundes von Meyerbeer und C. M. von Weber. In dem zuletzt angeführten Concert producirte sich auch sein Sohn. Die Kritik schrieb über sein Spiel: „Wir hörten einen wunderschönen Ton, der in der Cantilene bis in das Herz bebt, und bewunderten die Reinheit der Passagen, die feine Nüance und die Sicherheit, mit welcher auch jede, auch die capriciöseste Wendung behandelt ward."

l. Sonstige Bläser.

An Hornisten traten in den letzten fünfzig Jahren u. A. auf: der ausgezeichnete Virtuos Joh. Rud. L. Lewy, dann H. Fuchs, Carl Schuncke, Eugène Vivier, Otto Böhrs. Von Virtuosen auf der Trompete sind zu nennen: J. G. Wendt, H. E. Sachse, Schreiber und A. Bruns; letzterer war auch tüchtiger Posaunist.

Ferner führen wir noch die Posaunisten M. Schmidt, C. T. Queisser, der größte Künstler auf dem Instrument in unserer Zeit, und Fr. A. Belke an. Im Jahre 1838 producirte sich Professor Calasanti aus Rom als Virtuose auf der Ophicleide.

m. Virtuosen auf der Harfe und Guitarre.

Von ersteren sind zu nennen die Virtuosen Fatschel, der schon genannte J. N. Schaller, Rosalie Spohr, Ferdinand Hummel, Leanie de Vattelette und Otto Müller.

Die Guitarre fand in den dreißiger und vierziger Jahren zwei ausgezeichnete Virtuosen in Luigi Legnani und Franz Stoll. Ersterer sang auch und spielte u. A. ein Stück mit dem Zeigefinger der linken Hand; auch Stoll's Fertigkeit wurde als eine bewunderungswerthe geschildert. Aber die Zeiten für das Instrument der Sentimentalitäts-Epoche waren vorüber, wenn auch die Kritik von den „zauberisch-schmelzendsten" Tönen, die genannte

---

[1]) Bärmann, Carl, geboren in München 1820.

Virtuosen ihrem Instrumente zu entlocken gewußt, nicht genug zu berichten wußte. Aber noch in den fünfziger Jahren tauchte in Hamburg ein Virtuos Eduard Bayer auf, der an seinem Instrument ein Pedal angebracht hatte.

In den dreißiger und vierziger Jahren producirten sich auch Künstler auf der Glasharmonika. Großes Interesse erweckte Kaufmann aus Dresden im Jahre 1843 mit seinem Harmonichord. In seinem Aeußeren glich es einem aufrecht stehenden Piano, dessen Saiten durch Reibung zum Erklingen gebracht wurden. Auch mit einem sogenannten Symphonion producirte er sich. Es bestand aus einem Fortepiano, aus Flöten, Clarinetten, Piccolo, Schallstäben, Triangel und Pauke. Sein Salpingion war ein Trompeten-Werk; jede einzelne Trompete konnte zwei verschiedene Töne angeben.

Sechstes Kapitel.

<small>Die Sing-Akademie. Die Philharmonische Gesellschaft. Der Cäcilien-Verein. Die Bach-Gesellschaft. Der Concert-Verein. Die neuen Abonnements-Concerte. Euthymia. Der Gesang-Verein von 1867. Die Eimsbütteler Musikgesellschaft. Der Tonkünstler-Verein. Das Conservatorium. Die Altonaer Sing-Akademie.</small>

I.
Die Sing-Akademie.

Nachdem die trüben und für Hamburg doppelt schweren Kriegsjahre ein Ende gefunden, das gallische Joch endgültig abgeschüttelt war, begann auch das tonkünstlerische Leben in unserer Stadt sich reger und freier zu entfalten und zu entwickeln. Wir haben schon im vorigen Kapitel gesehen, welchen Aufschwung die öffentliche Kunstübung seit den zwanziger Jahren durch Gründung von Vereinen nahm, die bestrebt waren, das Beste vorzuführen, was die Vocal- und Instrumental-Literatur bot. Unter diesen Vereinen, die einen tiefgreifenden und dauernden Einfluß auf das Gesammt-Musikleben Hamburgs gewannen, dürfte in erster Linie der am 23. November 1819 gegründete Gesangverein genannt werden, der seit dem 29. Juni 1868 die Bezeichnung Sing-Akademie führt.

Das Hauptaugenmerk des Vereins war zunächst auf die Pflege der klassischen kirchlichen Chorwerke gerichtet. Die Veranlassung zur Gründung desselben bot die in das Jahr 1817 fallende dritte Säcularfeier des Reformationsfestes. Ein Hauptverdienst gebührt hier dem Fräulein Louise Reichardt¹) und dem von uns schon oft genannten Clasing. Der unermüdlichen Thätigkeit der ersteren sowie ihrem sorgfältigen Unterricht und ihrer Uneigennützigkeit gelangen es, einen Chor zu bilden, der unter ihrer und Clasing's Leitung zu wirklich künstlerischer Bedeutung heranwuchs. Zur Feier des Reformationsfestes führten sie in der Waisenhaus-Kirche den 100. Psalm von Händel, sowie Chöre aus Judas Maccabäus vor und nach der Predigt auf. Zu gleicher Zeit hatten sich in Bremen und Lübeck ähnliche Vereine gebildet, die am 11. November 1817 mit jenen aus Hamburg, Wismar und Ludwigslust in der Marienkirche zu Lübeck Händel's Messias aufführten. Nun wurden auch in Hamburg die Geister und Gemüther rege. Fräulein Reichardt sowie die Herren Clasing und Wilhelm Grund traten zusammen, um eine ähnliche

---

¹) Sie war die Tochter des Capellmeisters Joh. Friedrich Reichardt. Gegen 1780 geboren, trat sie schon 1794 in der Berliner Sing-Akademie als Sängerin auf. Nach dem Tode ihres Vaters ließ sie sich 1814 in Hamburg als hochgeachtete Gesanglehrerin nieder, wo sie auch am 17. November 1826 starb. Im Jahrgang 1827 der Allgemeinen Musikalischen Zeitung wird ihr Seite 165 ff. ein warmer Nachruf geweiht, und ganz besonders werden ihre Verdienste als Meisterin des Gesangs und Leiterin des mit Clasing geleiteten Vereins anerkannt. „Die schlanke Gestalt — heißt es dann weiter —, die sich mit so feinem Anstande und so vieler Bescheidenheit erhob, das durchaus ungemeine, todtenbleiche, stille Antlitz mit den starken Augen voll Licht, der nicht allein ansprechende, sondern auch anredende gütige Ton der Stimme, die sich auf's willigste dem, was sie sagen wollte, anbequemte, die gemessene Haltung bei behendester Leichtigkeit, ihr leises Auftreten, der fast nicht hörbare Gang, das ganze gelassene Verhalten, ja Kleidung und Kopfhülle, gaben ihrer Erscheinung etwas Eigenes, etwas Nonnenhaftes, man möchte sagen Geisterartiges. Der Gedanke an ein Gelübde ließ sich nicht abweisen, daß sie mitten in der Welt wie in einem Kloster leben wolle, als eines jener barmherzigen Wesen, die sich nur zeigen, um wohl zu thun. Wer jedoch ein Auge für sie hatte, zweifelte wohl nicht an dem Abschiede, den das merkwürdige Weib von der Welt genommen, mochte indeß an eine ursprüngliche, so große Klösterlichkeit ihres Herzens nicht allzu ernste glauben, sondern vielmehr in dem stillen Gesichte von ehemaligen

Aufführung in ihrer Vaterstadt zu ermöglichen. Ihrem vereinten und einträchtigen Zusammenwirken gelang es, über 500 Mitwirkende zu vereinigen, und in den Tagen des 7. und 9. September 1818 in der großen St. Michaeliskirche Händel's Messias und das Requiem von Mozart zur gelungensten Ausführung zu bringen. Außer den Hamburger Künstlern und Musikfreunden wirkten noch kunstgebildete Dilettanten aus Altona, Bremen, Eutin, Kiel, Lübeck, Ludwigslust und Wismar mit. Von Hamburger Musikern nennen wir die Herren Musikdirector Schwencke, Musiklehrer Cario, Steinfeldt, Berens, den Cellisten Prell, den Organisten Westphal, den jüngeren Schwencke, Liebau und Winneberger. Weiter die Violinisten Beer und Gräf, die Contrabassisten Sick und Süßmilch, die Oboisten Wollrabe und Hartmann, den Flötisten Sievers, die Clarinettisten Jodry und Kaiser, den Hornisten Mitscherling, den Fagottisten Behls und den Trompeter Lüders. Hartmann und Jodry bliesen auch die Bassethörner im Requiem. Die Direction führten die Herren Clasing und Grund gemeinschaftlich; jener leitete den Gesang, dieser das Orchester. Beide waren tüchtige und gründlich gebildete Künstler, aber doch wieder unter sich grundverschieden. „Aber eben diese Verschiedenheit — der jugendliche Feuereifer des Herrn Grund, und die gemüthliche

---

großen Erschütterungen lesen, von harten Kämpfen und schweren Entsagungen. Sie hatte die Bildung unserer Zeit, kannte die Werke unserer Meister gar wohl, ja sie kannte die meisten unserer bedeutenden Männer persönlich, die in dem Hause ihres berühmten Vaters viel verkehrten. Die Meister ihrer eigenen Kunst hatten sie am tiefsten ergriffen; von allen am meisten Händel, den sie unbeschreiblich liebte. Das Element der heiligen, der geistlichen Musik war ihr eigentliches Heim." Wir erfahren weiter aus dem Nachruf, daß sie an dem zur Hochzeit bestimmten Tage statt des ersehnten Bräutigams, eines genialen jungen Malers, der aus Italien zurückkehren sollte, die Nachricht von dessen Tode erhielt. Die Blattern raubten ihr die einstige Schönheit, später verlor sie ihre schöne Stimme. Die stille Achtung und Liebe die sie genoß, zeigten sich nach ihrem Tode. An ihrem Sarge sangen in der St. Johanniskirche ihre Schülerinnen und Freunde zwei von ihr selbst componirte Choräle sowie das Clasing'sche Vater unser.

Besonnenheit des Herrn Clasing, brachte so hohes Leben und so tiefe Empfindung in die Darstellung, daß jeder Theilnehmer davon ergriffen und über sich selbst erhoben, und auf diese Weise ein Ganzes hervorgebracht ward, welches durch sein herrliches Gelingen beyden Künstlern den schönsten Lohn für ihre wirklich unsäglichen Opfer und Beschwerden gewähren mußte." [1]) Welchen Anklang diese Aufführung fand, geht daraus hervor, daß jedes Concert von über 5000 Personen besucht war.

Diesem Musikfeste verdankt die Sing-Akademie ihre eigentliche Entstehung. Von den Mitwirkenden wurde gleich damals der Wunsch ausgesprochen, einen Verein zu stiften, dessen Aufgabe ausschließlich die Pflege kirchlicher Musik sein soll, da die bis dahin bestandenen Vereine theils einen vorwiegenden Privatcharacter getragen, theils ihre Bestrebungen mehr der weltlichen Musik sich zugewendet hätten. Nach dem Vorbild der Zelter'schen Sing-Akademie sollte ein ähnliches Institut gegründet werden. Nachdem die Herren Wilhelm Grund, Jacob Steinfeldt, J. F. Schwencke, J. F. Kirchner, Dr. med. Kunhardt, Conrad Auffm'Ordt, Daniel Stockfleth und Dr. Carl Trummer die ersten vorbereitenden Schritte gethan, constituirte sich der Verein am 25. November 1819. Von diesem Tage an datirt das erste Protokoll, das wir seines historischen Interesses halber wörtlich wiedergeben.

„Das Bedürfniß den zahlreichen Musikfreunden dieser Stadt, welche bei den bisher bestehenden Gesang-Vereinen keine, ihren Absichten entsprechende Gelegenheit für Uebung ihres Talents [2])

---

[1]) Leipziger Allgemeine Musikalische Zeitung. 1818.
[2]) Diese Bemerkung des Protokolls enthält eine große Ungerechtigkeit gegenüber den Bestrebungen des Fräulein Reichardt und des Herrn Clasing, deren Initiative und langjährigen Bemühungen die Sing-Akademie doch eigentlich ihre Entstehung zu verdanken hat. Ein Wort der Anerkennung wäre hier wohl am Platze gewesen. Es war aber auch eine Ungerechtigkeit gegenüber dem unter Fräulein Reichardt und Herrn Clasing noch im Jahre 1826 bestehenden Verein, dessen Aufführungen in der Leipziger Allgem. Musik. Zeitung stets ein warmes Lob fanden. So nennt der Referent die am 15. März 1826 erfolgte Aufführung von Clasing's Oratorium „Belsazar" eine vortreffliche. Sie geschah nicht öffentlich, aber ein „glänzendes Auditorium"

fanden, eine solche zu verschaffen und zugleich zur Ausbildung und Ausführung von Musikwerken des strengen Stils das Ihrige beyzutragen, vereinigte die Herren W. Grund und J. Steinfeldt[1]) zu dem Unternehmen, hier eine Gesellschaft zu stiften, deren Zweck gemeinschaftliche Uebung des religiösen Gesanges sey.

Mit regem Eifer von den Herren J. F. Kirchner, A. G. F. Kunhardt Dr., D. Stockfleth und C. Trummer Dr. unterstützt, ward seit Ostern 1819 an der Ausführung dieses Unternehmens gearbeitet.

In wiederholten Zusammenkünften ward nachstehender Plan beschlossen, und in Folge dessen nachstehende Sängerinnen und Sänger zu Mitgliedern gewählt, denen sodann ein Subscriptionsbogen vorgelegt und von ihnen sämmtlich unterzeichnet wurde.

Der rastlosen Thätigkeit vorgenannter Herren gelang es, daß in der am 12. November gehaltenen Zusammenkunft, der Anfang der Uebungen auf den 25. November bestimmt werden konnte, welcher Tag zugleich als Stiftungstag des Gesang-Vereins festgesetzt ward."

Aus den Statuten heben wir die §§ 55 und 56 hervor, welche bestimmen, daß vorläufig die Uebungszeit für den Winter auf Donnerstag, Abends von 7 bis 9 Uhr festgesetzt sei. „Es wird präcise mit dem Glockenschlage angefangen, und hat daher ein Jeder sich ¼ Stunde vor jener Zeit einzufinden." Der § 58 lautet: „Der Anfang wird allemal mit einigen Chorälen gemacht und alsdann irgend eine anerkannt gute, ältere oder neuere geistliche Musik eingeübt."

---

von 500 Personen wohnte dem Concerte an. Der Gesangschor bestand aus 60 Mitgliedern, ebenso stark war das Orchester vertreten. Die Solopartien wurden von kunstgeübten Dilettanten gesungen. „Mit dem Gesangchore und Orchester hatten sich auch sämmtliche vorzügliche Künstler Hamburgs mit rühmlicher Bereitwilligkeit vereinigt."

[1]) Jacob St. Steinfeldt, geboren 14. Januar 1788 in Bergedorf, war ein Schüler des Musikdirectors Schwencke. Mit Grund gemeinsam leitete er die Sing-Akademie bis 1855; er starb im Jahre 1869.

Es waren im Ganzen 71 ausübende Mitglieder, die den Subscriptionsbogen unterzeichneten, und zwar 22 Soprane, 17 Alt, 15 Tenöre und 19 Bassisten.

Das Lokal befand sich von der Gründung des Vereins bis zum 25. Mai 1822 große Reichenstraße 28; alsdann siedelte die Akademie nach dem Hause des Musikalienhändlers Böhme, große Bäckerstraße 72 über. Nach dem großen Brande 1842 hat der Verein ein unstätes Wanderleben geführt, und nacheinander in verschiedenen Lokalen seine Uebungen abgehalten. Ende der vierziger und Anfang der fünfziger Jahre fanden die Uebungen im Hillert'schen Saale, Ende der fünfziger Jahre provisorisch im Saale der patriotischen Gesellschaft statt. Letzterer wurde alsdann mit jenem der Tonhalle vertauscht. Im Jahre 1861 finden wir den Verein im Saale der Lesehalle, dem heutigen Verwaltungsgebäude. Am 27. November 1861 führte er in einem Privat-Concert Reinthaler's Jephta im großen Wörmer'schen Saale auf. Im Jahre 1868 waren die Uebungen im Logensaal auf der Drehbahn. Seit einer Reihe von Jahren finden dieselben im Saale des Conservatoriums, die Aufführungen im großen Saale des Convent-Garten statt.

In der ersten Singübung, die am 25. November 1819 stattfand, waren 52 Sänger anwesend. Gesungen wurde aus Schicht's Choralbuch, Theil III., Nr. 1; eingeübt Fr. Schneider's Missa. Die Soli wurden in letzterer von den Damen Madame Liebert und Fräulein Behnke sowie den Herren Schmilinsky und Wagner gesungen. Von den Werken, die in den darauf folgenden Proben einstudirt wurden, nennen wir den 100. Psalm von Händel, Hymne von Schwencke, Missa von Haydn, Ave verum von Mozart, Requiem von Neukomm. In der Probe vom 20. April 1820 begann man mit der Einstudirung von Händel's Alexanderfest. Mit regem Eifer wurden die regelmäßigen Uebungen fortgesetzt, und in den ersten Jahren sogar während der Sommer-Monate gesungen; nur wurden statt der Abendstunden jene über Mittag von 1—3 gewählt. Diese Sanges-Freudigkeit dauerte aber nur kurze Zeit, denn schon im Jahre 1822 wurden den Sommer über die Proben ausgesetzt. Später, in den dreißiger

Jahren, wollte man den Versuch noch einmal machen, aber er erwies sich als undurchführbar.

Die erste Wiederholung des Stiftungstages sollte durch eine große Aufführung mit Orchesterbegleitung, aber nur im engeren Kreise gefeiert werden; da aber die finanziellen Mittel zu gering waren, um die dadurch entstehenden Kosten zu decken, so kam man von dem Gedanken, der sich erst nach 25 Jahren realisiren sollte, wieder zurück.

Der Verein als solcher veranstaltete erst im Winter 1823 im Apollo-Saal zwei öffentliche Concerte. Seiner Initiative war auch das große Musikfest zu verdanken, das am 17. und 19. November 1825 Abends in der großen St. Michaeliskirche stattfand; zahlreiche auswärtige Künstler und Musikfreunde betheiligten sich an demselben. Am ersten Abend wurde Wilhelm Grund's Oratorium „Die Auferstehung und Himmelfahrt Jesu", am zweiten Händel's „Judas Maccabäus" aufgeführt. Der Chor bestand aus 206 Stimmen; in die Direction hatten sich die Herren Grund und Clasing getheilt. Das Publikum bewies seine rege Theilnahme und sein warmes Interesse für derartige Aufführungen durch starken Besuch derselben. So betrugen die Einnahmen dieser beiden Concerte 10 028 ₰, die Kosten dagegen freilich 9548 ₰ 8 β, sodaß nur ein kleiner Ueberschuß blieb, der wohlthätigen Stiftungen überwiesen wurde. Diesem Grundsatze ist die Sing-Akademie stets treu geblieben; der Reinertrag von der alljährlich in der Charwoche stattfindenden Aufführung, ist bis heute zu humanitären Zwecken verwandt worden. So wurde bis zum Jahre 1869 den verschiedenen milden Anstalten nahe an 100 000 ₰ überwiesen.

Für den Verein hatte das 1825 gefeierte Musikfest segensreiche Folgen. Immer zahlreicher meldeten sich tüchtige Dilettanten um Aufnahme. Mit der steigenden Zahl der Mitglieder gestalteten sich selbstverständlich auch die finanziellen Verhältnisse günstiger; sie ermöglichten dem Verein in den folgenden Jahren hier und da mit größeren Werken an die Oeffentlichkeit zu treten oder Privat-Aufführungen zu veranstalten. Die Acten enthalten leider aus den Jahren 1825 bis 1835 nichts Näheres hierüber, doch können wir aus dem in dieser Zeit angeschafften Notenmaterial die nöthigen

Anhaltspunkte gewinnen. Bestimmt wissen wir, daß am 11. April 1825 Schwencke's „Vater unser" und Händel's Alexanderfest, 1826 zur Osterzeit das Oratorium „Samson", 1827 Grund's „Die Auferstehung und Himmelfahrt Christi" zur Aufführung gelangten. Ob aber alljährlich in der angegebenen Zeitperiode in der Charwoche je ein öffentliches Concert stattfand, ist aus weiter unten angeführten Gründen nicht anzunehmen. Weiter melden die Akten von der Anschaffung folgender Werke: Löwe's „Zerstörung Jerusalems", Händel's „Israel in Aegypten" und Te deum (?), Graun's „Tod Jesu", Neukomm's „Ostermorgen", Durante's „Magnificat" u. s. w. In den Jahren 1831/32 wurde auch die Passionsmusik von Joh. Seb. Bach studirt.

In den Jahren 1827/29 schritt man, unter Hintansetzung der Statuten, dann und wann zur Einstudirung und Privat-Aufführung von Opern. Waren es auch Werke klassischen Gehalts wie Idomeneo, Euryanthe, Jessonda u. s. w., so rächte sich dieses Umgehen der eigentlichen künstlerischen Tendenz des Vereins in empfindlicher Weise. Die Proben wurden nicht mehr mit dem regen Eifer wie früher besucht, auch sonst machte sich ein gewisses Erkalten des ursprünglichen Interesses wahrnehmbar. Verschiedene Maßnahmen des Vorstandes, zu denen er freilich nach den Statuten durchaus berechtigt war, drohten eine Zeit lang sogar den Zerfall des Vereins herbeizuführen; doch gelang es die Gegensätze zu versöhnen.

In der General-Versammlung vom 3. September 1833 wurde eine Revision der Statuten vorgenommen und u. A. bestimmt, daß alljährlich mindestens zwei Privat-Aufführungen im Lokale des Vereins stattfinden sollten, zu denen die nächsten Anverwandten Zutritt haben dürften. Außerdem soll je in der Osterwoche ein öffentliches Concert gegeben werden, „um solchergestalt in unserer, durch ein vielbewegtes, materielles Geschäftsleben in der Förderung der Künste nur zu oft behinderten Vaterstadt durch regelmäßige Vorführung älterer und neuerer klassischer Werke den Sinn für Kirchen-Musik immer mehr zu erwecken und zu verbreiten." Hieraus geht mit unumstößlicher Gewißheit hervor, daß in den vorausgegangenen Jahren keine regelmäßigen öffentlichen Aufführungen stattgefunden haben. Von 1835 bis 1844 wurden folgende Werke öffentlich zu Gehör gebracht:

1835. Spohr's Oratorium „Die letzten Dinge".
1836. Messias von Händel.
1837. Jephta von Händel.
1838. Paulus von Mendelssohn.
1839. Der Tod Jesu von Graun.
1840. Das Requiem von Mozart, sowie der zweite Theil von Händel's Messias.
1841. Die sieben Worte von Haydn.
1842. Joh. Seb. Bach's achtstimmige Motette „Ich lasse dich nicht", ein Choral von Graun und Mendelssohn's „Lobgesang".
1843. Paulus von Mendelssohn.
1844. Die Auferstehung und Himmelfahrt Jesu von Graun.

Diese zehn Concerte trugen 48 415 ℳ ein; nach Abzug der Kosten konnten vier verschiedenen milden Stiftungen sowie den beim großen Brand eingeäscherten Hauptkirchen die schöne Summe von 30 645 ℳ überwiesen werden. Die ersten acht dieser Aufführungen fanden je am Montag Abend in der Charwoche in der St. Petri-Kirche statt, die beiden letzten in der St. Michaelis-Kirche.

Von den Werken, die in dieser Zeitperiode in den Privat-Aufführungen zu Gehör kamen, nennen wir:

1835. Jephta von Händel.
1836. Beethoven: Meeresstille und glückliche Fahrt.
      Gluck: De profundis.
      Mendelssohn: Ave Maria und Psalm.
1837. Händel's Samson.
1838. Mozart's Requiem.
1839. Bruchstücke aus Mendelssohn's Paulus.
1840. Händel's Alexanderfest.

In den Jahren 1842/43 fanden in Folge des großen Brandes sowie finanzieller Verhältnisse halber keine Privat-Concerte statt. Im Jahre 1844 wurde Händel's Samson zu Gehör gebracht. Außerdem betheiligte sich die Sing-Akademie 1839 an dem von den Städten Lübeck, Hamburg, Bremen, Altona, Kiel, Lauenburg, Schwerin, Rostock, Wismar und Güstrow begründeten norddeutschen Musikverein, der in jenem Jahr den Cyclus seiner Feste in Lübeck eröffnete; das zweite Musikfest fand 1840 in Schwerin, das dritte 1841 in Hamburg statt.

Wenige Tage vor dem Brande hatte der Verein in der Börsenhalle seine Winter-Concerte beschlossen. Durch den Brand wurden sämmtliche Musikalien zerstört, nur die Vereins-Theemaschine war gerettet worden. Es trat nunmehr, veranlaßt durch das große, über Hamburg hereingebrochene Unglück, eine kleine Stockung ein. Doch bald wandten sich die Theilnehmer und das Interesse dem Verein wieder zu. Vom Jahre 1844 an befand sich das Uebungslokal in der neuen Tonhalle, an der nördlichen Ecke des neuen Walls und der Bleichenbrücke; 1861 wurde sie zu Privatwohnungen umgebaut. Am 25. November 1844 wurde hier das 25jährige Bestehen des Vereins gefeiert. Vor einer geladenen Zuhörerschaft wurden im Saale von Streit's Hôtel ein Choral von Schicht, Chöre von Grund, eine von Prätzel gedichtete und von Ferdinand von Roda componirte Cantate, sowie das Halleluja von Händel aufgeführt.

Bis 1847 hatte Wilhelm Grund ohne Unterbrechung den Verein geleitet; In diesem Jahre trat als zweiter Dirigent Ferdinand von Roda[1]) ein, nach dessen Austritt im Jahre 1857 Grund, unter zeitweiser Unterstützung von F. G. Schwencke,

---

[1]) Ferdinand von Roda wurde 1818 zu Rudolstadt in Thüringen geboren. Nach einer wenig erfreulichen Jugend hatte er das Glück, in Weimar Hummel's Unterricht zu genießen. Aber er fühlte zum Virtuosen weder den Beruf noch die Anlage in sich. Um sich nun aber eine Existenz zu gründen, warf er sich auf Harfe und Violoncell, studierte aber zwischen hinein auch Cameralia, um dann schließlich eine Stelle als Harfenist am Braunschweiger Hoftheater anzunehmen. Von hier aus kam er nach Hamburg, wo er in der Sing-Akademie Gelegenheit fand, sich sowohl als Begleiter wie als Chordirigent weiter auszubilden. Im Jahre 1857 ging er als akademischer Musikdirector nach Rostock, wo er auch starb. Während seines Aufenthalts in Hamburg wurden u. A. eine Symphonie am 25. März 1844 und am 31. October 1849 die Cantate „Theomela" unter Mitwirkung der Sing-Akademie aufgeführt. Sein Oratorium „der Sünder", das ebenfalls unter von Roda's Leitung im Jahre 1855 zur Aufführung kam, zeugt von entschiedenem Talent und künstlerischem Ernst. Mir lagen zwei Arien aus demselben zur Einsicht vor, die mich in hohem Grade interessirten. Leider habe ich über den Verbleib des Manuscripts der Partitur nichts in Erfahrung bringen können.

die Direction allein wieder übernahm. Im Jahre 1863 trat Julius Stockhausen an die Spitze; unter seiner Direction erlebte der Verein seine Blüthezeit. Die Zahl der Mitglieder stieg von 116 auf 189. Zu den Glanzleistungen des Chors gehörte die Ausführung der beiden Bach'schen Passionen nach Matthäus und Johannes, von Händel's Israel, Mendelssohn's Walpurgisnacht und den Faust-Scenen von Schumann. Die Johannes-Passion wurde am 11. April 1863 zu Gehör gebracht, wobei Stockhausen den Christus sang und Moszkowsky dirigirte. Am 25. Januar fand zum Besten des Musiker-Pensionsfonds die Aufführung der neunten Symphonie von Beethoven und der Walpurgisnacht von Mendelssohn im Sagebiel'schen Saale statt; auch hier hatte Stockhausen die Baßpartie übernommen und die Direction an Karl Grädener abgetreten. Den Höhepunkt seiner Leistungen bot der Verein in der Wiedergabe der Faust-Scenen von Schumann am 7. November 1866; Stockhausen sang die Solopartie des Basses.

Im Frühjahr 1867 trat Stockhausen als Leiter der Philharmonie und der Sing-Akademie aus. Auf allseitigen Wunsch behielt er für die Saison 1867/68 die Oberleitung der Sing-Akademie, während der für die philharmonische Gesellschaft nach Hamburg berufene Nachfolger Julius von Bernuth, die Uebungen provisorisch übernahm. Im April 1868 legte Stockhausen seine Stelle definitiv nieder, und von Bernuth wurde alsdann auch die Leitung der Sing-Akademie endgültig übertragen.

Ehe wir in unserem Bericht weiter fahren, sei es uns gestattet, diejenigen bedeutenden Werke noch zu nennen, die seit 1844 vom Verein öffentlich aufgeführt wurden. Zuvörderst nennen wir aus dem Jahr 1845 Paradies und Peri von Schumann und Judas Maccabäus von Händel. Dann folgten 1846 Hiller's Zerstörung Jerusalems, 1849 Elias von Mendelssohn, 1862 Bach's Matthäus-Passion, 1866 dessen Passion nach Johannes, 1867 Finale aus Mendelssohn's unvollendeter Oper Loreley, 1869 das Requiem von Brahms. Von den Werken, die der Verein in seinen Privat-Concerten zu Gehör brachte, führen wir noch Athalia von Mendelssohn 1850, Stabat mater von Rossini 1856 und Joseph in Egypten 1859 an.

Die Sing-Akademie.

In letzterem Jahre wurde das 50 jährige Stiftungsfest der Sing-Akademie unter v. Bernuth's Leitung am 25. November, nachdem am 23. zur Vorfeier Händel's Salomo aufgeführt worden war, durch ein großes Concert gefeiert, an welchem sich auch die Altonaer Sing-Akademie betheiligte. Das Programm bestand aus Einleitung, Terzett und Chor aus dem Oratorium „Die Auferstehung und Himmelfahrt Jesu" von Grund, Scene und Arie der Dejanira aus Heracles von Händel, zwei Quintetten aus dem ersten Act von „Cosi fan tutte", Ouvertüre und dem ersten Act aus „Euryanthe" und der neunten Symphonie. Als Solisten wirkten mit: Frau Peschka-Leutner aus Leipzig, Sopran, Frau Amalie Joachim aus Berlin, Alt, Otto L. Wolters aus Braunschweig, Tenor, und Herr Adolph Schultze aus Hamburg, Baß. Am ersten Geigenpulte saßen die Concertmeister John Böie und H. Schradieck. Am 25. November 1871 wurde die Missa solemnis von Beethoven aufgeführt.

Auf den Antrag v. Bernuth's vom 8. Februar 1872 wurde beschlossen, in Verbindung mit der philharmonischen Gesellschaft jährlich zwei Concerte zu veranstalten. Zur Aufführung sollten kleinere und größere weltliche Chorwerke älterer und neuerer Meister gelangen. Das übliche Concert in der Charwoche blieb hiervon unberührt.

Am 24. November 1874 starb Wilhelm Grund. Sein Gedächtniß zu ehren, veranstaltete die Sing-Akademie in Verbindung mit dem philharmonischen Orchester am 27. April 1875 eine musikalische Gedenkfeier, deren Programm folgendes war:

1. Introduction, Choral und Chor aus Grund's Oratorium „Die Himmelfahrt und Auferstehung Christi".
2. Quartett mit Chor aus Spohr's „Die letzten Dinge".
3. Gedächtnißrede von Pastor Ritter.
4. Tenor-Solo mit Chor aus Spohr's „Die letzten Dinge".
5. Das Requiem von Mozart.

In den Jahren 1845—1889 wurden folgende geistliche Chorwerke in der Charwoche aufgeführt:

1845. Händel, Judas Maccabäus.
1846. Hiller, Zerstörung Jerusalems.

1848. Beethoven, Messe C-Dur.
Arien und Chöre aus Händel's Messias.
1849. Mendelssohn, Elias.
1850. Graun, Tod Jesu.
1851. Bach, Matthäus-Passion (Schlußchor).
— Motette: „Ich lasse dich nicht".
Händel, Arie aus dem Messias.
Mozart, Requiem (Recordare, Sanctus, Benedictus).
Händel, Jephta (Schlußchor).
Beethoven, Christus am Oelberg.
1852. Beethoven, Messe C-Dur.
Bach, Matthäus-Passion (Solo und Chor).
Händel, Arie aus dem Messias.
Mozart, Hymne.
1853. Händel, Messias.
1854. Mendelssohn, Paulus.
1855. v. Roda, der Sünder.
1856. Händel, Messias.
1857. Mendelssohn, Paulus.
1858. Mozart, Requiem.
Händel, Messias II. Theil.
1859. Händel, Judas Maccabäus.
1860. Grund, Auferstehung und Himmelfahrt Jesu.
1861. Beethoven, Messe C-Dur.
Mozart, Davidde penitente.
1862. J. S. Bach, Matthäus Passion.
1863. Mendelssohn, Paulus.
1864. Bach, Cantate: „Freue dich, erlös'te Schaar".
Mendelssohn, Motette: „Laudate pueri".
Händel, Arie aus Messias.
Bach, Cantate: „Wachet auf, ruft uns die Stimme".
Mozart, Ave verum.
Durante, Misericordias.
Corst, Adoramus te Christe.
Händel, Krönungshymne.
1865. J. S. Bach, Johannes Passion. (Dirigent Moszkowsky.)
1866. J. S. Bach, Johannes-Passion. (Dirigent C. G. P. Grädener.)
1867. Händel, Israel in Egypten. (Dirigent Stockhausen.)
1868. J. S. Bach, Matthäus-Passion. (Dirigent von hierab J. Bernuth.)
1869. Brahms, Ein deutsches Requiem.
Bach, Cantate: „Bleibe bei uns, denn es will Abend werden".

Nachdem das Brahms'sche Requiem erstmalig kurz vorher zu Bremen aufgeführt worden, war Hamburg eine der ersten Städte, welche diese herrliche Schöpfung zu Gehör brachte. Das Requiem fand eine getheilte Zustimmung. Während der Correspondent in seiner Nummer 72 dasselbe für eine der bedeutendsten Tondichtungen der Gegenwart erklärte, meinte der Referent der Hamburger Nachrichten in Nummer 72, daß, so anziehend auch das Werk sei, er doch keine eigentliche Requiemsstimmung darin zu finden vermöge. „Zu unserem Erstaunen hören wir in der Kirche etwas wie Elfenmusik (sic), wie Melodien von Feenchöre. Aber die Erschütterung des Gemüths fehlt, die Zerknirschung vollends, die den Character eines Requiems in dem Ringen des ohnmächtigen Fleisches mit dem Tode, mit der Hölle und in der Sehnsucht nach seliger Erlösung kennzeichnet." Weiter wird Brahms vorgeworfen, daß er sowohl im Text wie in der Musik die Arbeit sich zu leicht gemacht habe. Anders lautete freilich das Urtheil in demselben Blatt, als das Werk am 7. April 1882 im Stadttheater am Charfreitag unter persönlicher Leitung des Componisten aufgeführt wurde.

1870. Bach, Matthäus Passion.
1871. Bach, Matthäus Passion.
1872. Meinardus, L., Passionslied.
    Bach, J. S., Baß Arie aus der Matthäus Passion.
    Brahms, Requiem.
1873. Bach, Matthäus-Passion.
1874. Händel, Judas Maccabäus.
1875. Bach, Matthäus-Passion.
1876. Meinardus, Luther.
1877. Bach, Matthäus-Passion.
1878. Händel, Messias.
1879. Bach, Matthäus-Passion.
1880. Bach, h-moll Messe.
1881. Händel, Messias.
1882. Bach, Matthäus Passion.
1883. Händel, Judas Maccabäus
1884. Bach, Matthäus Passion.

1885. Haydn, die sieben Worte des Erlösers am Kreuz.
Keiser, Arie für Sopran, „O Golgatha", aus dessen Passions-Oratorium.
Händel, Arie „Blicket auf", aus dem Messias.
Choral: O Haupt voll Blut und Wunden.
Mozart, Requiem.
1886. Bach, Matthäus-Passion.
1887. Händel, Messias.
1888. Bach, Matthäus-Passion.
1889. Bach, h-moll Messe.[1])

II.
Die Philharmonische Gesellschaft.

Am 9. November 1828 traten die Herrn Dr. Busch, Trummer, Kunhardt, Oberst Stockfleth und Wilhelm Grund zusammen, um in Hamburg ein Concert-Institut zu gründen, dessen Hauptaufgabe zunächst in der Pflege der Instrumental-Werke unserer großen Meister bestehen sollte. Es fehlte dem Hamburger Concertleben bis dahin ein musikalischer Mittelpunkt, ein Kunst-Institut, das seinen ausschließlichen Beruf darin erkannte und fand, durch mustergültige Vorführung der Werke unserer Classiker, einen veredelnden und den Kunstgeschmack des Publikums fördernden Einfluß zu gewinnen. Es ist das Verdienst oben genannter Männer, dem Hamburger Musikleben einen solchen künstlerischen Centralpunkt in den philharmonischen Concerten geschaffen zu haben. Die feste Basis derartiger Institute können nur die Schöpfungen unserer Meister bilden, sie dürfen niemals das Experimentirfeld für jede sogenannte Größe des Tages sein. Sie dürfen aber eben so wenig dem wirklich Bedeutenden was die Gegenwart hervorbringt, in einseitigem Purismus die Thüre weisen, noch weniger vergessen, daß auch die Geschichte der Tonkunst das successive Werk Einzelner ist, die ihre Zeit begriffen und den gestaltenden Ausdruck für die Forderungen der letzteren gefunden haben. Derartige Concert-Institute sind wie Alles

---

[1]) Die mit der philharmonischen Gesellschaft gemeinschaftlich aufgeführten weltlichen Chorwerke, finden später ihre Erwähnung.

im menschlichen Leben, dem Wandel der Zeiten und Verhältnisse unterworfen; sie haben ihre Höhepunkte, sie haben ihre Perioden des Niedergangs. Aber im ewigen Wechsel des Werdens und Vergehens bilden sie immerhin, wenn umsichtig und tüchtig geleitet, den festen Crystallisations-Punkt im künstlerischen Leben einer Stadt. Sind die Wurzeln gesund und kräftig, dann vermögen die Stürme von Innen und Außen eine zerstörende Wirkung nicht auszuüben.

Wenn wir nunmehr zur Geschichte der philharmonischen Gesellschaft übergehen, so wollen wir zunächst das erste Protokoll vom 9. November 1828 hier wiedergeben, welches die grundlegenden Principien andeutet.

„Es wird ein Verein zur Aufführung von Winterconcerten beabsichtigt, wofür durch Subscription die Theilnahme eines geschlossenen Cirkels gewonnen werden soll. Der Zweck des Vereins wird auf Aufführungen von Symphonien und den ausgezeichnetsten Ouvertüren durch Musiker gerichtet sein, und zugleich hiesigen und auswärtigen Künstlern Gelegenheit bieten, sich vor einem gebildeten Publikum hören lassen zu können.

Für diesen Winter sollen unter dem Committee der Obengenannten[1]) und Herrn Dr. Kunhardt, der zur Theilnahme eingeladen ist, 4 Concerte eingerichtet werden und zwar:

    Sonnabend, den 13. December 1828
        „   „ 17. Januar 1829
        „   „ 14. Februar „
        „   „ 21. März   „

Grund übernimmt es, mit Petersen (dem damaligen Pächter des Apollosaales) sofort deshalb zu sprechen, auch wegen des musikalischen Theiles das Nöthige zu bedingen.

Die bedeutenden Musiker und Directoren des Theaters werden eingeladen durch Billets.

---

[1]) Es waren dies die Herren Grund, Stockfleth, Dr. Busch und Dr. Crummer.

Ungefährer Kostenanschlag für jedes Concert:

Local	Ct. ß	150
Orchester, bestehend aus 40 Musikern à 7 ß 8 β inclusive Instrumententräger	„	450
Solisten und Sänger	„	450
Direction	„	200
Druckkosten, Copialien, Lohnbedienten, Kutscher, Polizei . . .	„	150
	Ct. ß	1400

Der höchste Betrag für die Ausgaben aller 4 Concerte darf Ct. ß 5200 nicht übersteigen.

Die Aufforderung an das Publicum in den Subscriptionsbögen muß ausdrücklich angeben, daß, nur um das Local nicht zu überfüllen, man bäte sich zu unterschreiben, weil man sich auf eine gewisse Anzahl beschränke, damit es ein Privatconcert ohne Casse am Concertabend sei.

Man wählt den Weg der Circulation eines Subscriptionsbogens, um einen gewählten Cirkel zu erhalten. Eine kurze Erörterung des Bedürfnisses, dem das Concertunternehmen entsprungen und des Planes, nach welchem es eingerichtet werden solle, kommt vor der Circulation der Bögen in die Wöchentlichen Nachrichten.

Dr. Busch übernimmt das Oekonomische.

Dr. Trummer spricht mit Signora Kraus-Wranitzky, um sie für 10 Ld'or. pr. Abend, auf alle 4 Concerte zu engagiren. Die Bögen werden von der Committee unterzeichnet. Grund wird in Altona anfragen, wann Mutzenbecher's Concerte sind, um diese nicht zu stören. Dr. Busch wird die Liste der hiesigen Musikfreunde besorgen, um darnach die Subscribenten zu sammeln.

Grund wird mit sonstigen Solosängern sprechen, um sie für die Sache zu gewinnen."

Die Philharmonische Gesellschaft.

Das erste Concert konnte nicht, wie ursprünglich schon am 13. December 1828, sondern erst am 17. Januar 1829 stattfinden. Wir theilen im folgenden die Programme der 4 ersten Concerte der philharmonischen Gesellschaft mit:

Sonnabend, den 17. Januar 1829.
Erster Theil.
1. Symphonie aus c-moll von L. von Beethoven.
2. Recitativ und Arie von Rossini, vorgetragen von Madame Kraus-Wranitzky.
3. Concertino für die Clarinette von Louis Maurer, vorgetragen von dem Königl. Hannöverschen Cammer-Virtuosen Herrn Seemann.

Zweiter Theil.
1. Ouvertüre von Cherubini.
2. Cavatine von Nicolini, vorgetragen von Demoiselle Constanza Tibaldi.
3. Variationen für die Clarinette von Jwan Müller, vorgetragen von Herrn Seemann.
4. Duett von Rossini, vorgetragen von Madame Kraus-Wranitzky und Demoiselle Constanza Tibaldi.

Sonnabend, den 14. Februar 1829.
Erster Theil.
1. Symphonie aus B-Dur von L. von Beethoven.
2. Arie von Nicolini, mit obligater Flöte, vorgetragen von Demoiselle Constanza Tibaldi.
3. Duett von Spohr, vorgetragen von Madame Kraus-Wranitzky und Herrn Albert.

Zweiter Theil.
1. Ouvertüre von Mehül.
2. Arie von Spohr, mit obligater Clarinette, vorgetragen von Madame Kraus-Wranitzky.
3. Introduction und Variationen, vorgetragen von Herrn Capellmeister Krebs.
4. Terzett von Rossini, vorgetragen von Madame Kraus-Wranitzky, Demoiselle Constanza Tibaldi und Herrn Albert.

Sonnabend, den 21. März 1829.
Erster Theil.
1. Symphonie aus Es-Dur von Mozart.
2. Arie mit obligater Clarinette von Paer, vorgetragen von Madame Kraus-Wranitzky.
3. Concert für die Violine, componirt und vorgetragen von dem Königl. Hannoverschen Concertmeister Herrn Louis Maurer.

Zweiter Theil.
1. Ouvertüre aus c-moll von Wilhelm Grund.
2. Arie von Cimarosa, vorgetragen von Herrn Albert.
3. Variationen für die Violine über ein Thema aus der weißen Frau, componirt und vorgetragen von Herrn Louis Maurer.
4. Duett von Vaccai, vorgetragen von Madame Kraus-Wranitzky und Herrn Albert.

Sonnabend, den 11. April 1829.
Erster Theil.
1. Symphonie aus A-Dur von Beethoven.
2. Recitativ und Arie von Mozart, vorgetragen von Madame Kraus-Wranitzky.
3. Violin-Concert, componirt und gespielt von dem Königl. Hannöverschen Concertmeister Herrn Louis Maurer.

Zweiter Theil.
1. Violoncell-Concert von B. Romberg, gespielt von dem Königl. Hannöverschen Cammermusikus Herrn August Prell.
2. Arie von Wilhelm Grund, vorgetragen von Madame Kraus-Wranitzky.
3. Variationen für die Violine, componirt und gespielt von Herrn Maurer.
4. Ouvertüre zu Egmont von Beethoven.

Wenn wir die Programme der folgenden Jahre durchgehen, so ist die Direction nicht ganz von dem Vorwurf frei zu sprechen, daß sie es sich doch etwas gar zu bequem machte. Es betrifft dies hauptsächlich den symphonischen Theil der Programme.

Durchaus anzuerkennen ist das Bestreben, die Symphonien Beethoven's zu Gehör zu bringen, aber die Direction kam aus dem Cirkel derselben gar nicht mehr heraus; immer und immer wieder finden wir jene in c-moll, B- und F-Dur verzeichnet, auch zuweilen jene in C-, D- und A-Dur. Die Eroica wurde nur vereinzelt gespielt, die Neunte lange Zeit gar nicht. Während Haydn gänzlich ignorirt wurde, begegnen wir Mozart mit seinen Symphonien in D- und Es-Dur und g-moll. Erst am 30. März 1853 nennt uns das Programm ein Instrumental-Werk von Haydn, und zwar die Militär-Symphonie. Am 30. November desselben Jahres wurde erstmalig die große in C von Mozart mit der Schlußfuge aufgeführt. Vom Jahre 1854 an gestalten sich die Programme mannigfaltiger; häufig wurden sogar zwei Symphonien zu Gehör gebracht. So am 8. März 1854 jene in D-Dur von Mozart und in c-moll von Beethoven. Letztere erscheint am häufigsten auf den Programmen. Am 14. März 1855 stand an der Spitze Spohr's „Weihe der Töne", während Beethoven's c-moll Symphonie den Beschluß bildete. Im Jahre 1856 am 13. Februar wurde endlich die Neunte gemacht, und am 11. März 1857 wiederholt. Der Kritiker des „Freischütz" fand in Nr. 9 vom Jahr 1856, daß der Componist im Finale, was die Auffassung der Schiller'schen Ode betreffe, weit hinter dem großen Dichter zurückgeblieben sei. Das Werk zeige „die Spuren eines Geistes, dessen Sonne nicht mehr im Aufsteigen begriffen, sondern durch geistige und körperliche Leiden verdunkelt" sei. Die Musik zu Egmont mit dem verbindenden Text von Mosengeil, treffen wir zum ersten Male auf dem Programm vom 17. Februar 1858.

Um ein Bild von der Entwicklung des Instituts zu geben, werden wir weiter unten die Hauptnummern der Programme aus den Jahren 1829—1867 mittheilen. Zunächst möchten wir noch einiges berühren, was die Geschichte der Gesellschaft betrifft.

Die Concerte fanden bis zum 5. Februar 1859 an einem Sonnabende statt, weil an diesem Tage nur selten Opern aufgeführt wurden, und dadurch die Mitwirkung des Theaterorchesters sowie der solistischen Kräfte der Oper gesichert war. Aber schon im Jahre 1856/57 war ein von dem Stadttheater unabhängiges Orchester gebildet worden, dem nur noch wenige Mitglieder des ersteren mitangehörten; unter diesen befanden sich Bisch, Klietz, Otterer u. s. w.[1]) Diese Schaffung eines selbständigen Orchesters erwies sich um so nothwendiger, als der Wörmer'sche Concertsaal vom 10. November 1855 an — bis dorthin hatten die Aufführungen, mit Ausnahme der Concerte vom 1. Februar, 1. März und 16. April 1845, in der Tonhalle und im Apollo-Saale stattgefunden —, nicht mehr für den Sonnabend vom Besitzer abgegeben werden konnte. Für die Concerte wurde nunmehr der Freitag bestimmt. Somit konnte auf die fernere Mitwirkung des Stadttheater-Orchesters nicht mehr gerechnet werden; nur die Direction der Thalia-Bühne gestattete einigen tüchtigen Musikern ihres Orchesters, sich an den Aufführungen der Philharmonischen Gesellschaft zu betheiligen. Die Uebersiedelung in den neuerbauten großen Wörmer'schen Saal hatte sich als durchaus nothwendig erwiesen, da der Zudrang zu den Concerten ein solcher war, daß Viele nicht berücksichtigt werden konnten.

Schon in diesem kurzen Zeitraume können wir jene Schwankungen deutlich beobachten, denen ein solches Institut ausgesetzt ist. Eine ernste Krisis hatte dasselbe in den vierziger Jahren zu bestehen. Der Hamburger Referent in der Leipziger Allg. Musikalischen Ztg.[2]) sucht die tieferen Gründe des drohenden Verfalls in wenig objectiver Weise zu erklären. Er bemerkt im Eingang seines Referats, daß die philharmonischen Concerte früher im Allgemeinen die vorzüglichsten und auf dem Gebiet der Orchestermusik fast die einzigen der Beachtung werthen gewesen wären. „Fast kein Virtuose der Hamburg besuchte, durfte es verabsäumen, vor Veranstaltung eines eigenen Concertes sich hier erst gewissermaßen beim Publicum introduciren zu lassen, und größere Orchestersachen wie z. B. die Beethoven'schen Sym-

---

[1]) So schätzenswerth manche Mittheilungen Avé Lallemants in seiner Monographie über die philharmonischen Concerte sind, so leiden sie doch an so vielen Unrichtigkeiten und Ungenauigkeiten, daß sie nur mit größter Vorsicht benutzt werden können.

[2]) Jahrgang 1848. S. 70 ff.

phonien, kommen fast ausschließlich nur hier zu Gehör. Wie aber überhaupt, so hat sich auch in Betreff dieser Concerte im Laufe der Zeit manches anders gestaltet." Man besitze, was früher nicht der Fall, eine Anzahl Orchester, die aus wackern Ripienisten vom Fach beständen, und tüchtige Dirigenten, die Vorzügliches leisteten. Die philharmonische Gesellschaft habe aufgehört an der Spitze zu stehen. Weiter wird geklagt, daß anerkannte Künstler mittelmäßigen Talenten und Dilettanten weichen mußten und dem Geist der Neuzeit durchaus keine Rechnung getragen würde. So hätten alle Factoren dazu beigetragen, das Ansehen der Gesellschaft zu schwächen. Ja vor wenigen Jahren hätte die Gefahr gedroht, daß das Institut eingegangen wäre.

Abgesehen davon, daß der Referent die damaligen örtlichen und die allgemeinen politischen Zustände der vierziger Jahre vollständig übersieht, lassen auch seine übrigen Angaben eine gewisse tendenziöse Absicht nicht verkennen. Das schwere Unglücksjahr 1842 mußte ein Kunstinstitut wie jenes der Philharmonie empfindlich schädigen. So konnten 1843/44 nur zwei, 1845 drei, 1847 und 1849 wieder nur zwei Aufführungen stattfinden. Auf Seite 344 muß der betreffende Referent übrigens selbst zugestehen, daß die politischen Ereignisse des Jahres 1848 auf das Concert- und Theaterleben lähmend eingewirkt, ja die Existenz des Stadttheaters einen Augenblick in Frage gestellt habe. Ja er geht noch weiter; er macht speciell das Hamburger Publicum dafür verantwortlich, daß das musikalische Leben der Stadt einer bedauerlichen Stagnation verfallen sei. „So viel Musik an hiesigem Platze auch gemacht, gehört und besprochen wird — mehr wohl, als irgendwo in der ganzen Welt —, des eigentlich tieferen Sinnes für die edle Kunst, der höheren Empfänglichkeit für dieselben, des reineren Kunstgeschmackes und einiges nur einigermaßen stichhaltigen Urtheils darüber entbehrt der Hamburger im Allgemeinen fast gänzlich." Hiermit wollen seine Vorwürfe gegen die philharmonische Gesellschaft durchaus nicht stimmen. Wir werden nunmehr aber mit Zahlen nachweisen, daß sie durchaus unbegründet waren.

Die jährlichen Einnahmen beliefen sich in den Jahren 1829 bis 1842 durchschnittlich auf 5000 ℳ in runder Summe.

In den ersten Jahren ihres Bestehens fanden die Concerte überhaupt eine so rege Theilnahme, daß am 30. März 1833 aus den Ueberschüssen ein Extra-Concert den Abonnenten gratis gegeben werden konnte. Dagegen brachten die Jahre 1843/44 nur 2526 ℳ ein, das heißt die beiden Concerte im Jahre 1844, denn 1843 fand kein Concert statt. Die drei Concerte von 1845 weisen die Einnahme-Summe von 4347 ℳ, ja das verpönte Jahr 1848 sogar von 5011 ℳ auf.[1]) Die Jahre 1847 und 1849 ermöglichten nur zwei Aufführungen, dann aber steigt der Besuch immer mehr, bis die Handels-Krisis in den fünfziger Jahren das Weiterbestehen der Gesellschaft ernstlich in Frage stellte. Schon vom Jahre 1855 an erweisen sich die Ausgaben höher denn die Einnahmen.

	Einnahmen	Ausgaben
1855	8364 ℳ	9724 ℳ
1856	7975 „	8842 „
1857	6824 „	6072 „
1858	6288 „	6326 „
1859	6750 „	6828 „

Wenn aber weiter der Gesellschaft vorgeworfen wurde, daß in den vierziger Jahren tüchtige Künstler mittelmäßigen Talenten, ja Dilettanten hätten weichen müssen, so weisen die Programme gerade das Gegenteil aus. Männer wie Concertmeister Müller aus Braunschweig, Mortier de Fontaine aus Paris, Camillo Sivori, Otto Goldschmidt, Carl Schubert, Leonard und Joachim wird man doch nicht zu untergeordneten Talenten stempeln, eine Clara Schumann oder Michalesi u. s. w. nicht Dilettantinnen nennen wollen. Die Programme aus diesen Jahren weisen ferner das Bestreben auf, das Gediegenste aus der zeitgenössischen Literatur zur Aufführung zu bringen, man müßte ihnen dann zum Vorwurf machen, daß Berlioz und Liszt ausgeschlossen waren. Von Ersterem wurde übrigens die Ouvertüre zu den Vehmrichtern wiederholt aufgeführt.

---

[1]) Avé Lallemant führt aus dem Jahre 1846 vier Concerte auf, es fanden aber nur drei statt, im Jahre 1847 drei und nicht zwei, 1848 drei und nicht vier, 1849 drei und nicht zwei.

Was nun die Vereine betrifft, welche zur Schwächung der Philharmonie beigetragen haben sollen, so kann es sich nur um zwei handeln, um den Caecilien-Verein und um jenen, der unter Leitung Otten's stand. Ersterer verfolgt aber durchaus andere Ziele, während freilich letzterer, wie wir gesehen haben, mit den Tendenzen der Philharmonie sich in gewisser Beziehung berührte, und in mancher Hinsicht, besonders durch die Vorführung neuerer und neuester bedeutender Vokalwerke, sich an die Spitze des musikalischen Lebens in Hamburg stellte.

In den sechziger Jahren steigt der Besuch der philharmonischen Concerte rapid; während 1860 die Einnahmen 7489 ℳ betrugen, finden wir sieben Jahre später 16.513 ℳ gebucht.

Einen bedeutenden Aufschwung nahm die Gesellschaft unter Stockhausen's Leitung. Im Jahre 1863 legte Wilhelm Grund wegen hohen Alters die Direction nieder, und an seine Stelle trat der berühmte Gesangsmeister, dessen Hauptkraft übrigens niemals in seiner Dirigenten-Thätigkeit lag; als Orchesterleiter ließ er sich ja auch in Hamburg oft vertreten. Aber auf das ganze musikalische Leben Hamburg's wirkte Stockhausen anregend, anfeuernd, begeisternd. Die Aufführungen der Sing-Akademie in Verbindung mit dem philharmonischen Orchester, dürften wohl zu den größten künstlerischen Glanzpunkten gehören, die Hamburg je erlebt hat. Aber auf die Dauer war er doch nicht der Mann dazu, um seine volle Kraft zweien solchen Instituten vollständig zu widmen; hieran hinderte ihn schon sein Beruf als hochgeschätzter und vielumworbener Lehrer, und noch mehr seine alljährlichen großen Concert-Tournéen. Diese Beweggründe mögen ihn wohl hauptsächlich bestimmt haben, im Mai 1867 seine Stellung als Director der philharmonischen Concerte niederzulegen. Mit Stockhausen's Eintritt war die Zahl der Concerte auf 6 erhöht worden. Nach seinem Rücktritt wurde Julius von Bernuth[1]) erwählt. Ehe

---

[1]) Bernuth, Julius von, ist am 8. August 1830 zu Rees in der Rheinprovinz geboren. Er studierte ursprünglich die Rechte, ging aber 1854 zur Musik über, nachdem er bereits zwei Jahre Referendar in Wesel gewesen. Er besuchte das Leipziger Conservatorium, und leitete später die Euterpe-Concerte bis zu seiner im Jahre 1867 erfolgten Berufung nach Hamburg.

wir auf dessen Thätigkeit als Leiter der Philharmonie eingehen, wollen wir zunächst eine Uebersicht über die in den Concerten von 1829 bis 1867 aufgeführten Haupt-Instrumentalwerke und aufgetretenen hervorragendsten Solisten geben.

1829. Die Symphonien c-moll, B-Dur, A-Dur, F-Dur von Beethoven, Es-Dur von Mozart.
Ouvertüren von Cherubini, Mehül und Hummel, zu Egmont von Beethoven.

1830. Die Symphonien D-Dur, Es-Dur, c-moll, A-Dur von Beethoven.
Ouvertüren von Beethoven (Leonore), Spohr, Rossini (Tell), Jubel-Ouvertüre von Weber und zu Shakespeare's Sommernachtstraum von Mendelssohn.

1831. Die Symphonien C-Dur, c-moll, B-Dur von Beethoven, D-Dur von Mozart.
Die Ouvertüren zu Medea von Cherubini und zu Egmont von Beethoven, sowie eine nicht näher bezeichnete von Gluck.

1832. Die Symphonien B-Dur, F-Dur, D-Dur, c-moll von Beethoven, g-moll von Mozart.
Ouvertüren von Romberg, Weber (Oberon), Cherubini (Faniska), Spontini und Beethoven (Egmont).

1833. Die Symphonien A-Dur, Es-Dur, c-moll von Beethoven, d-moll von Kalliwoda, C-Dur von Mozart und Militär-Symphonie von Haydn.
Die Ouvertüren zu Don Mendoze von A. Romberg, zu Tell von Rossini, zu Leonore und Coriolan von Beethoven.

1834. Die Symphonien D-Dur, B-Dur, c-moll, C-Dur von Beethoven, G-Dur von Haydn, D-Dur von Mozart.
Die Ouvertüren zu Joseph von Mehül, zu Medea von Cherubini, zu Egmont von Beethoven.

1835. Die Symphonien Es-Dur, F-Dur, c-moll, A-Dur von Beethoven, „Die Weihe der Töne" von Spohr.
Die Ouvertüren zu „Omar und Leila" von Festa, zu Oberon von Weber, Concert-Ouvertüre von F. W. Grund.

1836. Die Symphonien F-Dur (achte), d-moll, c-moll von Beethoven, c-moll von Lachner.
Die Ouvertüren zur Fingals Höhle von Mendelssohn, Fest-Ouvertüre von Ferdinand Ries, zur Zauberflöte von Mozart, Meeresstille und glückliche Fahrt von Mendelssohn, zu Fidelio von Beethoven, eine nicht näher bezeichnete von Hummel.

1857. Die Symphonien B-Dur, d-moll, D-Dur, c-moll von Beethoven, Es-Dur von Mozart, Die Weihe der Töne von Spohr.
Die Ouvertüre zur schönen Melusine von Mendelssohn und eine „neue Ouvertüre" von F. W. Grund.
Das Chorwerk: Meeresstille und glückliche Fahrt von Beethoven.

1858. Die Symphonien Es-Dur und A-Dur von Beethoven, g-moll von Mozart.
Sonstige Orchesterwerke: Beethoven's Musik zu Egmont, Beethoven's Sonate op. 47 für Orchester bearbeitet von Eduard Marxsen, Beethoven's Schlacht bei Vittoria.
Die Ouvertüren C-Dur von Beethoven, zum Sommernachtstraum von Mendelssohn.

1859. Die Symphonien F-Dur, c-moll, F-Dur (Pastoral) von Beethoven, C-Dur von Mozart.
Sonstige Orchesterwerke: Musik zu Egmont von Beethoven.
Die Ouvertüren zu Lodoiska und zum Wasserträger von Cherubini.

1840. Die Symphonien Es-Dur, F-Dur (achte), B-Dur von Beethoven, c-moll von Spohr.
Die Ouvertüren zur Lodoiska von Cherubini, zur Leonore und zu Fidelio von Beethoven, die Jagd-Ouvertüre von Mehül.
Chorwerke: Mehrere Scenen aus Lodoiska von Cherubini.

1841. Die Symphonien A-Dur, D-Dur, c-moll von Beethoven, Es-Dur von Haydn, C-Dur von Schubert.
Die Ouvertüren zum Vehmgericht von Berlioz, zu Egmont von Beethoven, zur Fingals Höhle von Mendelssohn.

1842. Die Symphonien F-Dur (achte), c-moll von Beethoven, g-moll und C-Dur von Mozart, B-Dur von Schumann.[1])
Die Ouvertüren C-Dur (op. 115) und zu Leonore von Beethoven, zum Wasserträger von Cherubini, zur Zauberflöte von Mozart.
Sonstige Werke: Die Symphonie-Cantate von Mendelssohn.

1844. Die Symphonien F-Dur (achte), B-Dur von Beethoven.
Die Ouvertüren zu Cherubini's Wasserträger und zu Faust von Spohr.
Sonstige Orchesterwerke: Scherzo und Trio aus einer Symphonie von Ferdinand von Roda.

---

[1]) Von hier an sind die Novitäten durch gesperrte Schrift hervorgehoben.

1845. Die Symphonien A-Dur, D-Dur und F-Dur (Pastoral) von Beethoven, D-Dur von Carl Schwencke, c-moll von Gade.
Die Ouvertüren zu Egmont und Leonore von Beethoven, zu Iphigenia von Gluck.
Sonstige Werke: Symphonie-Cantate von Mendelssohn.

1846. Die Symphonien Es-Dur, F-Dur (achte), c-moll von Beethoven.
Die Ouvertüren zur Zauberflöte und zu Figaro von Mozart, zu Oberon von Weber, eine nicht näher bezeichnete von Sterndale Bennett.

1847. Die Symphonien B-Dur, A-Dur von Beethoven, C-Dur von Mozart.
Die Ouvertüren zur Melusine von Mendelssohn, eine neue Concert-Ouvertüre von Spohr.
Chorwerke: Comala von Gade.

1848. Die Symphonien Es-Dur von Beethoven, „Irdisches und Göttliches" für Doppelorchester von Spohr, C-Dur von Schubert.
Die Ouvertüren Im Hochlande von Gade, zu Fidelio von Beethoven.
Sonstige Orchesterwerke: Musik zu Egmont von Beethoven.

1849. Die Symphonien B-Dur, F-Dur (achte), D-Dur von Beethoven, Militär Symphonie von Haydn.
Die Ouvertüren zu den Najaden von Bennett, zur Vestalin von Spohr.

1850. Die Symphonien C-Dur, A-Dur, c-moll und F-Dur (achte) von Beethoven, Historische Symphonie von Spohr, Frühlings-Symphonie von Ferdinand Hiller und jene in h-moll von W. Taubert.
Die Ouvertüre zur Genoveva von Schumann.

1851. Die Symphonien Es-Dur, B-Dur von Beethoven, D-Dur von Mozart, A-Dur von Mendelssohn.
Die Ouvertüren aus „Die Belagerung von Corinth" von Rossini, zu König Harald von C. Grädener, zu Egmont von Beethoven, zu Belmonte und Constanze von Mozart, zum Sommernachtstraum von Mendelssohn, zu Joseph von Mehül, zu Euryanthe von Weber.

1852. Die Symphonien A-Dur, c-moll, D-Dur von Beethoven, C-Dur von Mozart, B-Dur von Haydn.

Die Ouvertüren zu den lustigen Weibern von Nicolai, zu Jessonda von Spohr, zur Iphigenia von Gluck, zu Lodoiska von Cherubini, zur Fingals Höhle von Mendelssohn, zu Coriolan von Beethoven, zu Tannhäuser von Wagner.

1853. Die Symphonien F-Dur (achte), Es-Dur, c-moll von Beethoven, g-moll von Ritter, Es-Dur von Haydn, Es-Dur von Schumann.

Die Ouvertüren zur Leonore, zur Belagerung von Corinth von Rossini, zu Manfred von Schumann, zu Oberon von Weber, zu Tannhäuser von Wagner, zur Zauberflöte von Mozart, zu König Stephan von Beethoven, zur Fingalshöhle von Mendelssohn.

1854. Die Symphonien A-Dur, F-Dur, d-moll von Beethoven, Es-Dur und D-Dur von Mozart, c-moll von Grädener.

Die Ouvertüren Meeresstille und glückliche Fahrt von Mendelssohn, Faniska von Cherubini, Leonore und Fest-Ouvertüre op. 124 von Beethoven, Manfred von Schumann, Freischütz von Weber, Tell von Rossini, Zauberflöte von Mozart.

Sonstige Orchesterwerke: Egmont von Beethoven.

1855. Die Symphonien c-moll, C-Dur, D-Dur von Beethoven, Es-Dur von Louis Lee, C-Dur von Schubert, g-moll von Mozart.

Die Ouvertüren zu Preciosa von Weber, zu Ruy Blas von Mendelssohn, zu Coriolan von Beethoven.

Sonstige Werke: Symphonie-Cantate von Mendelssohn, Fantasie für Piano, Chor und Orchester von Beethoven.

1856. Die Symphonien Es-Dur, B-Dur, c-moll von Beethoven, d-moll von Schumann, G-Dur von Haydn.

Die Ouvertüren zu Faust von Spohr, zu Julius Cäsar und Manfred von Schumann, zu Egmont von Beethoven, eine Faust-Ouvertüre von Wagner.

Sonstige Werke: Requiem für Mignon von Schumann.

1857. Die Symphonien F-Dur (Pastoral), A-Dur, B-Dur von Beethoven, Militär-Symphonie von Haydn, D-Dur von Mozart.

Die Ouvertüren zum Vehmgericht von Berlioz, zu König Stephan von Beethoven.

Sonstige Werke: Mendelssohn's Musik zum Sommernachtstraum.

1858. Die Symphonien D-Dur, Es-Dur, A-Dur von Beethoven, B-Dur von Schumann, c-moll von Haydn.

Die Ouvertüren zu Coriolan von Beethoven, zu Calderons „Dame Kobold" von Reinecke, zur Hochzeit des Camacho von Mendelssohn, zu Oberon von Weber, zu Anacreon von Cherubini, eine nicht näher bezeichnete Ouvertüre von G. Alois Schmitt.

1859. Die Symphonien A-Dur, F-Dur (achte), c-moll von Beethoven, g-moll von Mozart.

Die Ouvertüren zu Don Carlos von Deppe, zum Wasserträger von Cherubini, Meeresstille und glückliche Fahrt von Mendelssohn.

Sonstige Werke: Beethoven's Musik zu den Ruinen von Athen, sowie dessen Chorwerk „Meeresstille und glückliche Fahrt.

1860. Die Symphonien B-Dur von Beethoven, G-Dur von Haydn.

Die Ouvertüren zur Iphigenia von Gluck, zur Leonore von Beethoven, zur Medea von Cherubini.

Sonstige Werke: Beethoven's Musik zu Egmont, die zweite Serenade für Blas-Instrumente, Bratschen, Celli und Bässe von Brahms.

1861. Die Symphonien Es-Dur, C-Dur von Beethoven, B-Dur von Schumann, C-Dur von Mozart, D-Dur von Haydn.

Die Ouvertüren zu Fidelio und Coriolan von Beethoven, c-moll von F. W. Grund, zu Euryanthe von Weber.

1862. Die Symphonien D-Dur, A-Dur von Beethoven, C-Dur von Haydn, C-Dur von Mozart, c-moll von Taubert.

Die Ouvertüren zum Malekadhel von Grund, zu Lodoiska von Cherubini, zur Vestalin von Spontini, zu Egmont und Leonore von Beethoven, zur Melusine von Mendelssohn.

Sonstige Werke: Orchester-Suite von Franz Lachner (mit den Variationen).

1863. Die Symphonien B-Dur, c-moll, Es-Dur von Beethoven, D-Dur von Mozart, G-Dur von Haydn, C-Dur von Schubert, C-Dur von Schumann.

Die Ouvertüren zum Wasserträger von Cherubini, zu Jessonda von Spohr, Preciosa von Weber, Leonore Nr. 1 von Beethoven, zu den Hebriden von Mendelssohn.

1864. Die Symphonien F-Dur (achte), A-Dur von Beethoven, A-Dur von Mendelssohn, C-Dur von Schubert, g-moll von Mozart.

Die Ouvertüren zu Don Carlos von Ludwig Deppe, zu Euryanthe von Weber, zu Leonore (Nr. 3) von Beethoven, zu Anakreon und Ali Baba von Cherubini.

Sonstige Orchesterwerke: Suite in D-Dur von
J. S. Bach, Serenade op. 16 von Brahms, Fragment
aus Prometheus von Beethoven.

Chorwerke: Einleitung zum zweiten Acte von Spohr's
Jessonda, Finale des ersten Actes aus Fidelio, Finale aus
der unvollendeten Oper Loreley von Mendelssohn.

1865. Die Symphonien B-Dur, F-Dur (Pastoral), D-Dur von
Beethoven, d-moll von Schumann, Es-Dur von Haydn,
B-Dur von Gade.

Die Ouvertüren C-Dur (op. 124), zu Egmont von Beethoven, „Nachklänge von Ossian" von Gade, zur
Iphigenia in Aulis von Gluck, zum Freischütz von Weber,
zu Ruy Blas von Mendelssohn.

Sonstige Orchesterwerke: Ouvertüre, Scherzo und
Finale von Schumann.

1866. Die Symphonien c-moll von Beethoven, C-Dur von Mozart,
a-moll von Mendelssohn, D-Dur von Haydn, B-Dur von
Schumann.

Die Ouvertüren zu Coriolan und Leonore (Nr. 3) von
Beethoven, zur Oper Genovera von Schumann, zur Oper
„die Belagerung von Corinth" von Rossini, Meeresstille
und glückliche Fahrt von Mendelssohn, zu den Abenceragen
von Cherubini.

Sonstige Orchesterwerke: Suite in Canonform für
Streich-Instrumente op. 10 von Otto Grimm.

1867. Die Symphonien Es-Dur, F-Dur (achte) und A-Dur von
Beethoven, C-Dur von Schubert.

Die Ouvertüren zu Oberon von Weber, zur Iphigenia in
Aulis von Gluck, zu Manfred von Schumann, zu Figaro
von Mozart, zu Tieck's Märchen vom blonden
Eckberth von Rudorff.

Sonstige Orchesterwerke: Suite für Flöte und Orchester
von J. S. Bach, Suite in c-moll von F. Lachner.[1]

Man kann hieraus schon entnehmen, was die philharmonische
Gesellschaft in den ersten 58 Jahren ihres Bestehens in musikalischer
Beziehung geboten hatte. Man kann sie wahrlich nicht der Einseitigkeit, noch weniger eines allem Neueren abholden Purismus
zeihen. Den einzigen Vorwurf könnte man ihr, wie bereits gesagt,

---

[1] Das Concert vom 15. März 1867 dirigirte J. v. Bernuth probeweise,
vom 11. October ab leitete er definitiv die Aufführungen.

machen, daß sie die großen Instrumental-Werke von Berlioz und Liszt von den Programmen ausgeschlossen hat. Nun, unter v. Bernuth wurden mehrere derselben aufgeführt, vom Publikum und der Kritik aber abgelehnt. Auch in künstlerischer Beziehung, d. h. was die Ausführung der größeren Orchesterwerke selbst betrifft, war die Direction stets darauf bedacht, mit gewissenhafter Sorgfalt diese einzustudieren, und ihrerseits nichts zu versäumen, was zur Hebung des Instituts und zur Befriedigung einer kunstgebildeten Hörerschaft dienen konnte. Von der Presse wurde dies auch anerkannt. So lesen wir in einem Rückblick auf die ersten 52 Jahre des Bestehens der philharmonischen Gesellschaft,[1]) daß ungeachtet der nicht geringen Zahl mitlerweile entstandener ähnlicher Musik-Vereine, welche mit der Philharmonie an geistiger Tiefe und Gediegenheit zu wetteifern gesucht, letztere auch nicht den geringsten Niedergang erleiden mußte, sondern im Ansehen immer stieg. „Während dieses langen Zeitraums hat sie mit beharrlicher Verfolgung ihres auf die möglichst vollendete Aufführung größerer Instrumental-Werke gerichteten Hauptzweckes, unter der ebenso eifrigen als sachkundigen Leitung des Herrn W. Grund, nach und nach Alles zu Gehör gelangen lassen, was von Beethoven, Mozart, Haydn, Spohr, Mendelssohn, Schumann u. A. in dieser Gattung Schönes und Treffliches hervorgebracht worden ist." Seine Anziehungskraft übte der Ruf der philharmonischen Gesellschaft nicht weniger auf bedeutende auswärtige Künstler, und es gibt fast keinen berühmten Namen, den wir in dieser Zeitperiode nicht auf den Programmen vertreten sehen.

Wir nennen u. A. unter den Sängerinnen eine Fischer-Achten, Otto-Alvsleben, Desirée Artôt, Amalie Joachim, Therese Malten, Jenny Meyer, Michalesi, Marianne Sessi, Constanze Tibaldi, eine Tietjens; unter den Sängern einen Gunz, Carl Hill, Marchese Salvatore, Scaria, Stockhausen. Von den Pianistinnen führen wir Frau von Bronsart, Arabella Goddard, Louise Japha, Erica Lie, Clara Wieck an. Letztere war ein Liebling der Hamburger; vom Jahre 1855 bis 1881 ist sie allein in den philharmonischen

---

[1]) Hamburgischer Correspondent von 1859 Nr. 281.

Concerten nicht weniger als 19 Mal aufgetreten. Von berühmten Pianisten nennen wir Brahms, Brassin, Bülow, Dreyschock, Mortier de Fontaine, Otto Goldschmidt, Ferdinand Hiller, Alfred Jaell, Theodor Kirchner, Louis Lacombe, Henry Litolff, Charles Mayer, Carl Reinecke, Anton Rubinstein, Aloys Schmitt, Carl Tausig, Joseph Wieniawsky.

Auch eine stattliche Schaar von berühmten Violinisten weisen die Programme aus der Periode 1829/67 auf. So einen Alard, Auer, Jean Bott, Damrosch, David, Carl Hafner, Lafont, Laub, Lauterbach, Carl Müller, Sivori, Singer, Wieniawsky, Wilhelmy. Der hervorragendste unter ihnen und derjenige, welcher bis heute noch die größte Popularität in Hamburg genießt und stets ein hochwillkommener Gast in seinen Mauern war, ist Joseph Joachim, der am 11. März 1848 erstmalig in der Philharmonie auftrat.

Von bedeutenden Cello-Spielern sind anzuführen: Bernhard Coßmann, Davidoff, Julius Goltermann, Grützmacher, Emil Hegar, Sebastian und Louis Lee, August Lindner, Louis Lübeck, Menter, de Munck, August Prell, Carl Schuberth, Klengel u. s. w.

Auch die berühmten Contrabassisten Giovanni Bottesini und August Müller sind hier zu nennen; von Bläsern u. A. die Clarinettisten Seemann und Bährmann, der Flötist Heinemeyer und Fagottist Preumayer, die Hornisten Morald und Fuchs, Posaunist Queisser u. s. w.

Wenn es uns auch zu weit führen würde, wollten wir die Geschmacks-Strömung in der damaligen Periode näher verfolgen, so wollen wir doch mit einigen wenigen Strichen anzudeuten versuchen, wie das Barometer musikalischer Einsicht gelegentlich fiel und stieg.

Wir greifen aus der Fülle des Stoffes auf das Geradewohl einige Beispiele heraus. So urtheilt der Berichterstatter des Correspondenten[1]) über die am 8. Februar 1840 vorgeführte große Leonoren-Ouvertüre, daß jene zu Fidelio als abgeschlossenes Kunstwerk entschieden höher stände. Ganz sonderbar machten sich „die kleinen Soli der Flöte und des Fagotts in der Mitte, die

---

[1]) Hamburgischer Correspondent No. 35.

für den Moment der Leidenschaftlichkeit **fast etwas Kleinliches haben.**" Seltsam wird Manchem die Thatsache erscheinen, daß vor Gründung der philharmonischen Gesellschaft eigentlich nur die ersten Symphonien Beethoven's bekannt waren, und daß auch diese selbst nur bruchstückweise zur Aufführung kamen, d. h. die einzelnen Sätze waren gleichsam über das Programm verstreut, so daß die Zuhörer nie einen Gesammteindruck erhielten. Merkwürdig, ja geradezu unbegreiflich ist es, daß eines der populärsten Werke Beethoven's, die achte Symphonie, bei der erstmaligen Aufführung am 28. November 1829 geradezu mißfiel, so daß die Direction sie erst 11 Jahre später wieder auf das Programm zu setzen wagte, während die Neunte am 15. Februar 1856 eine so beifällige Aufnahme fand, daß sie schon im folgenden Jahre wiederholt werden mußte. Eine Lieblings-Symphonie war jene in c-moll, die bei ihrer ersten Aufführung am 14. Februar 1829 einen solchen Beifall fand, daß sie jährlich gespielt werden mußte. Das größte Befremden erregten die Schumann'schen Symphonien. Geradezu schroff klingt der Bericht in den Hamburger Nachrichten[1]) über die am 5. März 1842 zum ersten Male vorgetragene B-Dur Symphonie von Schumann. Von keinem Standpunkt der Partei aus betrachtet, gehöre sie zwar zu den besseren Erzeugnissen der instrumentalen Kunst; sie beweise aber auch, daß die neuromantische Schule, die von Schumann besonders geliebt und gepflegt werde, nicht die wahre Kunst habe und fördere, denn das Lobenswerthe der Symphonie bestehe gerade darin, was dieser Richtung entgegenstehe. Jede Originalität der Erfindung fehle dem Werke. Zwar könne man die Verarbeitung und Durchführung der Motive geistreich nennen, auch die Instrumentation sei im Ganzen trotz ihrer Eigenthümlichkeit zu loben, aber das Haschen nach neuen Combinationen, "die selten naturgemäß durch die musikalischen Gedanken entstehen, sondern mehr um der Neuheit willen und ohne eben **schön** zu sein, gesetzt sind", trete allzu sehr hervor. Dagegen urtheilen die Nachrichten vom Jahre 1866 [2])

---

[1]) Hamburger Nachrichten Nr. 58.
[2]) Hamburger Nachrichten Nr. 275.

über die B-Dur Symphonie, daß sie der prosaische Protest des Lessing'schen Dramas gegen den metrischen Zopf des Alexandriners in der Tragödie sei. Eine neue Zeit und ihr künstlerisches Bewußtsein hämmere darin gegen die Starrheit der überlieferten Form. Aber schon früher, gelegentlich der Aufführung des Schumann'schen Requiems für Mignon am 22. November 1856, hatte die Stimmung umgeschlagen. Der Referent der Hamburger Nachrichten[1]) ist entzückt über das Werk, das eine der köstlichsten Leistungen des Meisters sei; es trage den Character einer lieblichen Erhabenheit. „Sanfte Trauer und erquickende Tröstung, wehmüthige Abschiedsfeier und jubelndes Siegesbewußtsein vereinigen sich in dem Requiem zu einer Art naturreligiösen Dienstes;" für die Hoheit seiner Gedanken habe Schumann den deutlichsten und gewinnendsten Ausdruck gefunden. Dagegen erblickt derselbe Kritiker in dem a-moll Concert ein Labyrinth, Schumann habe hier die Auffassungskraft des Hörers überschätzt. Auch mit der Musik zu Faust, aus welcher unter Stockhausen's Leitung am 17. April 1863 einige Bruchstücke aufgeführt wurden, urtheilte die Kritik, daß der Text seinem beschaulichen Inhalt nach gegen die musikalische Interpretirung sich sträube, und aus dem Zusammenhang gerissen, habe auch diese selbst keine rechte Gestalt.[2])

Auf Liszt und Wagner, überhaupt auf die Richtung der neuromantischen Schule, war man damals in Hamburg gar nicht gut zu sprechen. Die Faust-Ouvertüre von Wagner, die am 12. Januar 1856 in der Philharmonie gespielt wurde, nennt der Correspondent[3]) „ein seltsam complicirtes massenhaftes Musikwerk, das in seiner alles melodischen Reizes entbehrenden chaotischen Tonverwirrung einen so unbefriedigenden Eindruck mache, daß keine Hand sich regte." Am 24. März 1863 spielte Hans von Bülow im philharmonischen Concert die Liszt'sche Fantasie für Orchester und Clavier über „Dies irae" aus dem 13. Jahrhundert. Die Nachrichten[4]) nennen das Werk mit seinem Höllenspectakel

---

[1]) Hamburger Nachrichten Nr. 281.
[2]) Hamburger Nachrichten. 1863. Nr. 95.
[3]) Hamburgischer Correspondent Nr. 13.
[4]) Hamburger Nachrichten Nr. 75.

zu niedrig für ein Publikum, das Musik von Getöse wohl zu unterscheiden wisse. Die Phantasie schicke alle gangbaren Instrumente bis auf Triangel und Becken zu dem alleinigen Zweck ins Handgemenge, „um dem Zuschauer ein so erschreckendes Bild des jüngsten Tages zu entwerfen, daß Jedermann, wenn auch nicht dem jüngsten Tage, so doch gewiß der Wiederholung des Liszt'schen Bildes davon zu entgehen suchen wird."

Am 22. November 1856 trat B r a h m s zum ersten Male in der Philharmonie auf; er spielte das a-moll Concert von Schumann, zu dessen Gedächtniß die musikalische Feier stattfand. Die Nachrichten,[1]) die das Werk selbst ein Labyrinth nennen, rühmen Brahms' Spiel „fehlerlose Ausdauer" nach. „Ob es nicht schwelgender, mit mehr Abwechselung des Ausdrucks wiederzugeben wäre, darüber wagen wir nicht zu entscheiden. Die glücklich entschlossene Weise, womit der junge Musiker die großen Schwierigkeiten des Concertes überwältigte, gereicht seinen Fähigkeiten als Pianist gewiß zur lebhaften Empfehlung." Nach seinem Mißerfolg im Leipziger Gewandhaus, spielte Brahms sein d-moll Concert im philharmonischen Concert vom 24. März 1859. Die Nachrichten[2]) constatiren einen Eindruck und Beifall, der weit über das hinausgegangen sei, was man Achtungserfolg nenne. Der Referent rühmt namentlich den Ideenreichthum des Werkes. Der Kritiker des Correspondenten[3]) vermißt dagegen die Selbständigkeit des Pianoparts; im übrigen schließe sich die Individualität Brahms' dem tiefen und ernsten Genre an, er baue auf Schumann weiter. „Ob aber dieses Werk, wie alle bis jetzt bekannten Compositionen des Herrn Brahms, sich je eine Geltung verschaffen werden, annähernd derjenigen unserer Meister, ob der angestrebte Sieg der Harmonie über die Melodie jemals zur Wahrheit werde, ob man das, was der Musiker heut zu Tage nicht für Musik erklärt, für das Wahre der Kunst erkennen wird, ist eine Frage, deren Entscheidung wir der Zukunft überlassen müssen." Nun, die Zukunft hat für Brahms entschieden.

---

[1]) Hamburger Nachrichten Nr. 281.
[2]) Hamburger Nachrichten Nr. 73.
[3]) Hamburgischer Correspondent Nr. 74.

Während eine Schumann, ein Joachim, Bülow, und wie die vornehmsten ausübenden Künstler unserer Zeit alle heißen mögen, für ihre künstlerischen Darbietungen von ihrem ersten Auftreten an die lebhafteste Anerkennung fanden, konnte Tausig sich weniger über den ihm wenigstens durch die Kritik bereiteten Empfang freuen. Am 8. Januar 1859 spielte er in der Philharmonie. Die Nachrichten[1]) schreiben hierüber, daß ein ungetheiltes Lob dem Flügel des Herrn Bechstein aus Berlin gebühre, der sich gegen seinen heftigen Feind, Herrn Tausig, „auf's tapferste" gewehrt und bewährt habe. „Herr Tausig befindet sich mit seinem Clavierspiel auf Irrwegen. Wie schön aber wird der noch junge Mann mit den ihm eigenen großen Mitteln dereinst wirken, wenn er einsehen gelernt, daß nicht Clavierstampfen den Virtuosen ausmacht."

Gehen wir nunmehr zu der Periode 1867—1889 über.

Am 15. März 1867 hatte Julius von Bernuth seine Probe als Dirigent zu bestehen. An Orchester-Nummern enthielt das Programm die Ouvertüre zu Manfred von Schumann und die A-Dur Symphonie von Beethoven. Die Hamburger Nachrichten[2]) loben die künstlerisch sichere, von einer vollen Herrschaft über die Partitur und deren Absichten zeugenden Direction. „Die daran betheiligten Musiker schien die Ruhe und die Bestimmtheit der Leitung mit einem erhöhten Selbstvertrauen zu erfüllen, und das Auditorium gab Herrn von Bernuth wiederholt durch seinen lauten Beifall zu erkennen, daß es dessen Kapellmeister-Fähigkeiten sehr erheblich finde." Vom 11. October 1867 an hat Julius von Bernuth bis heute sämmtliche philharmonischen Concerte geleitet. Es läßt sich nicht verkennen, daß unter ihm die Gesellschaft sich äußerlich zu einer Höhe und einflußreichen Stellung im musikalischen Leben Hamburgs erhoben hat, wie nie zuvor. Hier sprechen allein die Thatsachen selbst, und sie sind für den Historiker mit die entscheidende Instanz. Zunächst wurde auf Vorschlag von Bernuth's die Zahl der Concerte von sechs auf zehn erhöht. Unter diesen sollten drei ausschließlich Orchesterwerken gewidmet sein, während zu vier weiteren, Solo-Vorträge von Künstlern und Künstlerinnen

---

[1]) Hamburger Nachrichten Nr. 9.
[2]) Hamburger Nachrichten Nr. 67.

zugelassen werden sollten; die übrigen aus gemeinschaftlichen Aufführungen mit der Sing-Akademie bestehen. Es fand in den folgenden Jahren ein solcher Andrang zu den Concerten statt, daß sogar der große Conventgarten-Saal nicht mehr ausreichen wollte. Ein Aequivalent für Jene, welche die Concerte nicht besuchen konnten, bildeten die schon unter Stockhausen eingeführten Hauptproben. Aber auch die Hauptproben waren zuweilen so besucht, daß der Saal ausverkauft war. Ein weiteres Zeugniß für das immer steigende Ansehen und die wachsende Beliebtheit der philharmonischen Concerte, gibt die Uebersicht der Cassen-Einnahmen in den Jahren 1867 bis 1878; sie stiegen von jährlich 16000 auf rund 48000 Mark.

Aber auch auf die Programme selbst wurde eine immer größere Sorgfalt verwandt, nicht weniger der modernen Richtung, soweit der Geschmack des Publicums und die Kritik nicht gegen Einzelnes protestirten, und es sich überhaupt mit den Grundprincipien der Gesellschaft vertrug, die Thüre geöffnet. Wenn die Werke eines Berlioz und Liszt sich nicht zu behaupten vermochten, so ist die Hauptschuld in der ganzen künstlerischen Tendenz dieser Richtung zu suchen. Daß aber die Direction bemüht war, jedem bedeutenderen Werk der Neuzeit einen Platz auf den Programmen zu verschaffen, mögen uns letztere selbst lehren, denn die Thatsachen selbst sprechen am überzeugendsten. Die Leser werden aus den folgenden Ausführungen ersehen, daß die Direction auch den extremsten Vertretern des musikalischen „Jung-Deutschthums" einen Platz auf den Programmen gönnte. Freilich war die Kritik selbst von jener Seite, die stets nach Modernisirung der Programme hindrängte, nicht dazu angethan, das Comité in seinem Vorhaben zu bestärken. Ueber die symphonischen Werke eines Liszt und die Schöpfungen eines Berlioz wurde selbstverständlich am schonungslosesten und rücksichtslosesten in den Referaten des Herrn von Dommer im Hamburgischen Correspondenten der Stab gebrochen. Das Scherzo aus Romeo und Julie von Berlioz erscheint ihm als bloße Orchestermache, als Klingklang, als kalte, seelenlose Spielerei, „wobei man an alles andere ebenso gut wie an Musik denken kann". Aber Berlioz steht ihm immer noch höher als Liszt. Hier ist Alles nur Armseligkeit und grober Materialismus. Die Erfindung ist wie in Mazeppa ganz trivial; über Pferdegetrappel, Wolfsgeheul, Eulengeschrei u. s. w. versteigt sich Liszt's Phantasie nicht hinaus."¹) Aber auch der Referent in den Hamburger Nachrichten findet, daß Liszt in seinen Préludes nicht „über das Anschlagen von verschiedenartigen Seelenstimmungen" hinaus komme. „Dabei fehlt dem unruhig wechselnden Ideengange die Schönheit der melodischen Characteristik."²) Und über „Mazeppa" urtheilt er, daß man es dem Werke anmerke, daß ein Stürmer und Dränger es geschrieben, ein jugendliches Kraftgenie „ohne Reife, Klarheit und Tiefe."³) In demselben Concert kamen noch die Faust-Ouvertüre von Wagner und das Scherzo aus Romeo und Julie von Berlioz zum Vortrag. Derselbe Referent schließt sein kritisches Facit mit folgenden Worten: „So verhielt sich das Interesse absteigend, bis es bei Beethoven — A-Dur Symphonie — angekommen war. Der Gegensatz war höchst lehrreich; während einerseits das stetige Fortschreiten der Entwicklung der Musik namentlich nach Seite der Technik hin mit Händen zu greifen war, imponirte andererseits das Beethoven'sche Tonwerk durch seinen Adel, seine weihevolle Einfachheit und Hoheit aufs Mächtigste. Berlioz und Franz Liszt beschäftigen den Kopf, regen an, geben zu denken, interessiren durch Scharfsinn und Intelligenz. — Beethoven, der Gewaltige wendet sich an unser Herz, an unser Gefühl — und er klopft nicht vergebens."⁴) Und über die Harold-Symphonie lesen wir in demselben Blatt: „Es herrscht überall die schrankenloseste Willkür im Gebrauch der Kunstmittel, und diese Willkür belästigt um so mehr, als sie das Product einer Verstandesoperation ist, die der ganzen vernünftigen Welt ein Schnippchen schlagen will."⁵) Dommer nannte die Symphonie ein „sinnloses und unmusikalisches Machwerk."⁶)

¹) Hamburgischer Correspondent. 1877. Nr. 55.
²) Hamburger Nachrichten. 1871. Nr. 90.
³) Hamburger Nachrichten. 1872. Nr. 55.
⁴) Hamburger Nachrichten. 1872. Nr. 55.
⁵) Hamburger Nachrichten. 1873. Nr. 29.
⁶) Hamburgischer Correspondent. 1873. Nr. 29.

Derartige Kritiken waren um so weniger angethan, das Comité in seinem Vorhaben zu ermuntern, als gerade von der musikalischen Linken, die in den Hamburger Nachrichten ihren beredten Vertreter fand, ein abweisendes Urtheil erfolgte. Doch fahren wir in unserer Mittheilung der Programme fort.

1867. Die Symphonien B-Dur von Beethoven, die h-moll von Schubert, d-moll von Schumann.

Die Ouvertüre zur Zauberflöte von Mozart.

1868. Die Symphonien Es-Dur, c-moll, D-Dur von Beethoven, B-Dur von Gade, D-Dur von Ph. E. Bach, d-moll von R. Volkmann, C-Dur von Mozart, D-Dur von Haydn, B-Dur von Schumann.

Die Ouvertüren zu Leonore (Nr. 3), zu Egmont von Beethoven, zu Medea von Woldemar Bargiel, Trompeten-Ouvertüre von Mendelssohn, d-moll Ouvertüre von F. W. Grund, zu Anacreon von Cherubini.

Sonstige Orchesterwerke: Ouvertüre und Balletmusik aus Rosamunde von Schubert.

1869. Die Symphonien B-Dur, A-Dur, Es-Dur, C-Dur von Beethoven, Es-Dur von Max Bruch, C-Dur von Schubert, B-Dur (Nr. 12) von Haydn, C-Dur und d-moll von Schumann, Doppel-Symphonie von Spohr op. 121, erster Satz aus der h-moll von Schubert.

Die Ouvertüren zu Genovefa von Schumann, zu den Hebriden von Mendelssohn, zu Calderon's Dame Kobold von Reinecke, zur Vestalin von Spontini, zu Lodoiska von Cherubini, zu Coriolan von Beethoven.

Sonstige Orchesterwerke: Concert für Streichorchester von J. S. Bach, Beethoven's Musik zu dem Ballet: „Die Geschöpfe des Prometheus" und zu Egmont, Suite für Orchester in D-Dur von J. S. Bach.

1870. Die Symphonien F-Dur (achte), B-Dur, F-Dur (Pastorale), Es-Dur von Beethoven, c-moll von G. P. Grädener, C-Dur von Mozart, Oxford-Symphonie von Haydn, B-Dur und C-Dur von Schumann.

Die Ouvertüren zu Idomeneo von Mozart, zu Preciosa und Jubel-Ouvertüre von Weber, zu Leonore (Nr. 3) und zu König Stephan von Beethoven, zu Genovefa von Schumann, „Meeresstille und glückliche Fahrt" von Mendelssohn.

Sonstige Orchesterwerke: Vorspiel zum 5. Act der Oper „König Manfred" von Reinecke, Suite in d-moll von Franz Lachner, dritter Satz aus dem symphonischen Tongemälde „Wallenstein" von Rheinberger, Serenade für 2 Oboen, 2 Clarinetten, 2 Bassethörner, 2 Fagotte, 4 Waldhörner und Contrafagott von Mozart, Symphonische Phantasie für Orchester von Ferdinand Hiller, die Musik zum Sommernachtstraum von Mendelssohn.

1871. Die Symphonien A-Dur, F-Dur (achte), c-moll und F-Dur von Beethoven, D-Dur von Ph. E. Bach, C-Dur von Schubert, d-moll von Dietrich, Es-Dur und C-Dur von Mozart, zwei Sätze aus der unvollendeten Symphonie von Schubert, c-moll von Gade, d-moll von E. Lee.

Die Ouvertüren zur Iphigenia in Aulis mit dem Schluß von R. Wagner von Gluck, zu den Abencerragen und zum Wasserträger von Cherubini, zu Tell von Rossini, zu König Lear von Hector Berlioz, Fest-Ouvertüre op. 103 von Reinecke.

Sonstige Orchesterwerke: Ouvertüre, Scherzo und Finale von Schumann, Serenade für Streichorchester F-Dur von R. Volckmann, Capriccio für Orchester von Hermann Grädener, Serenade für vier Violoncelli von Fr. Lachner, drei Sätze aus der Suite von Raff, op. 101, Les Préludes, symphonische Dichtung von Liszt, Marsch für großes Orchester von Fr. Kiel Nr. 2 aus op. 61, Serenade d-moll für Streichinstrumente mit obligatem Violoncell von Volckmann.

Die Chorwerke: Rhapsodie für Altsolo, Männerchor und Orchester von Brahms.

1872. Die Symphonien B-Dur, A-Dur, Es-Dur und d-moll von Beethoven, D-Dur und G-Dur von Haydn, a-moll von Mendelssohn, d-moll von Schumann.

Die Ouvertüren zu Oberon von Weber, Fest Ouvertüre op. 124 von Beethoven, Faust-Ouvertüre von Wagner, zu Genovefa von Schumann.

Sonstige Orchesterwerke: Wassermusik von Händel, Fee Mab von Berlioz, Mazeppa, symphonische Dichtung von Liszt.

Die Chorwerke: Manfred von Schumann, Schicksalslied von Brahms, erster Act und siebente Scene des zweiten Acts aus der Oper Anacreon von Cherubini, die Faust-Scenen von Schumann.

1873. Die Symphonien F-Dur (Nr. 8), Es-Dur von Beethoven, Harold in Italien von Berlioz, Es-Dur Nr. 4 und C-Dur Nr. 7 von Haydn, Tragische Symphonie und jene in C-Dur von Schubert, A-Dur von Mendelssohn, A-Dur von Rubinstein, B-Dur von Gade, D-Dur Nr. 4 von Mozart, B-Dur von Schumann.

Die Ouvertüren zu Medea von Cherubini, Oberon von Weber, zu Sakuntala von Goldmark, Leonore Nr. 2 von Beethoven, zur Vestalin von Spohr.

Sonstige Orchesterwerke: Suite in h-moll von J. S. Bach, Suite für Flöte und Orchester von J. S. Bach, Musik zu dem Ballet Prometheus von Beethoven, Musik zum Sommernachtstraum von Mendelssohn, Serenade in A Dur op. 18 von Brahms.

Die Chorwerke: Messe in Es-Dur von Schubert, Scenen aus dem ersten und vierten Act aus Medea von Cherubini, Odysseus von Bruch.

1874. Die Symphonien A-Dur, F-Dur, d-moll von Beethoven, C-Dur von Mozart, E-Dur von Raff, B-Dur von Schumann.

Die Ouvertüren: Faniska von Cherubini, Im Hochland von Gade, Hebriden, Ruy Blas und Meeresstille und glückliche Fahrt von Mendelssohn, Faust von Spohr.

Sonstige Orchesterwerke: Ouvertüre, Scherzo und Finale von Schumann, Ungarische Suite von H. Hofmann, h-moll Suite von Franz Lachner, Serenade B-Dur von Mozart.

Die Chorwerke: Schöpfung von Haydn, Sängers Fluch von Schumann.

1875. Die Symphonien: Es-Dur, B-Dur, c-moll von Beethoven, B-Dur von Gade, Es-Dur von Mozart, D-Dur von Reinthaler, C-Dur von Schubert, Es-Dur von Schumann, D-Dur von Carl Schwencke.

Die Ouvertüren: Leonore Nr. 3 von Beethoven, Egmont und op. 124 von Beethoven, Lustspiel-Ouvertüre von Holten, Elegische Ouvertüre von Joachim, Genovefa und Manfred von Schumann, Oberon von Weber.

Sonstige Orchesterwerke: Musik zu Egmont, Capriccio in F-Dur von H. Grädener, verschiedene Instrumental-Stücke aus Feramors von Rubinstein.

Die Chorwerke: Triumphlied von Brahms, Scenen aus dem ersten und zweiten Act aus der taurischen Iphigenie von Gluck, Faust-Scenen von Schumann.

1876. Die Symphonien: c-moll, d-moll von Beethoven, D-Dur von C. Ph. E. Bach, F-Dur von Götze, C-Dur von H. Grädener, c-moll von Haydn, g-moll von Mozart, C-Dur von Schubert.

Die Ouvertüren: Semiramis von Catel, Manfred von Schumann, Oberon von Weber, Abencerragen von Cherubini, Concert-Ouvertüre von Kleinmichel, Olympia von Spontini.

Sonstige Orchesterwerke: Tanz der Irrlichter und Sylphiden und Walzer aus Faust von Berlioz, Ball-Suite und Serenade in B-Dur von Lachner.

Die Chorwerke: Rhapsodie von Brahms, Israel von Händel, Stabat mater von Rossini.

1877. Die Symphonien: Es-Dur, F Dur (Pastoral) von Beethoven, c-moll von Brahms, Ländliche Hochzeit von Goldmark, h-moll von C. G. P. Grädener, G-Dur mit dem Paukenschlag von Haydn, C-Dur von Mozart, C Dur von Schubert, B-Dur von Raff.

Die Ouvertüren: Prometheus und Coriolan von Beethoven, Wasserträger von Cherubini, Concert Ouvertüre von Rietz.

Sonstige Orchesterwerke: Suite in G-Dur von J. S. Bach, Musik zu Prometheus von Beethoven, Trauermarsch aus der Götterdämmerung von Wagner.

Die Chorwerke: Symphonie Cantate von Mendelssohn, Chor-Phantasie und Missa solemnis von Beethoven, Das verlorene Paradies von Rubinstein.

1878. Die Symphonien: A-Dur, F-Dur und B-Dur von Beethoven, c-moll von Brahms, C-Dur von Schubert, D-Dur von Mozart, D-Dur von Brahms.

Die Ouvertüren: Leonore Nr. 3 und Egmont von Beethoven, Ali Baba von Cherubini, Sommernachtstraum von Mendelssohn, Manfred von Schumann, Euryanthe von Weber, Im Hochland von Gade.

Sonstige Orchesterwerke: Drei deutsche Tänze von Bargiel, Sinfonietta für 12 Blas-Instrumente von Raff, Liebes-Novelle für Streichorchester und Harfe von Arnold Krug.

Die Chorwerke: Die Jahreszeiten von Haydn und Paulus von Mendelssohn.

In diesem Jahre fand in den Tagen des 25., 26. und 28. September das 50jährige Stiftungsfest der Gesellschaft statt. Die Fest-Dirigenten waren die Herren Dr. Joh. Brahms und Professor Julius von Bernuth. Der Chor bestand aus 460, das Orchester aus 113 Mitwirkenden. Als Solisten wirkten mit die Damen Frau Dr. Peschka-Leutner, Fräulein Fides Keller und die Herren Candidus, Henschel und von Senfft-Pilsach sowie Professor Joachim. Der erste Tag brachte die Cantate „Ein' feste Burg ist unser Gott" von J. S. Bach, den zweiten Theil aus dem Israel von Händel und die Eroica von Beethoven. Am zweiten gelangten zum Vortrag die Symphonie G-Dur Nr. 13 von Haydn und jene in C-Dur von Schumann; an übrigen Orchesterwerken die d-moll Ouvertüre von F. W. Grund. Frau Clara Schumann spielte das d-moll Concert von Mozart, Frau Peschka-Leutner sang dessen Concert-Arie „Ma che vi fece o Stella." Außerdem enthielt das Programm noch das Sextett aus dem Wasserträger von Cherubini. Am dritten Tag kamen zur Ausführung: Ouvertüre zu Oberon, zwei Lieder „Erstarrung" und „an die Leier" von Schubert, gesungen von Herrn von Senfft-Pilsach, h-moll Concertante für zwei Violinen von Spohr, vorgetragen von den Herren Joachim und Bargheer, die D-Dur Symphonie von Brahms unter des Componisten persönlicher Leitung, sowie die Walpurgisnacht von Mendelssohn.

1879. Die Symphonien: A-Dur, c-moll, F-Dur Nr. 8 von Beethoven, C-Dur von Meinardus, F-Dur von Rubinstein, g-moll von Gade, B-Dur und d-moll von Schumann, D-Dur Nr. 4 von Haydn, g-moll von Gernsheim, zwei Sätze aus der h-moll Symphonie von Schubert.
Die Ouvertüren zu Coriolan und zu Egmont von Beethoven, zur schönen Melusine und Meeresstille und glückliche Fahrt von Mendelssohn, „Am Strande" von Reinecke, Elegische Ouvertüre von Joachim.
Sonstige Orchesterwerke: Divertimento für Streich-Orchester und Hörner in F-Dur von Mozart, Vier Sätze aus der B-Dur Serenade von Mozart, Grave, Allegro und Finale aus Beethoven's Ballet-Musik Prometheus.
Die Chorwerke: Odyssus und das Lied von der Glocke von Max Bruch.

Die Philharmonische Gesellschaft. 335

1880. Die Symphonien: d-moll, F-Dur Nr. 6, C-Dur, Es-Dur von Beethoven, Es-Dur und g-moll von Mozart, d-moll von Volkmann, c-moll von Brahms, c-moll von C. G. P. Grädener, B-Dur von Gade.

Die Ouvertüren zu Freischütz von Weber, Sommernachtstraum von Mendelssohn, zu Jessonda von Spohr, zu Frau Aventiure von Holstein, Lodoiska von Cherubini, zur Braut von Messina von Schumann, Leonore Nr. 3 von Beethoven, zu Michel Angelo von Gade.

Sonstige Instrumentalwerke: Danse macabre von Saint-Saëns, Noveletten für Streichinstrumente und „Sommertag auf dem Lande", fünf Orchesterstücke op. 55 von Gade, Kirmeßtag, flämisches Tongemälde für Orchester von Jan Blocky, Adagietto und Scherzo aus der Orchester-Suite op. 101 von Raff, Musik zum Sommernachtstraum von Mendelssohn.

Das Chorwerk h-moll Messe von Bach.

1881. Die Symphonien: A-Dur, F-Dur Nr. 8, B-Dur von Beethoven, G-Dur Nr. 11 und D-Dur Nr. 14 von Haydn, A-Dur von Mendelssohn, C-Dur von Schubert, g-moll von Rubinstein, Es-Dur von Schumann.

Die Ouvertüren zu „Ruy Blas" von Mendelssohn, „Dame Kobold" von Reinecke, „Ferdinand Cortez" von Spontini, Genoveva von Schumann, Leonore Nr. 3 von Beethoven.

Sonstige Instrumentalwerke: Serenade D-Dur für großes Orchester von Brahms, Variationen über ein Thema von Haydn von Brahms, Musik zu Schiller's Jungfrau von Orleans von Louis Lee.

Die Chorwerke: Faust-Scenen von Schumann, Requiem in c-moll von Cherubini, Rhapsodie von Brahms, Simon Petrus von Meinardus.

1882. Die Symphonien: c-moll, A-Dur von Beethoven, D-Dur und C-Dur von Mozart, F-Dur von H. Götz, a-moll von Mendelssohn, B-Dur von Schumann, D-Dur Nr. 10 von Haydn, C-Dur und h-moll von Schubert.

Die Ouvertüren: Tragische Ouvertüre von Brahms, zur Zauberflöte von Mozart, „Eine nordische Heerfahrt" Trauerspiel-Ouvertüre von Emil Hartmann, zur Fingals-Höhle von Mendelssohn, zur Oper „Scheik Hassan" von C. Gurlitt.

Sonstige Instrumentalwerke: Ouvertüre, Scherzo und Finale von Schumann, Drei Legenden aus op. 59 für Orchester von Anton Dvorák.

Die Chorwerke: Alarich von Vierling, Das Paradies und die Peri von Schumann.

Zur Erinnerung an den 150 jährigen Geburtstag von Josef Haydn brachte die philharmonische Gesellschaft in Verbindung mit der Sing-Akademie, des Caecilien-Vereins und der Altonaer Sing-Akademie am 31. März 1882 im Sagebiel'schen Saale die Schöpfung zu Gehör.

1883. Die Symphonien: Es-Dur, c-moll, d-moll, F-Dur Nr. 8 von Beethoven, c-moll von Brahms, B-Dur und Es-Dur von Mozart, Es-Dur von Gernsheim, C-Dur und d-moll von Schumann, Es-Dur von Anton Urspruch, G-Dur von Haydn, D-Dur von Dvorák, A-Dur von Mendelssohn.

Die Ouvertüren zu Lodoiska von Cherubini, zur Oper: „Die Jagd Heinrich IV." von Méhül, zu Manfred von Schumann, zur Oper „Edda" von Reinthaler, F-Dur von E. Marxsen, zu Oberon von Weber.

Sonstige Instrumentalwerke: Furientanz und Reigen seliger Geister aus Orpheus von Gluck.

Die Chorwerke: Furien-Scenen für Alt und Chor aus Orpheus von Gluck, Requiem op. 80 von Fr. Kiel, Der 130. Psalm von Riccius, Festgesang an die Künstler von Mendelssohn, Cantate über Luther's „Ein' feste Burg ist unser Gott" von Joh. Seb. Bach.

1884. Die Symphonien: D-Dur, A-Dur von Beethoven, A-Dur von Mendelssohn, g-moll von Mozart, C-Dur von Schubert, F-Dur von Joh. Brahms, F-Dur von Rubinstein, D-Dur Nr. 18 von J. Haydn.

Die Ouvertüren: die 4 Leonoren-Ouvertüren und op. 124 von Beethoven, Oberon von Weber, zum Wasserträger von Cherubini, zum Alchymist von Spohr, Meeresstille und glückliche Fahrt von Mendelssohn, Titus von Mozart.

Sonstige Instrumentalwerke: Concert für Streichorchester in G-Dur von Joh. Seb. Bach, Symphonischer Prolog zu Othello von A. Krug, 4 Sätze aus der B-Dur Serenade für Blasinstrumente von Mozart sowie dessen „Maurische Trauermusik".

Die Chorwerke: Manfred von Schumann, Die Jahreszeiten von Haydn, Chor-Fantasie von Beethoven, Nänie von H. Götz, Erlkönig's Tochter von Gade.

[1885. Die Symphonien: B-Dur, c-moll, Es-Dur, F-Dur (Pastoral) von Beethoven, B-Dur und Es-Dur von Schumann, C-Dur (Le midi) von Haydn, a-moll von Mendelssohn, C-Dur von Haydn, F-Dur von Brahms.

Die Ouvertüren: zum Sommernachtstraum von Mendelssohn, Figaro von Mozart, zu Griepenkerl's Trauerspiel: „Die Girondisten" von Litolff, Freischütz von Weber, Coriolan von Beethoven, Anacreon von Cherubini, Paris und Helena von Gluck, Euryanthe von Weber.

Sonstige Instrumentalwerke: D-Dur Suite von J. S. Bach, Rhapsodie D-Dur von Dvorák, Concerto grosso d-moll von Händel, Symphonische Variationen von Nicodé.

Die Chorwerke: Israel in Aegypten von Händel, Magnificat von J. S. Bach, Rhapsodie von Brahms.

In diesem Jahre fand am 20. März zur Erinnerung an den 200jährigen Geburtstag Joh. Seb. Bach's — 21. März 1685 — ein Concert in der großen Michaeliskirche statt, dessen Programm folgendes war:

1. Präludium und Fuge, a-moll für Orgel.
2. Aus der Matthäus-Passion: Der Einleitungs-Chor, Alt-Arie: „Erbarme dich" und der Choral „Erkenne mich, mein Hüter."
3. Aus der Cantate: „Liebster Gott, wann werd' ich sterben" (auf den 16. Sonntag nach Trinitatis), die Baß-Arie „Doch weichet ihr armen, vergeblichen Sorgen."
4. Magnificat.

[1886. Die Symphonien: A-Dur von Beethoven, C-Dur von Schubert, D-Dur von Brahms, E-Dur von A. Bruckner, C-Dur von Mozart, C-Dur von Schumann, A-Dur von Rubinstein, d-moll von Fiedler.

Die Ouvertüren: Die vier zu Leonore von Beethoven, Semiramis von Catel, zu Ruy Blas von Mendelssohn, Abencerragen von Cherubini, „Ein Drama aus dem 30jährigen Kriege von Raff, eine Lustspiel-Ouvertüre von H. Grädener.

Sonstige Instrumentalwerke: Fünf Orchesterstücke aus der Mendelssohn'schen Musik zum Sommernachtstraum, Finale aus dem Ballet „Die Geschöpfe des Prometheus" von Beethoven, Serenade für Streich-Orchester D-Dur von Robert Fuchs.

Die Chorwerke: Elias von Mendelssohn, Achilleus von Bruch.

1887. Die Symphonien: F-Dur Nr. 8, d-moll, B-Dur, c-moll von Beethoven, D-Dur Nr. 2 von Haydn, h-moll von Schubert, d-moll und C-Dur von Schumann, g-moll von Mozart, D-Dur von Prinz Reuß, B-Dur von Gade.

Die Ouvertüren zur Zauberflöte von Mozart, zu Freischütz und Oberon von Weber, Richard III. von R. Volkmann, Egmont von Beethoven, C-Dur von Dietrich, Zauberflöte von Mozart.

Sonstige Instrumentalwerke: Musik zu Egmont von Beethoven.

Die Chorwerke: Faust-Scenen von Schumann, Nänie von H. Götz, Finale aus der Oper Loreley von Mendelssohn, Magnificat von J. S. Bach.

1888. Die Symphonien: Es-Dur von Beethoven, e-moll und c-moll von Brahms, B-Dur von Schumann, d-moll von Volkmann, G-Dur von Haydn.

Die Ouvertüren: C-Dur op. 115 und Leonore Nr. 3 von Beethoven, zur Fingals-Höhle von Mendelssohn, Im Hochland von Gade, zu Anacreon und Faniska von Cherubini, Meeresstille und glückliche Fahrt von Mendelssohn, Manfred von Schumann.

Sonstige Instrumentalwerke: Variationen über ein Thema von Haydn von Brahms, Marsch, Deutscher Gesang, Romanze, Kriegslied, Walzer und Coda aus der Musik zu einem Ritterballet von Beethoven, Serenade für Streich-Orchester op. 48 wie Thema und Variationen aus der dritten Suite op. 55 von Tschaikowsky, Passacaglia für großes Orchester von Rheinberger, Romeo und Julie, Symphonische Dichtung von K. J. Schwab.

Die Chorwerke: Sigurd von Arnold Krug, Requiem von Mozart, Die Schöpfung von Haydn.

1889. Die Symphonien: A-Dur von Beethoven, a-moll von Mendelssohn, F-Dur von H. Götz, e-moll von Tschaikowsky.

Die Ouvertüren: Tragische Ouvertüre von Brahms, zu
Coriolan von Beethoven, Genovefa von Schumann.

Sonstige Instrumentalwerke: Vier Sätze aus der B-Dur
Serenade von Mozart für Blas-Instrumente, Capriccio von
H. Grädener, Concert G-Dur für Streich-Instrumente von
J. S. Bach.

Die Chorwerke: Das Paradies und die Peri von Schumann.

Von bedeutenden Solisten traten in diesem Zeitraume
u. A. auf:

Die Pianistinnen: Frau Benois, Fräulein Emma Brandes,
Frau Essipoff, Frl. Krebs, Frl. Mehlig, Frl. Menter, Frau
Rappoldi, Frau Schumann, Frl. Timanoff.

Die Pianisten: d'Albert, Brahms, Bülow, Mortier de Fontaine,
Ferd. Hiller, Alfred Jaell, Leschetitzky, Reinecke, Jul. Röntgen,
Rubinstein, Saint Saëns, Tausig, Sauer, Stavenhagen, Slopeleff,
Paderewski.

Die Violinisten: Auer, Jean Becker, Brodsky, Heermann,
Joachim, Ferd. Laub, Lauterbach, Nachez, Ondriczek, Sarasate,
Sauret, Singer, H. Schradieck, Isaye, H. Wieniawsky, Wilhelmy,
Zajic. Ferner Frau Neruda und Frl. Senkrah.

Die Cellisten: Bast, Davidoff, A. Fischer, J. Goltermann, Grützmacher, R. Hausmann, E. Hegar, J. Klengel, Wilh. Lindner,
L. Lübeck, de Munck, D. Popper.

Die Sängerinnen: Frau Otto-Alvsleben, Frau Desirée-Artôt,
Frl. Asmann, Frau Dr. Schramm (Frl. Börner), Frau Brandt-
Görtz, Frl. Czany, Frl. Fillunger, Frau Joachim, Frl. Keller,
Frl. Kling, Lilly Lehmann, Frau Lißmann, Frau Luger, Therese
Malten, Frau Moran-Olden, Frau Peschka-Leutner, Frl.
Schauseil, Frl. Marie Schneider, Frau Schröder-Hanfstängl,
Hermine Spies, Frau Walter-Strauß, Frau Sucher, Frl. Tiet-
jens, Frau Wilhelmy, Frau Jachmann Wagner.

Die Sänger: Betz, Blauwaert, Joh. Blezacher, Paul Buls,
Candidus, Fr. Diener, Gudehus, Gunz, Gura, Henschel, Hill,
Kraus, Krückl, Krolop, Lederer, Lißmann, v. Milde, Perron,
Scaria, Schott, v. Senfft-Pilsach, Scheidemantel, Staegemann,
Stockhausen, Standigl, Westberg, v. Witt, Wolff, z. Mühlen.

In der verflossenen Saison (1888/89) wurde der Versuch
gemacht, sogenannte populäre- oder Volks-Concerte zu veranstalten.
Dieselben bezwecken gegen billiges Entrée auch Jenen die In-

strumental- und Vocalwerke unserer Meister zu vermitteln, die nicht in der Lage sind, die hohen Eintrittspreise zu bezahlen, welche den Besuch der zehn Abonnements-Concerte der philharmonischen Gesellschaft ermöglichen. Ob das neue Unternehmen feste Wurzel fassen wird, dürfte erst die Zukunft lehren. Auch mag hier die Frage unerörtert bleiben, ob es sich nicht empfehlen dürfte, das bisher für die eigentlichen philharmonischen Aufführungen eingehaltene Princip, alle Saal-Plätze mit demselben hohen Eintrittspreis zu belegen, aufzugeben, und dem Gebrauch der übrigen Concert-Institute sich anzubequemen, also erste und zweite Sperrsitze sowie offene Plätze einzuführen.

In den fünf Volks-Concerten der Saison 1888/89 kamen u. A. zur Aufführung:

Die Symphonien: Es-Dur und A-Dur von Beethoven, F-Dur von Götz, D-Dur von Mozart.
Die Ouvertüren: zu Oberon von Weber, zu Egmont von Beethoven, zur Zauberflöte von Mozart.
Sonstige Instrumentalwerke: Balletmusik und Entreakt aus Rosamunde von Schubert, Serenade für 12 Blas-Instrumente von Mozart, verschiedene Stücke aus der Musik zu einem Ritterballet von Beethoven, Meistersinger-Vorspiel von Wagner.
Das Vocalwerk: Paradies und Peri von Schumann.

Noch erübrigt uns zum Schluß die Concertmeister anzuführen, die seit 1829 dem Orchester vorgestanden haben:

1829—1832 Rudersdorff,
1832—1859 Leopold Lindenau,
1859—1861 Carl Hafner,
1861—1876 John Böie erster Concertmeister,
1866—1868 Leopold Auer zweiter Concertmeister,
1868—1873 H. Schradieck zweiter Concertmeister,
1876—1888 Carl Bargheer.

Von October 1889 an steht der vortreffliche Geiger Zajic an der Spitze des Orchesters.

III.
Der Caecilien-Verein.

Aus den bescheidensten Anfängen heraus hat sich der Caecilien-Verein zu einem der wichtigsten und maßgebendsten Factoren im musikalischen Leben Hamburgs emporgearbeitet; ja er dürfte auf dem Gebiete chorischer Leistung, besonders auf jenem des a capella-Gesangs, die erste Stelle in unserer Stadt einnehmen. Das feste Fundament hat jener Mann gelegt, der 37 Jahre lang an der Spitze des von ihm gegründeten Vereins gestanden, und mit der größten künstlerischen Umsicht geleitet hat. Es ist dies Carl Voigt. Am 29. März 1808 in Hamburg geboren, sollte er auf Wunsch seiner Eltern Theologie studiren. Seine Neigungen wandten sich aber der Musik zu, und so nahm er in den Jahren 1825 bis 1831 bei J. J. Berens und Guntrum Unterricht im Clavierspiel, bei J. J. Clasing und F. W. Grund in der Composition. Mit Hülfe einiger Privat-Stipendien ermöglichte er sich einen zweijährigen Aufenthalt in Cassel, wo er die Unterweisung Hauptmann's genoß. Von hier ging er nach Frankfurt a./M., um sich bei J. N. Schelble noch weiter im Clavierspiel auszubilden. Schelble war es, der ihm einen tieferen Einblick in die Werke eines Bach und anderer älterer Meister eröffnete. Als Schelble im Jahre 1836 schwer erkrankte, übernahm Voigt provisorisch den von seinem Lehrer geleiteten Caecilien-Verein. Ihm folgten Mendelssohn, dann F. Hiller, und im Herbste 1837 Ferdinand Ries als Dirigenten. Nach des letzteren Tode im Jahre 1838, wurde Voigt zum zweiten Male die Direction provisorisch übertragen, die er 1840 niederlegte, um sich dauernd in seiner Vaterstadt niederzulassen. Er starb am 6. Februar 1879.

In Hamburg richtete sich sein Augenmerk sofort auf die Gründung eines Vereins, der die Pflege des hier so gut wie unbekannten a capella-Gesangs in die Hand nehmen sollte. Schon im October 1840 begann er die ersten Uebungen, an denen sich acht Mitwirkende betheiligten, die dem nächsten Familienkreis des Dirigenten angehörten. Es waren dies Frau Voigt und Frau Reye, Sopran, Frau Dr. Krämer und Fräulein B. Georg,

Alt, die Herren G. W. Reye und Vogt, Tenor, sowie die Herren Dr. Krämer und Carl Georg, Baß. Diese Zusammenkünfte trugen also zunächst einen durchaus privaten, ja familiären Character, bis sich am 28. Juni 1843 ein Verein mit bindenden Statuten constituirte. Die Gründungs-Urkunde wurde von 25 Mitgliedern unterzeichnet. Deren Wortlaut geben wir in Nachstehendem wieder:

„Unterzeichnete Mitglieder des Caecilien-Vereins vereinigten sich in einer Deliberations-Versammlung am 28. Juni mit dem Wunsche, den Verein, welcher bisher die freie Wahl des Herrn Voigt organisirt hatte, fester zu constituiren, theils um die jetzigen Mitglieder thätiger zusammen zu halten, theils um anderen Freunden des Gesanges den Zutritt zu uns zu erleichtern und anzuweisen, theils um das Herbeischaffen neuer Musikalien und vermehrten Stimmhefte dem Director zu erleichtern.

Wir stellten beifolgende wenige Punkte als wünschenswerth auf, welche wir uns hiermit die Freiheit nehmen, Ihnen, als bereits thätige Mitglieder zur Unterschrift vorzulegen, falls Sie dieselben genehmigen, oder Sie zu ersuchen, Ihre Bemerkungen frei und offen den Ihnen nicht convenirenden, wie für das Wohl des Vereines nicht geeignet scheinenden Bestimmungen beizufügen.

Schließlich erlauben wir uns, Ihnen zu proponiren, daß nach erfolgter Unterschrift sämmtlicher Mitglieder unseres Vereines der § 3 am 19. Juli 1843, dem nächsten Abende unserer Zusammenkunft in Kraft treten und der § 2 zur Ausführung gebracht werden möge."

Adolf Meyer. Julius Himmelheber. Dr. de la Camp. Martin Rée. C. G. Eiermann. Eduard Heyne. C. B. C. Georg. Dr. Krämer.

„Die von diesen Herren vorgeschlagenen Bestimmungen scheinen mir in allen Punkten dem Wohle und ferneren Gedeihen unseres Vereines nur fördernd zu sein, und erkläre mich hiermit einverstanden."

Carl Voigt.

In den Statuten vermissen wir einen ausdrücklichen Hinweis auf Zweck und Ziele des Vereins, sie enthalten nur die Festsetzung der Beiträge, der Uebungszeiten und andere Aeußerlichkeiten. Die Statuten wurden von 25 Mitgliedern, von 12 Herren und 13 Damen unterschrieben.

Im Jahre 1845 bestand der Verein aus 56, 1850 aus 59, 1855 aus 57, 1860 aus 78, 1865 aus 91, endlich 1870 aus 127 Mitgliedern. Im Jahre 1880 hatte sich dieselbe auf 134 gehoben. Einer Praxis des Vereins zur Folge, wurde in den 1865 revidirten Statuten zum Grundsatz erhoben, daß die Concerte nur mit eigenen Kräften gegeben werden sollen. Gerade dieser Geschlossenheit verdankte der Caecilien-Verein, wie eine in jenen Jahren erschienene Kritik ausführt, großentheils seinen festen inneren Zusammenhang, in den auch neu aufgenommene Mitglieder bald sich einfügten. „Aus dem Gefühl eines solchen engen Zusammengehörens unter sich und mit dem Dirigenten und aus dem Bewußtsein, allein auf sich gestellt und nur auf eigene Kräfte angewiesen zu sein, hat sich im Caecilien-Verein ein gewisser Corpsgeist entwickelt, vermöge dessen er seinen eigenartigen Character immer einheitlich sich bewahrt." Noch in den revidirten Statuten von 1880 enthält § 25 die Bestimmung: „Die Chöre führt der Verein nur mit eigenen Kräften aus, es sei denn, daß außerordentliche Fälle dem Dirigenten das Hinzuziehen fremder Kräfte nothwendig erscheinen ließen." Wir wissen nicht, ob seitdem eine nochmalige Revision der Statuten stattgefunden hat, aber diese Praxis findet seit einer Reihe von Jahren nicht mehr statt; ja eigentlich schon im Jahre 1859 wurde mit derselben gebrochen.

Von Beginn an ist die Thätigkeit des Vereins eine doppelte gewesen: Die sorgfältige musikalische Einstudierung der kleineren und größeren, zur Aufführung bestimmten Werke, und die Schulung der Stimmen selbst. Die Proben wurden nicht ausschließlich eines concertlichen Zweckes halber gehalten, sondern sie verfolgten auch eine musikalisch-pädagogische Tendenz, und dieser verdankt der Verein mit seine Haupterfolge und die Bedeutung, welche er heute noch im Concertleben Hamburgs einnimmt.

Das erste öffentliche Concert fand Ende 1843 statt. Zur Aufführung gelangten Salve Regina von Hauptmann, die Mendelssohn'sche Motette „Aus tiefer Noth" sowie dessen 95. Psalm; dann die Lieder „O Winter, schlimmer Winter", Morgengebet und Waldlust von demselben Componisten, „Auf dem See" von Hauptmann, und Zigeunerleben von Schumann. Die Aufführungen fanden in unregelmäßigen und unbestimmten Zwischenräumen statt. Die Programme bestanden gewöhnlich aus zwei Theilen, wovon der erste geistlichen Tonwerken gewidmet war. Im fünften öffentlichen Concert, das am 27. März 1847 stattfand, kam die Messe C-Dur von Beethoven zum Vortrag, am 17. November 1849 unter Anderem das Chorwerk „Meeresstille und glückliche Fahrt" von Beethoven; das achte Concert brachte 1850 Samson von Händel, das dreizehnte im Jahre 1854 Athalia von Mendelssohn. Von sonstigen größeren Werken, die vor dem Jahre 1858 aufgeführt wurden, nennen wir noch Belsazar von Händel am 8. April 1856.

Bis einschließlich 1847 wurde jährlich nur ein Concert veranstaltet, und zwar 1844 am 4. März, 1845 am 6. October, 1846 am 18. November, 1847 am 27. März. Letzteres war das erste Wohlthätigkeits-Concert, welches der Verein, und zwar zum Besten der Taubstummen-Anstalt gab. Der Referent für die Leipziger Allgem. Mus. Zeitung Bd. 49 S. 307 schreibt hierüber: „Eine seltene ehrenwerthe Ausnahme von dem, was man gewöhnlich unter Dilettantenleistungen versteht, bot das am 27. März (1847) stattgehabte Concert des Caecilien-Vereins. Dieser Verein, erst seit wenigen Jahren zusammengetreten, steht unter der Leitung des Musiklehrers Herrn Voigt, eines tüchtigen, gründlich gebildeten Musikers, und widmet sich hauptsächlich der Uebung ernsterer Gesangvorträge. Bis jetzt, soviel Referenten bekannt, noch nicht öffentlich hervorgetreten, gab er dieses Concert zu freudiger Ueberraschung sämmtlicher Zuhörer in so musterhafter Weise, wie es selten vorkommt. Die Präcision der Chöre, die Nüancirung, die Beobachtung des Characteristischen in jeder einzelnen Stimme, ließen nichts zu wünschen übrig, und es genügten vorzüglich die Chöre selbst den Anforderungen einer strengen Kritik aufs Vollkommenste. Der Dirigent hatte sein Personal wie an der Schnur, und man konnte ohne große Mühe bemerken, wie wacker die Sachen einstudirt waren, und mit welcher Lust und Liebe sie vorgetragen wurden. Wären alle Dilettanten-Aufführungen von solcher Art, so stände es besser um den Geschmack in der Musik." Im Jahre 1848 fand kein Concert statt, 1849 dagegen vier, 1850 zwei, 1851 zwei, 1853 keines, 1854 eins, 1855 und 1856 je eines, 1857 zwei.

Einen wichtigen Abschnitt im Leben des Caecilien-Vereins bildet das Jahr 1858. Zum ersten Male wurde beschlossen, alljährlich während der Wintersaison drei Abonnements-Concerte zu veranstalten, eine Sitte, die sich bis heute erhalten hat. Hiermit trat der Verein in die Reihe der populären Concert-Institute und zugleich in intimeren Verkehr mit dem Publicum. Nicht nur vermehrte sich die Zahl der Mitglieder beträchtlich, deren Zahl bis dorthin beständig geschwankt hatte,[1] sondern der Verein erhielt durch die vielen Abonnenten, welche in den folgenden Jahren ihm zuströmten, eine Stellung, die ihn so mitten in das musikalische Leben der Stadt hineinpflanzte.

Eine Kritik aus dem Jahre 1859 weist aber darauf hin, wie es dem Verein trotz der verhältnißmäßig nicht sehr großen Kräfte und Stimmmitteln, über die er verfügte, durch die Sicherheit des Ansatzes, die Reinheit der Intonation, die feinen Abstufungen des Piano und Forte und die rhythmische Klarheit seiner Leistungen gelungen sei, „sich ein eigenthümliches Gebiet in dem Kreise der musikalischen Bestrebungen Hamburgs zu erobern. Die ernste Weihe, welche vom Anfang bis zum Ende über dem einmüthigen Wirken des Dirigenten und seines Chores schwebt, die liebevolle Hingebung an den Genius der Kunst, dem jeder Einzelne sich beugt bei williger Verläugnung der eigenen Individualität, die Reinheit der Tonbildung, die Präcision der Aus-

---

[1] In den Jahren 1855/56 besaß der Verein 5 Tenöre, bei der Aufführung von Händel's Belsazar am 8. April 1856 zählte er nur 74 Mitglieder, einschließlich der Ehren- und außerordentlichen Mitglieder;

führung, das Alles wandelt den Concertsaal zu einem Heiligthum und das Publicum zur stillen Gemeinde." [1])

In seinen Abonnenten hatte der Cäcilien-Verein das Glück ein Auditorium zu gewinnen, das mit der Gesammtrichtung die er verfolgte, einverstanden war und somit auch seinen Bestrebungen mit freudiger Anerkennung folgte. Bis zum Jahre 1858 waren außer einigen Privataufführungen 18 öffentliche Concerte gegeben worden; unter den bis 1870 stattgefundenen, befinden sich 57 Abonnements- und 4 Privat-Concerte.

Die Anzahl der aufgeführten Werke ist eine stattliche. Das Hauptcontingent stellen die a capella Gesänge; war doch gerade die Pflege eines schönen a capella Gesanges das Hauptziel des Vereins. Hier hat er auch seine Hauptsiege erfochten und sich das hohe Ansehen zu erwerben gewußt, das er heute noch genießt. Außerdem hatte er die Aufführung größerer Instrumental-Werke unserer Meister mit als seine Aufgabe angesehen; freilich konnte diese nur in zweiter Linie berücksichtigt werden.

Wir geben in Nachfolgendem eine kurze Uebersicht der vom 8. November 1858 bis 15. April 1877 aufgeführten größeren Vocal- und Instrumental-Werke.

1858. Vocalwerke: Psalm 115 von Mendelssohn.

Instrumentalwerke: Serenade für acht Blasinstrumente von Mozart.

1859. Vocalwerke: Der 100. Psalm von Händel, der 42. und 95. Psalm von Mendelssohn, Meeresstille und glückliche Fahrt von Beethoven, der 54. Psalm für Doppelchor von Möhring, Misericordias von Durante, Motette von Cherubini.

Instrumentalwerke: Symphonie D-Dur, Es-Dur und C-Dur von Haydn.

1860. Vocalwerke: Messe C-Dur von Beethoven, Introduction zur Oper „Elise" von Cherubini sowie dessen Requiem, Mendelssohn's Motette für weibliche Stimmen mit Orgelbegleitung, achtstimmige Motette von J. S. Bach, Cantate mit Orgel- und Posaunenbegleitung von Hauptmann.

Instrumentalwerke: Symphonie in Es-Dur von Mozart.

---

[1]) Hamburger Wochenblatt. 1859. Nr. 10.

1861. Vocalwerke: Belsazar von Händel, Messe in C-Dur von Beethoven, Gloria von Bortnianskh, der zweite Psalm für Doppelchor von Mendelssohn sowie dessen achtstimmige Choral-Motette „Mitten wir im Leben sind", der 84. Psalm von Hauptmann, der 137. Psalm von Möhring.

1862. Vocalwerke: Lauda Sion von Mendelssohn, der Gesang der Geister über den Wassern von F. Hiller, die Schöpfung von Haydn, Mendelssohn's Motette „Aus tiefer Noth", J. S. Bach's Motette „Fürchte dich nicht", Vocalmesse von Hauptmann.

1863. Vocalwerke: Elias von Mendelssohn, die Jahreszeiten von Haydn, der 130. Psalm von Gluck, Athalia von Mendelssohn.

1864. Vocalwerke: Dettinger Tedeum von Händel, Anton Lotti's achtstimmiges Crucifixus, Choralmotette von J. M. Bach, der 51. Psalm von Möhring, Paulus von Mendelssohn.

Instrumentalwerke: g-moll Symphonie von Mozart.

1865. Vocalwerke: Das Paradies und die Peri von Schumann, Choral-Motette von Mendelssohn, der 43. Psalm (achtstimmig) von Mendelssohn, das achtstimmige Crucifixus von Anton Caldara, fünfstimmige Motette von J. S. Bach: „Jesu, meine Freude", Jephta von Händel.

1866. Vocalwerke: Hymne aus dem Mittelalter von Hiller, Schumann's Zigeunerleben, Psalm 86 von P. Martini, Psalm 137 von Möhring, die Schöpfung von Haydn.

Instrumentalwerke: B-Dur Symphonie von Haydn.

1867. Vocalwerke: Scene aus Iphigenie in Tauris von Gluck, Englische Madrigale von John Dowland und John Ward, Französische Volkslieder von 1650, Finale aus der unvollendeten Oper Loreley von Mendelssohn, die Ruinen von Athen von Beethoven, fünfstimmiges Festlied von Eccard, sechsstimmige Motette von Hammerschmidt, Hymne für Sopran-Solo, Chor und Orgelbegleitung von Mendelssohn, achtstimmiges Credo von Cherubini, Messe in C-Dur von Beethoven.

Instrumentalwerke: Concerto grosso für Orchester von Händel, Symphonie in D-Dur Nr. 2 von Haydn.

1868. Vocalwerke: Der 42. Psalm von Mendelssohn, Requiem von Cherubini, Deutsche Volkslieder von Brahms, die h-moll Messe von J. S. Bach.

Die Aufführung des letzteren Werkes darf eine künstlerische That genannt werden. Waren auch schon früher durch die Bach-Gesellschaft einzelne Theile aus der h-moll Messe aufgeführt worden, so gebührt doch dem Caecilien-Verein das große Verdienst, das Riesenwerk zum ersten Mal in Hamburg vollständig, und zwar am 21. April 1868 in der St. Catharinenkirche zu Gehör gebracht zu haben. Mit welcher Gründlichkeit der Leiter des Vereins bei der Einstudierung des Werkes voranging, mag allein schon aus der einen Thatsache erhellen, daß Voigt bereits im Frühjahr 1862 ein Circulär an Diejenigen erließ, welche sich verpflichten wollten, an der Einübung und Aufführung des Werkes sich zu betheiligen. Es waren 74 Sänger, die sich meldeten; im Verhältniß zu den Anforderungen, die die Messe an den Chor stellt, eine geringe Zahl von Mitwirkenden. Bei der Aufführug selbst im Jahre 1868 wirkten 34 Soprane, 27 Alt, 15 Tenöre, 20 Bässe, also im Ganzen 96 Personen mit. Die Soli sangen Frau Otto-Alvsleben aus Dresden, Sopran, Fräulein F. Schreck aus Bonn, Alt, Herr R. Otto aus Berlin, Tenor, und Herr Adolph Schulze aus Hamburg, Baß. Das Violin-Solo hatte Herr Musikdirector Böie, die Orgel Herr Degenhardt übernommen. Die Orgelstimme war von Arrey von Dommer ausgesetzt worden.

Die Hamburger Kritik war getheilt in ihrer Ansicht über den musikalischen Inhalt des Werkes. Ein Kritiker ging sogar so weit, den unglücklichen Vergleich mit Dante's göttlicher Komödie zu ziehen. Wie bei Dante der Text auch dem besten Kenner des jetzt geläufigen Italienisch nur auf dem Wege eines besonderen Studiums zugänglich werde, so bedürfe auch die h-moll Messe eigentlich eines Auditoriums von dafür eingeschulten Musikfreunden. Die ganze Oberflächlichkeit des betreffenden Referenten geht allein schon aus dem einen Vorwurfe hervor, daß die Messe kein Unterhaltungswerk sei. Als ob ein Kunstwerk nur der sinnlichen Unterhaltung dienen soll. Auffallend, wenn nicht befremdlich, ist das Urtheil eines so tüchtigen Musikers und geistvollen Kritikers wie Riccius. Nachdem er in klarer und höchst zutreffender Weise den Unterschied des Kunstschaffens der Hauptrepräsentanten des katholischen und protestantischen Kirchenstils klargestellt, fährt er folgendermaßen fort: „Bach hat sich seinen Messentext nicht anders zurecht gelegt, als die Worte seiner Passionen und alle die Bibelverse, die er in fast unzähligen Cantaten aus seiner immer schreibfertigen (!) Feder strömen ließ. Wie die glaubensstarken, zeitgenössischen Prediger in strengen Worten die Gotteslehre von den Kanzeln unter das Volk streuten, so machte er in strengem Anschluß an diese Maximen seine Musik und unwillkürlich (denn er konnte seinem so entschieden gestalteten Ich nicht widerstreiten) prägte sich seine h-moll Messe in Form und Gedanken nicht anders aus, als seine Natur und seine fast starr gewordenen Gewohnheiten dies gestatteten. Der durch die Tradition sanctionirte kirchliche Stil, dessen ästhetische Erbauungsfähigkeit am Ende doch immer anzuzweifeln bleibt, die Ausbrütung desselben durch die unerhörtesten und staunenswerthesten contrapunctischen und polyphonen Kunststücke, die Aufstellung von mehr interessanten, als schönen Motiven, das sind die uns auch hier entgegenstehenden künstlerischen Objecte. Es gehört eine künstlerische Lebenserfahrung, ein gutes Studium, ein gebildeter Verstand und ein fertiges Ohr dazu, um nach Besiegung der entgegen stehenden schweren Aufgaben den Herzensgenuß sich zu construiren, der doch immer die letzte Frucht aller künstlerischen Bestrebungen sein soll. Der Genuß oder vielmehr der Gewinn aus solchem Werke kommt zunächst immer dem ausgebildeten Künstler zu Gute, und es erscheint deshalb immer als ein Unternehmen von zweifelhafter Gabe (?), wenn dem Publikum so schwere geistige Lasten aufgebürdet werden. Die Messe gibt einen kunstreichen Satz nach dem andern, alle mit Wiederkehr derselben Stilweise, und daraus entspringt eine gewaltige Einförmigkeit, denn — wollen wir ehrlich sein — alle Fugen in der ganzen Welt gleichen sich fast wie Zwillingsgeschwister. Nach dem klar ausgesprochenen Thema kehren im ewigen Kreislaufe dieselben contrapunctischen, aushelfenden Figuren, derselbe Mechanismus wieder."

Oberflächlicher ist wohl kaum je über jenes Werk geschrieben worden, das zu den großartigsten Emanationen des menschlichen Geistes gehört, verkehrter von einem Fachmusiker wohl nie das Kunstschaffen Bach's charakterisirt und das Wesen einer der wichtigsten Kunstformen interpretirt worden wie hier. Noch absprechender lautete das Urtheil in einem anderen Hamburger Blatt, und Carl Grädener hatte wohl Recht, wenn er es öffentlich aussprach, daß man hierdurch dem Publikum auch den letzten Halt für sein ohnehin häufig genug mehr als vorschnelles Urtheil raube. Im Uebrigen wurde einstimmig das große Verdienst Voigt's gewürdigt, das er sich durch die Einstudierung der Messe erworben. Freilich war der Chor in den einzelnen Stimmen zu schwach besetzt, um das Werk in wirkungsvoller Weise zu Gehör zu bringen; auch sonst traten manche Störungen hinzu, die den Gesammteindruck abschwächten. Das Symptomatische war und blieb die ziemlich einmüthige Ablehnung des Werkes durch die Kritik.

Wir fahren nunmehr in unserer Uebersicht fort.

1869. Vocalwerke: Der 42. Psalm von Palestrina, Psalm 43 von Mendelssohn, Vocalmesse für Solostimme und Chor (a capella) von Hauptmann, Josua von Händel, Psalm 23 von Schubert, die Jahreszeiten von Haydn.

1870. Vocalwerke: Frühlingsbotschaft von Gade, Sommerlied von Schumann, Walpurgisnacht von Mendelssohn, Crucifixus von Palestrina, Anton Lotti's sechsstimmiges Crucifixus, achtstimmige Choral-Motette von Mendelssohn, achtstimmiger Psalm von Dommer, fünfstimmige Motette von J. S. Bach.

1871. Vocalwerke: Johannes-Passion von J. S. Bach, Adventlied von Schumann.
Instrumentalwerke: D-Dur Symphonie von Haydn.

1872. Vocalwerke: Misericordias von Mozart, Der Sturm von Haydn, Madrigal von Lotti, die Bach'sche Cantate: „Gottes Zeit ist die allerbeste", Belsazar von Händel, achtstimmige Motette: „Komm Jesu, komm" von J. S. Bach.
Instrumentalwerke: Die Symphonien c-moll und D-Dur von Haydn.

1873. Vocalwerke: Elias von Mendelssohn, Trauerhymne auf den Tod der Königin Karoline von England von Händel, achtstimmige Motette von Mendelssohn, fünfstimmige Motette „Jesu meine Freude" von J. S. Bach.
Instrumentalwerke: Symphonie D-Dur von Haydn.

1874. Vocalwerke: Samson von Händel, Messe in C-Dur von Beethoven, Jephta von Händel.
Instrumentalwerke: Es-Dur Symphonie von Haydn.

1875. Vocalwerke: Requiem von Mozart, Motetten von Mendelssohn und Haydn, das Eleusische Fest von Brambach.

Instrumentalwerk: C-Dur Symphonie von Haydn.

1876. Vocalwerke: Paulus von Mendelssohn, 8stimmiges Crucifixus von Lotti, doppelchörige Motette „Weil du mein Gott und Vater bist" von J. S. Bach, Requiem von Cherubini.

1877. Vocalwerke: Die Schöpfung von Haydn.

Am 13. April 1877 fand das letzte Concert unter Leitung Carl Voigt's statt. Das Programm war: Sechsstimmige Motette: „Du bist Petrus" von Palestrina, Joh. Eccard's sechsstimmiges „Vom Leiden Christi", ein vierstimmiges Offertorium von J. Schneider, J. M. Bach's fünfstimmige Choral-Motette: „Ich weiß daß mein Erlöser lebt", Mendelssohn's Hymne für Alt, Solo, Chor und Orchester, Haydn's Chor „Der Sturm", Reinecke's altfranzösisches Lied, Frühlingsliebe von Hauptmann, Schön Rothtraut von Schumann, „Im Wald" von Mendelssohn, „Sommerlied" von Schumann, „Mailieb" von Hauptmann, Wanderer's Nachtlied von Schnyder von Wartensee, Lob des Frühlings von Mendelssohn, g-moll Symphonie von Mozart.

Dem scheidenden Dirigenten, der 37 Jahre lang mit aufopfernder Hingebung und Treue die Wege des Vereins geleitet, dessen Aufführungen einen Ruf sich erworben, der weit über das Weichbild Hamburgs hinausreichte, wurden nach beendigtem Concert die wärmsten und aufrichtigsten Ovationen dargebracht. Auch die Presse hielt dem verdienstvollen Künstler ehrende Nachrufe. Mit Recht durfte darauf hingewiesen werden, daß er durch seine langjährige treue Arbeit, durch mannhaftes Hochhalten seiner künstlerischen Ueberzeugung, in welcher ihn der rasche Wechsel zum Theil bestechender Gegenströmungen des Geschmacks nicht wankend zu machen vermocht hatten, sich ein Anrecht auf allgemeine Anerkennung erworben.

Voigt war nach Allem, was wir über ihn erfahren konnten, ein ebenso gründlicher wie lauterer und bescheidener Künstler; er hat niemals das Seinige gesucht. Still und unverdrossen wirkte er für das Ideal seiner Kunst. Im Caecilien-Verein hat er ein Concert-Institut geschaffen und fest fundamentirt, das ein nothwendiges Glied im Organismus des musikalischen Lebens in Hamburg bildet. Wir haben bereits ausgeführt, daß die Haupttendenz des Vereins sich auf die Pflege des a capella Gesangs richtete. Doch muß hier bemerkt werden — und es geht dies ja schon aus den mitgetheilten Programmen hervor —, daß die Aufmerksamkeit sich weniger der eigentlichen Blüthezeit des a capella Stils zuwandte, als speciell den Werken Mendelssohn's und Hauptmann's. Wir dürfen dabei aber nicht übersehen, daß es dem Gründer und langjährigen Leiter des Vereins hauptsächlich darum zu thun war, Geschmack und Verständniß für diesen Zweig der Kunst zu wecken. Und dann waren sicherlich auch andere Gründe hierfür noch mitbestimmend. Wir haben gelegentlich der Aufführung von Bach's h-moll Messe der Urtheile gedacht, die sogar einer der ersten Hamburger Kritiker über das Werk fällte. Dieselbe absprechende und wenig Verständniß für die Schöpfungen unserer großen Meister des kirchlichen Vocalstils bekundende Kritik finden wir bei der Beurtheilung Händel'scher Werke. Da lesen wir von Zopfthum, Schablone, Formalismus, und wie dergleichen Schlagwörter heißen, die einen Musiker von dem weiten musikalischen Horizont eines Grädener schon einmal zu einem öffentlichen Protest herausgefordert hatten. Nannte doch ein bekannter Hamburger Kritiker, derselbe, welcher die h-moll Messe in den Papierkorb geworfen hatte, die Werke Bach's und Händel's eine Musikgattung traditionell gewordener Normen. Mendelssohn habe die Versteinerung derselben und die aus der Hingebung an ihnen erfolgende Ertödtung des modernen Musiklebens begriffen; seine „geläuterte Seelenaussprache" habe aber Bach und Händel aus dem Felde geschlagen. Bei einer solchen Stimmung — nur die Kritiken v. Dommer's und Emil Krause's bekunden tieferes Verständniß und warme Begeisterung für die Werke eines Händel und Bach — wäre es vom Leiter des Vereins gewagt gewesen, den älteren a capella Gesang einzuführen, und ganz besonders zu einer Zeit wie in den ersten Decennien seines Bestehens. Mit Recht wies von Dommer in einem größeren Aufsatz im Hamburgischen Correspondenten darauf hin, mit welcher Scheu selbst noch heutigen Tages bessere Mitglieder unserer Vereine an das

Studium eines neuen Bach'schen oder sonst schwierigen Werkes herangehen, mit welchen Fabeln von Bach's Unsangbarkeit man sich zu rechtfertigen sucht, und wie man anderen älteren Meistern Trockenheit, Langweiligkeit und wer weiß was sonst noch nachsagt. Man kann daher unschwer errathen, welchen Standpunkt solchen Fragen gegenüber man in früheren Jahren eingenommen hätte. Daß der Caecilien-Verein auch späterhin Mendelssohn und Hauptmann bevorzugte, verdient daher durchaus nicht den Vorwurf künstlerischer Einseitigkeit, es war dies mehr ein Act der Pietät gegen diejenigen Meister, welche in erster Linie ihm die Pfade in die Oeffentlichkeit geebnet hatten. Doch fanden mit der Zeit, wie aus den Programmen hervorgeht, auch die älteren deutschen und italienischen Vocal-Componisten mehr Berücksichtigung. Seit dem Jahre 1867 hat der Verein auch dem Madrigal seine Aufmerksamkeit zugewandt.

Wie die Sing-Akademie, so hat auch der Caecilien-Verein den größten Theil seiner Ueberschüsse zu wohlthätigen Zwecken verwendet. So wurden z. B. in den Jahren 1869/70 9405 ℳ wohlthätigen Anstalten zugewiesen.

Herrn Julius Spengel[1]) wurde die Ehre zu Theil, zum Nachfolger Karl Voigt's erwählt zu werden. Er hat die Traditionen des Vereins treu gehütet und gepflegt, und des ihm übertragenen Amtes in gewissenhafter und von künstlerischem Geist beseelter Weise gewaltet. Von der Kritik wurde dies gleich von Anfang anerkannt, und Herr Spengel hat bis heute treu gehalten was er versprochen. Unter seiner Leitung erreichte die Mitgliederzahl, nachdem sie sich schon 1879/80 von 118 auf 154 gehoben, die verhältnißmäßig immerhin hohe Ziffer 175; es geschah dies im Jahre 1883/84. In den darauffolgenden

---

[1]) Julius Spengel ist am 12. Juni 1853 in Hamburg geboren. In Klavier und Theorie genoß er den ersten Unterricht von Karl Voigt, auf der Violine von H. E. Kayser. Im Jahre 1867 bezog er das Kölner Conservatorium, ging aber schon im darauf folgenden nach Berlin, wo er in die Königliche Hochschule trat und unter Joachim, Kiel, Rudorff und Schulze bis 1872 seine Studien fortsetzte. Seitdem lebt er in Hamburg.

Jahren sank sie auf 162 resp. 165. Die schwache Seite des Vereins bleibt immer die Besetzung der Tenöre und Bässe, doch ist in den beiden letzten Jahren auch hier ein Schritt zum Besseren geschehen.

Am 9. November 1877 dirigirte Herr Spengel das erste Abonnements-Concert der Saison. Zum Vortrag kamen die achtstimmige Motette „Fürchte dich nicht" von J. S. Bach, das Schicksalslied von Brahms, Mendelssohn's Morgengebet aus op. 48, Romanzen für Frauenchor von Schumann aus op. 69 und 91, Auferstehungsklänge, drei Lieder für 4—5 stimmigen Chor von C. Grädener und ein fünfstimmiges Madrigal von Th. Morley sowie die C-Dur Symphonie von Beethoven. In Nachstehendem geben wir eine gedrängte Uebersicht der in den folgenden 10 Jahren aufgeführten Werke.

1878. Vocalwerke mit Orchester: Weihnachts-Oratorium von J. S. Bach, Mirjam's Siegesgesang von Franz Schubert, Finale aus der unvollendeten Oper Loreley von Mendelssohn, Frauenchor mit Begleitung von zwei Hörnern und Harfe von Brahms op. 17, Meeresstille und glückliche Fahrt von Beethoven, Requiem für Mignon von Schumann.

A capella-Gesänge von Orlando di Lasso, Leo Hasler, Joh. Brahms, Max Zenger, Robert Schumann und N. W. Gade, G. Corsi, Lechner, Mendelssohn, Hauptmann, Wüllner, Radecke, Antonius Caldara (16 stimmiges Crucifixus), Peter Cornelius, Robert Volkmann und Julius Spengel.

Instrumentalwerke: H-Dur Symphonie von Haydn, D-Dur Symphonie von Beethoven.

1879. Vocalwerke mit Orchester: Das Paradies und die Peri von Schumann, Elegischer Gesang für 4 stimmigen Chor und Streich-Orchester von Brambach, Chor von Haydn, Belsazar von Händel.

A capella-Gesänge von Heinrich Schütz, Caldara, Schumann, Mendelssohn, Cornelius, Spengel, Schubert, Thomas Morley, Joh. Bartels, Volkmann, Rudorff, Hauptmann.

Instrumentalwerke: Händel's Concerto grosso in g-moll.

1880. Vocalwerke mit Orchesterbegleitung: Schubert's vierstimmiger Chor mit Begleitung des Streichorchesters „Gott in der Natur", sowie dessen Gesang der Geister über den Wassern, Ein deutsches Requiem von Brahms, „Der Rose Pilgerfahrt" von Schumann, Elias von Mendelssohn.

A capella-Gesänge von Heinrich Schütz, Mendelssohn, Brahms, Leo Hasler, Schumann, Gade, Radecke, Thomas Morley, John Dowland, Aug. Walter, Spengel.

Instrumentalwerke: Serenade von Robert Fuchs für Streichorchester in e-moll op. 21.

In diesem Jahre wurde am 17. December in den Räumen von Dencker's Gesellschaftshaus das 40jährige Stiftungsfest des Vereins gefeiert, wobei der um den Caecilien-Verein hochverdiente Herr James Campbell die Festrede hielt. Hierauf wurden eine Reihe von „alten, lieben Liedern" gesungen; alsdann folgten ernste und scherzhafte Aufführungen.

1881. Vocalwerke mit Orchesterbegleitung: Messe in c-moll von Mozart, Psalm 63 von Reinthaler, „Gesang an die Sterne" von Rudorff, „Gott in der Natur" von Schubert, (die Clavierstimme von Spengel für Orchester eingerichtet), Schicksalslied und Begräbnißgesang von Brahms.

A capella Gesänge von Mozart, Heinrich Isaac, Schumann, Brahms, Riccius, C. G. P. Grädener, Cherubini, Hasler, Haydn, Schubert, Mendelssohn, J. S. Bach.

Instrumentalwerke: Es-Dur Serenade für Blas-Instrumente von Mozart, Ouvertüre zu Tieck's Märchen „Der blonde Eckbert" von E. Rudorff, Es-Dur Symphonie von Beethoven.

1882. Vocalwerke mit Orchester: Johannes-Passion von J. S. Bach; „Am Traunsee" für Baryton-Solo, Frauenchor und Streichorchester, Cantate „Wachet auf" von J. S. Bach, „Nänie" von Brahms, „Rheinmorgen" von A. Dietrich, „Lied und Reigen" von J. Herbeck.

A capella-Gesänge von Vulpius, Purcell, Pearsall, Bartels, Riccius, Reinthaler, A. Becker, Palestrina, Haydn, Hasler, R. J. S. Stevens, Spengel, Dietrich, Wüllner, Mendelssohn, Marenzio.

Instrumentalwerke: Concert für Streichorchester in D-Dur von Händel.

1883. Vocalwerke mit Orchester: Missa solemnis von Cherubini, Gesang der Parzen von Brahms, Saul von Händel.

A capella-Gesänge von Brahms, Hasler, Marenzio, Scandellus, Jensen, Schweitzer, Spengel, Barth, Rheinberger, Mendelssohn, Schumann, Herbeck, Dietrich.

Instrumentalwerke: Akademische Fest-Ouvertüre von Brahms.

Den Glanzpunkt in diesem Jahre bildete das Concert vom 6. April, das nur Werke von Brahms brachte; der Componist wirkte mit. Das Programm war folgendes:

Concert in B-Dur für Pianoforte und Orchester, Motette für a capella Chor: „Warum ist das Licht gegeben dem Mühseligen", Gesang der Parzen, deutsche Volkslieder für 4 stimmigen Chor a capella, zwei Rhapsodien für Pianoforte op. 79, Gesänge und Lieder für gemischten Chor a capella aus op. 42 und 62, Akademische Fest-Ouvertüre.

1884.[1]) Vocalwerke mit Orchester: Der 114. Psalm von Mendelssohn, Frauenchor von Thieriot und Wüllner, Paulus von Mendelssohn, Nänie und erster Theil des Triumpflieds von Brahms.

A capella-Gesänge von Palestrina (Kyrie und Gloria aus der Missa Papae Marcelli), Nicolai v. Wilm, H. Schütz, Herzogenberg, M. Prätorius, J. Eccard, Mendelssohn, Brahms.

Instrumentalwerke: Tragische Ouvertüre von Brahms.

1885. Vocalwerke mit Orchester: Te deum von Mendelssohn, die Jahreszeiten von Haydn.

A capella-Gesänge von J. S. Bach, Friederici, J. B. Lully, Schumann, Mendelssohn, Thieriot, Hiller, Spengel, Brahms.

1886. Vocalwerke mit Orchester: Trauer-Cantate auf den Tod Josef des Zweiten von Beethoven, Walpurgisnacht von Mendelssohn, Schicksalslied von Brahms, sowie dessen Triumpflied zweiter Theil, Samson von Händel.

A capella-Gesänge von Brahms, Thomas Morley, L. Lechner, Gassoldi, Riemann, Thieriot, Mendelssohn, Arnold Krug, Spengel.

Instrumentalwerke: Ouvertüre zu Medea von Cherubini, Symphonie in d-moll von Spengel, c-moll Symphonie von Brahms.[2])

---

[1]) Auch in diesem Jahre leitete Brahms am 9. December zum Theil ein Concert, in welchem nur Compositionen von ihm aufgeführt wurden, u. A. das Triumpflied und zum ersten Male die F-Dur Symphonie.

[2]) Auch dieses Werk brachte der Verein in Hamburg unter Brahms' Leitung zum ersten Male zu Gehör.

1887. **Vocalwerke mit Orchester:** Cantate der Klage und des Trostes von Thieriot, Ein deutsches Requiem von Brahms, „Die Weihe der Nacht" von Herzogenberg, Die Kreuzfahrer von Gade.

A capella-Gesänge von J. S. Bach, J. R. Ahle, H. Isaac, M. Praetorius, Fr. Kiel, J. Brahms, Bülow, Wüerst, Orlando di Lasso, Daniel Friederici, Joh. Eccard, Reinecke, E. Krause, Mendelssohn.

Instrumentalwerke: Largo für 12 Blasinstrumente aus den sieben Worten von Haydn, Quintett in Es-Dur für Pianoforte, Oboe, Clarinette, Horn und Fagott von Mozart.

1888. **Vocalwerke mit Orchester:** Todesmusik für 6 stimmigen Chor mit Begleitung von Blasinstrumenten und Pauken von Spengel, Nachtgesang im Walde von Schubert, Beim Abschied zu singen von Schumann, Missa solemnis von Beethoven.

A capella-Gesänge von Palestrina (Sanctus, Ossana, Benedictus und Agnus Dei aus der Missa Papae Marcelli), Friederici, Stephani, Schumann, Henschel, C. G. P. Grädener, Fritz Kauffmann, Mendelssohn, Brahms, Jensen.

Instrumentalwerke: Serenade in c moll für Blasinstrumente von Mozart.

1889. **Vocalwerke mit Orchester:** Gloria aus einem Magnificat von C. Ph. E. Bach, Der Sturm von Haydn, Nachtlied von Schumann, Rinaldo von Brahms, Meeresstille und glückliche Fahrt von Beethoven.

A capella-Gesänge von Peter Cornelius, Ernst Rudorff, Franz Wüllner, Schweizer, Arnold Krug, Schumann, Brahms, Mendelssohn

Instrumentalwerke: Symphonie in C-Dur von R. Fuchs.

Aus dieser gedrängten Uebersicht dürfte hervorgehen, daß der Caecilien-Verein auch unter der Leitung des Herrn Spengel die Bahnen getreu weiter gewandelt ist, die ihm von den Stiftern vorgezeichnet worden sind. Nach einer Seite hin ist sogar ein Fortschritt zu constatiren. Herr Spengel hat von Beginn seiner Thätigkeit an es sich angelegen sein lassen, auch die älteren Meister des a capella Stils auf den Programmen zu berücksichtigen, ohne das Beste der zeitgenössischen Componisten dabei zu übersehen. Daß die größeren Instrumental-Werke mehr zurücktreten, kann nur gebilligt werden. Sie dürften füglich ganz ausgeschlossen bleiben, da wir zwei große Concert-Institute, die Philharmonie und die von Wolff in Berlin im Jahre 1886 gegründeten Abonnements-Concerte besitzen, welche sich die Pflege dieses Gebiets angelegen sein lassen. Der Schwerpunkt des Caecilien-Vereins wird stets im a capella-Gesang liegen. Hier offenbart sich die solide Schule, die strenge künstlerische Zucht und das gewissenhafte Studium; hier kann nichts vertuscht und verbrämt werden, Alles hat plastisch, klar, übersichtlich hervorzutreten, die feinste Nüance zum Ausdruck zu gelangen. Diesen strengen Anforderungen entspricht der Verein in hohem Grade. Möge er auch künftighin die bisherigen Wege treu weiter wandeln.

IV.
Die Bach-Gesellschaft.

Die im Jahre 1855 gestiftete Hamburger Bach-Gesellschaft hatte ursprünglich den Zweck, durch das Studium und eine möglichst vollkommene Aufführung der Werke des großen Thomas-Cantors, den Sinn und das tiefere Verständniß für dessen Kunstschaffen zu wecken und zu fördern. Sollten auch die Werke anderer Classiker nicht von den Programmen ausgeschlossen sein, so ging doch das Streben in den ersten Jahren des Bestehens der Gesellschaft dahin, die Schöpfungen Bach's in den Mittelpunkt ihrer Aufführungen zu rücken. Es war Ferdinand von Roda, ein Künstler von gründlicher musikalischer Bildung, dem es gelang, eine kleine, aber gewählte Schaar von Sängern um sich zu sammeln, die sich unter dem Namen „Bach-Gesellschaft" im September 1855 constituirte. Der erste Uebungsabend fand am ersten Dienstag im October 1855 in der Wohnung des Musikalienhändlers August Cranz statt. Zunächst wurden nur Bach'sche Choräle gesungen, ihnen schloß sich jedoch bald das Studium von Motetten an. Die Art und Weise aber, wie v. Roda in der Behandlung Bach's vorging, können wir durchaus nicht billigen; sie entsprach nicht der Pietät, die man den Werken eines Künstlers von dieser Größe und Bedeutung schuldig ist. Er stellte nämlich Arien, Duette und Chöre aus verschiedenen Werken zusammen, instrumentirte sie nach eigenem Ermessen, und nannte dann dieses

Opus eine Bach'sche Cantate. Außerdem wurden noch die Motetten: „Lobe und Ehre" und „Singet dem Herrn" vorgetragen. Die erste Aufführung fand im Wörmer'schen Saale im April 1856 statt. Sowohl bei der Kritik wie beim Publikum fand dieselbe ungetheilten Beifall, und führte der Gesellschaft neue Freunde und Mitglieder zu, so daß man genöthigt war, zum Uebungslokal den kleinen Saal in der Tonhalle zu nehmen. Die zweite Aufführung in der Petrikirche am 16. October 1856 war zugleich das Abschieds-Concert des Herrn von Roda, der einen Ruf als akademischer Musikdirector nach Rostock erhalten hatte. Zur Aufführung kamen Soli und Chöre aus verschiedenen Cantaten, sowie die achtstimmige Motette: „Fürchte dich nicht". Die Gesellschaft wählte nunmehr Herrn G. Armbrust,[1]) der seine rege Theilnahme für die Bestrebungen und Zwecke derselben bethätigt hatte, zum musikalischen Leiter. Unter seiner Leitung wurden am 30. October 1856 aus Anlaß der Jahresfeier der Gustav-Adolf-Stiftung, die erwähnten beiden Motetten in der Petrikirche nochmals vorgetragen. Nun ging Armbrust sofort an die Einstudierung der Bach'schen Messe in A-Dur, die am Himmelfahrtstage 1857 theilweise während des Hauptgottesdienstes zum Vortrag kam. Die Gesellschaft erwarb sich hierdurch den Dank des Kirchen-Collegiums. Als nächste Aufgabe hatte sich Armbrust das Studium des Weihnachts-Oratoriums gestellt. Die ersten drei Theile desselben wurden in einem Concert zum Besten des Gustav-Adolph-Vereins am 18. November 1857, die drei übrigen Theile am 1. Februar 1859 in der St. Petri-Kirche aufgeführt.[2]) Die Kritik sprach sich in ebenso anerkennender wie verständnißvoller Weise über das Werk aus. Sie betonte weiter, daß die

---

[1]) Georg Armbrust ist am 17. März 1818 in Harburg geboren. Ursprünglich dem Lehrerberuf bestimmt, besuchte er das Seminar in Hannover, genoß dann später den Unterricht von J. F. Schwencke im Orgel- und von Jacob Schmitt im Clavierspiel. Anfang der fünfziger Jahre wurde er Organist an der Petrikirche. Er starb am 3. Mai 1869 in Folge eines Schlaganfalls.

[2]) Zu jener Zeit bestand der Verein aus 98 activen Mitgliedern, und zwar aus 33 Sopran, 24 Alt, 13 Tenor und 28 Bassisten.

Gesellschaft in kurzer Zeit aus den bescheidensten Anfängen zu künstlerischer Bedeutung sich erhoben habe. Zu bedauern ist nur, daß bald nach Roda's Scheiden die Statuten insofern eine Erweiterung erfuhren, als die Werke Bach's nicht mehr in den Mittelpunkt gestellt sondern betont wurde, daß auch die älteren Meister „in möglichst vollendeter Weise" zu Gehör gebracht werden sollen. Wir verkennen durchaus nicht die Schwierigkeit für einen Verein, ausschließlich die Schöpfungen nur eines Meisters aufzuführen; sowohl das Interesse der Mitglieder wie des Publicums würde durch eine solche Bevorzugung erlahmen und schwinden. Es kann daher sowohl vom musikalischen Standpunkt wie von den allgemeinen Rücksichten aus, die ein jedes Concertinstitut auf sein äußeres Fortkommen zu nehmen hat, gebilligt werden, daß auch Werke anderer „älterer Meister" zur Aufführung in Aussicht genommen wurden. Aber man hätte dieses Princip consequenter durchführen sollen, der Verein würde dann auch eine bestimmtere Physiognomie erhalten haben. Aber die Programme glichen oft einem bunten Würfel. So lautet z. B. der zweite Theil eines Programmes aus dem Jahre 1858: „Achtstimmige Motette von J. S. Bach, Berceuse von Chopin, Fest-Scene aus Tannhäuser, von Liszt für Pianoforte bearbeitet, Choral „Jesu meine Freude" von J. S. Bach."

Mit unseren Ausstellungen sollen die Verdienste, welche die Bach-Gesellschaft sich erworben, noch weniger das lebenskräftige Streben ihres damaligen Dirigenten verkannt werden; hat der Verein doch unter Armbrust seine höchste Blüthe erreicht. Es war kurz nach der Aufführung des zweiten Theils vom Weihnachts-Oratorium, daß der Verein zur Einübung der h-moll Messe schritt; doch wurden nur das Kyrie und Gloria am 20. März 1860 in der St. Petri-Kirche öffentlich aufgeführt. In der Saison 1862/63 war die Zahl der activen Mitglieder auf 124 gestiegen. Unter ihnen wie unter den socialen Mitgliedern befanden sich damals die angesehensten Persönlichkeiten Hamburgs, und im Chor wirkten nicht nur die tüchtigsten Dilettanten, sondern auch Musiker von Fach mit, wie u. A. Ludwig Deppe und Adolf Schulze. Wie hoch die Verdienste Armbrust's um die Hebung der Gesellschaft selbst wie um die Pflege des Bach'schen Geistes waren, mag folgendes Verzeichniß derjenigen Werke erweisen, die während seiner Dirigententhätigkeit zur Aufführung kamen.

Chorwerke von J. S. Bach: Messe in A-Dur, Weihnachts-Oratorium, Cantate: Herr Gott dich loben wir, Motette: Lob und Ehre, Motette: Komm Herr Jesu, die Cantaten: Bleibt bei uns, Laßt uns jauchzen, Du Hirte Israels, Liebster Gott, Gottes Zeit ist die allerbeste Zeit, Ein' feste Burg, Ich hatte viel Bekümmerniß. Weiter das Kyrie und Gloria aus der h-moll Messe, die Passionen nach Matthäus und Johannes, das Magnificat. Außerdem verschiedene Choräle, die Pfingst-Cantate, der 117. Psalm, Präludien und Fugen, sowie ein Concert für 2 Flügel.

Von anderen Componisten wurde zu Gehör gebracht: Magnificat von Durante, die Oratorien Jephta und Alexanderfest sowie der Psalm „Preist ihn" von Händel, das Requiem von Jommelli, die 7 Worte von Schütz, Adventslied von Strobäus u. s. w.

Ein harter Schlag für die Gesellschaft war der am 5. Mai 1869 unerwartet eingetretene Tod Armbrust's. An dessen Stelle trat Capellmeister **Gottfried Herrmann** aus Lübeck. Doch wurde der neue Dirigent bald nach seinem Amtsantritt von einer langwierigen Krankheit befallen, die ihn zur Niederlegung seiner Stellung veranlaßte. Unter seiner Direction wurde in der Saison 1869/70 nur eine Privat-Soirée veranstaltet, deren Programm einen ganz modernen Zuschnitt hatte. Es kamen zum Vortrag das D-Dur Trio von Beethoven, Ungarische Tänze von Brahms, geistliche Lieder von Franck und v. Dommer, sowie ein Streich-Quartett von Schubert.

Herrmann's Nachfolger, Herr **Heinrich Degenhardt**, Organist an St. Catharinen, hatte keinen leichten Stand. Der rasche und mehrmalige Wechsel des Dirigenten hatte auf die Gesellschaft nicht günstig eingewirkt; auch war das Interesse für die eigentlichen Ziele derselben bei den Mitgliedern selbst wie beim Publicum ziemlich erkaltet. Herr Degenhardt fand nur noch 80 Sänger vor, deren gesangliches Können zudem nicht einmal auf einer besonders hohen Stufe stand. Der neue Dirigent that zwar sein Möglichstes, um dem Verein neue Lebenskräfte zuzuführen. Aber das Interesse war nun einmal geschwunden und nicht wieder aufzufrischen, und so legte Degenhardt, das Vergebliche seiner Bemühungen erkennend, im Sommer 1872 die Direction nieder. In den beiden Jahren seiner Vereins-Thätigkeit waren zwei öffentliche und zwei Privat-Aufführungen veranstaltet worden. Von Bach kamen zum Vortrag:

Die Cantate: Ein' feste Burg, der zweite Theil des Weihnachts-Oratoriums, die beiden Motetten „Jesu meine Freude" und Lob und Ehre; außerdem die Fantasie und Fuge in g-moll für Orgel, sowie eine Sonate für Violine und Orgel.

Als Herr Degenhardt die Leitung niedergelegt hatte, schien die Auflösung der Bach-Gesellschaft unabwendbar zu sein. Doch wollte der Vorstand noch einen letzten Versuch machen; es gelang ihm, in Herrn Adolph Mehrkens[1]) einen Künstler zu gewinnen, der sich mit Feuereifer der schweren Aufgabe unterzog, die gesunkenen Kräfte des Vereins wieder zu beleben; seiner Thatkraft gelang es, eine zweite Blüthe-Periode der Bach-Gesellschaft herbeizuführen.

Bei der ersten Uebung am 9. October 1872 waren es nur noch 58 Mitglieder, die sich einfanden, um weltliche a capella Lieder einzustudiren. Solches lag nun freilich nicht in der Tendenz des Vereins, aber mit den vorhandenen Kräften ließen sich keine höheren, anspruchsvolleren Zwecke verfolgen und noch weniger erreichen. Es war auch der einzig richtige Weg, den man einschlagen konnte, um eine gründliche und tüchtige gesangliche wie musikalische Schulung des Chors zu erzielen. Es gelang Herrn Mehrkens auch, eine Anzahl seiner Schüler zum Eintritt in den Verein zu veranlassen, denen sich dann weitere frische jugendliche Kräfte anschlossen. So konnte nach einiger Zeit wieder eine Bach'sche Cantate: „O ewiges Feuer" auf das Programm gesetzt werden, wie sich auch das Interesse des Publicums den Bestre-

---

[1]) Fr. Adolph Mehrkens ist am 22. April 1840 zu Neuenkirchen bei Otterndorf a. d. Elbe geboren. Ursprünglich dem Lehrerstand angehörend, ging er bald zur Musik über und besuchte das Leipziger Conservatorium. Seit 1862 lebt er in Hamburg.

bungen der Bach-Gesellschaft mit neuem Eifer zuwandte. Auch die Kritik begleitete und ermunterte das ernste Wollen und Streben des Vereins durch freundliche Anerkennung, die dann wieder auf die Mitglieder selbst wohlthuend rückwirkten. So hatte der Chor im Jahre 1880 eine Höhe der Mitglieder erreicht und solche Fortschritte gemacht, daß im Herbst das 25jährige Jubiläum durch ein großes, dreitägiges Musikfest begangen werden konnte.

Dasselbe fand in den Tagen des 30. September und des 1. und 2. October statt. Der Chor bestand aus 400, das Orchester aus 105 Personen. Als Solisten betheiligten sich Frau Otto-Alvsleben aus Dresden, Fräulein Elisabeth Scheel aus Hamburg, Fräulein Asmann aus Berlin, Frau Essipoff aus Wien, sowie die Herren Candidus aus Frankfurt und Hungar aus Dresden. An der Orgel saßen die Herren Armbrust und Degenhardt.

Das Fest-Concert des ersten Tages wurde mit Bach's Toccata in d-moll für Orgel eröffnet, worauf das Händel'sche Oratorium „Salomo" folgte. Das Programm des zweiten Fest-Concertes enthielt das Magnificat von J. S. Bach, die Ouvertüre zu „Iphigenia in Aulis" von Gluck, den Kaisermarsch von Wagner, das a-moll Concert für Clavier von Schumann, sowie kleinere Werke von Weber, Brahms, Chopin und Rameau, während am dritten Tage Einleitung, Pastorale und drei Chöre aus Liszt's Oratorium Christus, Lieder von Brahms, Jensen, Schubert, Hiller, Reinecke, Holstein u. A., außer Solo-Instrumental-Stücken noch die Hebriden-Ouvertüre von Mendelssohn sowie die A-Dur Symphonie von Beethoven zum Vortrag gelangten.

Mit diesem an und für sich im Ganzen gewählten Programm war doch die eigentliche Tendenz des Bach-Vereins durchbrochen, ja Bach nicht einmal durch ein großes Werk vertreten, das einen Abend ausgefüllt hätte. Und kann man sich einen größeren Gegensatz denken als Bach und Liszt? Die Werke des Letzteren sollten eigentlich von den Programmen einer Bach-Gesellschaft ausgeschlossen sein, und die Aufführung derselben anderen Vereinen überlassen bleiben. Auch noch in späteren Jahren sind u. A. die heilige Elisabeth von Liszt und größere Vocal-Schöpfungen mit Orchester von Berlioz zum Vortrag gebracht worden. Es kann und darf zwar nicht geleugnet werden, daß der Bach-Gesellschaft das Verdienst zukommt, diese Werke der neu-romantischen Schule zum ersten Male in Hamburg aufgeführt zu haben, aber es darf hierüber der eigentliche Zweck, das von den Gründern gewollte Ziel nicht außer Augen gelassen, und in der Auswahl von Compositionen modernen Characters etwas conservativer vorgegangen werden. Auf Bach's Werke allein kann sich ein Verein, wie wir bereits ausgeführt haben, unmöglich beschränken, aber bestimmte leitende Gesichtspunkte bei Aufstellung der Programme sollten doch streng eingehalten werden.

Wir geben nunmehr in Nachstehendem eine Uebersicht über die Leistungen der Bach-Gesellschaft in den Jahren 1881—1889.

Es kamen zur Aufführung:

1881. Te Deum von Kiel, Ein Traum in der Christnacht von Ferd. Hiller, Prometheus, symphonische Dichtung von Liszt, sowie dessen Es-Dur-Concert.

1882. Messe in F-Dur von J. S. Bach, Offertorium für Doppelchor und Orchester von Mozart, Der achtstimmige Psalm „Da Israel aus Aegypten zog" von Mendelssohn, Die Jahreszeiten von Haydn, Cantate von E. Krause, Sommertags-Bilder für Chor und Orchester von Reinecke.

1883. Kleinere Vocal- und Instrumentalwerke von Lassus, Palestrina, Melchior, Franck, Heinrich Schütz, Frescobaldi, Stradella, Lotti, Händel, Bach, Locatelli, Jommelli, Beethoven, Mendelssohn. Dieselben kamen sämmtlich in einem vom Verein veranstalteten „Historischen Kirchenconcert" zur Aufführung. Im Concert vom 20. April: Pesther Carneval und Phantasie aus den Ruinen von Athen von Liszt, Frühlingschor mit Orchester von Mehrkens, Christus von Liszt.

1884. Jung Baldur von Meinardus, Te Deum von Berlioz, Symphonie von Mehrkens.

1885. Caecilien-Ode von Händel, Der Stern von Bethlehem von Kiel, Magnificat von Bach, Grauer Messe von Liszt.

1886. Die heilige Elisabeth von Liszt, Te Deum von Mehrkens, Christus von Kiel, Sinfonietta von Chieriot.

1887. Reformationsfest-Cantate von Bach, Cantate „Bleib bei uns" von Bach, Te Deum von Mehrkens.

1888. Elias von Mendelssohn, Johannes-Passion von Bach.

1889. Deborah von Händel.

Außer diesen Werken gelangten noch verschiedene Bach'sche Cantaten und Motetten, das Requiem von Brahms, Redemption von Gounod, Heracles von Händel, sowie größere Instrumental-Werke, u. A. auch die neunte Symphonie von Beethoven unter Mehrkens zur Aufführung.

Wir ersehen aus Allem, welche Verdienste der neue Leiter sich um die Bach-Gesellschaft erworben hat, die heute über eine stattliche und wohlgeschulte Sängerschaar gebietet. Die vergangene Saison 1888/89 wurde mit einer ausgezeichneten Aufführung von Händel's Deborah geschlossen. Es ist nur zu wünschen, daß dem Verein die Sympathien und das Interesse des Publicums in erhöhterem Grade sich zuwenden mögen, als dies bisher der Fall war.

V.
Der Concert-Verein.

Der von Herrn Musikdirector Otto Beständig im September 1865 gegründete „Concert-Verein" verfolgt den Zweck, Vocalwerke mit und ohne Orchesterbegleitung, unter vorzugsweiser Berücksichtigung der Schöpfungen neuzeitlicher Componisten zur Aufführung zu bringen. Diesem Programm ist der Verein bis auf die Einführung von Symphonie- und Solisten-Concerte, von denen die Statuten nichts enthalten, treu geblieben; er hat sich damit eine Wirkungssphäre geschaffen, die ihn nach einer ganz bestimmten Richtung von jener der anderen Hamburgischen Concert-Institute abgrenzte. Daß der Concert-Verein neben den anderen älteren und fest-fundirten Associationen keinen leichten Stand hatte, und sowohl er wie die Bach-Gesellschaft mit Schwierigkeiten aller Art stets im Kampfe lagen, ist wohl zu begreifen. Um so mehr muß es anerkannt werden, daß trotz der großen persönlichen Opfer, trotz aller Schwierigkeiten, die einer stetigen und gleichmäßigen Entwicklung im Wege standen, der Concert-Verein und sein rühriger, der Sache mit allen Kräften treu hingegebener Leiter, unentwegt die Fahne hoch gehalten haben. Die Concurrenz hat in unseren Tagen auch von der musikalischen Kunst Besitz ergriffen; überall entstehen neue Concert-Institute, und dem Stärkeren gehört, nach dem unerbittlichen Naturgesetz, das auch auf diesem Gebiete seine Wirkung äußert, die Macht. Ob dieselbe nur eine vorübergehende ist oder sich dauernd zu behaupten vermag: so lange sie herrscht, saugt sie eben die übrigen Kräfte an sich. Und doch sind die Concert-Institute, wie die Philharmonie, die Sing-Akademie, der Caecilien-Verein, die Bach-Gesellschaft und der Concert-Verein, die grundlegenden und erhaltenden Factoren des musikalischen und künstlerischen Lebens gewesen; ein jedes in seiner Sphäre, und nach dem Maße seiner Mittel und seiner Kräfte. Man ist in unseren Tagen zu leicht geneigt, über jede neue, durch hervorragende geistige Begabung hervorstechende glänzende Erscheinung, das längst bestehende Gute zu vergessen oder gar zu mißachten. Der Historiker aber, welcher prüfenden und vorurtheilslosen Blicks Vergangenheit und Gegenwart an einander abmißt, wird auch Jenen Gerechtigkeit und Anerkennung widerfahren lassen müssen, die wie der Concert-Verein in ihrer Weise, mit ihren Mitteln und Kräften dem Guten und Schönen nachgestrebt und das Beste gewollt haben. Wenn wir die Programme des Vereins durchgehen, so werden wir finden, daß der Dirigent bemüht war, jedes bedeutendere zeitgenössische Vocal-Werk zur Aufführung zu bringen. Auch hinsichtlich der Instrumental-Schöpfungen moderner Componisten verfolgte er dasselbe Princip; doch lag dieses eigentlich außerhalb des von den Statuten gezogenen Wirkungskreises, denn für die Vorführung dieser Werke waren die Philharmonische Gesellschaft und der Caecilien-Verein berufen. Vielleicht ging der Vorstand bei der Einführung von gemischten, also Symphonie- und Vocal-Concerten, von dem leitenden Gedanken aus, den Mitgliedern des Vereins und dessen Freunden, die sich doch wieder aus anderen Gesellschaftskreisen zusammensetzen als jene der vorgenannten Concert-Institute, die Bekanntschaft der neuesten Erscheinungen auf instrumentalem Gebiet zu vermitteln, zumal die Eintrittspreise sich hier bedeutend niedriger gestalteten. In den letzten Jahren hat man jedoch von solchen Aufführungen wieder abgesehen, und sich auf den Boden der Statuten gestellt.

Der Concert Verein.

Der Concert-Verein trat in den ersten Jahren seines Bestehens nicht an die Oeffentlichkeit; er legte den Schwerpunkt seines Wirkens mehr auf das Studium einfach gehaltener mehrstimmiger Gesänge, um den Chor zu schulen und sicher zu machen. Mit der Zeit wagte man sich auch an größere Werke. So wurden Ende der sechsziger Jahre auch schon größere Chor-Compositionen wie das Finale aus der unvollendeten Oper Loreley von Mendelssohn, dessen 42., 100. und 114. Psalm und die Hymne „Hör' mein Bitten", außerdem die Chor-Phantasie von Beethoven u. s. w. aufgeführt.

Regelmäßige Concerte fanden erst seit 1871 statt. An Chorwerken kamen in der Periode 1871—1889 zur öffentlichen Aufführung:

1871. Das Liebesmahl der Apostel von Wagner, Meeresstille und glückliche Fahrt von Beethoven, Erlkönigs Tochter von Gade, Deutscher Hymnus von O. Beständig.

1872. Das Mädchen von Kolah von Reinthaler, Normannenzug von Bruch, Calanus von Gade.

1873. Nordische Sommernacht von Gernsheim, Die Kreuzfahrer von Gade.

1874. In der Wüste von Reinthaler, Römischer Triumpfgesang von Bruch, Colama von Gade.

1875. Beim Sonnenuntergang und Erlkönigs Tochter von Gade. Prinzessin Ilse von Erdmannsdörfer, Schön Ellen von Bruch, Römischer Triumpfgesang von Bruch.

1876. Rheinmorgen von Dietrich, Athalia von Mendelssohn, Jubilate von Bruch, Requiem von Fr. Lachner, Die Flucht der heiligen Familie von Bruch und dessen Normannenzug, Die Kreuzfahrer von Gade.

1877. Das Liebesmahl der Apostel von Wagner, Schneewittchen von Reinecke, Frühlings-Phantasie für 4 Solostimmen und Orchester von Gade, Das Märchen von der schönen Melusine von Hofmann, Stabat mater von Kiel, Der Raub der Sabinerinnen von Vierling.

1878. Pharao von Hopffer, Morgenlied von Raff, Geistliches Abendlied für Tenor-Solo und Orchester von Reinecke und dessen Dornröschen, Das Lied vom deutschen Kaiser von Bruch, Arminius von Bruch.

1879. Des Liedes Verklärung von E. Mertke, Requiem von Lachner, Schneewittchen von Reinecke, Calanus von Gade.

1880. Hymne von E. F. Richter, Chor von Rosenfeld, Das Lied von der Glocke von Romberg, Schön Ellen von Bruch, Arminius von Bruch.

1881. Rheinmorgen von Dietrich, Finale aus Loreley von Mendelssohn, Der Raub der Sabinerinnen von Vierling, Beim Sonnenuntergang, Concertstück von Gade.

1882. Der Pilot, Concertstück für Chor und Orchester von Hofmann, Römische Leichenfeier von Bruch, Das Weltgericht von Schneider, Verheißung, Concertstück für Chor und Orchester von Jadassohn, Pharao von Hopffer.

1883. Morgenlied von Raff, Scene für Solo, Chor und Orchester aus der Oper Loreley von Bruch, Jephta von Reinthaler, Herbstlied von H. Berthold, Germanenzug von J. Tausch, Des Liedes Verklärung von Mertke.

1884. Rorate coeli von Bruch, Ave Maria von Reinecke, Die Zerstörung Jerusalems von Hiller, Frithjof auf seines Vaters Grabhügel von Bruch, An die Hoffnung von A. Krug, Comala von Gade, Te deum von R. Thoma.

1885. Gelegentlich der Bach- und Händelfeier: Crucifixus und Resurrexit aus der h-moll Messe, „Krönt den Tag mit Festesglanz" aus Herakles und den Doppelchor „Preise den Herrn" aus Salomo von Händel, König Otto der Große, Oratorium von A. Lorenz, Idylle von Goethe von Fr. Kiel, Die Nacht von Hiller, Der Pilot von Hofmann, Das Glück von Edenhall von Humperdink, Festgesang von Hofmann.

1886. Balder von Beständig, Die Maikönigin von Sterndale-Bennett, Die schöne Melusine von Hofmann.

1887. Arminius von Bruch, Balder von Beständig.

1888. Constantin von Vierling, Jephta von Reinthaler, Die Glocke von Romberg.

1889. Die Zerstörung Jerusalems von Hiller.

Von Orchesterwerken nennen wir u. A.: Vorspiel zu den sieben Raben von Rheinberger, Ouvertüre zu Medea von Bargiel, d-moll Symphonie von Dietrich, „Abends", Rhapsodie für Orchester von Raff, Ungarische Suite Nr. 2, die Symphonie in A-Dur und g-moll und „Im Walde" von demselben Componisten, Concert-Ouvertüre „Schaherazade" von Urban, Frithjof-Symphonie von Hofmann, Ouvertüre „Normannenfahrt" von Dietrich, Novelletten von Gade, Danse macabre von Saint-Saëns, F-Dur Symphonie von Rheinberger, Ouvertüre zu Romeo und Julie von Tschaikowsky, Ouvertüre zu König Lear von Berlioz, F-Dur Symphonie von Rüfer, Serenade in d-moll von Volkmann, Ländliche Hochzeit von Goldmark, Ocean-Symphonie und Symphonie dramatique von Rubinstein, B-Dur Symphonie von Svendsen, c-moll Symphonie von Beständig, c-moll und D-Dur Symphonie von Brahms, „Im Walde" Ouvertüre von Brüll, Frühlings-Ouvertüre von Götz, Faust-Ouvertüre von Wagner, Vorspiel zu der Oper „Die Albingenser" von Jules de Swert, Symphonie triomphale von Ulrich, Concert-Ouvertüre von Reißland, Trauerspiel-Ouvertüre von E. Hartmann, Tasso von Liszt. Diese Instrumentalwerke kamen größtentheils unter Musikdirector Laube's Leitung zur Aufführung.

Auch gelangten mehrere Symphonien von Beethoven, Mendelssohn und Schumann und Ouvertüren derselben Meister in der angegebenen Zeitperiode zum Vortrag.

VI.

Die Neuen Abonnements-Concerte.

Einen neuen, erfrischenden und anregenden Impuls erhielt das Hamburgische Musikleben durch die von Hermann Wolff im Herbste 1886 gegründeten Neuen Abonnements-Concerte. Waren es auch keine künstlerischen Motive, die den rührigen und intelligenten Berliner Impresario dazu bestimmten, die vielen Concert-Institute Hamburg's noch um eines zu vermehren, so waren die Folgen dagegen tief und nachhaltig wirkende, zumal Wolff einen der geistvollsten und energischsten Dirigenten unserer Zeit mit der Leitung dieser Concerte betraute. Es bedarf hier keiner längeren Auseinandersetzung darüber, das Hans von Bülow einer der Berufensten ist, einem derartigen Institute vorzustehen. Sein reger, Alles scharf durchdringender Geist, seine eminente musikalische Befähigung, die durchschlagende Energie seines ganzen Wesens wie sein festes, zielbewußtes Wollen, vermochten auch mit Kräften, die nicht gerade den höchsten Ansprüchen genügten, wahre Wunderthaten zu verrichten.

Wo Bülow hinkommt, da sauft harter Nordost durch die Luft, da werden die Geister wieder erfrischt und rege, wenn auch zuweilen aufgeregt und nervös, hier und da sogar überreizt. Aber er wirkt doch positiv. Wir haben im Verlauf unserer Darstellung des Hamburgischen Musik- und Concertwesens mit unseren Sympathien für die längst bestehenden Concert-Institute und deren hohen Verdienste um das musikalische Leben unserer Stadt nie und nirgends zurückgehalten, aber sie gelten nicht weniger den Neuen Abonnements-Concerten. Wir vermögen durchaus nicht in die Klage mit einzustimmen, daß dieselben, selbstverständlich vom rein musikalischen Standpunkt aus betrachtet, ein Unglück für Hamburg seien. Freilich ist es tief zu bedauern, daß zu leicht vergessen wird und auch vergessen worden ist, was bis 1886 in Hamburg für die Kunst geschehen und gethan worden, und zwar mehr als in den meisten anderen deutschen Städten, Berlin mit eingerechnet. Aber Bülow's Eingreifen hat gerade in musikalischer Beziehung in hohem Grade anregend und fördernd gewirkt. Mag man auch in manchen Einzelnheiten oft abweichender Meinung sein, aber das Eine muß jeder vorurtheilsfreie Musiker und Kunstfreund bekennen: unter Bülow's Führung gewinnt jede Orchesterleitung ein eigenartiges Leben; wie wenige zeitgenössische Dirigenten, weiß er die todten Schriftzeichen der Partitur mit neuem Geist zu erfüllen.

Wir geben in Nachstehendem eine Uebersicht derjenigen größeren Werke, die unter Bülow's Leitung in den Jahren 1886/89 zur Aufführung gekommen sind. Bis jetzt haben jährlich sechs Abonnements-Concerte stattgefunden; vom Herbst 1889 ist die Zahl auf zehn erhöht worden.

1886/87. Die Symphonien: B-Dur von Haydn, d-moll von Beethoven, Es-Dur von M. Bruch, f-moll von Strauß, c-moll von Brahms, „Im Walde" von Raff.

Die Ouvertüren: Tragische Ouvertüre von Brahms, Husitzkå, dramatische Ouvertüre für Orchester von Dvořák, zu „Tannhäuser" und „Faust" von Wagner, zu Racine's „Phädra" von Massenet, zu „Struensee" von Meyerbeer, zu „Penthesilea" von Goldmark, zur Weihe des Hauses von Beethoven.

Sonstige Orchesterwerke: „Les Préludes" von Liszt, Suite Nr. 1 von Moszkowsky, Balletmusik zu Manfred, „Des Sängers Fluch", Ballade für Orchester von Bülow. Die Chorfantasie für Clavier, Chor und Orchester von Beethoven.

1887/88. Die Symphonien: c-moll, Es-Dur und A-Dur von Beethoven, c-moll von Brahms, f-moll von Villiers-Stanford, a-moll von Mendelssohn.

Die Ouvertüren: „Meeresstille und glückliche Fahrt" von Mendelssohn, „Hamlet" von Gade, zur Oper „Adrian" von Mehul, zu Grillparzer's „Esther" von d'Albert, zu „Oberon" von Weber.

Sonstige Orchesterwerke: Notturno und Scherzo aus der Musik zu Kalidasa's Sakuntala von Woyrsch, Gespensterreigen aus der Herbst-Symphonie von Raff, Todtentanz von Saint-Saëns, Variationen über „Ein feste Burg" von Reinecke, Vorspiel zu den Meistersingern.

1888/89. Die Symphonien: F-Dur Nr. 6, H-Dur, F-Dur Nr. 8 von Beethoven, C-Dur von Schubert, c-moll und F-Dur von Brahms, B-Dur von Haydn.

Die Ouvertüren: zur Zauberflöte von Mozart, zu den Hebriden von Mendelssohn, zum Corsar und Benvenuto Cellini von Berlioz, zu Fidelio von Beethoven, zu Euryanthe und Freischütz von Weber, zu Faust von Spohr.

Sonstige Orchesterwerke: Variationen über ein Thema von Haydn, Concert für Violine und Violoncell von Brahms.

In den beiden ersten Jahren bestand die Capelle aus den Mitgliedern des Stadttheater-Orchesters; im Herbst 1888 bildete sich dann eine aus Hamburger Musikern zusammengesetzte Capelle.

VII.

Euthymia.

An dieser Stelle dürfen wir wohl auch die sangesfrohe und sangeskundige Schaar erwähnen, welche „Euthymia", die Frohsinnige, zur Schutzpatronin erkoren. Vor einer geladenen und gewählten Zuhörerschaft wird alljährlich der Stiftungstag mit Chorvorträgen gefeiert. Und es sind edle, schöne, Herz und Gemüth erfreuende Leistungen, welche die Jungen und die Alten, die Kleinen und die Großen uns an diesem leider einzigen Abend im Jahre bieten. Sie singen nicht des äußeren Ruhmes und Erfolges wegen, sie begehren nicht der Kränze, welche die Nachwelt flicht: in freien Stunden, nach ruhender Pflicht wollen sie sich ergötzen an der Muse Apoll's, des göttlichen Sängers, wollen sie singen aus froh bewegter Brust, und die herrlichen Weisen alter und neuer Meister mit fröhlichem Muth und frischem Sinn erklingen lassen, sich selbst zur hellen Freude, uns Andern aber zum ungetrübten Genuß. Was sie uns aber bieten, ist die geistige Summe eines reichen Arbeitsjahres. Nicht nur die Programme selbst, sondern auch die Ausführung der einzelnen Nummern zeugen von dem Fleiß und der treuen Hingabe des Einzelnen, von der Alle gemeinsam verbindenden Begeisterung für die schöne Sangeskunst, von der Energie und ebenso sachkundigen wie künstlerisch feinsinnigen Leitung des geistigen Führers, des Herrn Dr. Th. Aug. Bieber.

Die Euthymia ist so recht aus dem Geiste jener Kunstübung herausgewachsen, deren Kraft im Hause, in der Familie wurzelt. Der Vater des jetzigen Leiters war es, der im Jahre 1851 mit zwölf stimmbefähigten Knaben — sein Sohn befand sich selbst mit darunter, — mehrstimmige Lieder und Gesänge übte. Diese Zahl wurde bis 1856 nicht überschritten. Dann aber traten einige Primaner als Männerstimmen hinzu, und die Zahl der Mitwirkenden wuchs allgemach auf zwanzig. Gemischte Chöre konnten nunmehr einstudiert und kleine Concerte abgehalten werden. Bis 1860 fanden diese Aufführungen aber nur in Familienkreisen statt. Im Jahre 1860 ging der heutige Vorstand zur Universität. In dem in Streit's Hôtel am 11. April gegebenen Abschieds-Concert kamen Gesänge von Haydn und Mendelssohn, zum Schluß Romberg's Glocke zum Vortrag.

Nach absolvirter Studienzeit nahm Herr Dr. Bieber im Jahre 1865 die Chorübungen wieder auf, und schon im folgenden Winter konnte die Euthymia es wagen, vor einem größeren geladenen Publicum aufzutreten. Von da ab hat jährlich ein größeres Concert stattgefunden, anfangs in der Aula, später im Logensaal, dann im kleinen und endlich im großen Sagebiel'schen Saal.

Der Chor, welcher aus etwa 80 Knaben- und 50 Männerstimmen besteht, ist ein vortrefflich geschulter, und entspricht in seinen Leistungen auch strengeren künstlerischen Ansprüchen. Ja, er bildet einen sehr wichtigen Factor im musikalischen Leben unserer Stadt. Sein Wirken geht weniger nach außen, sein Schwerpunkt liegt tiefer. Die Knaben werden mit guter und edler Musik großgezogen, durch das Studium der Geisteswerke unserer alten und neueren Meister wird veredelnd auf ihren Geschmack und auf ihr musikalisches Urtheil gewirkt; später tragen sie dann die Früchte hinaus in das Leben, in das Haus, in die Familie. Ist der Blüthenstaub der hellen Kinderstimme verweht, dann bleibt ihnen der Platz unter den Alten offen, die einstens selbst in den vordersten Reihen gestanden und noch unberührt von dem Kampf des Lebens, ihre frischen Weisen aus fröhlichem Herzen den Hörern entgegen jubelten.

Die Programme sind stets gewählte, und enthalten das Beste, was die ältere und neuere a capella-Literatur bietet. Der Chor ist ein so vortrefflich geschulter, daß er sich auch an schwierigere Werke von Palestrina, Lotti, Pergolose, Hasler, Joh. Seb. Bach u. A. wagen darf; die Reinheit der Intonation und die auf das feinste ausgearbeitete Nüancirung wie die Klangschönheit des Chors überhaupt, sind ganz besonders noch hervorzuheben. Der erste Theil des Programms umfaßt in der Regel nur den älteren a capella Gesang, wenn auch die neueren Tondichter nicht ausgeschlossen sind. Der zweite Theil ist dem modernen Empfinden und dem Humor überlassen. Besonders dieses zweiten Theils harrt Jung und Alt mit gespannter Erwartung, wo die hellen und fröhlichen Kinderstimmen in ihrem eigensten Element sich tummeln dürfen. Möge die Euthymia auch fernerhin die herrliche Musica mit demselben Ernst und derselben Herzensfreudigkeit wie bisher pflegen, sich selbst und Andern zur Freude.

VIII.
Der Gesang-Verein von 1867.

Der Gesang-Verein von 1867 wurde am 24. Januar 1867 in der Holstenthor-Halle von 15 Herren und 14 Damen gegründet, die bis dorthin Mitglieder des Vereins „Cantate" (1859) gewesen waren. Die „Cantate" war ein streng religiöser Gesang-Verein, der nur rein kirchliche Zwecke verfolgte und jeder freieren Ausübung der Kunst entgegenstrebte. Dies war der Grund, welcher einen Theil der Mitglieder desselben zum Austritt und zur Gründung eines neuen Vereins veranlaßte. Herr Hermann Tecke wurde zum Dirigenten gewählt, und am 31. Januar 1867 die erste Uebung abgehalten. Der Verein bezweckt nach § 1 der Statuten „die Förderung des Chorgesanges durch Uebungen und Aufführungen gediegener Musikwerke älterer und neuerer Componisten". Die Aufführungen sind theils private theils öffentliche. Das erste Privat-Concert fand am 4. Mai 1867 in Hansch's Club-Local statt. Es wurde u. A. gesungen: „Die Himmel rühmen" aus Haydn's Schöpfung und Schumann's „Zigeunerleben". Der Verein hat sich stets in den von den Statuten vorgezeichneten Grenzen gehalten, und speciell die kleineren Chorwerke älterer und neuerer Componisten zur Aufführung gebracht. Auf diesem Gebiet hat er, wie aus sämmtlichen Kritiken hervorgeht, durchweg Erfreuliches geleistet. Zwischen den einzelnen, zum Theil a capella gehaltenen Chorwerken, werden Instrumentalstücke und Solopiècen eingeschaltet. Manche Werke wurden auch mit Orchesterbegleitung aufgeführt, wie z. B. „Befreiungs-Gesang der Verbannten Israels" von Schulz-Beuthen, „Frühlingshymnus" von Brambach, „Normannenzug" von Max Bruch, Hymne für Sopran-Solo und Chor von Mendelssohn, „Athalia" von demselben Componisten, Frau Hitt von Meinardus, Mirjams Siegesgesang von Schubert, das c-moll Requiem von Cherubini u. s. w.

So wirkt der Verein unter dem strebsamen Leiter Herrn Tecke, in seiner Weise fördernd und anregend. Zur Zeit besteht er aus 125 Mitgliedern.

IX.
Die Eimsbütteler Musikgesellschaft.

Die Eimsbütteler Musikgesellschaft wurde am 24. October 1876 gegründet. Nach § 1 der Statuten verfolgt sie den Zweck, „den Mitgliedern Gelegenheit zu geben, ihre musikalischen und declamatorischen Anlagen zu entwickeln, und die Pflege des Gesanges und der Musik in Eimsbüttel zu befördern." Am 16. November fand die erste Probe unter A. Noriny's Leitung statt. Von 1879 an steht Herr J. Bünz dem Verein als Dirigent vor. Die Tendenz der Gesellschaft ist, wie sich aus den Programmen ergiebt, so ziemlich dieselbe wie jene des Gesang-Vereins von 1867. Kleinere Chorwerke mit und ohne Orchester wechseln mit a capella und Sologesängen wie Instrumental-Soli ab.

X.
Der Hamburger Tonkünstler-Verein.

Der Hamburger Tonkünstler-Verein constituirte sich im September 1867. Eingefunden hatten sich ungefähr 50 Musiker, welche Professor K. G. P. Grädener zum ersten und den Organisten Degenhardt zum zweiten Vorsitzenden wählten. Der Verein bezweckt die Förderung der Tonkunst und der tonkünstlerischen Interessen. Zu diesem Behufe finden Sonnabend Abends Zusammenkünfte der Mitglieder im Vereinslocale, im Saale des Conservatoriums, statt. Als ordentliche Mitglieder werden nur Tonkünstler — Herren und Damen —, Musikalienhändler und Instrumentenfabrikanten aufgenommen; als außerordentliche Mitglieder können diejenigen Nichtmusiker beitreten, welche sich für die Zwecke des Vereins interessiren. Für die ordentlichen Mitglieder besteht eine Krankenkasse, welcher die jedesmaligen Eintrittsgelder, soweit die Jahresausgaben die Einnahmen nicht übersteigen, zufließen. Die Vereins-Abende sind im Allgemeinen gut besucht, und bei Abfassung der Programme werden die neuesten Erscheinungen auf tonkünstlerischem Gebiet stets berücksichtigt.

Der Verein zählte Ende des Vereinsjahres 1887/88 5 Ehrenmitglieder, 171 ordentliche und 55 außerordentliche Mitglieder. Der gegenwärtige Vorstand ist Professor Julius von Bernuth.

XI.
Das Conservatorium für Musik.

Das Conservatorium ist eine Schöpfung J. v. Bernuth's. Dasselbe wurde am 1. October 1873 eröffnet. Im ersten Jahre wirkten außer v. Bernuth die Herren Professor Grädener, Concertmeister Henry Schradieck, Louis Lee und Heinrich Degenhardt mit. Die Schülerzahl betrug anfänglich 35; hierunter befanden sich 32 Damen und 3 Herren. Gegenwärtig besuchen 294 Schüler die Anstalt. Mit dem wachsenden Andrang mußte selbstverständlich auch der Lehrkörper selbst verstärkt werden; heute besteht derselbe aus 17 Herren und 4 Damen.

Die Anstalt besitzt Ober-, Mittel- und Elementarklassen. Sie bezweckt in erster Linie eine höhere, die verschiedenen Zweige der Tonkunst umfassende musikalische Ausbildung; sie nimmt aber, wie aus der Klasseneintheilung hervorgeht, auch Dilettanten auf, die sich einer ernsteren Schulung unterziehen wollen. Für diejenigen, welche den Lehrerberuf zu ergreifen wünschen, sind sogenannte Seminar-Klassen eingerichtet, wo sie unter Aufsicht eines Oberlehrers andern Schülern Unterricht in den üblichen Fächern ertheilen. Um die Fortschritte der Schüler beurtheilen zu können, finden jährlich im Herbst zwei bis drei öffentliche Aufführungen statt.

XII.

Die Altonaer Sing-Akademie.

Das Concertleben Altona's datirt erst seit den letzten Jahren des vorigen Jahrhunderts. Die Errichtung eines stehenden Theaters, in welchem regelmäßig Opern und Concerte gegeben wurden, führte besonders auch jene Künstler, die in Hamburg sich hören ließen, nach der benachbarten Stadt. Die größeren Concerte fanden im „National-Theater" statt, wie damals das Schauspielhaus genannt wurde. Auch in bestimmten Zeiträumen regelmäßig stattfindende Concerte gab es damals, die unter der stolzen Flagge „academie musicale dans le theâtre national" segelten. Es fanden jährlich elf Concerte statt. Hier ließen sich die verschiedensten Virtuosen hören; auch wurden Cantaten, und an christlichen Festtagen Oratorien aufgeführt. Die Gesellschaft des „Museums" pflegte alljährlich einige Concerte für die Mitglieder zu geben, in denen zuweilen berühmte Künstler, wie z. B. 1810 Spohr mit Frau auftraten. Seit 1797 veranstaltete in der Hauptkirche der

Cantor Jungclauſſen regelmäßige Aufführungen von geiſtlicher Muſik. In der erſten Zeit waren es nur wenige Sänger, die ſich daran betheiligten, ſpäter nahmen dieſe Concerte jedoch eine größere Bedeutung an. Originell waren die Ankündigungen zu ſeinen Aufführungen. So nannte er niemals das Werk ſelbſt, ſondern er ſchrieb z. B. „eine vortreffliche, eine herrliche Muſik von Mozart", „eine ſehr ſchöne Muſik von Bach" u. ſ. w.[1]) Als Jungclauſſen einmal durch Krankheit verhindert war, eine Aufführung zu leiten, ließ er folgende Entſchuldigung in die Zeitung rücken: „Da meine gute Frau ſo äußerſt gefährlich ſchlecht geweſen iſt, ſo hat mich der Gedanke, ſie, die Theure, zu verlieren, oft gequält, und jeder Vernünftige und Einſichtsvolle wird einſehen, daß ich bei ſolcher Krankheit keine Uebungen anſtellen, und bei meinem geſchwächten Körper meine Stimme nicht ſingen konnte, wozu viel Anſtrengung erfordert wird." Jungclauſſen übernahm im Jahre 1800 auch die Leitung des „Sängerchors", deſſen Mitglieder in den Kirchen-Concerten mitwirkten und den Choralgeſang unterſtützten; ſie ſangen auch, ſo oft es verlangt wurde, in den Häuſern der Subſcribenten, d. h. Jener, die den Sängerchor durch einen beſtimmten Beitrag, 8 Schillinge monatlich, unter die Arme griffen.

Von denjenigen Concerten, die ſeit 1785 bis 1815 in Altona ſtattfanden, wären folgende hervorzuheben:

    1785, den 22. Juli. „Erſtes vollſtändiges Concert: 1) Flöten-Concert von Herrn Madtſtedt; 2) Vortrag einer ganzen Cene aus der berühmten Oper „Armida" von Madame Madtſtedt; 3) Symphonie „von den beſten Maitern".(?) Italieniſche Arien und pantomimiſches Divertiſſement-Ballet."

    1784, den 14. März. „Eine Paſſionsmuſik zum Beſten der Armen."

    1787, den 23. März. „Aufführung des Oratoriums: „Der Tod Abels" von Rolle, Muſikdirector in Magdeburg."

    1797, den 14. April. „Paſſionsmuſik am Charfreitage im Theater: „Stabat mater" von Haydn."

    1798, den 5. April. „Paſſionsmuſik am Gründonnerſtage im Theater: „Der Tod Jeſu" von Graun."

    1798, den 12. November. „Cantate: „Weihnachtsfeier" von Schwencke im Theater."

---

[1]) Jahrbücher der Altonaer Sing-Akademie. Erſtes Heft. 1800. S. 9.

1799, den 22. März. „Am Charfreitage im Theater: „Stabat mater" von Pergolesi und ein Oratorium von Schwencke."

1800, den 4. September. „Orgelconcert in der Hauptkirche vom berühmten Organisten J. C. Kittel aus Erfurt, Schüler von Joh. Seb. Bach."

1801, den 1. April. „In der Charwoche, zum ersten Male im Theater: Haydn's „Schöpfung", Zahl der Mitwirkenden 120."

1802, den 18. April. „Zum ersten Male Haydn's Oratorium: „Die Jahreszeiten."

1803, den 6. April. „Haydn's „Schöpfung" im Theater."

1803, den 25. December. „Zum ersten Male: Händel'sche Musik aus dem „Messias" in der Hauptkirche."

1804, den 10. October. Cantate: Schiller's Ode an die Freude, componirt vom ehemal. holländ. Hauptmann v. Bohm, im Theater aufgeführt."

1809, den 31. März. „Am Charfreitag: „Der Tod Jesu" von Graun, im Theater."

1810, den 14. April. „Erste vollständige Aufführung von Händel's „Messias" im Theater, und „Vater unser" von Romberg."

1810, den 18. April. „Haydn's „Schöpfung" im Theater."

1811, den 12. April. „Haydn's „Schöpfung" im Theater."

1813, den 10. Januar. „Dankfest wegen Wiedererbauung der Stadt Altona nach dem Schwedenbrande durch Steenbock in der Hauptkirche: Ein Te Deum von Graun und eine Hymne von Beethoven."

Im Jahre 1804 ließ sich im Theater ein Virtuose auf 4 Pauken hören. Von der Musik-Freudigkeit der Altonaer zu jener Zeit mag der eine Umstand zeugen, daß in den Jahren 1808 und 1809 im Sommer „musikalische Dejeuners" Morgens 5½ Uhr gegeben wurden. Der Musikalienhandel scheint damals noch im Argen gelegen zu haben, denn eine und dieselbe Firma bot außer Noten auch Selterswasser und Stiefelwichse aus.[1])

Wie in Hamburg, so gab auch in der Nachbarstadt Altona die dritte Säcularfeier der Reformation den Anstoß zu einem regeren musikalischen Leben. Es war Dr. Mutzenbecher, früher practischer Arzt und später Postmeister in Altona, der mit ver-

[1]) A. a. O. S. 17.

schiedenen Kunstfreunden im Jahre 1817 den Gedanken faßte, einen Verein zu gründen, dessen Hauptaufgabe die Pflege eines gut geschulten Gesang-Chores sein sollte. In seinem Hause fanden 1817/19 kleine Privat-Aufführungen statt. Aber dieser Rahmen erschien Mutzenbecher, der Größeres erstrebte, zu eng. Seine Pläne richteten sich auf die Errichtung eines Orchesters und einer Sing-Akademie für Dilettanten, um „die Tonkunst als wesentliches Bildungsmittel in unserer Stadt einzubürgern, und eine tüchtige und haltbare Kirchenmusik zu begründen."

Die Vereinigung kam zu Stande, und schon in den Jahren 1820/21 konnten im Saale des Museums und in der Freimaurer-Loge öffentliche Concerte gegeben werden. Aber schon 1822 erwiesen sich diese Räume als zu klein für den Verein. Mutzenbecher baute hierauf die sogenannte Tonhalle, welche er dem „Musikalischen Dilettanten-Verein" zu seinen Aufführungen einräumte. War derselbe in den zwanziger Jahren stetig gewachsen, und durfte er sich einer allgemeinen Beliebtheit erfreuen, so konnten bereits 1834 die 6 Winter-Concerte, sowie die seit einer Reihe von Jahren unter Leitung des Cantors Petersen stattgefundenen Kirchenmusiken an den drei christlichen Hauptfesten nicht mehr fortgesetzt werden. Der Verein fand so gut wie gar keine Unterstützung mehr. Er sollte erst nach Mutzenbecher's Tod, der im Jahre 1838 erfolgte, wieder aufleben. Seinem Gedächtniß zu Ehren, nahm der Verein nunmehr den Namen „Mutzenbecher'scher Gesangverein" an. Carl Blaun, der langjährige Freund des Verstorbenen, übernahm die Leitung, und bald konnten wieder Concerte in größerem Umfange gegeben werden. In den vierziger Jahren schwand jedoch die Theilnahme immer mehr, und am 24. Februar 1849 fand die letzte Aufführung statt.

Daß der Verein sich nicht zu halten vermochte, lag hauptsächlich an der mangelhaften Unterstützung des Publicums, eine Erscheinung, die wir bei den meisten derartigen Vereinen antreffen. Wenn Einer die größten persönlichen Opfer gebracht hat, so war es sicherlich Mutzenbecher; nur scheint er zu sehr Sanguiniker und in seinen Plänen und deren Durchführung zu vertrauensselig gewesen zu sein. So unternahm er z. B. den

Bau der Tonhalle auf eigenes Risico, denn die von einigen Freunden des Vereins zusammengeschossenen 1700 ℳ wollten doch hier nicht viel bedeuten. Diese Summe wurde bedeutend überschritten, und Mutzenbecher hat auch niemals den geringsten Zinsenertrag aus dem aufgewandten Kapital erhalten. Aber Mutzenbecher deckte alljährlich auch das oft bedeutende Deficit des Vereins, das zuweilen über hundert Procent betrug. Die Casse hatte z. B. in den Jahren 1829/30 eine Ebbe erreicht, die dem Vorstand für jedes Concert nur 150 ℳ zur Verfügung stellte. Mutzenbecher engagirte trotzdem 9 auswärtige Künstler, und hoffte damit das Interesse des Publicums zu erregen. Dieses Interesse bestätigte sich aber nach keiner Seite hin. Auch seine Idee, ein Orchester zu schaffen, schlug vollständig fehl, ebenso der Plan, eine eigene Kirchenmusik zu schaffen.

Von den größeren Werken, die in den Winter-Concerten unter der Leitung Wilhelm und Carl Blaun's, und in der Kirche unter J. P. R. Reinecke und Cantor Petersen in gedachtem Zeitraum aufgeführt wurden, nennen wir u. A.:

Das Alexander-Fest, Jephta, Maccabäus und Messias von Händel; Schöpfung und Jahreszeiten von Haydn; Requiem von Mozart; Christus am Oelberg von Beethoven; Die letzten Dinge von Spohr; Das Weltgericht von Schneider; Befreites Jerusalem von Stadler; Athalia von Schulz; Die Glocke von Romberg; Der Tod des Gerechten von Schicht; Der Ostermorgen von Neukomm; Die Auferstehung Jesu von Grund; Messe von Schwencke; Paulus und die Walpurgisnacht von Mendelssohn, sowie dessen 42. Psalm; Der Tod Jesu von Graun; Die Wüste, Symphonie-Ode von David.

Was die sonstigen musikalischen Ereignisse in Altona in jener Epoche betrifft, so wäre hier noch der von J. P. R. Reinecke, dem Vater des bekannten Leiters der Leipziger Gewandhaus-Concerte dirigirte Orchester-Verein, sowie der in den vierziger Jahren gegründeten Sing-Akademien unter C. Blaun und Cantor Petersen zu erwähnen. Außerdem nennen wir noch die von den Herren Reinecke, Blaun, Petersen und Eduard Marxsen errichteten Liedertafeln und den Quartett-Verein unter Petersen.

Den eben genannten Sing-Akademien war nur eine kurze Lebensfrist gegönnt. Aber es machte sich doch immer wieder das Bedürfniß geltend, ein Concert-Institut zu besitzen, das Aufführungen in größerem Maßstabe ermöglichte. So vereinigten sich nunmehr im Jahre 1855 die Herren C. Blaun, J. Böie, H. Böie, C. Meyer und W. H. Nopitsch, sowie die Damen Sophie Petersen und Frau Dr. Trier, um einen Verein zu gründen, der den Namen „Altonaer Sing-Akademie" erhalten sollte. Die öffentliche Aufforderung zum Beitritt hatte einen überraschend günstigen Erfolg. In der am 28. November stattgefundenen Versammlung, wurde Herrn John Böie[1]) die musikalische Direction übertragen. Die Altonaer Sing-Akademie inaugurirte eine neue, lebenskräftige Epoche für das Altonaer Musikleben. Die Erfolge sind nicht wenig dem musikalischen Leiter, dem heute noch in voller Rüstigkeit lebenden königlichen Musikdirector Herrn John Böie zu verdanken, der auch durch seine Kammermusik-Soirèen anregend und fördernd auf das künstlerische Leben Altona's einwirkte. Nach dieser Richtung hin sind auch die von den Herren F. Schubart und Carl von Holten[2]) eingerichteten Trio-Soirèen zu erwähnen. Nach nennen wir den von Professor Gurlitt gegründeten Orchester-Verein, der aber nur einige Jahre bestand.

Die Sing-Akademie stellte in ihren Statuten als obersten Zweck hin, „durch Vereinigung hiesiger Gesangskräfte das Heranbilden und Erhalten eines guten Sängerchors zu fördern, Stimme und musikalische Fähigkeiten der Mitglieder möglichst auszubilden, und auch in weiteren Kreisen auf das allgemeine Interesse an Kunst und Gesang thätig und anregend zu wirken. Zur Erreichung

---

[1]) J. Böie ist 1821 in Altona geboren. Seine künstlerische Unterweisung erhielt er bei dem trefflichen Violinspieler Carl Müller in Braunschweig und J. C. Lobe in Leipzig.

[2]) C. von Holten, Pianist und Componist ist am 26. Januar 1836 zu Hamburg geboren und Schüler von J. Schmitt, Avé-Lallemant und Grädener. In den Jahren 1854/55 studierte er am Leipziger Conservatorium unter Moscheles, Plaidy und Rietz. Seit 1874 ist Holten Lehrer am Hamburger Conservatorium.

dieses Zweckes hält sie in größeren und kleineren Kreisen regelmäßige Uebungen, veranstaltet und unterstützt sie Aufführungen und Concerte, und unterhält nach Maßgabe der vorhandenen Mittel eine Gesangschule." Es unterzeichneten sich sofort 200 Theilnehmer, von denen etwa 50—60 active Mitwirkende waren. In den nächsten Jahren wuchs die Zahl der letzteren auf 90, diejenige der Theilnehmer an der Gesangschule auf 50.

In den beiden ersten Jahren des Bestehens der Sing-Akademie fanden die Concerte im Saale der Tonhalle statt. Dieses in akustischer Beziehung so günstige Concert-Lokal mußte wegen der stetig wachsenden Mitgliederzahl verlassen werden; man wählte hierauf die Lokalitäten des „englischen Gartens." Als aber im Jahre 1857 der „Bürgerverein" sein Heim einem größeren Umbau unterziehen mußte und hier ein allen Anforderungen entsprechender Saal entstand, so wurden die Concerte der Akademie hierher verlegt; noch heute finden sie in diesem Saale statt.

Die Akademie ist ihrem Berufe, durch Einstudierung und Vorführung classischer und gediegener moderner Werke fördernd auf den musikalischen Geschmack einzuwirken, stets treu geblieben; sie hat aber auch erfahren dürfen, daß ein jeder derartiger Verein nicht immer auf jene Unterstützung zu rechnen hat, die es ihm ermöglichen, die erforderlichen Geldmittel zu größeren Aufführungen aufzubringen. Auch der Zuwachs an musikalischen Kräften entspricht nicht den Verhältnissen einer Stadt wie Altona. Die Hebungen und Senkungen sind auch bei der Sing-Akademie genau zu verfolgen. So meldeten sich im Jahre 1863 so viele neue Mitglieder an, daß eine Zeit lang wegen des beschränkten Raumes weitere Aufnahmen sistirt wurden. Fünf Jahre später trat dagegen eine solche Abnahme des allgemeinen Interesses ein, daß man den Beitrag um 50 Procent erhöhen mußte. Auch die in den letzten Jahren ihres Bestehens von Herrn Degenhardt, Organisten an der Catharinenkirche in Hamburg, geleitete Gesangschule, mußte 1866 wegen mangelnder Betheiligung aufgegeben werden. Das Orchester bestand in den ersten Decennien zum Theil aus Altonaer Musikern, meistens aber aus Hamburgern, und zwar aus Mitgliedern der philharmonischen Gesellschaft. Seit längerer

Zeit hat die Instrumental-Begleitung die Capelle des 1. Thüring. Infanterie-Regiments übernommen. Die Concerte haben seit 1860 zwei Mal im Englischen Garten in Altona, ein Mal im Wörmer'schen Saal in Hamburg, alle übrigen im Saale des Bürger-Vereins stattgefunden.

Im Mai 1868 legte Herr Musikdirector Böie zeitweilig sein Amt nieder. Für die nächsten Jahre übernahm Professor von Bernuth die Leitung der Akademie, und zwar bis zum Jahre 1871. Von dort an bis 1885 dirigirte Herr Böie wieder die Concerte.

In den Jahren 1855—1878 wurden an größeren bedeutenden Chorwerken aufgeführt:

Von Händel:	Messias, Samson, Judas Maccabäus, Salomon, Josua und Acis und Galathea.
Von Haydn:	Schöpfung und Jahreszeiten.
Von Mozart:	Das Requiem.
Von Graun:	Der Tod Jesu.
Von Cherubini:	Missa pro defunctis.
Von Rossini:	Stabat mater.
Von Schubert:	Der 23. Psalm, Kyrie und Gloria aus der Es-Dur Messe, Ständchen für Frauenchor.
Von Beethoven:	Die C-Dur Messe, Chor-Phantasie, Meeresstille und glückliche Fahrt, Die Ruinen von Athen.
Von Spohr:	Die letzten Dinge.
Von Mendelssohn:	Paulus, Elias, der 42., 95. und 114. Psalm, die Symphonie-Cantate, die Hymne für Alt-Solo und Chor, Walpurgisnacht, Athalia, finale aus Loreley.
Von Verdi:	Requiem.
Von Reinthaler:	Jephta und seine Tochter, Das Mädchen von Kola.
Von Reinecke:	Belsazar, Dornröschen, Sommertagsbilder.
Von Joh. Brahms:	Ein deutsches Requiem, Triumphlied, Schicksalslied, Nänie.
Von Rubinstein:	Das verlorene Paradies.
Von Schumann:	Das Paradies und die Peri, Der Rose Pilgerfahrt, Requiem für Mignon, Des Sängers Fluch.
Von Gade:	Comala, Erlkönigs Tochter, Kalanus.

Von Meinardus: Frau Hitt,
Von Max Bruch: Schön Ellen.
Von H. Hofmann: Das Märchen von der schönen Melusine.
Von F. Hiller: Die Nacht.
Von Arnold Krug: Sigurd.

Außerdem wurden kleinere Chorwerke der besten älteren und neueren Meister aufgeführt.

An Orchesterwerken: Die Symphonien in C-Dur, g-moll von Mozart; Eroica, Pastorale, F-Dur Nr. 8, c-moll, A-Dur von Beethoven, C-Dur und h-moll von Schubert, B-Dur von Schumann, c-moll von Grädener.

Die Ouvertüren zu Leonore Nr. 3 von Beethoven, zu Anacreon von Cherubini, zu Oberon von Weber, zu den Hebriden und Fingals-Höhle von Mendelssohn, Scheik Hassan von Gurlitt, zu Fiesko von Grädener, zur Friedensfeier von Reinecke.

An sonstigen Werken: Die Musik zu Schumann's Manfred, Entr'-act aus Manfred von Reinecke, Musik zu Schiller's Jungfrau von Orleans von L. Lee, Balletmusik aus „Feramors" von Rubinstein.

Auch Cammermusik-Werke kamen gelegentlich zum Vortrag. Wir nennen u. A. die drei Quintette von Mozart, Quintett und Octett von Schubert, Nonett für Blas- und Streich-Instrumente von Spohr, das Octett von Mendelssohn, Sextett von Brahms u. s. w.

Im Jahre 1885 legte Herr Musikdirector Böie sein Amt nieder; an seiner Stelle wurde Professor Arnold Krug[1]) zum Dirigenten erwählt. Dieser als Dirigent wie als Componist gleich vortreffliche Künstler hat das Institut auf der von Böie geführten Höhe zu erhalten gewußt, ja es hat, unbeschadet der außerordentlichen Verdienste seines Vorgängers, einen neuen Aufschwung unter ihm genommen.

---

[1]) Krug, Arnold, geboren am 16. October 1849 zu Hamburg, Schüler Gurlitt's und des Leipziger Conservatoriums, Mozart- und Meyerbeer-Stipendiat, lebt seit 1878 in Hamburg.

Von 1878—1889 kamen an größeren Chorwerken mit Orchester zur Aufführung:

Beethoven:	Die Ruinen von Athen.
Joh. Brahms:	Triumpflied, Nänie, Ein deutsches Requiem.
Gade:	Erlkönigs Tochter.
Händel:	Josua, Judas Maccabäus, Samson und Messias.
Haydn:	Schöpfung und Jahreszeiten.
Arnold Krug:	Sigurd.
Mendelssohn:	Paulus, Elias.
Reinecke:	Sommertagsbilder.
Schumann:	Der Rose Pilgerfahrt, Scenen aus Goethe's Faust, Requiem für Mignon, Paradies und Peri.
Verdi:	Requiem.

Alphabetisches Register.

Affabili 156
Agricola, Benedetta Emilia .. 157
Ahna, H. de 232
Alard 321
Albert, Eugen d' 277
Alboni, Marietta 268
Ambrosch, J. C. 153
Andreas, Lautenist und Geiger 3
Angri, Helena 269
Aselmi, Battiste 177
Apel 159
Apel, Gottfried 254
Apollo-Saal 96
Apollo-Verein .... 121 ff.
Armbrust, Carl 255. 361
Armbrust, Georg 255. 357
Arien, d' 218
Arne, Augustin, Dr. .... 110 ff.
Artôt s. Desirée.
Asmann 361
Auer, L. 221. 224
Auer, Leopold 321. 338

Babnigg, Anton 270
Bach, C. Ph. E. ...... 41 ff. 102 ff.
Bährmann 321
Balestrini 196
Bargheer, C. L. 225. 338
Bärmann, Heinrich Johann 195
Bärmann, Karl 288
Barth, Christ. Samuel 195
Barth, Karl Heinrich 277
Baryton 196
Bast 228
Bauer 203
Baumann 211
Baumgärtner Joh. Baptist 178
Baumhaus 61
Baur, Julien 172
Bayer, Ferdinand 289
Bazzini, A. 283
Becker, Dietrich 20
Becker, Hans 232
Becker, Hugo 233
Becker, Jean 232
Becker, Wilhelmine 160
Beer, E. A. 119. 120. 176

Beer 221
Behrens, Conrad 267
Beit 217
Belke, Fr. A. 288
Benda, Felicita Agnesia .... 131 ff.
Benda, Friedrich Ludwig .... 131 ff.
Bendel, Franz 276
Berens, C. 252
Berens, J. J. 207. 339
Berlioz, Hector 239
Bernhard, Christ. ...... 31 ff. 60
Bernhardi 10
Bernuth, Jul. von 237. 300. 313
  325. 332. 373.
Bertheaume, Isidor 169
Beschort, Sängerin 115
Beständig, O. 363
Bettelhein 261
Betz, Fr. 264. 267
Bianchi, Antonio 155
Bieber, Th. A., Dr. 370
Bilse 255
Bischoff, G. Fr. 257
Bischoff, Joh. Carl 177. 202
Blahetka, Leopoldine 189
Blann, C. 377
Blann, W. 378
Blondini 152
Böck, Anton 192
Böck, Ignaz 192
Bochnie 122
Böhmer 59
Bohrer, Anton 174
Bohrer, Max 178
Böhrs, Otto 288
Boie, John .. 211. 219. 222. 224
  229. 237. 265. 338.
Boroni, Tomasino 78
Börsen-Hallen-Saal 196
Bott, J. J. 285
Bott, Jean 321
Bottesini, G. 286. 321
Brade, William 19
Brahms, Fritz 277
Brahms, Joh. 209. 212. 224. 266
  274. 321. 324. 332. 354.

Alphabetisches Register.

	Seite
Eisoldt	181
Elers, Franciskus	29
Ellmenreich	164
Ernst, H. W.	282
Essipoff, A.	281. 361
Eule	115
Evers, Kathinka	269
Eyert	231
Ferranti, Pietro	271
Feuerbach	217
Feuerberg	145
Fiedler, M.	230
Finazzi, Filippo	75
Fischer-Achten	320
Fischer, Ludwig	118. 119. 155
Fisher, J. A.	155
Folchini	155
Franz, Joh. Christ.	154
Franz, Karl	196
Fränzel, Ferdinand	171
Frick, Phil. Joh.	199
Frisch	287
Fürstenau, Anton Bernhard	187. 191.
Fürstenau, Caspar	191
Fürstenow	251. 252
Fuchs, H.	288
Fuchs	321
Garelli	118
Garrens, W., Dr.	214
Geisenhof, J. S. G.	58
Gerstäcker, Fr.	120. 145
Gerstenbüttel, J.	34. 60
Gerster, Etelka	272
Gervais	164
Giornowich	118. 171
Giulani	152
Glasharmonika	198
Goddard, Arabella	320
Goldschmidt, Otto	223. 261. 274. 321.
Goltermann, Julius	286. 321
Götze, E.	267
Götzel, Franz Josef	191
Gowa, A.	223. 227
Grädener, K. P. G.	212. 224. 373. 374.
Graf, Fr. H.	81. 99 ff.
Gregori, de	164
Groß, Benjamin	285
Grour	124

	Seite
Grund, Eduard	145
Grund, Ferdinand	138
Grund, Fr. Wilhelm	136. 138. 259. 293. 301. 339.
Grund, Fritz	137
Grund, Georg Friedrich	136
Grund, Henriette	119. 136
Grund, Karl	138
Grün-Musikanten	5. 6
Grünberg, Gottlieb	287
Grützmacher, F. W.	267. 321
Gudehus, Heinrich	267
Guenet	160
Gugel, Heinrich	193
Gugel, Josef	193
Gungl, Josef	252
Gunz	211. 215. 261. 267. 320
Gura, F.	267
Haasters, Anna	230
Hachmann, Dr.	59
Hafner, Carl	217. 223. 321. 338
Hagen, Albrecht von	72. 166
Hamburger Kirchenchor	56 ff.
Hamel, F.	222
Il-mo l Messe, zum ersten Male aufgeführt	346
Handlungs-Akademie	105
Harmonicello	202
Harmonichord	289
Harmonie, Gesellschaft	117 ff.
Hartmann	21
Hartmann jun.	115
Hartmann, Christ. Carl	190
Hasert, Rudolph	276
Haßloch Sänger	150
Hattasch	168
Hauser, Miska	285
Hansmann	178
Hausmann, Robert	232
Hautboistenchor, Anfänge eines solchen	13
Haydn's Schöpfung zum ersten Male aufgeführt	150
Hebenstreit, P.	202
Hegar, F.	224. 286. 321
Heinemeyer	321
Heink	272
Heller, Stephan	189
Helmond, C. G.	65
Henning, von der	21
Henschel, Georg	267. 352
Heyworth, George	255

Alphabetisches Register.

	Seite
Hermann	259
Herrmann	237
Herrmann, Gottfried	359
Hermstedt, Joh. Simon	174. 194
Heyne	132
Hill, Carl	320
Hiller, Ferdinand	224
Hilpert, Friedrich	132
Himmel, Friedr. Heinrich	186
Hochzeitsordnungen	8. 11. 12
Hoffmann, Harfenist	115
Hoffmann, Sänger	197
Hohnroth	219
Holten, Carl v. 215. 222. 224. 230. 379
Homeyer, J. M.	255
Hönicke, Joh. Friedr.	118. 149
Horn, Ferdinand	198
Hummel, Ferdinand	288
Hummel, Joh. Nep.	183 ff.
Hungar, E.	267. 361
Hurka, Friedr. Franz	155
Hurlebusch	69. 70
Hurt, von	120
Jaell, Alfred	271. 321
Japha, Louise	278. 320
Joachim, Amalie	211. 215. 271. 320.
Joachim, Josef	231. 264. 321
Joseffy, Raffael	271. 277
Isaye	284
Jubelfeier der Augsburgischen Confession im Jahre 1730	39 ff.
Jungclaussen	375
Iversen	219
Kaiserhof	78
Kalkbrenner, Friedrich	272
Kämpfer, Josef	180
Kappelhofer	224
Katterfeld, Hugo	215
Katterfeldt, Julius	254
Kaufmann	202. 289
Kayser, H. F.	220. 222
Kayserin, Sängerin	77
Keilholtz, Christiane Magdalene	126 ff.
Keiser, Reinhard	83
Kéler-Bela	252
Keller, Fides	332
Kiesewetter, Christ. Gottfr.	173
Kirchenmusik, Reform derselben nach C. Ph. E. Bach's Tode	46 ff.
Kirchenmusik, Gutachten über den Zustand derselben	47 ff.
Kirchenmusik, Reformvorschläge	48 ff.
Kirchenmusik, Zustand derselben nach Schwencke's Tod	55
Kirchenmusik, Zustand derselben im 18. Jahrhundert	55 ff.
Kirchgeßner, Marianne	200
Kirchner, Theodor	276. 321
Kleeberg, Clotilde	281
Kleinmichel, Richard	223
Klengel, Julius	286. 321
Klietz	224
Knoop, Gustav	179. 285
Köhler, Wilhelm	58
Kollmann	197
Königslöw, O. F.	218. 223
Kopecky, Otto	228
Körber, Ignaz	192
Kraft, Nicolaus	179
Kramer-Amthaus	108
Kraus-Wranitzky	123. 306
Krause, Emil	222
Krebs, A.	241. 248. 307
Krebs, Mary	280
Kröner, Geschwister	71
Krückl, Franz	307
Kuhlau, Friedrich	187
Kummer, Fr. A.	285
Kupfer	222
Labitzky, Joh.	252
Lachner, Ignaz	248
Lacombe, Louis	276. 321
Lafont	169. 321
Laidlow, Rovena, Anna	279
Lange, Sängerin	117. 158
Langerhans	115
Laub, F.	321
Laube Julius	255. 367
Lauska, Franz Seraphinus	185
Lauterbach, J. Chr.	321
Lebrun, Ludwig Augst.	195
Lee, Louis 219. 229. 285. 321. 374
Lee, Sebastian 174. 217. 285. 321
Legnani, Luigi	288
Lentz, Heinrich Gerhard	185
Lerin	229
Lewy, J. R. L.	288
Lie, Erica	288
Lind, Jenny	241. 261. 268
Lindenau, August	286
Lindenau, Leopold 124. 175. 241. 256. 281. 321. 358.
Lindner, A.	231. 321

Alphabetisches Register. 389

	Seite
Lindner, Wilhelm	286
Lionelli	159
Lippert	150
Lippmann, S.	217
Lißmann, Fr.	267
Liszt, Franz	84. 236 ff. 260
Litolff, Henry	274. 321
Locatelli, Giov. Battista	79. 81
Lolli, Antonio	166 ff.
Lolli, Filippo	168
Lombardi-Bianchi	159
Longhi, Caroline	198
Longarini	154
Lotto, Isidor	284
Löwenberg, M.	217. 228
Lübeck, Louis	286. 321
Lucca, Pauline	270
Lüders	168
Lumbye	252
Magnus, Sara	224. 280
Magagnoli, Ginevra	76
Mallinger, M.	272
Malten, Therese	320
Mampe-Babnigg	270
Mara, la	157
Marchetti-Fantozzi, Maria	160
Marpurg, Joh. Heinrich	169. 183
Marschand, Henry	186
Marchiani	153
Marstrand, Wilhelmine	229
Mars und Irene, musikalische Serenade	62
Marwege	224. 229
Marxsen, Eduard	272. 378
Maschek, V.	183. 199
Masi, Angiolina	80
Masi, Enrico	232
Massoneau	151
Mattheson	60. 65
Mazskowsky	221
Maurer, Louis	307
Mayer, Charles	273. 321
Medohsky	198
Mehlig, Anna	284
Mehrkens, Adolph	224. 360
Meininger Hofcapelle, die	247
Melodicon	205
Menges	119
Menter, Josef	321
Menter, Sophie	280
Messias von Händel, erste Aufführung	108 ff.

	Seite
Messieri, Gabriele	80
Methfessel, A. G.	121 ff.
Metzler-Löwy	272
Meyer, Jenny	211. 320
Meyer, Leopold, de	276
Meyer, Violinist	224
Michal-Michaëli, Louise	211. 213. 270.
Michalesi-Krebs	270. 320
Michon, Rathstrompeter	4
Mierzwinsky	267
Milanollo, Marie	244
Milanollo, Teresa	244
Milder-Hauptmann	161
Mingotti, Angelo	73
Mingotti, Pietro	75 ff.
Missa solemnis von Beethoven, zum ersten Male aufgeführt	211
Molique, W. B.	283
Montebello	89
Monza, Barth.	71
Monza, Maria	72
Morald	321
Moran-Olden	272
Morichelli Boello	158
Mortier de Fontaine	273. 321
Moscheles, Ignaz	188
Möser, Karl	176
Mozart, A. W., Wittwe	142
Mozart jun.	187
Mühlenfeldt, Karl	175
Müller, August, Contrabassist	286. 321.
Müller, Bernhard	231
Müller, Christian	225
Müller, Georg	230
Müller, Heinrich Gustav	230
Müller, Hugo	231
Müller, Iwan	195
Müller, Karl Friedrich	175. 230. 321
Müller, Otto	288
Müller, Wilhelm	231
Munck, E., de	286
Muncker, de	321
Mussini, Nicolo	154
Mutzenbecher, Dr.	376
Nachez	284
Negri	158
Neruda, W.	283
Ney, Jenny	271
Nicolaus, Lautenist und Geiger	3
Nieder-Baumhaus	71

Alphabetisches Register.

	Seite
Niemann, R., Fr.	224
Niemann, Rudolph	276
Nissen, Erika	227
Nissen, Henriette	269
Noriny, A.	373
Novella, Clara	210
Oberdörffer	224
Odenwald, R. Th.	56
Oldenburg, Hieron.	63
Ondriczek	284
Orchestrino	205
Otten, G. D.	205. 208. 250
Otterer	224
Otto-Alvsleben	320
Paderewski	277
Paganini, Nicolo	176 ff.
Palmerini	69
Palschau	181
Pancani	267
Pantaleon	202
Paradies, Maria Theresa	182
Paris	54
Parlow	253
Passion, erste Aufführung derselben	27
Passion von Händel	64
Patti, Carlotta	271
Pensionsanstalt für die Mitglieder des Stadttheaters, die Gründung	148
Perron	267
Pesch	168
Peschka-Leutner	332
Petersen, August	145. 173. 216
Petersen, Cantor	277
Petersen, Peter Nicolas	190
Petrus turbatoris	3
Piantanida	155
Pieltain	169
Pircker, Marianne	74
Piris, Fr. Wilh.	172
Piris, Joh. Peter	172. 186
Plaisner	115
Pleyel, Marie Felicité	278
Plomer-Salvini	89
Pölchau, G.	155
Pollak	217
Pollini	250
Popper, David	286
Pratelli	155
Prätorius, H.	9

	Seite
Praun, Sigismund, Otto	175
Prell, Chr. Aug.	145. 179. 217. 321.
Prell, Joh. Nic.	179. 216. 265
Preumayer, Gebrüder	145
Privat-Concerte	83 ff.
Procházka	230. 257
Prume, François	283
Psalterio	203
Pudon	169
Queisser	260. 288
Quint Cordium	170
Rappoldi, Eduard	252. 284
Rappoldi, Laura	284
Raths-Kuchenbäcker	4
Raths-Kuchenbäcker, deren Besoldung	15
Raths-Kuchenbäcker, Verzeichniß	16
Raths-Musikanten	4
Raths-Musikanten, deren Privilegien	5
Raths-Musikanten, die, wegen ihrer Kunstfertigkeit auch answärts geschätzt	9. 10
Raths-Musikanten, deren Besoldung	14
Raths-Musikanten, Verzeichniß	16 ff.
Raths-Musikanten, Verpflichtung derselben bei der Kirchenmusik	25
Raths-Musikanten, die, dürfen allein im Orchester mitwirken	84
Raths-Trompeter, dessen Functionen	5
Ratzenberger, Theodor	276
Rau	115
Randenkolb	120
Ranpach	101
Reicher-Kindermann, Hedwig	272
Reinecke, Karl	321. 378
Reinhardt, Louise	143. 217. 291. 293.
Reinthaler, K. M.	265
Reinwald, Eberhard	83
Remenyi, Eduard	284
Requiem von Mozart, erste Aufführung	152
Rezel	79
Riccius	346. 350

Alphabetisches Register.

	Seite
Richey	62
Ries, Ferdinand	187
Riese	263
Rietz, FelicitaAgnese, sieheBreda	
Riffelstein, Peter	203
Righini, Vincenzo	86
Righini, Sängerin	118. 159
Risch	224
Rist, Johann	33
Roda, Ferdinand, von	299. 356
Rode, Flötistin	199
Roellig, Karl Leopold	199
Roll-Brüder, deren Privilegien	5. 6
Roll-Brüder, deren Reduction	7
Romberg, A.	84. 139 ff.
Romberg, Angelica	140
Romberg, Anton	140
Romberg, B.	84. 118. 139 ff.
Romberg, Bernhardine	142
Romberg, Heinrich	142
Romberg, Karl	142
Romberg, Therese	140
Rode, Flötistin	190
Röntgen, Jul.	277
Rose, Karl	221
Rossi	202
Rubinstein, A.	276. 321
Rudersdorf, J.	176.188.217.281.338
Sachse, H. E.	288
Sachse-Hoffmeister, Anna	262. 272
Sack, Theodor	217
Sainton, Prosper	282
Salpingion	289
Salvatore Marchese	267. 320
Sarasate, Paolo	284
Sart, du	151
Sartorius, Erasmus	26. 29
Sartory	168
Sauer, Emil	277
Sauret, Emil	284
Scaria	320
Schäffer, Heinrich	236. 265
Schaller	124. 240
Schaller, J. A.	288
Scharwenka, Xaver	277
Scheel, Elisabeth	361
Schehafzoff	230
Scheidemann	9
Scheidemantel	267
Schelble, J. R.	339
Scheller, Jacob	170
Scheller, Geiger	224

	Seite
Schetky, Christ.	177
Schick, Ernst	129 ff.
Schloming, H.	227
Schmahl, A.	220. 224
Schmeling, siehe Mara.	
Schmidt	196
Schmidt, Franz	262
Schmidt, M.	288
Schmidt, Paul	267
Schmitt, Aloys	188
Schmitt, Jacob	189
Schneider	215
Schneider, Fr. D.	260
Schneider, G. Abraham	192
Schneider, Therese	261
Schop, Paul	19 ff.
Schradieck, H.	284. 338. 374
Schreiber	288
Schröder, Karl	229. 233
Schroeter	199
Schröder-Devrient	269
Schubert, Carl	285
Schulz, Hedwig	260
Schumann, Clara	210. 221. 224. 234. 320. 332.
Schuncke, Carl	288
Schuppanzigh, Ignaz	174
Schwarz, A. G.	193
Schwencke,C.F.G.97.51 ff	119. 129
Schwencke, F. G.	224. 290
Schwencke, J. F.	253
Schwencke, Joh. Gottl.	21. 193
Schwencke, J. G.	128 ff.
Schweran	193
Senkrah	284
Seemann	307
Seemann, G. W.	287. 321
Sellius	9
Sellius, Thomas	50
Semler	156
Senfft-Pilsach	332
Serpile, siehe Magagnoli.	
Servais, Francois	283
Sessi, Anna Marianne	161
Sessi, Marianne de	268. 320
Sicherer, Pia von	272
Sidon	9. 20. 33
Simonetti	154
Simoni	155
Singer, F.	321
Sivori, C.	285. 321
Soldat, Marie	284
Sontag Henriette	165 ff. 243

www.ingramcontent.com/pod-product-compliance
Lightning Source LLC
Chambersburg PA
CBHW020105010526
44115CB00008B/701